金融风险蓝皮书
BLUE BOOK OF FINANCIAL RISK

中国金融风险报告

（2015）

ANNUAL REPORT ON CHINA'S FINANCIAL RISK

（2015）

王曼怡 周 晔◎主 编

首都经济贸易大学出版社
Capital University of Economics and Business Press
·北 京·

图书在版编目（CIP）数据

中国金融风险报告. 2015 / 王曼怡，周晔主编. —北京：首都经济贸易大学出版社，2015.11

ISBN 978-7-5638-2444-1

Ⅰ. ①中…　Ⅱ. ①王… ②周…　Ⅲ. ①金融风险防范—研究报告—中国—2015　Ⅳ. ①F832.1

中国版本图书馆CIP数据核字（2015）第254730号

中国金融风险报告（2015）

王曼怡　周晔　主编

出版发行　首都经济贸易大学出版社

地　　址　北京市朝阳区红庙（邮编 100026）

电　　话　（010）65976483　65065761　65071505（传真）

网　　址　http://www.sjmcb.com

E-mail　publish@cueb.edu.cn

经　　销　全国新华书店

照　　排　首都经济贸易大学出版社激光照排服务部

印　　刷　北京京华虎彩印刷有限公司

开　　本　710毫米×1000毫米　1/16

字　　数　466千字

印　　张　26.5

版　　次　2015年11月第1版　2015年11月第1次印刷

书　　号　ISBN 978-7-5638-2444-1 / F · 1374

定　　价　69.00元

主编简介

王曼怡 女，1956年出生，经济学博士，首都经济贸易大学金融学教授、博士生导师；德国Subulu:ken大学访问学者，国家社会科学基金项目评审专家、中国博士后科学基金资助项目评审专家、教育部人文社会科学基金项目评审专家、人民论坛杂志社专家咨询委员会委员。

现任首都经济贸易大学金融风险研究院院长、特大城市经济社会发展研究院学术委员会秘书长，兼任中国金融学会理事、北京国际金融学会副会长、北京金融学会常务理事、北京金融促进教育基金会理事长。主要研究领域：国际金融理论与政策、金融风险管理、区域金融。先后在《财贸经济》《经济学动态》《光明日报》（理论版）《国际贸易》《经济纵横》《经济与管理研究》等经济类权威核心期刊发表学术论文60余篇；出版经济学专著8部，译著1部，其中专著《北京金融产业集聚效应研究》获2012年北京市哲学社会科学优秀成果二等奖；主持并参与国家级、省部级及政府委托研究项目20余项，其中“数字化金融实验室建设与运用”项目获2005年高等教育国家级教学成果二等奖、北京市教育教学成果一等奖。2010年被评为北京市教学名师。

周晔 男，1972年出生，2004年毕业于北京大学经济学院，经济学博士，英国曼彻斯特大学，美国明尼苏达大学、密歇根州立大学访问学者，现任首都经济贸易大学金融学院副教授、国际金融系主任。研究领域：金融风险管理、金融市场及金融机构。已在《中国人口科学》《经济学动态》《经济理论与经济管理》《世界经济文汇》等经济类核心期刊上公开发表论文40余篇，出版经济学专著2部，合著3部，译著1部，主持国家社会科学基金项目1项，北京市社科规划项目1项，作为主要参与人参与省部级项目4项，获省部级项目一等奖1项。

序　言

继去年11月份金融风险研究院成功举办金融风险高层论坛并发布《中国金融风险报告》（2014）后，研究院研究人员在王曼怡院长的带领下，继续沿着国内、国外两个视角对中国面临的宏微观金融风险问题开展了富有成效的研究工作，并将代表性的研究报告、学术论文结集成册以飨读者，并以此向长期关注、支持金融风险研究院发展的各级领导、学者和师生致意！

2015年《中国金融风险报告》由7篇子报告和6篇高水平论文组成。报告和论文的撰写坚持以风险研究为中心，多视角并重、宏微观分析兼备的原则。从国际视角来看，2014年下半年国际资本从俄罗斯抽逃致使卢布贬值逾50%、外汇储备骤减25%，国际收支迅速恶化。与此同时，中国自2015年初也出现大规模资本外流现象，仅8月单月净资本外流超过1 400亿美元。中国是否会遭遇国际资本流动逆转而衍生的危机？陈奉先博士从全球资本流动的区域分布入手，考察了影响国际资本流动的三类因素，评估了中国未来面临的资本流动形势，同时从预防危机、平滑消费的角度计算了中国最优的外汇储备量问题。2015年上半年，中国股市又一次经历了“过山车”似的剧变，投资者手舞足蹈与捶胸顿足的景象交替出现。中国股票市场的风险状况如何？传统的讨论恐又使我们陷入“股市”与“赌市”的论战，而余颖丰博士另辟蹊径，站在全球视角观察中国股市问题。他的团队在对全球101只股票指数进行比较分析后发现，中国股市与全球关联性不断增强，利用在险价值（VaR）测算全球股市风险发现，中国股票市场指数在全球股票市场中风险处于适中水平，进入SDR货币篮子被视为人民币国际化的重要里程碑。2015年8月，IMF表态将于2016年9月30日之前对人民币是否进入SDR做出最终决定。那么目前人民币国际化进展如何？其依托的载体是什么?赵然博士通过构建六重套利模型考察了国际金融市场中主要子市场对货币国际计价职能发展的影响方向及程度，并利用理论模型论证了国际资本大规模流动对经济体的资本市场进而该国货币国际化的战略进程的冲击以及一国宏观审慎监管必要性问题。2014年国家发出“大众创业、万众创新”的号召，在全国掀起一股双创浪潮。但对于创业者而言，起步阶段的资金支持极为关键，直接影响创业创新活动的成败。“天使投资”恰好能为创业者提供原始资金支持。国外天使投资如何运作？国内天使投资发展如何？如何建立有效的风险补贴机制以促进天使投资发展？王佳妮博士在对比国内外天使投资现状及运行机制后，提出“政府引导”与市场“认证”“激励”并行的举措，推动国内天使投资规范发展、稳健运营。

2008年全球金融危机之后，世界经济陷入低迷状况，但金融市场的波动性和风险较以往更加剧烈。在这种环境下，大类金融资产配置面临的风险也呈现出新的变化。投资资金该如何在收益和风险特点不同的大类金融资产之间分配？怎样实现有效的资产配置、规避风险？这成为理论和实务界的研究热点。赵大萍博士在测算国内不同类型单一资产及不同资产组合的风险及收益的基础上，揭示了大类金融资产潜在风险的关注点，提出未来短期内大类金融资产配置风险管理的建议。2015年中国资本市场特别是股票及衍生品市场制度变革不断，先是股票发行审核制到注册制的讨论，继而股指期货产品丰富、“沪港通”全面加速。与此同时中国人民银行3月份宣布将于年底前基本实现资本项目可兑换，资本自由流动似乎指日可待。那么在这样的背景下，中国的股票市场尤其是衍生品市场将面临什么样的风险？杨阳博士分别从资本项目开放、注册制改革、两融业务非对称发展、程序化交易等方面考察了股票及衍生品市场风险，并从美元加息、人民币国际化、投资者结构变化、救市政策调整风险四个角度进行了风险展望。随着金融自由化和金融创新的快速发展，金融衍生工具的理论与实务不断丰富，对冲基金无论在数量和资产规模上显著增长，并呈现一些新变化。作为对冲基金普遍使用的量化投资方法，在国内渐成主流。刘威仪博士在介绍对冲基金和量化投资的国内外发展概况的基础上，探讨了其独特的投资优势和典型的策略表现，最后对行业未来的发展趋势进行了展望。

除了上述7篇研究报告，本书还收录了过去一年来研究院研究人员在经济类权威刊物发表的6篇高水平论文。这些论文覆盖了国际金融、证券投资、家庭金融、宏观政策多个领域。上述成果的取得，一方面得益于学校领导和中国社会科学院金融研究所的支持和帮助，另一方面与金融学院及相关职能部门的鼎力协作和金融风险研究院研究人员的辛勤付出密不可分！

期待金融风险研究院未来能产出更多“顶天立地”的研究成果，坚信金融风险研究院在不断探索中必将厚积薄发、硕果累累，为学校金融学科的发展、为学界金融风险研究做出更大的贡献。

曹康霖

2015年10月

Preface

After successfully holding high-level forum of financial risk and publishing China's Financial Risk Research Report (2014), the institute dean, Prof. Manyi, Wang gathered core researchers again to study financial risk issues in China from domestic and overseas perspectives. Now, we collect our leading research reports and journal papers into a book for readers. We treat this book as a tribute to those who inexhaustibly keep supporting us. Commanders at levels, scholars, teachers and students have been an invaluable source of love, support, and inspiration.

China's Financial Risk Report (2015) consists of 8 episodes and 6 reports of high level papers. The spirit of the reports and articles still sticks on the principle of risk research, including not only the multi-angle views, but also the macro-via-micro analysis. From an international perspective, in the first half of 2014, due to the fact that international capital flows retreat rapidly from Russia, rube has been devalued of more than 50%, its foreign exchange reserves plummeted 25%, and its balance of payments deteriorated worsen too. At the same time, China has also experienced the large-scale capital outflows in the beginning of August. In a month, the net capital outflow accumulated as more than 140 billion US dollars. Whether China will encounter international capital flow reversal and accompanying crises? From the regional distribution of global capital flows, Dr. Fengxian, Chen examines three kinds of factors that affect international capital flows, and predicts the capital flow situation in China's near future, and calculates the optimal foreign exchange reserves in China from the perspective of preventing crisis and smoothing consumption. In the first half of 2015, China's stock market once again experienced drastic changes. Dr.

Yingfeng, Yu seeks the answers from the global perspective for China' s stock market. His team studies 101 global stock indices and finds that China stock market indices has a moderate risk level comparing to the global. His research is based on the VaR measurement. It was a milestone in the internationalization of the RMB that RMB entered to the SDR currency basket. In August 2015 IMF stated that no later than September 30, 2016 IMF will decide whether RMB enter to the SDR currency basket. Hence, the present situation of RMB and its related vehicles are necessary to be examined carefully. Dr. Ran, Zhao makes her efforts to answer those questions. She applies her six–tier arbitrage model to examine the impact on the development and effect of international currency' s invoicing functionality. She studies every major sub–markets in the international financial markets in order to address her concerned issues compressively. She also utilizes her model to predict the effects of an economy experiencing a large–scale cross–border capital flows. She concludes that large–scale international flows do affect a nation' s international currency paces and the nation does need an overall prudential regulation framework to protect its financial system. "Mass entrepreneurship and innovation" are important for implementing a new growth strategy as China enters a "new normal" phase of slower growth. China needs to develop the "twin engines" of popular entrepreneurship and mass innovation, alongside increased supplies of public goods and services to drive development. But for the entrepreneurs, the initial phase of the financial support is severely difficult. The difficulties directly affect the success or failure of business innovation. "Angel investment" as its name indicates, always performs a role as an "angel" and provides necessary seed funding for entrepreneurs. How do the angel investments work on abroad? What is the status–quo of domestic angle investments? How to establish effective risk compensation mechanism to promote the development of angel investments? After comparing the status–quo development and operational mechanism between domestic and foreign angel investment, Dr. Jiani, Wang suggests that government should provide guidance and market should provide enough approvals and incentive scheme. She believes that once the two forces merge together, domestic angel investment would be boosted by these two forces. These two forces would also drive pilot schemes of angel investment to the right path and enhance their robustness.

After the global financial crisis in 2008, the world economy downturn, but the volatility and risk of the financial market is much larger than ever before. Under this circumstances, there are new risk patterns appearing for massive financial capital allocations. How do investment funds balance the returns and risk based on the different categories of financial assets? How to implement the effective asset allocation scheme and eschew those risks? Massive studies related to those questions spring up recently. Dr. Daping, Zhao explores the latent risks for large-scale financial assets based on her measurements for various individual assets and portfolio analysis. She also provides several insightful suggestions for managing large-scale short-term asset allocation and advices for variety of risk control schemes. In 2015, China' s stock and derivatives markets keep involving intuitional chances constantly. First, regulatory authorities ignite the discussion about the stock issuance registration system reform and then several new stock index futures are gained the approvals. In the meantime, Shanghai-Hong Kong Stock Connect develops rapidly. Moreover, PBoC also announced in March more plans for the liberation of capital account and capital account restriction may be removed completely at the end of this year. So what kind of risk may Chinese stock market, especially the derivatives market face in this new era? Dr. Yang, Yang covers several risk management studies including the aspects of the opening of capital account, registration system reform, the issue of asymmetric development between shorting financing and margin financing transactions, algorithm trading regulation in stock and derivative markets. She also address the issues of the U.S. dollar interest rate hike, the internationalization of the RMB, the structural changes of investors, the adjustment risks of rescue policy package. Following the rapid paces of the financial liberalization and innovation, the theory and practice of financial derivatives are constantly enriched. In the meanwhile, the number hedge funds and the size of their managed assets are both increased significantly. The quantitative investment tools become the mainstream in China. Dr. Weiyi, Liu introduces the domestic and foreign developments of hedge funds industry and its quantitative strategies. Dr. Liu also explores some unique investment advantages and there typical strategy performance. He provides some insights for future development in this industry at the end of his report.

Besides the mentioned 7 research reports, this book also contains 6 high-quality journal papers from our faculty members within the past year. Those journal papers cover the fields of international finance, securities investment, family and individual finance and macro policy evaluation. The frontier outcomes benefit extensively from the support and help of our university’s leadership and the Institute of Finance and Banking, Chinese Academy of Social Sciences; on the other hand it attributes to the cooperation of the school of finance and relevant functional departments and hardworking of the Academy of Financial Risk Research, CUEB.

We expect the Institute of Financial Risk Research to produce higher and more remarkable studies, and believe that the Institute of Financial Risk will be well-grounded and receive great achievements in constantly exploration to make a greater contribution to researches on financial risk and the development of financial discipline!

Prof. Kanglin, Zeng

2015/10

目　录

研究报告

研究论文

研究 报告

国际篇

中国国际资本流动突然停止风险研究报告

陈奉先[1]

摘要：本文重点考察在国际资本流动日趋频繁的背景下，中国面临的国际资本流动风险评估与应对问题。在总体描绘国际资本流动现状的基础上，本文针对目前中国面临的国际资本流动突然停止风险进行了测度，并讨论了应对突然停止风险的外汇储备最优数量问题。研究结果表明：在2015—2016年，流向EMs的国际资本将会明显萎缩，迟至2016年后半年至2017年流向EMs的国际资本会逐渐恢复；作为EMs代表的中国，经济下行风险依然，国际资本"突然停止"风险加大；中国基于预防国际资本流动突然停止风险的最优外汇储备占GDP之比为19.26%；从危机应急的角度看，一旦遭遇资本流动突然停止的冲击，提高银行备付金比率、控制居民存款置换率能有效节约外汇储备，同时能确保国内产出稳定。但从长远看，控制国内公私部门短期外债规模、确保银行稳健运营更为关键。

关键词：国际资本　流动　突然停止　外汇储备

2015年3月，中国人民银行宣布于年底前实现资本项目可自由兑

本报告受首都经济贸易大学2013年度科研基金项目"国际资本流动骤停：行为差异、经济影响与治理对策"资助。

1　陈奉先，首都经济贸易大学金融学院、金融风险研究院讲师，经济学博士。

换。资本项目自由兑换不仅有助于人民币国际化，而且对中国乃至全球金融市场将产生重要影响。可以预期，中国未来不可避免地会遭遇国际资本大规模的涌入、涌出。“天下熙熙，皆为利来，天下攘攘，皆为利往”，资本流入使东道国（指资本流入国，下同）获得资金融通，同时国际资本所附着的技术扩散效应往往使发展中经济体的赶超战略成为现实。但20世纪80年代至今的三次国际资本流动浪潮，大多以发展中经济体的债务危机、货币危机和国际收支危机告终。这使我们不得不面对以下几个问题：国际资本流动背后的驱动力何在？国际资本流动对新兴市场经济体产生的负面冲击是如何形成的？未来中国是否面临着严峻的国际资本流动冲击？中国如何应对国际资本流动的冲击？这些是本报告的关注点。

一、国际资本流动概况

布雷顿森林体系崩溃后全球金融一体化趋势越加明显，国际资本流动日趋频繁。1980年以来，无论是高收入经济体还是中低收入经济体所面临的国际资本流入、流出的规模不断膨胀，资本流动的波动性（标准差）也明显上升（见表1）。其中，大量资本涌向新兴市场经济体（Emerging Market Economies，简称EMs[1]），从20世纪80年代初不足1 000亿美元，到此次金融危机前的2007年达到7 000亿美元。但涌向新兴市场经济体的国际资本数量经历着波澜壮阔的演变。迄今为止，流向新兴市场经济体的私人资本呈现三次周期性变化（图1）。第一次国际资本流入高潮出现在1980—1985年，此间国际资本大多以借贷方式涌向拉美经济体。伴随拉美债务危机，国际资本流动进入平静期。第二个周期出现在1990年初，国际资本开始大规模涌入亚洲经济体，但这种涌入随着亚洲金融危机爆发而趋于萎缩。第三个周期开始于2002年，此时国际资本涌入地区不仅有亚洲、欧洲，还有传统的拉美及加

1 本报告所指的新兴市场经济体包括除发达经济体外的所有经济体。报告用的发达经济概念是指IMF所界定的36个国家和地区，余下153个经济体都是本报告所说的EMs。

勒比海地区（图2）。值得注意的是，自2014年开始，国际资本加速从新兴市场经济体抽逃。截至2015年8月，从新兴市场经济体净流出的资本已经超过2014年全年净流出量。

表1　国际资本流动概况

		全部经济体		高收入		中上收入		中低收入	
		中位数	标准差	中位数	标准差	中位数	标准差	中位数	标准差
净资本流动(CIF-COD)	全样本	1.39	5.07	0.64	3.92	1.29	5.62	2.08	5.51
	1970s	2.06	3.01	1.64	2.41	3.37	3.94	3.54	3.09
	1980s	1.59	3.93	1.42	2.71	0.39	5.56	2.71	4.11
	1990s	0.98	3.68	0.87	2.79	0.82	4.23	1.28	4.18
	2000s	1.09	3.97	-0.18	3.6	1.90	3.94	0.56	4.37
国内资本流入(CIF)	全样本	6.21	6.39	8.89	7.81	4.83	6.06	4.07	5.21
	1970s	5.10	2.56	4.73	2.66	5.08	3.07	5.62	2.29
	1980s	3.89	3.49	4.79	3.47	0.83	4.03	3.99	3.37
	1990s	4.97	4.58	7.00	5.54	3.96	4.12	4.43	4.16
	2000s	7.59	5.26	15.16	9.16	5.58	4.96	4.22	3.93
国外资本流出(COD)	全样本	4.36	5.37	8.33	8.05	3.78	5.1	2.87	3.87
	1970s	2.52	2.16	3.43	2.29	3.34	2.96	2.07	1.77
	1980s	1.57	2.56	3.78	3.09	1.40	2.71	0.54	2.06
	1990s	3.75	3.65	6.56	5.32	2.80	3.32	2.54	3.03
	2000s	6.74	5.31	17.71	8.13	6.44	4.86	3.73	3.35
观测个数		103		39		26		38	

资料来源：Broner F, Didier T, Erce A, & Schmukler S L. Gr oss Capital Flows: Dynamics and Crises. Journal of Monetary Economics, 2013, 60(1): 113-133.

从图2中还可以看出，在国际资本三次周期性变化中，各区域的新兴市场经济体资本流入是不均衡的，说明国际资本存在显著的“地域

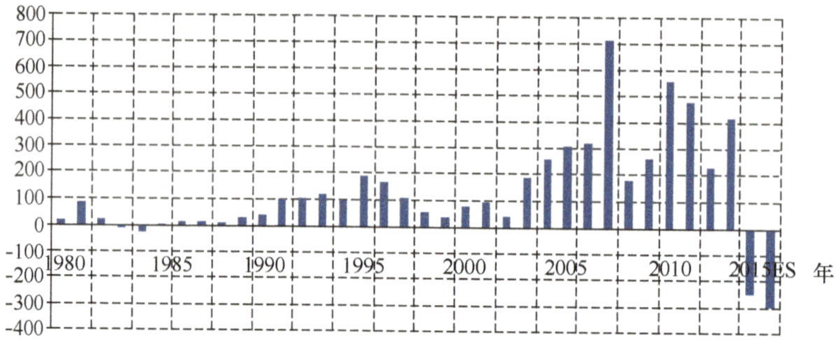

资料来源：IMF 世界经济展望数据库（World Economic Outlook Data Base）并经作者处理。2015年的数据截至8月份。

图1　1980-2015年间涌入发展中经济体的国际资本变化图（单位：10亿美元）

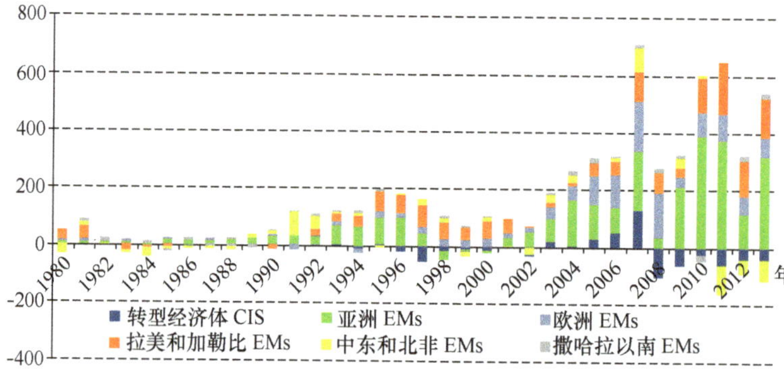

资料来源：IMF 世界经济展望数据库（World Economic Outlook Data Base）并经作者处理。

图2　1980-2013年国际私人资本在EMs的区域分布（单位：10亿美元）

偏好”。这种偏好可能与区域内的经济增长、贸易结构、资本管制、金融开放度密切相关。另外，国际资本在涌入部分EMs地区的同时还从其他地区流出，而且这种流出非常剧烈。以2007—2008年为例，此前尚有1 000亿美元流入转型经济体（CIS），但一年后该地区出现近1 000亿美元的净流出。中东和北非地区在2011年还存在正的资本流入，但此后三年连续1 000亿美元以上的净资本流出。学界称之为国际资本流动“突然停止（Sudden Stops，SS）”。与之相反的是国际资本“突然涌入（Surge）”，图2中亚洲经济体2008—2009年出现了大幅国际资本涌入，数量从2008年的305亿美元陡增至2009年的2 082亿美元。国际资本突然涌入和突然停止都会对东道国经济产生剧烈冲击，关于这一问题的详细讨论见第二部分。

（一）国际资本流动的结构与地域分布

通常而言，国际资本分为直接投资（FDI）、证券投资（security investment）、其他投资（other investment）三类。不同类型资本属性存在显著差异。根据已有研究，直接投资通常的稳定性最强，证券资本次之，其他类型资本稳定性最差。因此必须关注资本结构问题。从图3中可以看出，1990年以前流入EMs的各类国际资本比较均匀。1990年之后，以直接投资形式流入EMs的资本越来越居于主导地位，其上升速度较为平缓。2007年以前流入EMs私人证券资本一直不明显，但全球金融危机之后私人证券资本大幅涌入EMs；而其他私人投资却在2008年全球金融危机之后从EMs大幅撤离。尽管至目前，IMF尚未公布2014年的资本流动数据，但根据《金融时报》（FT）和国际金融研究所（IIF）披露的数据，2007年7月至2015年8月逾1万亿美元的国际资本流出EMs。就其成因，本报告在第二部分进行讨论。

国际资本在新兴市场经济体中的地域分布情况如何？不同类型国

注：直接投资、私人证券投资、其他私人投资分别对应BOP账户中的direct investment、portfolio investment、other investment；私人金融资本是前面三项的加总；单位：10亿美元。

资料来源：IMF 世界经济展望数据库（World Economic Outlook Data Base），经作者处理。

图3　1980-2013年间流向新兴市场经济体的资本结构

际资本的地域分布特征迥异。从图4可以看出，总体而言“直接投资”在亚洲EMs中占比高且呈周期波动，1980—1992年直接投资在亚洲的占比稳步上升到60%，尽管后续由于金融危机等因素，但直接投资在亚洲占比从未低于40%；其次，直接投资在拉美和加勒比海地区分布较多，在2000年时占比达55%，随后迅速衰减到40%左右；直接投资在中东和北非区域分布变化较大，20世纪80年代初期曾占比较高，但随后迅速衰减，目前占比平均为5%。其他地域直接投资的分布较少。直接投资的区域分布昭示着全球经济成长的核心区域在亚洲和拉美地区。

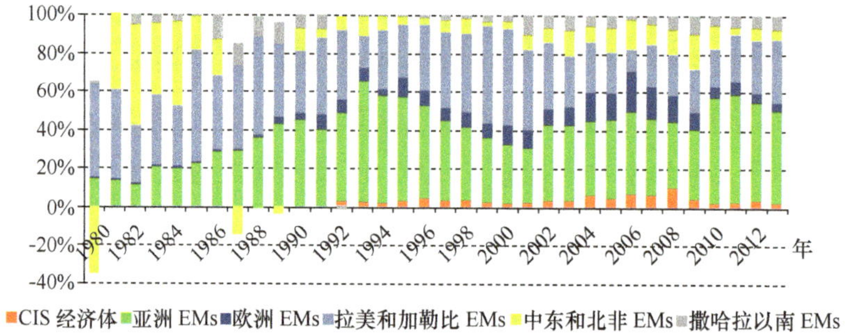

资料来源：IMF 世界经济展望数据库（World Economic Outlook Data Base），经作者处理。

图4　1980–2013年直接投资在EMs经济体中的分布

相对于“直接投资”而言，“证券投资”在EMs的分布呈现比较明显的周期性。20世纪80年代初证券资本以流入EMs为主，特别是中东和北非地区。1983—2002年的第一个周期中，1984—1996年证券资本呈现涌入高潮，其中1982—1989年证券资本流入亚洲EMs趋势明显，1990—1996年证券资本则主要流入拉美地区；1997—2002年证券资本以从EMs流出为主。2003年之后是第二个周期，以证券资本流入EMs为主。2008年国际金融危机期间大量证券资本流出EMs，但随后迅速恢复。总体上在这阶段亚洲地区的证券资本流入占比最高，其次是拉美和加勒比海地区，其他区域变化较大，参见图5。

“其他投资”在EMs的地域分布也呈现明显的周期性：第一阶段为1984—2000年，以1992年为峰值，在随后的英镑冲击、亚洲金融危机

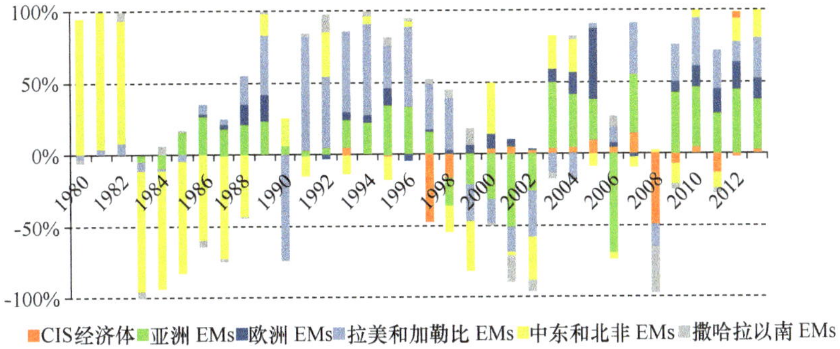

图5　1980–2013年“证券投资”在EMs经济体中的分布

的影响下，“其他投资”从EMs撤离；第二阶段为2001年至今，以2007年为峰值，之后大量“其他投资”撤离EMs。通常认为，“其他投资”的稳定性最差、伪装性最强，对金融危机、经济形势的敏感性最高。在发展中经济体普遍发展乏力、美国加息政策呼之欲出的背景下，2014年9月份至今大量资本（甚至直接投资）借助“其他投资”渠道从EMs抽逃，参见图6。

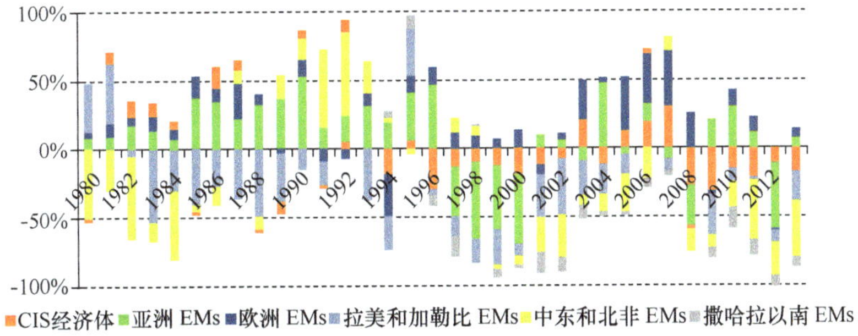

图6　1980–2013年“其他投资”在EMs经济体中的分布

（二）国际资本的国别来源及流向

流向EMs的国际资本来自哪里？表2显示的是2005年至今全球资本流动的来源地和目的地分布情况。从地域上看，国际资本主要来自欧洲地区特别是欧元区的发达经济体，包括石油国家在内。目的地较为分散，覆盖了拉美、亚太、北美地区的主要发展中经济体。

表2　2005年以来全球主要经济体的资本流动概况

单位：10亿美元

国家	2005年	2006年	2007年	2008年	2009年	2010年	2011年	2012年	2013年
美国	699.7	775.3	611.5	774.4	238.3	425.6	531.4	457.8	349.6
中国	95.3	49.3	94.2	40.1	198.5	286.9	265.5	-31.8	326.2
英国	38.9	39.0	111.7	266.3	14.4	29.5	29.5	73.8	152.8
巴西	-9.4	15.6	89.8	29.7	71.1	100.0	112.4	72.7	74.0
土耳其	37.3	38.2	45.3	36.4	9.2	57.3	64.1	68.3	72.7
澳大利亚	50.1	50.9	36.0	51.6	63.0	41.3	69.5	77.7	68.2
印度	25.3	37.8	94.4	34.4	38.1	69.6	59.4	86.5	62.4
加拿大	-19.3	-19.3	-10.6	2.4	51.0	58.7	64.0	65.5	61.1
墨西哥	15.1	10.4	22.9	35.0	11.8	44.9	51.3	51.1	60.1
哥伦比亚	3.3	2.9	10.3	9.4	6.4	11.8	13.0	17.3	19.2
俄罗斯	-17.7	4.0	86.1	-138.4	-37.4	-19.7	-74.6	-29.5	-42.6
挪威	-47.2	-39.3	-18.7	-75.9	-68.6	-37.0	-65.9	-51.3	-46.5
卡塔尔	0.0	0.0	0.0	0.0	0.0	0.0	-64.2	-42.9	-55.2
沙特	8.4	-7.5	2.1	34.7	7.2	2.7	-14.4	-6.6	-61.3
科威特	-32.1	-48.8	-33.4	-49.6	-25.6	-43.4	-57.3	-76.5	-64.4
韩国	-0.8	9.0	-7.8	-35.5	42.8	2.9	-9.4	-41.1	-66.3
荷兰	-37.0	-57.9	-40.9	-13.6	-83.8	-30.4	-59.3	-80.0	-94.5
日本	-121.0	-109.6	-194.1	-202.9	-163.3	-212.5	2.2	-96.1	105.9
瑞士	-88.4	-59.2	-39.6	-10.3	35.6	19.1	12.0	78.9	-122.4
德国	-154.2	-215.9	-169.6	-205.2	-240.3	-142.0	-199.5	-263.8	-308.2
欧元区总体	-35.6	-16.9	94.9	311.2	-5.8	-4.4	-33.7	-192.2	-319.0

注：深色部分为国际资本输出地，包括欧元区；负号表示国际资本净流出；粗体表示发达经济体；这里的国际资本是指BOP下资本和金融账户余额。

资料来源：IMF国际金融统计（International Financial Statistics），经作者计算整理。

世界最大的发展中经济体中国和发达经济体美国同时成为全球最大

的净国际资本流入国，它们吸收的国际资本类型上是否存在差异？作为全球最大资本流出国的德国，其资本输出类型与前两者有何区别？从图7可以看出，流入中国的国际资本类型主要是直接投资，其他项目变化不大；与之不同的是，美国的国际资本是以证券投资形式流入的，而直接投资上则处于净流出局面；德国作为国际资本输出大国，主要通过对外直接投资和其他投资的形式输出资本。

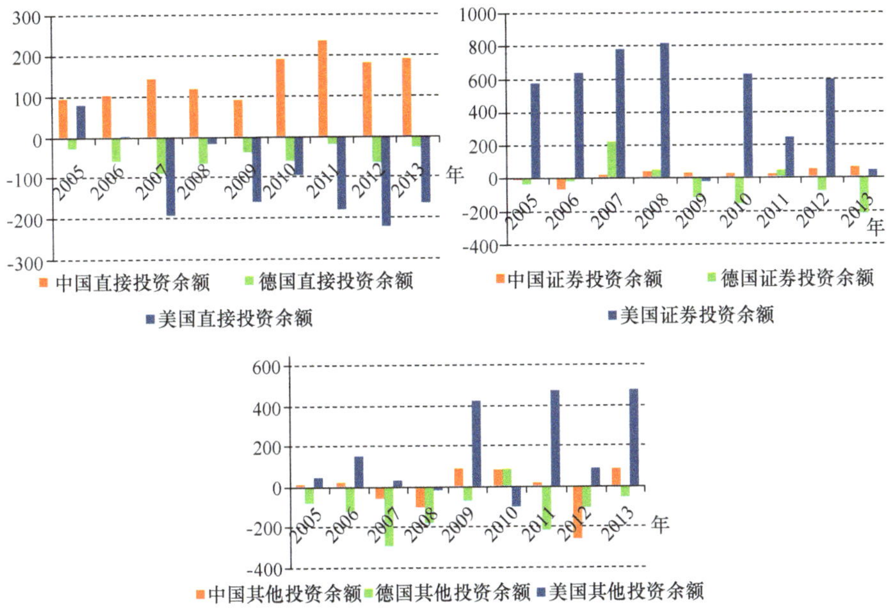

资料来源：IMF国际金融统计（International Financial Statistics），经作者计算整理。

图7　各类型资本在美国、中国、德国经济体中的分布（单位：10亿美元）

（三）预测

在2015—2016年里，流向EMs的国际资本将会明显萎缩，2016年下半年至2017年，流向EMs的国际资本会逐渐恢复至2013年的水平。原因有三：

第一，美国经济向好，市场对美联储加息充满期待。尽管9月17日美联储以“全球经济疲弱”、“国内持续低通胀”和来自“中国经济的不确定性”为由，将联邦基金利率维持在现有水平，暂不加息，但值得注意的是，美国2015年第二季度GDP年化增长率由预期的2.3%大幅上修为3.7%。2015年8月美国新增非农就业人口17.3万人，与预期相比少增4.4万人，但仍高于历史同期平均水平。8月美国失业率录得5.1%，为2008年5月以来最低，低于预期和前值，已达到联储官员普遍认可的符合充分就业水平5.0%~5.2%。总的来看，数据显示出美国就业市场劳动力资源闲置的情况有所改善，就业市场较为稳固，具备持续复苏的动能。汇率上，美元实际有效汇率自2014年8月至今已上涨逾13%，相对于欧元、人民币、日元、英镑的汇率走势，美元不可不谓一枝独秀，足以彰显市场对美元经济前景的乐观态度。由此可以预期，流入美国的国际资本将会进一步增加，这会挤占涌入EMs的份额。

第二，作为国际资本供应的主体，欧元区经济在欧债危机后受到重创，区域内货币当局扩张政策频繁，欧元汇率持续走低，2015年欧元区经济缓慢复苏，2016年将出现明显增长。上述因素会限制欧洲资本游离本土。欧洲央行在2014年6月议息会议后出台了一揽子宽松政策，包括：一是将主要再融资利率、边际贷款便利利率和存款便利利率分别调降10个、35个和10个基点，其中存款便利利率降至-0.1%。二是拟实施一系列定向长期再融资操作（TLTROs），初期规模为4 000亿欧元，所有操作将于2018年9月到期。三是加快直接购买私人部门资产抵押证券的准备工作。四是在2016年年底以前继续通过固定利率全额配给方式向银行提供短期低息贷款，并暂停对证券市场计划的对冲操作。2015年3月，欧洲实施欧洲版“量化宽松”政策，每月购买债券600亿欧元，直到2016年9月，累计购买债券达到1.1万亿欧元，从而把欧洲央行的资产负债规模从2万亿欧元扩大到3万亿欧元。预计此轮宽松计划及3 100亿欧元基础设施投资，对提振欧洲经济会产生正面效果，加之通过欧元贬值，出口实现了一定规模的扩大，刺激了经济的温和复苏。尽管欧盟主要成员国出现了明显的复苏势头，但由于债务危机深重，欲真正恢复元气尚需时日，且复苏动向在欧元区中并不平衡。OECD预计，2015年欧元区经济增长1.6%，高于2014年的0.8%，

2016年缓慢上升到1.9%。这样在2015年欧元区面临的资本流出局面将好转。

第三，作为EMs代表的中国，经济下行风险依然，国际资本“突然停止”风险加大。2014年中国经济增长7.3%、物价涨幅2.3%，经济增长稳中有升、稳中有进。2015年官方将经济增长目标设定为“7%左右”，彰显经济下行风险不断加剧。从公布的数据来看，在上半年频繁降息、降准的刺激下，2015年上半年中国经济仅增长7.0%。从制造业PMI指数来看，2015年1—6月中国的PMI指数在50%附近微弱震荡，但7月后PMI洞穿荣枯线，8月份降至49.7%，经济形势不容乐观。受外需持续低迷、国际大宗商品价格下降、国内经济下行拖累进口需求的多重因素影响，2015年上半年中国出口仅增长0.9%，进口下降15.5%，贸易盈余呈现“衰退式”增加。从中国2014年至今的国际收支平衡表和银行结售汇数据可以看出，中国现在面临着非常大的资本外流压力，仅2015年8月估计就有1 416.6亿美元资金流出中国，刷新了7月份创下的1 246.2亿美元的纪录（Bloomberg，2015），经济体面临的“突然停止”风险迅速扩大。无独有偶，其他新兴市场也面临着国际金融危机以来最慢的经济增长。其主要原因一是美元走强导致的资本外流问题，另一个是大宗商品价格疲软。强势美元加剧了包括中国、泰国、马来西亚和韩国在内的新兴市场的资本外流。自2008年金融危机发生之后的几年来，全球资本不断涌入新兴经济体。但如今趋势正在发生逆转，外国资本开始撤出新兴经济体，回归发达经济体。目前新兴经济体国家正在遭受金融危机以来规模最大的资本外逃，其负面影响不仅限于金融市场，业已开始重挫弱国家的实体经济，2014年年底俄罗斯卢布危机便是其明证。大宗商品和石油价格下跌，打击了以巴西、俄罗斯、南非、中国为代表的一些新兴市场国家的出口增长。鉴于新兴市场经济体总体表现不佳，IMF将2015年EMs的增长预期调至4.3%，低于2014年的4.6%。但IMF认为，EMs将在2016年实现经济复苏，增长达4.7%。综合以上，本文认为，EMs将在2015年和2016年初面临着比较严峻的国际资本冲击。

二、国际资本流动的驱动因素及其衍生的风险

（一）国际资本流动的驱动因素

国际资本流动背后的动因是什么？早期学者从“收益”的角度分析国际资本流动，认为只要经过风险调整的收益足够高，那么东道国就会有大量的外资流入（Blanchard和Giavazzi，2002[1]）。甚至风险调整后的收益与母国一样，外资为获取“分散化（Diversification）”的好处依然会流向东道国（Kraay和Ventura，2000[2]）。Mody和Murshid（2005[3]）对1979—1999年60个经济体资本流动行为进行实证考察后证实了资本流入“分散化”动机强于“收益”动机。

目前，对于国际资本流入EMs的分析主要是从国际资本的供求角度展开的。通常认为，国际资本的供应源自国际发达经济体，它们的因素（国际因素）构成了国际资本流向EMs的推动因素（push factors），这些因素涵盖了发达经济体的金融创新活动、投资收益和资本流出政策（Levy-Yeyati，1999[4]）。而EMs是国际资本的需求方，其自身状况构成了国际资本流向EMs的拉动因素（pull factors），包括经济体自身的国内信贷、经济成长、贸易状况、经济开放度、金融抑制程度、汇率制度等诸多方面（McKinnon和Pill，1999[5]）。

是“推动”因素更重要，还是“拉动”因素更重要？部分研究

1 Blanchard O, Giavazzi F. Current Account Deficits in the Euro Area: The End of the Feldstein-Horioka Puzzle? [J]. Brookings Papers on Economic Activity, 2002, 33(2):147-210.

2 Kraay A, Ventura J. Current Accounts in Debtor and Creditor Countries, [J]. The Quarterly Journal of Economics, 2000, 115(4):1137-1166.

3 Mody A, Murshid A P. Growing Up with Capital Flows [J]. Journal of International Economics, 2005, 65(1):249-266.

4 Levy Yeyati E. Global Moral Hazard, Capital Account Liberalization and the "Over-lending Syndrome", [R]. IMF Working Papers, 1999, No.99/100

5 McKinnon R I, Pill H. Exchange-rate Regimes for Emerging Markets: Moral Hazard and International Over-borrowing, [J]. Oxford Review of Economic Policy, 1999, 15(3):19-38.

认为推动因素（国际因素）是资本流向EMs的主因。如Fernandez-Arias（1996[1]）、Reinhart和Reinhart（2008）、Forbes和Warnock（2012[2]）、Mandalinci（2013[3]）、Fratzscher（2012[4]）。也有学者认为"拉动因素"（内部因素）对于资本流动的影响更大。如Taylor和Sarno（1997[5]）、Mody et al.（2001[6]）、Leonardo等.（2001[7]）、Alfaro等.（2005[8]）、Ali Aşkın Çulha（2006[9]）。更进一步，Forbes和Warnock（2012[10]）注意到不同类型国际资本在稳定性上的差异后，对国际资本流动的构成进行分类考察，发现80%的资本涌入和70%的资本流出都是债权资本，而债权资本又与国际风险程度、区域传染性负相关，与一国层面的经济成长正相关。根据前人的实证研究，Koepke（2015）梳理了不同类型的国际资本与不同类型"推动""拉动"影响因素的相关系数，参见表3。

1 Fernandez-Arias E. The New Wave of Private Capital Inflows: Push or pull?［J］. Journal of Development Economics, 1996, 48(2):389-418.

2 Forbes K J, Warnock F E. Capital Flow Waves: Surges, Stops, Flight, and Retrenchment［J］. Journal of International Economics, 2012, 88(2):235-251.

3 Mandalinci Z. Modelling Portfolio Capital Flows in a GVAR Framework: Multilateral Implications of Capital Controls, Manuscript., 2013.

4 Fratzscher M. Capital Flows, Push versus Pull Factors and the Global Financial Crisis［J］. Journal of International Economics, 2012, 88(2):341-356.

5 Taylor M, Sarno L. Capital Flows to Developing Countries: Long- and Short-term Determinants［J］. World Bank Economic Review, 1997, 11(3):451-470.

6 Mody A, Taylor M P, Kim J. Modeling Fundamentals for Forecasting Capital Flows to Emerging Markets［J］.International Journal of Finance and Economics, 2001, 6(3):201-216.

7 Leonardo H, Pamela M, Rodrigo, V. Determinants of Private Capital Flows in the 1970s and 1990s: Is There Evidence of Contagion?［R］. *IMF Working Papers*, 2001, No.01/64.

8 Alfaro L, Kalemli-Ozcan S, Volosovych V. Capital Flows in a Globalized World: The Role of Policies and Institutions［J］. in Edwards, S. (eds) Capital Controls and Capital Flows in Emerging Economies: Policies, Practices and Consequences, University of Chicago Press, 2007.

9 Ali Aşkın Çulha. A Structural VAR Analysis of the Determinants of Capital Flows into Turkey［J］. Central Bank Review, 2006(2): 11-35.

10 Forbes K J, Warnock F E. Debt-and Equity-Led Capital Flow Episodes［R］. NBER Working Papers, 2012, No.18329.

表3 不同类型因素与不同类型国际资本流动的相关性

类型	驱动因素	证券投资（股权）	证券投资（债权）	银行资本	直接投资
推动因素 push factors	全球风险规避程度	强负相关（M&T 2011, F 2012, BDES 2013, R2013, A&Z 2013, A&Z 2014, K2014）	强负相关（negative: M&T 2011, F 2012, BDES 2013, R 2013, A&Z 2013, A&Z 2014, K 2014）	强负相关（J&M 2002, FHST 2004, T 2010, M&T2011, R 2013, B&S 2013a, B&S 2013b, H&M2013）	关系不明（ALS 2005; positive/ negative:BDES 2013; negative: M&T 2011, positive: R 2013）
	成熟经济体利率水平	强负相关（F 1996, W 1997, M&R 1999, T&S1997, CCM 1998, B 2006, FLS 2012, D&V 2014,FKSS 2014, K 2014）	强负相关（negative: F 1996, W 1997, T&S 1997, M&R1999, B 2006, D&V 2014, FKSS 2014, K 2014）	弱负相关（negative: B&S 2013a, GQS 2014;positive/ negative: G 2002, CCR 2014; positive:J&M 2002）	关系不明（insignificant: W 1997, M&R 1999, HMV 2001, D&K 2008a; negative: ALS 2005; positive: G&R2000）
	成熟经济体产出增长率	弱正相关（positive/ insignificant: B 2006, D&K 2008a, F&W2012; insignificant: A&Z 2013）	弱正相关（positive/ insignificant: B 2006, D&K 2008a, F&W2012; insignificant: A&Z 2013）	关系不明（insignificant: FHST 2004;positive/ negative: G2002; positive: J&M 2002）	关系不明（insignificant: G&R 2000; positive/ negative:D&K 2008a, ALS 2005）
拉动因素 pull factors	国内产出增长率	强正相关（positive: D&K 2008a;positive/ insignificant: B2006, D&K 2008b, A&Z 2013, K 2014）	强正相关（positive: D&K 2008a; positive/ insignificant: B2006, D&K 2008b, A&Z 2013, F 2012; K 2014）	强正相关（positive: J&M 2002, FHST 2004, T 2010, H&M2013, B&S 2013b）	强正相关（positive: GNP 1998, HMV 2001, A&H 2003,D&K 2008a, D&K 2008b）
	资产收益率	强正相关（positive: FOS 2001, F 2012, L 2012, K2014）	强正相关（positive: FOS 2001, F 2012, K 2014）	强正相关（positive: FHST 2004, B&S 2013b, H&M 2013）	关系不明（insignificant: W 1997; negative: R&R 2003）
	国别风险	弱负相关（negative: W 1997, K&W 2008, D&F 2012;negative/ positive: H&K 2007）	弱负相关（negative: W 1997, K&W 2008, D&F 2012; negative/ positive:H&K 2007）	强负相关（negative: W 1997, FHST 2004, H&K 2007, K&W2008;）	弱负相关（negative: R&R 2003,B&D 2006;negative/ insignificant: ALS 2005;）

资料来源：Robin Koepke. What Drives Capital Flows to Emerging Markets?［R］. A Survey of the Empirical Literature.IIF Working Paper, 2015.

从表3可以看出，“推动因素”大多对证券资本流动影响较大，对银行资本流动影响较小，对直接投资的影响最小。“推动因素”中“全球规避程度”对证券资本和银行资本的负面影响最为显著。“成熟经济体的利率水平”对证券资本特别是债券资本的影响较大，对银行资本影响较弱，其对直接投资的影响并不明确（mixed）。就“拉动因素”而言，三类代表性要素均显著影响银行资本流动。“拉动因素”中国内产出增长率对证券资本和直接投资存在显著的正向影响，而资产收益率对除直接投资外的其他因素也存在显著的正向影响。但东道国国别风险对所有类型的资本流动存在显著的负向影响，尤其是银行资本流动。

（二）国际资本流动衍生的风险

国际资本流动如何冲击东道国经济？既有的研究表明，资本流动的规模并不足惧，可怕的是短期内大量资本流入之后又迅速流出，即资本流动大量涌入后又“突然停止（Sudden Stops或Capital Account Reversibility，简称SS）”往往是危机的导火索。正如西方谚语所言“it is not the speed that kills you, it' s the sudden stop”。那么何为“突然停止”？二者对东道国经济的冲击机制如何形成？通常而言，国际资本大规模涌入EMs往往会导致东道国货币升值、经济过热、财政扩张、资产价格膨胀、经常项目赤字、金融机构货币错配等一系列问题（Reinhart和Reinhart，2008；Furceria,2012[1]；Tillmann，2013[2]），并加剧EMs的脆弱性，使EMs遭遇“突然停止”的可能性进而演化为货币危机、银行危机的可能性上升（Cardarelli et al.，2010；Caballero，2012[3]）。

1. 突然停止的成因

学术界对“突然停止”的成因研究主要从内外两个角度展开。

1 Furceria D, Guichardc S, Rusticelli E. The Effect of Episodes of Large Capital Inflows on Domestic Credit [J]. North American Journal of Economics and Finance, 2012, 23(3):325-344.

2 Tillmann, P. Capital Inflows and Asset Prices: Evidence from Emerging Asia [J]. Journal of Banking and Finance, 2013, 37(3):717-729.

3 Caballero, J. Do Surges in International Capital Inflows Influence the Likelihood of Banking Crises? [J]. IDB Working Papers, 2012, No. IDB-WP-305.

内部角度主要考察国际资本流动的构成、属性同“突然停止”形成的联系。通常认为，国际资本流动中股权性资本如直接投资的稳定性较强（Chuhan等，1998[1]；Levchenko和Mauro，2006[2]），因其意在东道国长期投资的收益，较少受到诸如利率、汇率的短期变动影响。但这并不意味着直接投资不具有波动性和逆转性（Taylor和Sarno，1997[3]），当一国的基本面发生变化时，直接投资的投资者也会通过加速资本收益汇回或减少对母公司债务的方式掩饰资本流出的事实（Sula，2010[4]），直接投资甚至可以通过在东道国进行抵押贷款，并将其抽至国外的方式进行抽逃（Bird和Rajan，2002[5]）。就债权资本流动而言，Gabriele（2000[6]）视之波动性介于直接投资和证券资本之间，由于贷款利率预先确定，外资债权人（银行）提高利率的可能性不大，纵然提高也徒增债务违约风险。于是更多的债权行选择抵押贷款的方式抽逃资金以降低损失（Bailey 等，2000[7]；Willianson，2001[8]；Wilette 等，2004[9]）；由于信息不对称问题，通常认为证券资本的逆转性（Reversibility）最强，也是最能引致一国发生“突然停止”的。实证方面，Sarno和Taylor（1999[10]）对1988—1997年18个亚洲和拉美经济

1 Chuhan P, Claessens S, Mamingi N. Equity and Bond Flows to Latin America and Asia: the Role of Global and Country Factors［J］. Journal of Development Economics, 1998, 55(2):439–463.

2 Levchenko A A, Mauro P. Do Some Forms of Financial Flows Help Protect from Sudden Stops?［R］. IMF Working Papers, 2006, No.06/202.

3 Taylor M, Sarno L. Capital Flows to Developing Countries: Long- and Short-term Determinants［J］. World Bank Economic Review, 1997, 11 (3):451–470.

4 Sula O. Surges and Sudden Stops of Capital Flows to Emerging Markets［J］. Open Economies Review, 2010, 21(4): 589–605.

5 Bird G, Rajan R S. Does FDI Guarantee the Stability of International Capital Flows? Evidence from Malaysia［J］. Development Policy Review, 2002, 20(2):191–202.

6 Gabriele A, Boratav K, Parikh A. Instability and Volatility of Capital Flows to Developing Countries［J］. The World Economy, 2000, 23(8):1031–1056.

7 Bailey M N, Farrell D, Lund S. The Color of Hot Money［J］. Foreign Affairs, 2000, 79(2):99–109.

8 Williamson J. Issues Regarding the Composition of Capital Flows［J］. Development Policy Review, 2001, 19(1):11–29.

9 Willett T D, Budiman A, Denzau A, Jo G J, Ramos C. Thomas, J. The Falsification of Four Popular Hypotheses about the Asian Crises［J］. The World Economy, 2004, 27(1):25–44.

10 Sarno L, Taylor M P. Hot Money, Accounting Labels and the Permanence of Capital Flows to Developing Countries: An Empirical Investigation［J］. Journal of Development Economics, 1999, 59(2):337–364.

体吸收的美国资本，运用卡尔曼滤波将资本分离出永久性和暂时性的成分，发现股权资本、债权资本、官方资本流动中暂时性的成分比较高，商业信贷资本的永久性成分较高，直接投资几乎全部是永久性成分；Lerchenko和Mauro（2007）也认可直接投资的稳定性并认为债券资本和其他类型资本流动逆转是“突然停止”的主要诱因；Sula和Willett（2009[1]）利用1990—2003年35个新兴市场经济体的数据证实，国际资本的构成确实影响“突然停止”的发生概率。当他们进一步以资本流动变化的波动率代表国际资本的逆转性时发现，直接投资是所有国际资本类别中最稳定的，私人贷款和证券资本一样具有较高的逆转性，但在危机中私人贷款逆转性最强。

外部视角考察“突然停止”主要是从国际、国内环境入手。国际环境主要包括美国利率、全球风险水平。国内环境包括东道国经济水平、汇率制度、贸易开放度、资本自由流动程度等。Calvo等（2004）在对32个经济体1990—2001年的数据进行面板回归后发现，美元化程度和资本流动对汇率敏感度是影响“突然停止”的关键变量；Sula（2010）在对1990—2003年38个发展中经济体“突然停止”的成因考察后认为，以高经常账户赤字和实际汇率升值为代表的国内脆弱的经济环境为“突然停止”危机提供了土壤。作者还考察了资本构成对“突然停止”影响并认为私人贷款和证券资本最容易形成“突然停止”，而直接投资最为稳定。Fratzscher（2012[2]）利用EPFR数据库2005年10月22日至2010年11月22日16 000只股票、8 000只债权基金在50个经济体的流动进行实证分析后发现，国际环境（国际危机、全球流动性、全球风险）是驱动之危机期间资本流动的关键，而在对“共同因素（Common Factor）”的冲击时各国所表现出的差异（Heterogeneity）主要受到各国自身的因素（宏观经济状况、制度状况和政策措施）的影

1 Sula O, Willett T D. The Reversibility of Different Types of Capital Flows to Emerging Markets [J]. Emerging Markets Review, 2009, 10 (4):296–310.

2 Fratzscher M. Capital Flows, Push versus Pull Factors and the Global Financial Crisis [J]. Journal of International Economics, 2012, 88 (2):341–356.

响。Forbes和Warnock（2012[1]）在重新对资本流动进行分类的基础上，分析出全球性的因素尤其是全球风险是全球极端资本流动的主要驱动力，相对于前者，国内因素就显得不那么重要了。Cowan 和De Gregorio（2006[2]）、Cowan 等（2008）、Rothenberg和Warnock（2011[3]）进一步将“突然停止”区分成由国外投资者引致的真实“突然停止”和国内投资者引致的资本外逃。

2. 突然停止的影响

“突然停止”如何酿就危机？Calvo和Reinhart（2000[4]）认为，“突然停止”会通过“凯恩斯渠道（Keynesian Channel）”和“费雪渠道（Fisherian Channel）”对实体经济产生冲击。当发生“突然停止”时，一国通常借助减少外汇储备或汇率贬值加以应对，这会带来出口上升/总需求下降。在工资价格黏性的背景下，总需求下降自然会导致一国经济衰退，此即凯恩斯效应。在费雪效应下，国内需求下降会引致非贸易品相对于贸易品的价格下降，这会降低非贸易品厂商的库存/抵押品的价值，进而强化其融资困难。对于银行而言，抵押品价值下降也会导致其不良贷款率上升，甚至出现资不抵债的现象，爆发银行危机的概率上升。出于安全考虑，银行对公众信贷会更加谨慎，这会进一步加剧凯恩斯渠道下的紧缩问题。面临银行危机和经济衰退，一国官方通常采取大规模的财政救援计划。在国内扭曲的分配体系下，资源配置效率低下的救援效果甚微，这反而给一国造成财政负担，为信贷危机埋下伏笔。在上述危机的叠加效应下，甚至国内投资者也会对本国状况失去信心，于是资本加剧外逃，进而导致货币危机发生。

国际资本流动突然停止对东道国产出的影响如何？理论上大多使

---

1 Forbes K J, Warnock F E. Capital Flow Waves: Surges, Stops, Flight, and Retrenchment［J］. Journal of International Economics, 2012, 88(2):235–251.

2 Cowan K. De Gregorio, J. International Borrowing, Capital Controls, and the Exchange Rate: Lessons from Chile［R］. NBER Working papers, 2006, No.11382.

3 Rothenberg A D, Warnock F E. Sudden Flight and True Sudden Stops［J］. Review of International Economics,2011，19(3):509–524.

4 Calvo G A, Reihart C M. When Capital Inflows Come to a Sudden Stop: Consequences and Policy Options［R］. MPRA Paper, 2000，No.6982.

用金融加速器（Bernake 等，1999[1]）或信贷约束（Kiyotaki和Moore，1997[2]）来分析“突然停止”对产出的影响，并普遍认为“突然停止”发生后东道国产出会下降。Calvo 等（2006[3]）在对1980—2004年31个新兴市场经济体分析后发现，普通的“突然停止”会导致平均产出下降4.4%，但是系统的“突然停止”（Systematic Sudden Stops，SSS）[4]会导致产出下降10%。Hutchison和Noy（2006）[5]在对1975—1997年24个发展中经济体统计后发现，货币危机平均使产出下降2%~3%，但“突然停止”发生当年即导致产出下降6%～8%，三年内累积导致产出下降13%～15%。由此他们认为“突然停止”对实体经济更有破坏力。Bordo 等（2010[6]）则站在历史角度考查了1880—1913年20个新兴市场经济体的状况发现，“突然停止”可以通过直接和间接两个渠道影响产出。前者可以使产出平均下降4%；后者发生“突然停止”后往往伴随着债务、银行、货币等类型的金融危机[7]，这些危机还会额外带来产出平均下降3.6%。Cowan 等（2008[8]）进一步将“突然停止”分离为突然开始（Sudden Starts）和真实的突然停止（True Sudden Stops）两种类型：前者由国内资本加速流出所致，会引起产出平均下降0.4%；后者由国外资本流出引致，会引起产出平均下降1.5%。而Kaminsky

1 Bernake B S, Gertler M L, Gilchrist S. The Financial Accelerator in a Quantitative Business Cycle Framework［J］. in: J. B. Taylor & M. Woodford (ed.), The Handbook of Macroeconomics, Amsterdam: Elsevier, 1999, 1(1):1341-1393.

2 Kiyotaki N, Moore J. Credit Cycle［J］. Journal of Political Economy, 1997, 105(2):211-248.

3 Calvo G A, Izquierdo A, Talvi E. Sudden Stops and Phoenix Miracles in Emerging Markets,［J］. American Economic Review, 2006, 96(2):405-410.

4 Calvo 等（2006）将其界定为一般的“突然停止”且该国整体债券利差EMBI超出此前样本均值两倍标准差的情形。

5 Hutchison M M, Noy I. Sudden Stops and the Mexican Wave: Currency Crises, Capital Flow Reversals and Output Loss in Emerging Markets［J］. Journal of Development Economics, 2006, 79(1):225-248.

6 Bordo M D, Cavallo A F, Meissner C M. Sudden Stops: Determinants and Output Effects in the First era of Globalization, 1880-1913［J］. Journal of Development Economics, 2010, 91(2):227-241.

7 在作者的研究样本中，发生“突然停止”的经济体有40%会在三年内发生货币、债务、银行危机。

8 Cowan K, De Gregorio J, Micco A, Neilson C. Financial Diversification, Sudden Stops, and Sudden Starts［J］. in: Cowan, K.,Edwards, S.,Valde’s, R.,Loayza, N.(Eds.),Current Account and External Finance, Central Bank of Chile. 2008, 12(5): 159-194

（2006[1]）测算出“突然停止”仅会导致产出下降0.2%，且只会在“突然停止”发生的当年。

“突然停止”不仅对产出存在冲击，对经常项目也存在较大的影响。Guidotti 等（2004[2]）对110个经济体1974—2002的数据分析后发现“突然停止”发生时，需要一国的经常项目逆转（Current Account Reverse）2%，即东道国需要由经常项目赤字减少（甚至转向盈余）。Edwards（2004）在分析全球157个经济体1970—2001年的经常项目逆转同“突然停止”之间关系时发现，46.1%的经济体中在经历“突然停止”之后会遭遇经常项目逆转，22.9%遭遇经常项目逆转的经济体也会经历“突然停止”。由此可见，“突然停止”与风险资本（CAR）关系十分密切。

“突然停止”同样会对信贷、投资产生影响。Calvo 等（2006）注意到，发生“突然停止”的经济体产出往往迅速恢复从而实现V形反转，但信贷、投资却长期处于谷底难以恢复，Calvo等人称这种现象为“凤凰涅槃（Phoenix Miracle）”[3]。那么信贷、投资在低谷徘徊，为何产出反而逆势上涨？作者认为，在存在金融摩擦（Financial Frictions）的环境中，企业依然能获得短期营运资本贷款，但是长期资本融资近乎停滞。Joyce和Nabar（2009[4]）在对1976—2002年26个经济体系统考察后发现，如果一国的银行部门比较稳健，那么即便该国遭遇“突然停止”，其对该国投资的影响不显著。由此可见，“突然停止”对投资的影响并非直接和线性的，而需要借助银行体系进行传递。

1 Kaminsky G L. Currency Crisis: Are They All the Same?［J］. Journal of International Money and Finance, 2006, 25(3):503–527.

2 Guidotti P E, Sturzenegger F, Villar A. On the Consequences of Sudden Stops［J］. Economia, 2004, 4(2):171–214.

3 对于这个谜题，Thomas Mayer, Michael Biggs, Andreas Pick（2010）指出，Calvo等人提出的信贷与GDP对比来说明“凤凰涅槃”问题是不合理的，因为Calvo等人 使用的是信贷存量，而GDP是流量，量纲不同。Mayer等人使用信贷流量与GDP之比，发现其与经济增速高度正相关。具体请见：［2010/05/14］http://www.voxeu.org/article/myth-phoenix-miracle

4 Joyce J P, Nabar M. Sudden Stops, Banking Crisis and Investment Collapses in Emerging Markets［J］. Ournal of Development Economics, 2009, 90(2):314–322.

（三）国际资本突然停止的测度

通常对“突然停止”的识别有两类方法：其一是Radelet和Sachs（1998[1]）、Rodrik和Velasco（1999[2]）、Sula（2010）提出的界定方法$\Delta FA<0$且$\Delta FA/GDP\leqslant\tau$，即认为该经济体发生了“突然停止”；其二是Calvo 等（2004）、Bordo 等（2010）、Rothenberg和Warnock（2011）为代表的界定方法：$\Delta FA\leqslant\mu_{\Delta FA}-\beta\delta_{\Delta FA}$，其中$FA$代表资本金融余额，$\mu$是$\Delta FA$的滚动均值，$\delta$是$\Delta FA$的滚动标准差，$\beta$是临界值。第一类方法中的$\Delta FA<0$的不足之处在于只考虑到出现资本流出时的“突然停止”，须知FA由一个较高的正值变成较低的正值也意味着发生“突然停止”。因而本报告使用第二类方法，同时为确保“突然停止”的意义，本报告附加一个条件$\Delta FA/GDP\leqslant-5\%$。

借鉴Calvo 等（2004）、Bordo 等（2010）、Rothenberg和Warnock（2011）等人对国际资本流动“突然停止”的界定，本报告将国际资本突然涌入（Surge）界定为：$\Delta FA\geqslant\mu_{\Delta FA}+\beta\delta_{\Delta FA}$且$\Delta FA/GDP\geqslant5\%$，其中$FA$代表资本金融余额，$\mu$是$\Delta FA$的滚动均值，$\delta$是$\Delta FA$的滚动标准差，$\beta$含义同上。

按照上述标准，本报告以俄罗斯为例，考察国际资本流动突然停止的识别问题。首先从图8a中可以看出，国际资本自2002年至2013年一直流向俄罗斯，中间经历了几次显著的周期性变化，如2003—2008年、2009—2013年两个周期。国际资本在2013Q2、2014Q3出现两个显著的负值，意味着资本外逃趋势明显。

进一步使用前述测度“突然停止”的口径测度，可以绘制出图8b。对俄罗斯2002年至今所遭遇的“突然停止”（SS）、“严重突然停止”（SSS）、“资本突然涌入”（Surges）、“严重的突然涌入”（SSurges）进行汇总后可绘制图8c。从图中可以看出，俄罗斯国际资本流动突然停止与突然涌入基本上交替出现，在2006年至2012年，俄

1　Radelet S, Sachs J D. The East Asian Financial Crisis: Diagnosis, Remedies, Prospects［J］. Brookings Papers on Economic Activity, 1998, 29(1): 1–90.

2　Rodrik D, Velasco A. Short-term Capital Flows［R］. NBER Working Papers, 1999: No.7364.

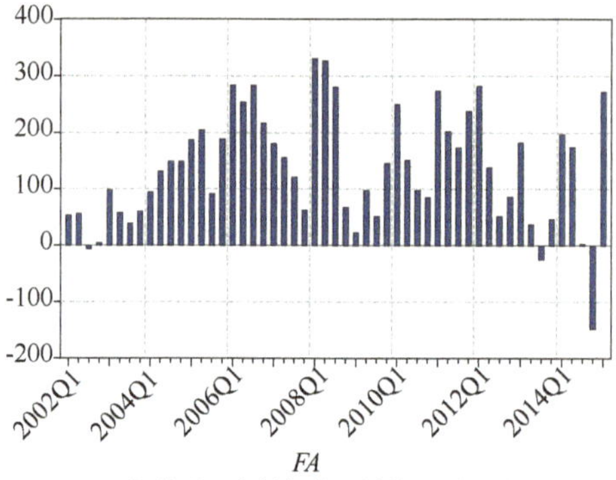

a.金融项目余额变化（单位：百亿美元）

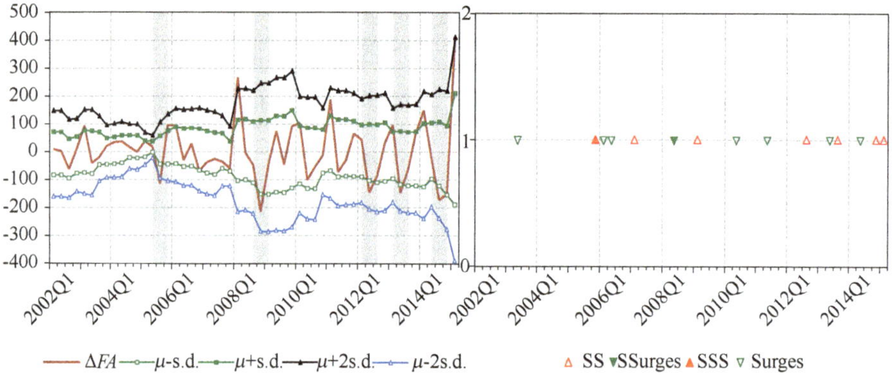

b. 突然停止、突然涌入的识别情况　　c. 突然停止、突然涌入情形汇总

注：*FA*表示金融项目余额；Δ*FA*表示金融账户余额的变动值；μ为Δ*FA*的滚动均值（以8个季度为1周期）；s.d.为滚动标准差；μ—s.d.表示以变化值的滚动均值为中心，减去1个变化均值的标准差，作为识别突然停止的临界值，一旦Δ*FA*超过该值，则被认定发生了突然停止；μ—2s.d.与前同义，只是为了识别更为严重的突然停止（SSS）；同样μ+s.d.则是为了识别国际资本突然涌入（Surges），一旦Δ*FA*超过此限，则会被认为发生了资本涌入；μ+2s.d.与前同义，只是为了识别更为严重的突然涌入（SSurge）； c图是对b图识别情况的汇总。数据来源：IMF国际金融统计（International Financial Statistics），经作者计算整理。

图8　俄罗斯2002-2015年国际资本流动突然停止和突然涌入的识别

罗斯平均3~4个季度遭遇一次“突然停止”或“突然涌入”，但2013年以后俄罗斯遭遇“突然停止”或“突然涌入”的频率增加。从时点来看，俄罗斯在全球金融危机时（2007—2012年）仅遭遇两次（2个季度）的国际资本突然停止，但2013年至今俄罗斯却遭遇了5次突然停止的冲击。这再次证明“苍蝇不叮没缝的蛋”。事实上俄罗斯2011年开始经济增长乏力，经济增长率从4.3%降到2012的3.4%，继而2013年降至1.3%，2014年全球大宗商品、油气价格迅速下跌，使俄罗斯经济形势雪上加霜，2014仅增0.5%。同时，在克里米亚问题上俄罗斯与西方的政治对抗强化了国际资本的恐慌情绪，致使2014年下半年俄罗斯遭遇严重的资本外逃局面，卢布大幅贬值。俄罗斯央行为稳定汇率而大规模干预汇市，使2014年俄外汇储备锐减27%。由此可见，稳健的国内经济、合理的汇率水平（汇率生成机制）以及充足的外汇储备对于防御国际资本流动冲击的意义非常重大。

三、中国国际资本流动及风险概况

（一）中国国际资本流动的概况

1998年至2014年，中国的资本和金融账户余额整体上为正且规模不断扩大，这体现出中国作为代表的EMs在吸收全球金融资本方面的能力在不断增强。但在国际危机的背景下，在资本和金融账户余额上，中国于2008Q4、2011Q4、2012Q2、2012Q3、2014Q2、2014Q3出现了负值，即出现净国际资本流出。并且在2010Q4、2013Q4两个时间节点上，中国的国际资本净流入值变化呈明显的“∧”形反转，从大幅流入突然停止到突然流出（见图9）。

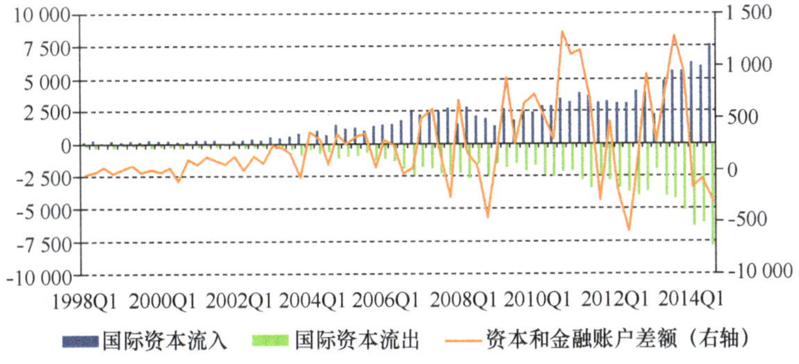

资料来源：国家外汇管理局。

图9 中国1998年至2014年的国际资本流入流出情况（单位：亿美元）

那么国际资本是以何种身份进入中国的呢？进一步将资本和金融账户余额分解为资本账户余额、直接投资余额、证券投资余额和其他投资余额后（图10、图11）不难看出，“直接投资”是中国资本和金融账户长期盈余的中流砥柱，其可占到中国资本和金融账户盈余的60%以上。其次是“其他投资”“证券投资”呈明显的周期性波动，而“资本账户余额”所占比重甚微，可以忽略。通过各类型资本的变化可知，其受到的影响因素存在某种差异：“直接投资”长期呈现上升态势，这必然与中国“自身因素”而非国际因素密切相关。而“证券投资”在2010年以后持续为正。值得注意的是“其他投资”剧烈的波动性，自2008年开始“其他投资”呈现不规则的变动，且其波动幅度不断扩大，成为左右中国资本流动方向的最强力量。在“其他投资”的影响下，中国资本流动在2007Q4、2008Q4、2011Q4、2014Q2相继遭遇了大规模的国际资本流动流出局面。可以说，控制“其他投资”的

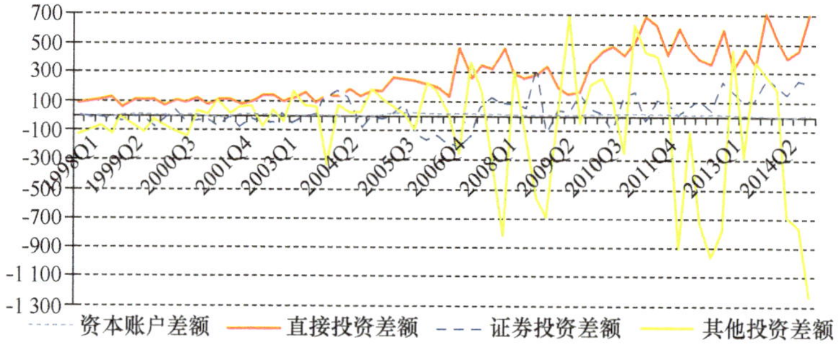

资料来源：国家外汇管理局。

图10　中国资本和金融账户各子项变化示意图（单位：亿美元）

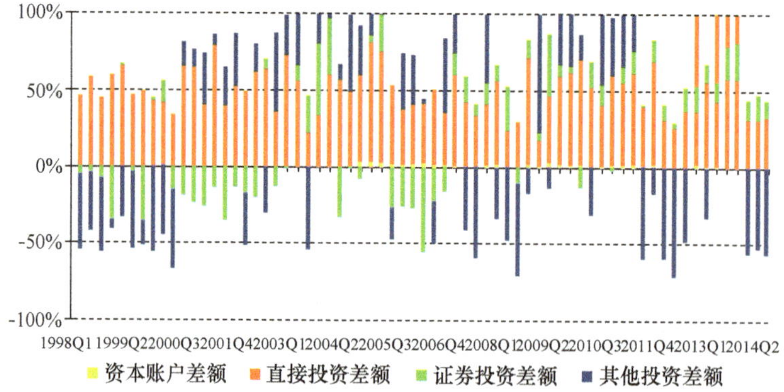

资料来源：国家外汇管理局。

图11　中国资本和金融账户余额结构

流向及波幅直接决定着中国所面临的资本流动格局。

（二）中国国际资本流动的风险

按照上一部分的计算方法，这里测算了中国遭遇到的国际资本"突然涌入（Surge）"和"突然停止（SS）"的时点和频率。从图12a可以看出，2006年以后中国的资本和金融项目余额变化在不断放大并频繁突破"突然涌入"的上限，同时在2007Q3、2007Q4、2011Q3、2011Q4、2014Q2时点上也突破"突然停止"的下限；从图12b可以看出，2008年以前交替发生着"突然停止"和"突然涌入"，但2008—2010年，中国未发生"突然停止"，反而发生了数次国际资本"突然涌入"。这与当时的国际金融危机环境密不可分，彼时中国在四万亿资金刺激下经济一枝独秀，反观美欧身陷泥淖，国际资本从美欧抽撤至中国。由此可见，资本的避险、逐利性是驱动其在国际穿梭的永恒动力。

从图中还可看出，2011年Q3之后中国又开始遭遇"突然停止"问题，特别是2014年第二季度，流入中国的资本数量较上一季减少1 100亿美元。且自2014第二季度至今，中国的金融项目（除储备外）连续6个季度出现资本净流出，累计规模达1 814亿美元。这种情况是以前从未有过的，包括在亚洲金融危机期间，中国金融项目也仅两个季度呈现净流出局面。金融账户资本净流出成为中国外汇储备下降的重要成因。

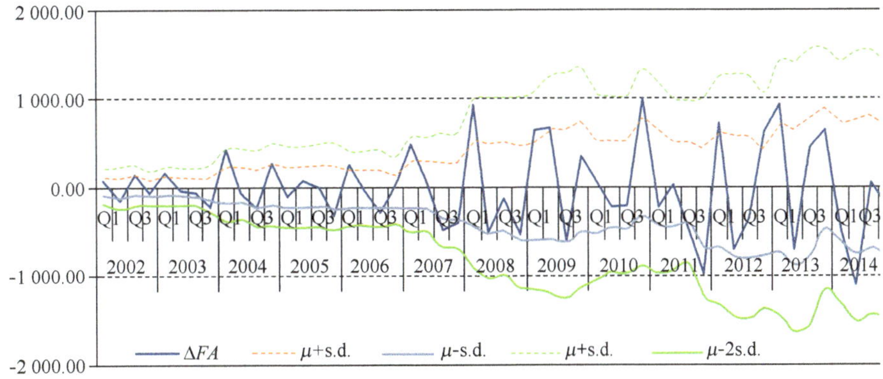

a. 突然停止、突然涌入的识别情况

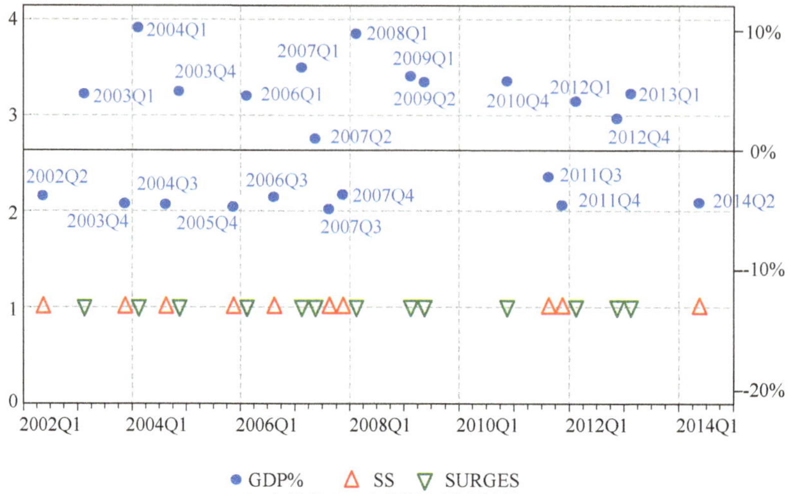

b. 突然停止、突然涌入情形汇总

注：ΔFA表示金融账户余额的变动值；μ为ΔFA的滚动均值（以8个季度为1周期）；s.d.为滚动标准差；μ−s.d.表示以变化值的滚动均值为中心，减去1个变化均值的标准差，作为识别“突然停止”的临界值，一旦ΔFA超过该值，则被认定发生了“突然停止”；同样μ+s.d.则是为了识别国际资本突然涌入（Surges），一旦ΔFA超过此限，则会被认为发生了资本涌入；图b是根据图a统计出来的，一旦在图a中被识别，则表现在图b中；GDP%表示ΔFA与产出之比。数据来源：IMF国际金融统计（International Financial Statistics），经作者计算整理。

图12　中国面临的“突然涌入”和“突然停止”示意图

（三）对中国未来国际资本流动的风险评估

1. 外部风险依然较强，跨境资本流出压力依然较大

受美国退出量化宽松政策、俄乌危机、阿根廷债务危机、EMs增长率下滑等因素影响，国际市场避险情绪在2015年第三季度初期显著上升，波动率指数（VIX）指曾一度逼近40，接近欧债危机时的状态，尽管VIX迅速回落但仍处于2012年以来的高位（图13）。尽管美国经济稳步复苏，欧洲也继续保持宽松的货币政策，但泰德利差自2014年7月份开始趋势性上升，这说明外部融资环境依然紧张（图14）。与此同时，尽管代表金融市场紧张程度的金融压力指数（FSLFSI）在2012年起低于平均水平（为负），但2014年7月份以来这一指数明显进入上升通道中（图15）。考虑到上述因素，本报告预期中国自2014年第二季

度开始的金融账户一直处于净资金流出的局面在2016年中期之前不会改变，未来中国的跨境资本流出压力较大。

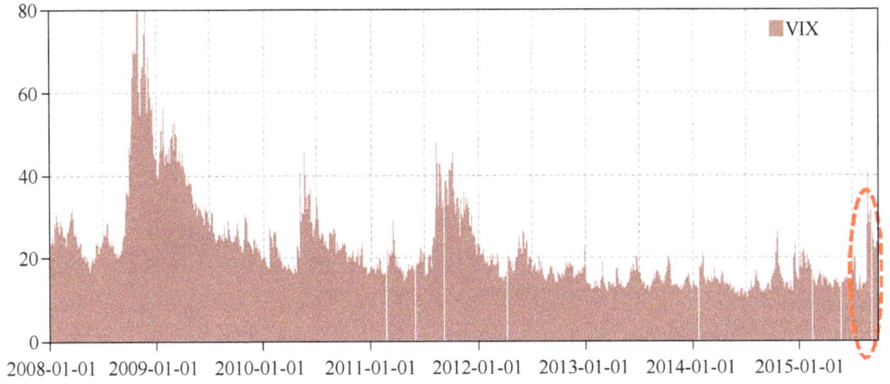

资料来源：Fed ST Louis

图13　2014年VIX日指数变化图

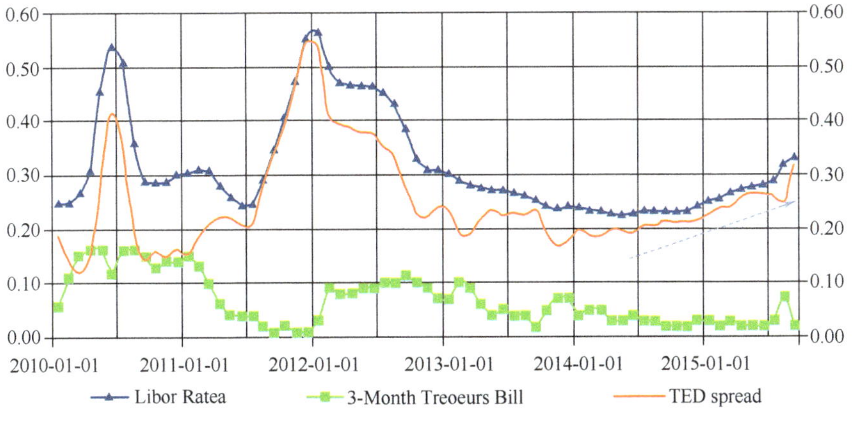

资料来源：Fed ST Louis

图14　TED利差变化图

2. 人民币贬值预期渐强，将抑制套利资金的流入与中国对外投资规模

2014年上半年人民币兑美元汇率结束了一直以来的单边升值态势，并于2015年初加速贬值。与此同时，人民币兑美元即期汇率（Spot

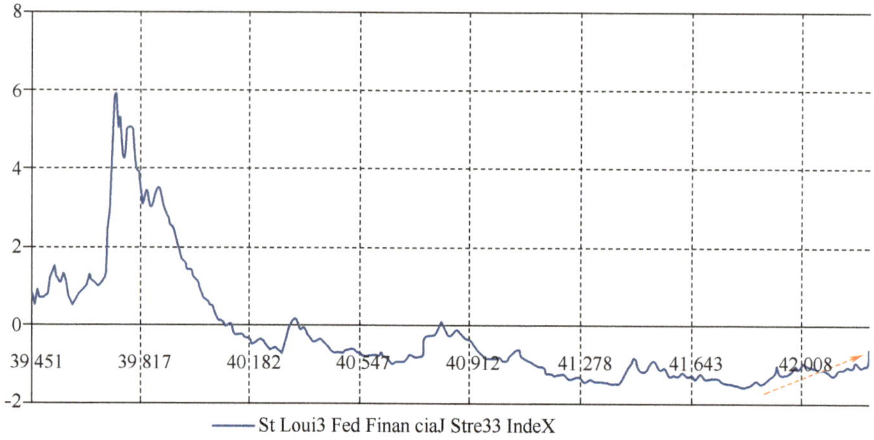

资料来源：Fed ST Louis

图15　金融压力指数（FSLFSI）变化图

Rate）与无本金交割外汇交易NDF市场的远期汇率价差不断拉大，显示远期人民币贴水加大，人民币贬值预期加强（图16）。2015年8月11日，中国人民银行将人民币兑美元汇率贬值3%以“消除贬值压力，校正汇率偏差”（官方通告）。的确人民币累积了一定的贬值压力，但官方有能力维持略微高估的本币。人民银行此时贬值主要是为了减少

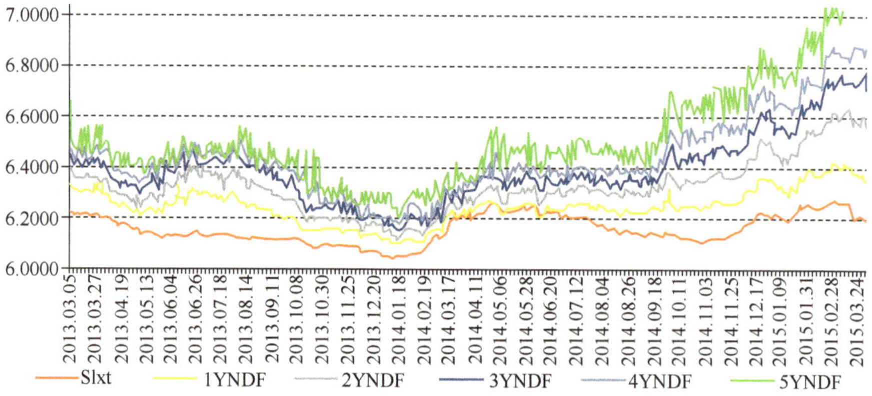

注：Spot表示人民币兑美元的即期汇率；1YNDF表示人民币对美元1年期远期汇率；余者以此类推。

资料来源：Thomson Reuters

图16　人民币即期汇率和不同期限的NDF汇率走势图

外汇储备压力并刺激国内疲软的出口部门。预计2015年至2016年中期人民币贬值的趋势不会改变，这将不断刺激国内资本流出（甚至资本外逃）。对于真实交易的外资流入（如直接投资）而言，人民币贬值会刺激其流入。但对于直接投资以外的境外资本（投机性比较强的外资）而言，人民币贬值则导致其流入减少甚至开始流出[1]。故整体上人民币贬值压力下中国将会继续遭遇资本净流出的局面。

3. 中美利差继续吸引外资流入，期望利差收窄降低吸引力

2014年中美利差仍然显著，对跨境套利资金的流入继续产生吸引作用。以中美1年期国债收益率的差额为例，该利差已由2013年3月份的3.38上升到2013年12月份的6.83，而2014年美国国债收益率始终在9%~10%徘徊，甚至低于2013年后半年的水平，随着美联储退出QE时间临近，美国国债收益率必然会有一波上升的浪潮，因此对跨境套利资金的吸引力在上升（图17）。与此同时，伴随人民币贬值预期的强化，市场主体的持汇意愿渐强，企业也开始进行本币资产外币化操

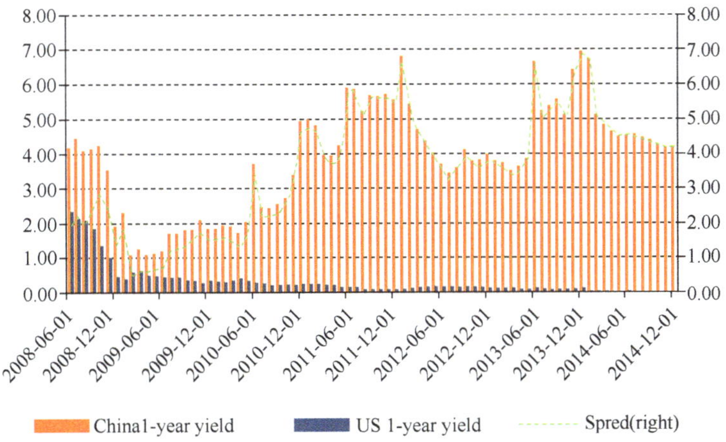

资料来源：FED St Louis

图17　中美一年期国债收益汇率走势图

1　从中国的国际收支平衡表不难看出，“其他投资”占据金融账户的主体地位。而且从图10可以看出，“其他投资”的波动性导致整体资本净流动的波动性。

作，数据表明2014年年底至今银行结售汇逆差大幅扩大（图18）。无论即期结售汇还是远期结售汇都呈现大幅逆差局面，且远期逆差高于即期逆差，预示逆差局面将会持续。

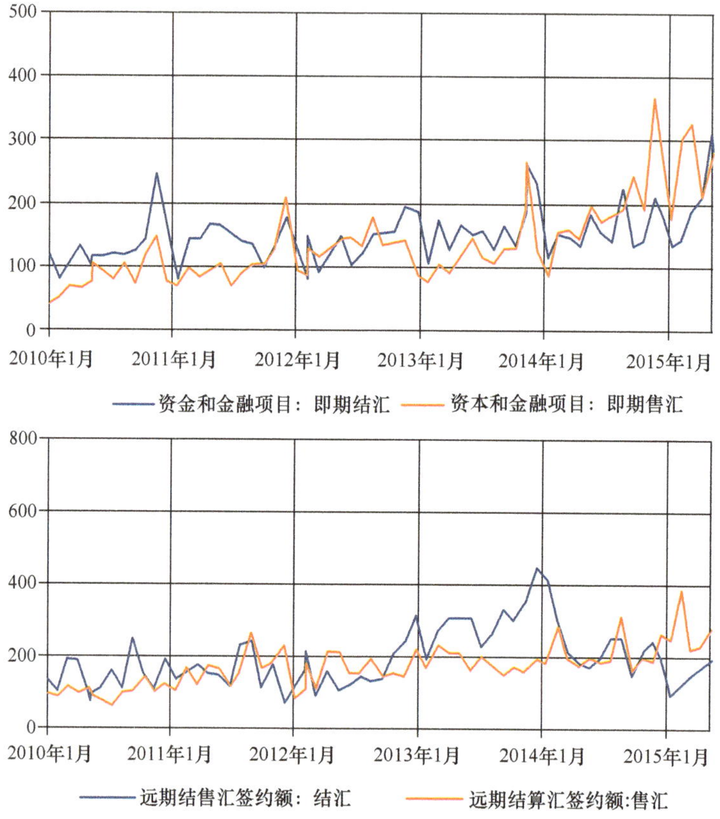

资料来源：国家外汇管理局

图18　人民币即期和和远期结售汇统计：2010年1月—2015年8月

4. 国内经济疲软

国内经济下滑趋势严峻，究其原因无外三点：一是我国房地产市场萎靡不振，房地产投资仍然对经济产生拖累；二是地方债务问题突出而税基萎缩，加之银行又强化风险监管控制信贷，限制了地方政府的经济干预能力；三是反腐行动和去GDP考核减弱了地方政府的投资意愿，故而2015年上半年经济增速降低。从PMI指数来看，2012年以来中国的PMI指数始终在50上下震荡，缺乏牢固基础。尤其是2015年1月以后，PMI指数频频低于50。加工制造业以外的非制造业商务活动指数虽然高于50，但自2009年以来呈现趋势性下降态势，见图19。这两点说明中国的实体经济正在收缩，未来经济增长的动能很弱，全年经济依然面临下行风险。如果中国经济持续下行、出口乏力，那么这必然会对直接投资形成不利影响，届时直接投资与经济增长之间的逆向影响将会形成。

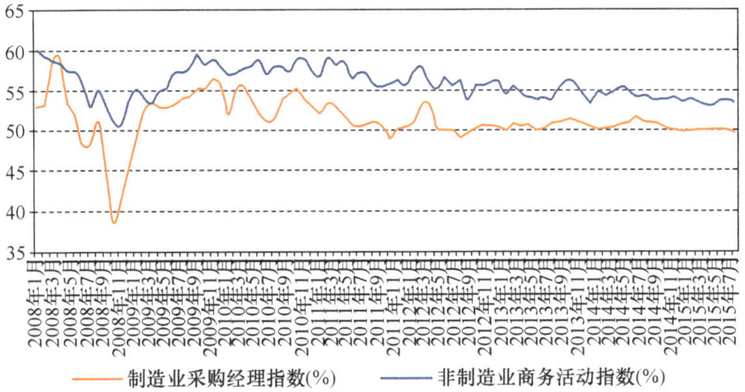

资料来源：国家统计局。

图19 中国加工制造业PMI和非制造业商务活动指数

（四）对我国跨境资本流动的展望

随着美国经济复苏势头向好，2015年下半年经济将加快复苏。日本方面，尽管经济数据表现欠佳，但安培推行的“提高女性劳动参与率”与“涨薪”等结构化改革政策在劳动力市场初见成效。预计欧洲货币政策也将进一步放松，欧洲经济持续复苏。总体来看，美日欧经济复苏较为强劲，将改善中国外部需求，加之人民币走势疲软，这将有利于中国出口部门。对于金融账户而言，这至少能稳定直接投资的流入。但就资本项目、证券投资和其他投资项目，情况不那么乐观：在美国可能升息、中美利差进一步收窄的预期下，未来跨境套利资金将显著减少。金融机构结售汇自2014年下半年出现大幅逆差且不断扩大，金融机构外汇占款从2015年开始出现下降，这预示着我国未来将面临更严峻的资本外流局面。

四、基于预防国际资本流动的最优外汇储备量测算

2014年下半年的油价下跌和美欧制裁导致俄罗斯国际资本流入“突然停止”、国内资本外逃加剧，卢布贬值压力陡增。尽管俄罗斯央行大规模干预汇市，俄罗斯卢布仍贬值近50%。在资本流动冲击和汇市干预的双重重压下，看似“强大”的俄罗斯外汇储备从2014年年初的4 696亿美元降至年末的3 394亿美元，降幅高达27.7%。2014年以来，中国外汇储备总量下降约3 000亿美元，以致IMF、FT开始质疑中国外汇储备的充足性问题。2015年3月，中国人民银行宣布将于年底前实现资本项目“基本放开”，可以预期中国未来面临的国际资本流动冲击力度加剧、频率上升。那么在这种背景下，中国外汇储备量的最优边界在哪里？这是本文关注的核心问题。本文将构建微观个体、金融机构和货币当局的三部门模型，测算货币当局为平抑国际资本流动“突然停止”对微观个体消费冲击、实现消费平滑而持有的最优外汇储备数量，并利用仿真方法，以中国的实际数据从静态和动态两个视角分别考察中国最优外汇储备量的变化及影响因素。

Garcià 和Soto（2004）、Aizenman和Lee（2007）、Calvo等（2013）从不同角度构建了基于预防“突然停止”的最优外汇储备模型，但最具现实性和操作性的当属Jeanne（2007）、Jeanne和Rancière（2011）建立的模型（简称J–R模型）。J–R模型认为，持有外汇储备可以降低危机发生的概率，减少危机对社会福利的冲击。那么在最大化一国居民消费效用的目标下，政府应在不同时期配置储备以平滑居民消费波动，实现居民整体消费效用最大化。J–R模型的消费效用最大化方法（Maximization of Consumption Utility）成为确定最优外汇储备的最新方法，并在不同经济体上得到应用。比如，Gonçalves（2007）将其

用于分析乌拉圭后发现，乌拉圭的实际储备与最优储备量相近；Ruiz-Arranz和Zavadjil（2008）考察东亚10个经济体后认为，除中国外，其他9个经济体的实际储备与最优储备量相近，不存在东亚集体囤积外汇储备的现象；Floerkemeier和Sumlinski（2008）对中亚和高加索6国考察后发现，这些国家储备量高出了最优值；简仲德（2008）运用J-R模型测算发现，台湾实际储备远高于最优值；Bernard（2011）在对中美洲11国考察后发现，其中8国的实际储备量低于最优值，Chami 等（2007）对约旦也有类似发现。

值得一提的是，近年来国内学界越来越关注国际资本流动及其“突然停止”对国内金融稳定、最优储备持有量的影响，并取得了一些成果。李巍、张志超（2009）构建了一个包含外汇储备、金融不稳定、资本流动以及实体经济变量的系统分析框架，模拟出基于金融稳定的中国合意的外汇储备规模，认为中国的外汇储备量仍处于合意区间。李增刚、赵擎（2012）利用J-R模型实证分析中国1988—2009年外汇储备最优规模，发现我国外汇储备的最优规模占GDP的比例约为20.4%。郑妍妍等（2014）同样利用J-R模型分析中国1982—2010年外汇储备最优规模为占GDP的比例13%～15%。但这些研究忽视了中国的以银行为中心、以间接融资为主体的金融特征，银行在经济增长、金融稳定中的作用不能忽视。已有研究表明，即使经济体遭遇“突然停止”危机，如果银行依然能稳健运营，那么危机对产出的影响也是十分有限的（梁权熙和田存志，2011）。因此在测算中国最优外汇储备持有量的问题上，必须注意到中国银行部门的特征和作用。

考虑到中国的实际，本报告将银行部门引入J-R模型，从而构建了三部门均衡模型。在国际资本流动“突然停止”和国内银行客户重新配置资产（将人民币资产转换为美元资产）的背景下，探讨最优外汇储备持有数量问题。

（一）理论模型

尽管表面上亚洲金融危机以来的历次货币金融危机的成因各有

不同，但其中国际资本流动“突然停止”的影响不能忽视。资本流动“突然停止”的概念最早由Dornbusch 等（1995）提出并将其界定为短期内流向一国的私人资本突然减少，甚至由正转负的现象。Calvo和Reinhart（2000）认为，“突然停止”会通过“凯恩斯渠道（Keynesian Channel）”和“费雪渠道（Fisherian Channel）”对实体经济产生冲击。通常认为持有外汇储备能减少“突然停止”对国内产出、消费的冲击，作用机制如下：

由国民收入恒等式可知，一国的产出Y由消费C、投资I和净出口$X-M$构成。按照吸收分析法，$A=C+I+G$表示国内吸收，$TB_t=X_t-M_t$表示贸易余额。

$$Y_t=C_t+I_t+G_t+X_t-M_t=A_t+TB_t \tag{1}$$

根据国际收支原理，经常账户余额CA_t由贸易余额TB_t和净国外要素收入NFI_t表示，资本和金融账户余额用FA_t表示，外汇储备余额以R_t表示。则有：

$$TB_t+\mathrm{NFI}_t+FA_t=R_t-R_{t-1} \tag{2}$$

将（2）式代入（1）式替代TB_t并整理可得：

$$TB_t+\mathrm{NFI}_t+FA_t=R_t-R_{t-1} \tag{3}$$

由式（3）可知，当经济体在t时刻遭遇资本流动“突然停止”时，其资本和金融项目余额FA_t会迅速下降甚至由正转负，若不加阻止则会导致国内吸收A_t萎缩，影响整个社会福利。此时货币当局可减持外汇储备平抑国内吸收的萎缩，在式中表现为R_t、(R_t-R_t-1)下降以抵消FA_t下降对国内吸收A_t的影响。那么这里涉及一个问题：经济体在t时期应持有多少外汇储备R_t？显然如果储备过高，会影响t时刻消费；如果储备过低，则不利于防范未来（t+1时期）的资本流动“突然停止”风险，进而出现t和t+1时刻消费剧烈波动，不利于个体消费者福利。本文构建三部门模型推导最优储备问题。

1. 消费者个体的预算约束

假定存在一个开放经济体，由个体消费者、银行、官方共同构成。对于个体消费者，其消费来自于当期产出Y、私人国外短期借款L、国内银行短期借款B、官方转移支付Z。官方的转移支付Z来自于官方国外借款。私人和官方国外借款皆以外币表示。那么个体消费者的预算约束为：

$$C_t=Y_t+q_t\left[L_t-(1+r)L_{t-1}+Z_t\right]+B_t-(1+r^b)B_{t-1} \tag{4}$$

其中，q_t为直接标价法下的实际汇率，r为国际借款利率，r^b为国内贷款利率，L_{t-1}、B_{t-1}分别表示上期的国际和国内借款。$t-1$时短期国际借款L在t期到期并偿付本息和$(1+r)L_{t-1}$。

2. 银行部门的预算约束

国内银行部门的资金来自国内公众储蓄存款D，其资金主要用于国内贷款B，余下的资金RB用于投资于无风险资产以备付公众提款要求。其预算约束为：

$$B_t-(1+r^b)B_{t-1}+RB_t-(1+r)RB_{t-1}=D_t-(1+r^d)D_{t-1} \tag{5}$$

其中，RB_t是银行用于备付公众提款要求的资金，投资对象为无风险资产，所获收益率为r。按照银行备付金比率的要求可假定$RB_t=\alpha D_t$，将（5）式整理并代入（4）式可得个人预算约束式：

$$C_t=Y_t+q_t[L_t-(1+r)L_{t-1}+Z_t]+(1-\alpha)D_t+[\alpha(1+r)-(1+r^d)]D_{t-1} \tag{6}$$

3. 官方部门的预算约束

在正常时期（Normal States，简记ns），官方通过发行长期债券N和短期借贷G形式募集资金，资金用于转移支付Z和储备累积R，政府预算约束为：

$$G_t-(1+r)G_{t-1}+P(N_t-N_{t-1})-N_{t-1}=Z_t+R_t-(1+r)R_{t-1} \tag{7}$$

G_t为t时期官方短期借贷额，$G_t-(1+r)G_{t-1}$为官方t时期的短期净借贷额。N_t为t时期官方发行的长期债券数量，N_{t-1}为债券到期数量。假定债券发行价格为P，债券利息单位化为1。则$P(N_t-N_{t-1})-N_{t-1}$为t时期官方增发债券扣除上期利息后的净融资额。官方发行长期债券是为累积外汇储备，因而有$PN_t=R_t$。当发生资本流动“突然停止”所导致的货币金融危机时，官方将对长期债券N和短期债务G违约。正常时期长期债券的价格P为其预期收益的贴现值，可以表示为：

$$P=\frac{1}{1+r+\delta}+\frac{E_t(P_{t+1})}{1+r+\delta}=\frac{1+[0\cdot\pi+(1-\pi)\cdot P]}{1+r+\delta} \tag{8}$$

其中π为资本流动“突然停止”危机发生概率，$r+\delta$为长期债券的贴现率，δ为风险溢价程度。对式进一步整理可得：

$$P=1/(r+\delta+\pi) \tag{9}$$

利用$PN_t=R_t$和（9）式重新表述正常状态时政府预算约束为：

$$Z_t^{ns}=G_t^{ns}-(1+r)G_{t-1}^{ns}-(\delta+\pi)R_{t-1} \tag{10}$$

当发生危机时（Sudden Stops，简记ss），官方的长短期债务违约。由于官方违约，不再支付每期1单位的债息，长期债券被市场抛弃，价格为0。通过发行长期债券而募集的储备额R_t也降为0。短期债务融资额G_t也降为0。再次利用$PN_t=R_t$和式（9）重新表述危机时政府预算约束为：

$$Z_t^{ss}=-(1+r)G_{t-1}^{ss}+(1-\delta-\pi)R_{t-1} \tag{11}$$

从（10）式、（11）式可以看出，正常时期官方对私人部门的转移支付为$-(\delta+\pi)R_{t-1}$，而危机时官方对私人的转移支付为$(1-\delta-\pi)R_{t-1}$。因此可认为正常状态时公众承担$(\delta+\pi)$费率的保险，为危机时享受官方的转移支付。由于官方短期债务的存在，使得正常状态时官方转移支付增加$(G_t^{ns}-(1+r)G_{t-1}^{ns})$（保险费率降低），危机时官方的转移支付亦减少$(1+r)G_{t-1}^{ss}$。

4. 不同经济状态下消费者预算约束的具体表达

将（10）式、（12）式代入个体消费者预算约束式（6）可得不同经济状态下个体的消费约束式，同时将正常状态和危机时的实际汇率标准化为1和$(1+\Delta q)$，则有正常状态下的消费表达式为：

$$C_t^{ns}=Y_t^{ns}+L_t^{ns}+G_t^{ns}+(1-\alpha)D_t^{ns}-(1+r)L_{t-1}^{ns}-(1+r)G_{t-1}^{ns}+[\alpha(1+r)-(1+r^d)]D_{t-1}^{ns}-(\delta+\pi)R_{t-1} \tag{13}$$

当一国遭遇资本流动“突然停止”危机时，该国产出下降γ。如果正常状态下的产出表达为$Y_t^{ns}=(1+g)Y_t^0$，则危机时的产出为$Y_t^{ss}=(1-\gamma)(1+g)$，$Y_t^0=(1-\gamma)Y_t^{ns}$，其中g为产出增长速度。发生国际资本流动危机时，国内个体消费者将重新进行资产配置，将本币提现兑换成外币以规避风险。假设居民本币存款置换为外币的比率为φ，则危机时个体消费者的预算约束为：

$$C_t^{ss}=(1-\gamma)Y_t^{ns}+(1+\Delta q_t)[-(1+r)L_{t-1}^{ns}-(1+r)G_{t-1}^{ns}+(1-\delta-\pi)R_{t-1}]+(1-\varphi)D_{t-1}^{ns}+[\alpha(1+r)-(1+r^d)]D_{t-1}^{ns} \tag{14}$$

5. 最优外汇储备持有量

假定个体效用函数采用常相对风险厌恶CRRA效用形式，形如：

$$u(C)=\frac{C^{1-\sigma}-1}{1-\sigma} \tag{15}$$

其中，σ为风险规避系数。同时假定官方以个体效用最大化为目标，则官方效用函数为：

$$\overset{+\infty}{U}_t=\sum_{i=0}^{\infty}(1+r)^{-i}u(C_{t+i}) \tag{16}$$

官方在t时期确定$t+1$时点的最优外汇储备数量以最大化个体消费效用。而未来的经济状态并不确定，危机和非危机的概率分别为π、$1-\pi$。那么最优外汇储备问题转化为：

$$V=\underset{R_t^*}{\operatorname{argmax}}(1-\pi)u(C_{t+1}^{ns})+\pi u(C_{t+1}^{ss}) \tag{17}$$

将（13）式、式（14）代入式（17）并对R_t求一阶条件可得最优外汇储备量R_t^*的边界条件：

$$(1-\pi)(\delta+\pi)u'(C_{t+1}^{ns})=\pi(1-\delta-\pi)(1+\Delta q)u'(C_{t+1}^{ss}) \tag{18}$$

式（18）说明最优外汇储备R_i^*应使发生资本流动“突然停止”时边际消费效用乘以$\pi(1-\delta-\pi)(1+\Delta q)$等于未发生资本流动“突然停止”时的边际消费效用乘以$(1-\pi)(\delta+\pi)$。通常可用w_t表示消费边际效用替代率，则有：

$$w_t=\frac{u'(C_t^{ss})}{u'(C_t^{ns})}=\frac{(1-\pi)(\delta+\pi)}{\pi(1-\delta-\pi)(1+\Delta q)} \tag{19}$$

令银行吸收的存款D、个体消费者短期外债L、政府短期外债G与国内产出之比分别为λ_D、λ_L、λ_G。同时假定最优外汇储备与发生资本流动“突然停止”之前的产出之比为ρ（即$R_t^*=\rho Y_{t+1}^{ns}$）。将式（13）、式（14）代入式（19）并整理可得最优外汇储备ρ的表达式如下：

$$\rho = \frac{1+\lambda_L+\lambda_G+(1-\alpha)\lambda_D-\frac{1+r}{1+g}\left[\lambda_L+\lambda_G+\left(\frac{1+r^d}{1+r}-\alpha\right)\lambda_D\right]-w^{\frac{1}{\sigma}}(1-\gamma)}{(\delta+\pi)+w^{\frac{1}{\sigma}}(1+\Delta q)(1-\delta-\pi)}$$
$$+\frac{w^{\frac{1}{\sigma}}\frac{1+r}{1+g}(1+\Delta q)(\lambda_L+\lambda_G)-w^{\frac{1}{\sigma}}\left[\frac{(1-\varphi)+\alpha(1+r)-(1+r^d)}{1+g}\right]\lambda_D}{(\delta+\pi)+w^{\frac{1}{\sigma}}(1+\Delta q)(1-\delta-\pi)} \qquad (20)$$

上式即为该国最优外汇储备数量表达式[1]。从上式可知最优外汇储备量的影响因素较多，因此对参数进行校准，才能模拟出切合实际的最优外汇储备值。

（二）参数校准与数值模拟

1. 参数校准

由式（20）可知，影响中国最优外汇储备持有量ρ的变量包括：①5个宏观经济变量：经济增长率g、“突然停止”危机发生概率π、危机时产出损失比例γ、个体部门短期外债L和政府短期外债G与GDP之比λ_D、λ_L；②3个银行部门变量：银行吸收的存款D与GDP之比λ_G，银行备付金占存款比重α，存款置换率φ；③4个金融价格变量：发生危机时的汇率贬值程度Δq_t、国际贷款利率r、国内存款利率r^d、风险溢价程度δ；④ 1个外生变量：风险规避系数σ。下面分别描述各变量基准值的计算依据和结果。

经济增长率g。首先对1990—2014年中国实际的年度GDP的自然对数进行HP滤波，以滤波之后的实际国内生产总值的自然对数为被解释变量，对时间进行最小二乘法回归，时间趋势项的系数即为实际国内生产总值的平均增长率g。回归结果显示参数g的经验值为10.48%。

“突然停止”危机发生概率π。通常识别“突然停止”有两类方法：其一是Radelet和Sachs（1998）、Rodrik和Velasco（1999）、Sula（2010）提出的界定方法：$FA<0$且$\Delta FA/GDP\leqslant\tau$，即认为该经济体发生了“突然停止”；其二是Calvo 等（2004）、Bordo 等（2010）、Rothenberg和Warnock（2011）为代表的界定方法：$\Delta FA\leqslant\mu_{\Delta FA}-\theta_{\Delta FA}$，

1 学者如Fernando(2007)、Rodríguez和Funk(2012)进一步假定贷款（借款）利率与存款利率相等，即$r=r^d$，那样(20)式的形式将会进一步简化。考虑到存贷款利率相等的假定并不符合常理，本文未采用这一假定。

并且ΔFA/GDP≥5%。其中FA代表资本金融余额，μ是ΔFA的滚动均值，θ是ΔFA的滚动标准差，τ为特定参数值。第一类方法的不足之处在于只考虑到出现资本流出时的“突然停止”，而当FA处于资本净流入时，从一个较高的正值变成较低的正值也意味着发生“突然停止”，可惜第一类方法未涵盖这种情形。因而本文采用第二类界定标准。利用年度数据测算发现1990—2014年中国发生了7次“突然停止”（见表4），但这7次逆转数额最大占GDP的3.51%。对于类似中国这样的存在比较严格资本管制的经济体，5%的逆转幅度可能过大，本文以2%为标准。那么在25年中，中国遭遇了3次国际资本流动突然停止，其发生概率为12%。

表4　1990—2014年中国的国际资本流动突然停止及规模

时间	1990年	1997年	1998年	2005年	2006年	2008年	2012年
数量（亿美元）	−92	−190	−273	−128	−460	−541	−2,972
占GDP%	−2.35%	−1.98%	−2.67%	−0.56%	−1.69%	−1.19%	−3.51%

危机时产出损失比例γ。根据Jeanne和Rancière（2011）对1975—2002年34个中等收入经济体进行统计后发现，遭遇“突然停止”的经济体产出平均下降4%，如果进一步将样本集中在产出下降的经济体上，那么产出下降高达9%。鉴于此，他们取二者均值6.5%。不过就中国1990年至今的经济增长而言，即便是遭遇了“突然停止”，产出水平也并未下降，只是增速放缓，如1997年、1998年、2005年、2008年、2012年增长率分别下降5%、3%、1.7%、4%、7%。本文采用J-R给出的基准值。

政府短期外债G、个体部门短期外债L、银行吸收的存款D与GDP之比。根据国家统计局公布的数据，2014年年底中国外债余额为54 793亿元人民币，其中短期外债余额为38 005亿元人民币，约占全部外债的70%。根据世界银行公布的世界发展指数（World Development Index,WDI），中国长期外债中的债务主体结构以及国家外汇管理局公布的历年《中国对外债务简表》，可以推算出历年短期外债中的公共部门和私人部门的比重。以2013年为例，公共部门短期外债与私人部门短期外债占GDP比重分别为0.59%、5.99%。同时从趋势上可以看出公共部门短期外债占比逐渐下降，而私人部门占比稳步上升。基于此，所以此处取0.6%作为λ_G的基准值，取6%作为λ_L的基准值。银行吸收的私人“储蓄存款”与GDP之比表示为λ_D。从数值上看，1990年至今该比率变动较大，从37.92%上升到2003年的81.06%，之后略有下降，但从2009年起一直稳定在75%左右。故此处取0.75作为λ_D的基准值。

备付金率α（cash reserve ratio）。该指标指银行备付金占存款比重，是衡量流动性和清偿能力的指标。备付金率越高，银行流动性越强但经营成本上升。若备付金率过低，则可能影响银行储户存款的正常兑现。通常认为，适当的备付金率应保持在2.5%~3%。目前国内银行的备付金率通常为3%，故以此作为基准值。

居民存款置换率φ。该指标比较难以确定，因为我国未公布银行遭遇挤兑、储户兑换外币的情况，但国外的案例为我们提供了参照。西班牙在2012年严重银行挤兑使存款1个月下降1.89%，英国北岩银行2007年遭遇挤兑后存款余额从6月份的270亿英镑下降到12月份的125亿英镑，其中9月单月下降约20.8%。在1998年亚洲金融危机期间，印尼的45家非外汇银行中，有25家存款降幅达10%以上，其中又有17家降幅达20%以上。考虑到中国居民的换汇额度限制、国内商业银行总体声誉以及存款保险制度的推出，本文设定φ基准值为5%。

国际借款利率r使用Libor一年期美元利率，基准值为3.66%。国内存款利率r^d基准值设定为1%。通常风险溢价程度δ用长短期国债的利差表示，采用10年期美国国债收益率与1年期美国国债收益率之差。根据Fed St Lousi分行公布的数据，美国10年期国债自1990年至今平均利率为4.96%，同期1年期短期国债平均利率为3.39%，二者相差1.57%，本文以此作为风险溢价程度基准值δ。至于发生危机时的实际汇率贬值程度Δq_t，墨西哥金融危机时比索贬值31%，亚洲金融危机中印尼卢比贬值20%。考虑到中国现行的汇率制度实情，本文设定Δq基准值为5%。

通常的研究表明，居民的风险规避系数σ介于0.5～25之间，王晟和蔡明超（2011）对中国居民的风险规避系数的研究认为其值介于3～6之间。同时根据外汇储备问题研究惯例，本文设定σ的基准值为6。各参数基准值及取值区间请见表5。

表5　参数基准值及取值区间

代码	名称	计算方法	基准值	取值区间		数据来源
π	“突然停止”发生概率	发生资本流动突然停止的概率	0.120	0.000	0.500	国家外管局《国际收支平衡表》
γ	产出损失比例	资本流动停止对国内产出的影响	0.065	0.000	0.150	Jeanne和Rancière（2011）、Hutchison和Noy（2006）
g	实际产出增长率	实际产出HP滤波后对时间回归之参数	0.105	0.030	0.170	国家统计局
r	国际贷款利率	Libor一年期美元贷款利率	0.0366	0.000	0.100	Fed St Louis
r^d	存款利率	活期存款利率，若年中调整，则按月加权计算	0.010	0.000	0.100	中国人民银行
δ	风险溢价	美国10年期国债与1年期国债利率平均利率之差	0.0157	0.000	0.050	Fed St Louis
σ	风险规避程度	取经验值	6.000	2.000	12.00	Jeanne和Rancière（2011）、王晟和蔡明超（2011）
Δq	汇率贬值程度	遭遇危机时人民币汇率贬值程度	0.050	0.000	0.300	经验设定
α	备付金比率	备付金总额/存款总额=(库存现金+在中央银行存款−法定准备金)/存款总额	0.030	0.000	0.100	经验设定
φ	存款置换率	个人本币存款兑换外币的比重	0.050	0.000	0.200	经验设定
λ_G	政府短期外债占比	官方短期外债/GDP	0.006	0.000	0.200	国家外汇管理局、联合国WDI
λ_L	私人短期外债占比	私人短期外债/GDP	0.060	0.000	0.200	
λ_D	居民储蓄存款占比	私人储蓄存款/GDP	0.750	0.304	1.000	中国人民银行
w	消费边际效用替代率		1.0965	—	—	根据(20)式和前面设定的基准值计算得出

2. 数值模拟

将表5中各参数的基准值代入式（20）即可得出中国最优外汇储备占GDP之比为19.26%。以此标准可以计算样本期内各时期的最优外汇储备量。从图20中可以清晰看出，2002年以前中国的实际外汇储备低于基于预防国际资本流动突然停止的最优外汇储备量，二者之缺口在1990—2001年平均为-562亿美元，其中1993年高达959亿美元。说明此间中国处于储备不足的境地。但2002—2009年，中国的实际储备迅速超过最优储备量，二者之间的缺口加速扩大，2010—2012年缺口稳定在1.7万亿美元，此后2013年实际外汇储备量超出最优值1.99万亿美元，达到历史峰值。为何自2002年起中国改变了储备不足的局面？从中国实际外汇储备量的变化轨迹不难看出，2002年前后发生明显的拗折。这一现象的出现必有深刻的经济原因。如果进一步将2002年以后外汇储备的来源进行细分，不难看出经常项目特别是货物和服务贸易、金融项目下直接投资对中国储备的贡献功不可没。1990—2001年，中国BOP中货物和服务贸易年均盈余136亿美元，直接投资年均盈余279亿美元。而2002—2014年，前述两个指标分别为1 916亿美元和1 314亿美元。导致这种结构性变化的制度背景就是2001年年底中国的“入世”。入世后中国的劳动力和资源禀赋优势得以在更广阔的平台释放，国外直接投资纷纷涌向中国的出口行业，最终导致中国国际收支双顺差和外汇储备激增的景象。

中国最优外汇储备与GDP比值19.26%是基于各参数基准值（历史均值）计算得出的，属静态系数，并未考虑特定时期的具体参数情况。为更切合实际，本文将不同时期的参数代入式（20）中以获得动态最优储备系数及最优储备量。除危机时产出损失比例γ、风险规避系数σ、汇率贬值程度Δq、银行存款备付金比率α、居民存款置换率φ外，其余参数均使用各个时期的具体值。

从图21中上图可以看出，中国动态的最优储备系数总体上呈现趋势性增长，但在特定时期存在剧烈波动：从1990年的11.14%上升到

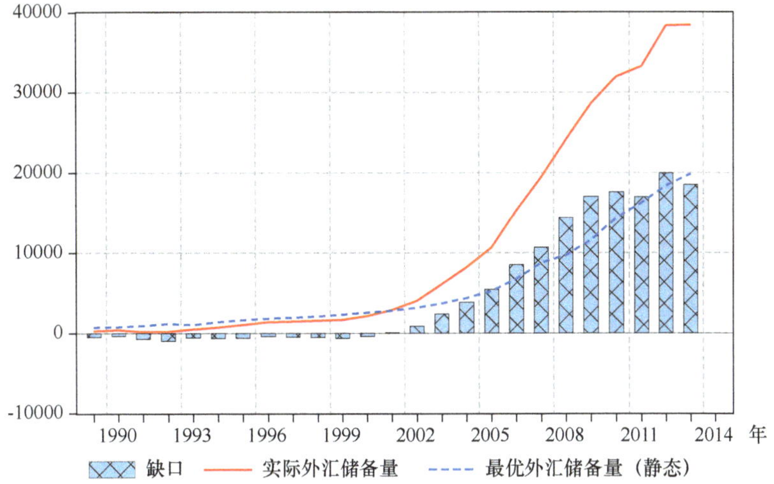

数据来源：作者计算。

图20　1990–2014年中国实际外汇储备、最优外汇储备及其缺口

1997年亚洲金融危机时的15.22%，之后下降回调。但在2002年以后的俄罗斯金融危机、阿根廷金融危机和土耳其金融危机后，这一比率再度持续上升，至美国次贷危机爆发时达到历史高峰22.96%，之后迅速下降。该比率在欧债危机爆发时再度上升，目前企稳在18%左右。从下图的最优外汇储备数量上看，静态和动态情况下计算出的最优外汇储备量在1990—1995年相差较大，这是因为此间二者系数之差较大且当时储备量较低，导致彼时二者差额相对于储备总量而言较大。但2000年以后，静态最优储备系数和动态系数之间的差额缩小，同时官方所持外汇储备量不断扩大，此时二者差额相对储备总量而言较小。

（三）敏感性分析

纵观动态外汇储备系数跌宕起伏的运动轨迹，不禁产生一个问题：哪些参数对最优储备系数的影响较大？影响方向如何？这就需要对最优储备系数进行敏感性分析。此处的敏感性分析是以式（20）为基础，以表2中各参数的基准值为标准，以取值范围作为分析区间。

从危机发生概率π与最优外汇储备ρ的关系来看，二者之间存在着

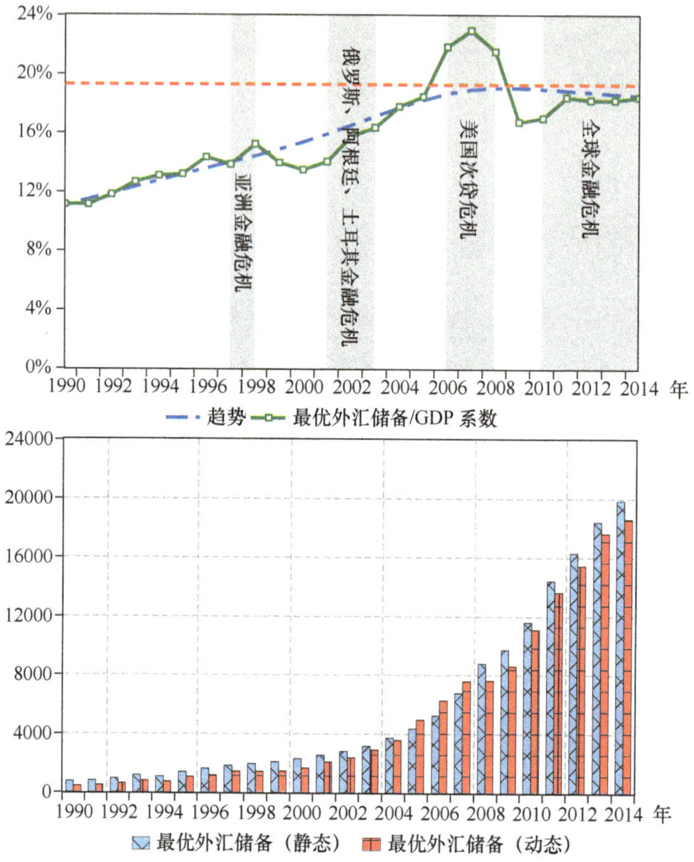

注：上图中虚线为静态的最优储备系数值19.25%。图中断续线为动态最优储备系数经HP滤波后的趋势线。

图21　动态最优外汇储备系数及外汇储备量的变化

明显的非线性关系，π对ρ的影响加速递减。当危机发生概率从0增加到5%时，ρ值从-17.18%上升到16.74%。当π增加到10%时，ρ值仅增加到18.87%；当π进一步增加到15%时，ρ值仅增至19.67%。可见当π在5%时，最优的ρ达到相对比较稳定的状态。这也从侧面说明当危机发生概率超出一定临界点时，仅用储备作为防御手段的作用是比较有限的。这里须说明为何π极低近乎为0时最优储备量为负？负值可以理解为经济体不仅不需要储备，而且可以从国外大量借贷而无危机之虞。从图22中还可以看出，在给定危机发生概率π的情况下，风险规避程度越强

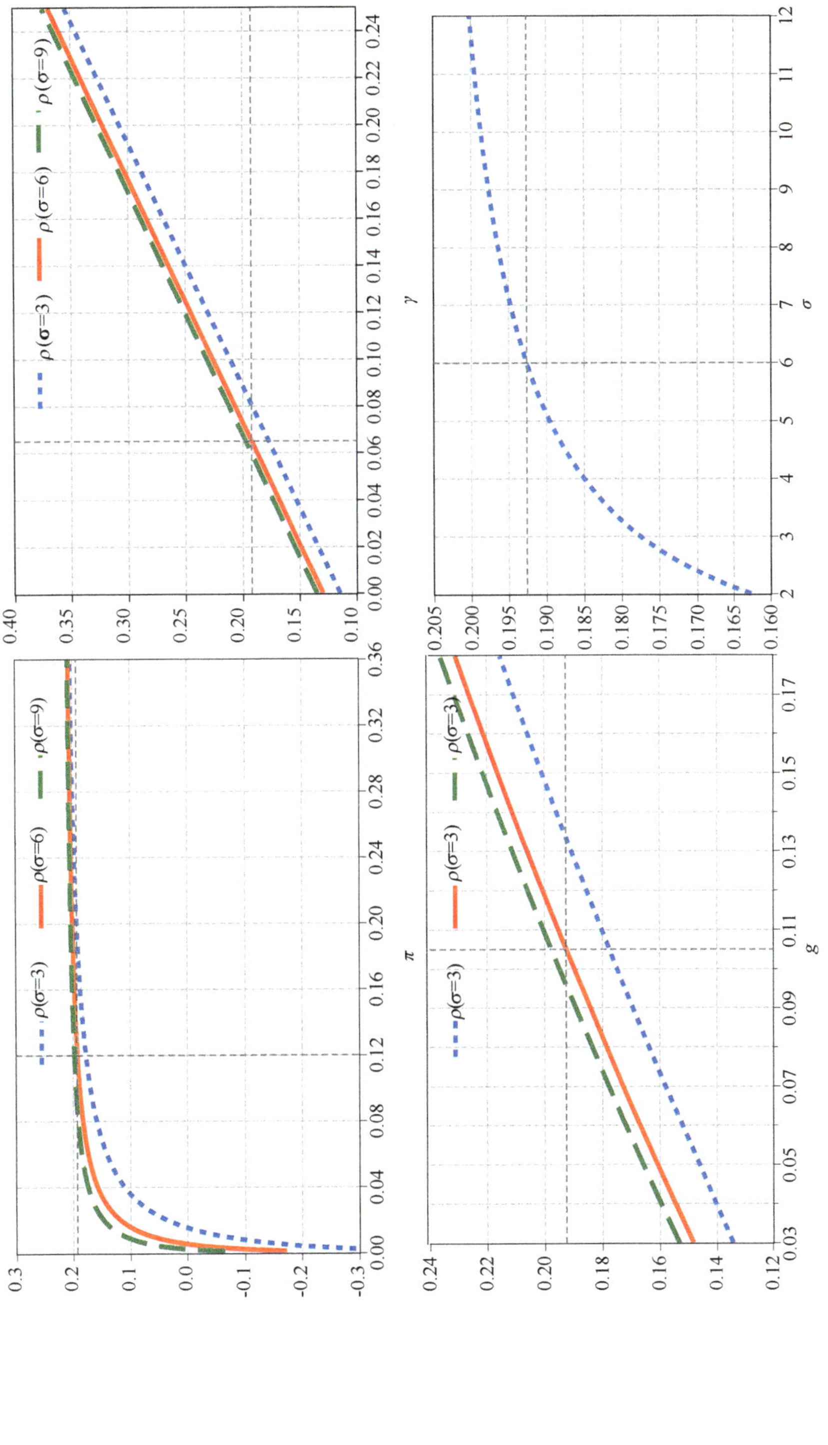

注：图中横轴虚线为静态最优外汇储备比率19.26%，纵轴虚线为各参数的基准值。

图22　各参数的敏感性分析

（σ值越大）的经济体，其最优储备数量越高。伴随着危机发生概率的上升，不同风险偏好的经济体，其最优外汇储备将在20%左右趋同（假定其他因素不变）。这一发现与J–R模型的建议并不一致。J–R模型建议发展中经济体的ρ为9%～10%，但本文发现最优的ρ接近20%。之所以存在差异，可能由于本文模型考虑到了发展中经济体存在的银行不稳定性、民众在危机时的挤兑和资产置换行为、经济体公私部门的短期外债规模，这些因素增加了发展中经济体的脆弱性，官方出于防范风险而增持外汇储备的行为就比较容易理解。

资本流动突然停止的产出损失γ与最优外汇储备ρ之间存在显著的直线线性关系，斜率为0.960 5，在γ取值区间内的平均弹性为0.479 3。这意味着危机造成的损失上升1%，则最优外汇储备量提高0.479 3%。而且在同样γ的水平下，风险规避系数越强的经济体的最优储备ρ值越高。显然，产出增长率g与最优外汇储备ρ之间也存在线性关系，斜率为0.630 7，在γ取值区间内的平均弹性为0.304 4，意味着产出增长率g越高，危机造成的潜在损失越大，经济体所需抵御危机的外汇储备量越多。在样本取值区间内，如产出增长率上升1%则最优外汇储备ρ需增加0.304 4%。

经济体的风险规避系数σ对最优外汇储备ρ存在较大的非线性影响，二者存在明显的凸形关系。当风险规避系数较小（即风险偏好较大）时，最优的ρ值约为16.5%，而风险规避系数较大时，最优的ρ值上升到20%。凸函数在σ取值区间内的平均弹性为0.134 3，即平均而言风险规避系数σ上升1%，则最优外汇储备ρ上升0.134 3%。

前两类因素是否相互独立？如不独立，那么它们共同作用后对ρ的影响如何？下面将显著影响ρ的参数分类组合，进一步考察它们对ρ的影响，参见图23。

总体上，不同类型参数组合对ρ的影响各异。从图23a可以看出，产出损失γ对ρ的作用受到突然停止发生的概率π的影响：当π较低时（5%以内），γ上升带来的ρ上升幅度有限；但当π处于高位时（10%以上），γ上升带来的ρ加速上升，在样本区间内ρ最大可达30%。由此可见，最优外汇储备量ρ伴随着“期望损失”（危机发生概率$\pi\times$产出损失γ）的增加而上升。图23b中危机发生概率π较小、经济体风险厌恶程度较低时（$\sigma<4$），一国最优储备量近乎为0。但随着一国风险规避系数上升、危机发生概率增加，该国最优的ρ会迅速在20%达到稳态。

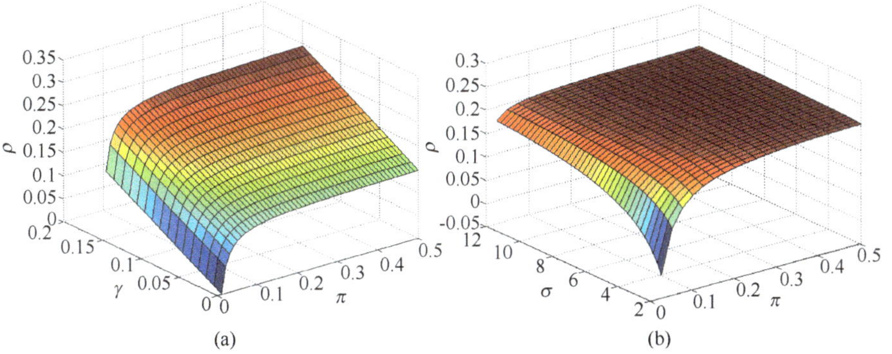

注：根据模型式（20）使用Matlab绘制上述图形，其z轴为变量ρ；在绘制时，除X、Y轴变量以及消费边际效用替代率w外，其余参数使用样本均值。

图23　参数组合对ρ的影响

六、总结

本文重点考察在国际资本流动日趋频繁的背景下，中国及新兴经济体面临的国际资本流动风险问题。在总体评估国际资本流动现状的基础上，本报告针对目前中国面临的国际资本流动风险——突然停止——进行了系统的评估，并站在中央银行的角度，讨论了应对“突然停止”风险的外汇储备最优数量问题。研究结果表明：

（1）在2015—2016年，流向EMs的国际资本将会明显萎缩，2016年下半年至2017年，流向EMs的国际资本会逐渐恢复。原因有三：第一，作为国际资本供应的主体，欧元区经济在欧债危机后受到重创，区域内货币当局扩张政策频繁，欧元汇率持续走低，2015年欧元区经济缓慢复苏，2016年将出现明显增长。上述因素会限制欧洲资本游离本土。第二，美国经济向好，市场对美联储加息充满期待。预期流入美国的国际资本将会进一步增加，这会挤占涌入EMs的份额。第三，鉴于新兴市场经济体总体表现不佳，IMF将2015年EMs的增长预期调至4.3%，低于2014年的4.6%。EMs将在2016年下半年实现经济复苏。

（2）作为EMs代表的中国，经济下行风险依然，国际资本“突然停止”风险加大。美国经济复苏较为强劲，将改善中国外部需求，加之人民币走势疲软，这将有利于中国出口部门和金融账户下直接投资流入。但就资本项目、证券投资和其他投资项目，情况并不乐观：在美国可能升息、中美利差进一步收窄，未来跨境套利资金将显著减少。金融机构结售汇自2014年后半年出现大幅逆差且不断扩大，金融机构外汇占款从2015年开始出现下降，这预示着我国未来将面临更严峻的资本外流局面，经济体面临的“突然停止”风险迅速扩大。

（3）从静态角度看，中国基于预防国际资本流动突然停止风险的最优外汇储备占GDP之比为19.26%。2002年以前中国的实际外汇储备量低于最优外汇储备量，二者之缺口在1990—2001年平均为-562亿美元，其中1993年高达959亿美元。2002—2009年，中国的实际外汇储备迅速超过最优储备量，二者之间的缺口加速扩大。

（4）从敏感性分析的角度看，宏观层面的因素包括国际资本流动突然停止发生的概率π、流动突然停止对产出造成的损失γ、产出水平g、经济体风险规避程度σ对ρ存在显著的正向影响。而银行的备付金比率α、国际风险溢价δ对ρ存在显著的负向影响。从危机应急的角度看，一旦遭遇资本流动突然停止的冲击，提高银行备付金比率α、控制居民存款置换率φ能有效节约外汇储备，同时能确保国内产出稳定。但从长远看，控制国内公私部门短期外债规模（λ_L、λ_G）、确保银行稳健运营（α）更为关键。

参考文献

[1] Aizenman J, Lee J. International Reserves: Precautionary versus Mercantilist Views,

Theory and Evidence [J] . Open Economies Review, 2007, 18(2), 191–214.

[2] Ali Aşkın Çulha. A Structural VAR Analysis of the Determinants of Capital Flows into Turkey [J] . Central Bank Review, 2006(2): 11–35.

[3] Alfaro L, Kalemli–Ozcan S, Volosovych V. Capital Flows in a Globalized World: The Role of Policies and Institutions, in Edwards, S. (eds), Capital Controls and Capital Flows in Emerging Economies: Policies, Practices and Consequences [M] . University of Chicago Press, 2007.

[4] Bailey M N, Farrell D, Lund S. The Color of Hot Money [J] . Foreign Affairs, 2000, 79(2):99–109.

[5] Blanchard O, Giavazzi F. Current Account Deficits in the Euro Area: The End of the Feldstein–Horioka Puzzle? [J] . Brookings Papers on Economic Activity, 2002, 33(2):147–210.

[6] Bernake B S, Gertler M L, Gilchrist S. The Financial Accelerator in a Quantitative Business Cycle Framework [J] . in: J. B. Taylor & M. Woodford (ed.), The Handbook of Macroeconomics, Amsterdam: Elsevier, 1999, 1(1):1341–1393.

[7] Bird G, Rajan R S. Does FDI Guarantee the Stability of International Capital Flows? Evidence from Malaysia [J] . Development Policy Review, 2002, 20(2):191–202.

[8] Bordo M D, Cavallo A F, Meissner C M. Sudden Stops: Determinants and Output Effects in the First era of Globalization, 1880–1913 [J] . Journal of Development Economics,2010, 91(2):227–241.

[9] Caballero J. Do Surges in International Capital Inflows Influence the Likelihood of Banking Crises? [R] . IDB Working Papers, 2012: No. IDB–WP–305.

[10] Calvo G A, Izquierdo A, Loo–Kung R. Optimal Holdings of International Reserves: Self–insurance against Sudden Stops [J] . Monetaria, 2013, 35(1), 1–35.

[11] Calvo G A, Izquierdo A, Talvi E. Sudden Stops and Phoenix Miracles in Emerging Markets [J] . American Economic Review, 2006, 96(2):405–410.

[12] Calvo G A, Reihart C M. When Capital Inflows Come to a Sudden Stop: Consequences and Policy Options [R] . MPRA Paper, 2000: No.6982.

[13] Chami S, McGettigan D,Watt S. Jordan’ s International Reserve Position: Justifiably Strong [R] . IMF Working Papers, 2007: WP/07/103.

[14] Chuhan P, Claessens S, Mamingi, N. Equity and Bond Flows to Latin America and Asia: the Role of Global and Country Factors [J] , Journal of Development Economics, 1998, 55(2):439–463.

[15] Cowan K, De Gregorio J, Micco A, Neilson C. Financial Diversification, Sudden Stops,

and Sudden Starts［J］. In: Cowan, K.,Edwards, S.,Valde’s, R.,Loayza, N.(Eds.),Current Account and External Finance, Central Bank of Chile., 2008, 12(5): 159–194.

［16］Cowan K, De Gregorio J. International Borrowing, Capital Controls, and the Exchange Rate: Lessons from Chile［R］. NBER Working papers, 1996, No.11382.

［17］Fernandez–Arias E. The New Wave of Private Capital Inflows: Push or pull?［J］. Journal of Development Economics, 1996, 48(2):389–418.

［18］Floerkemeier H, Sumlinski M. International Reserve Trends in the South Caucasus and Central Asia Region［R］. IMF Working Paper, 2008, WP/08/41.

［19］Forbes K J, Warnock F E. Capital Flow Waves: Surges, Stops, Flight, and Retrenchment［J］. Journal of International Economics, 2012, 88(2):235–251.

［20］Fratzscher M. Capital Flows, Push versus Pull Factors and the Global Financial Crisis［J］. Journal of International Economics, 2012, 88 (2):341–356.

［21］Furceria D, Guichardc S, Rusticelli E. The Effect of Episodes of Large Capital Inflows on Domestic Credit［J］. North American Journal of Economics and Finance, 2012, 23(3):325–344.

［22］Gabriele A, Boratav K, Parikh A. Instability and Volatility of Capital Flows to Developing Countries［J］. The World Economy, 2000, 23(8):1031–1056.

［23］Gonçalves F M. The Optimal Level of Foreign Reserves in Financially Dollarized Economies: The Case of Uruguay［R］,IMF Working Paper, 2007: WP/07/265.

［24］García P, Soto C. Large Hoardings of International Reserves: Are They Worth It?［R］. Central Bank of Chile Working Papers, 2004: No.299.

［25］Guidotti P E, Sturzenegger F, Villar A. On the Consequences of Sudden Stops［J］. Economia, 2004, 4(2):171–214.

［26］Hutchison M M, Noy I. Sudden Stops and the Mexican Wave: Currency Crises, Capital Flow Reversals and Output Loss in Emerging Markets［J］. Journal of Development Economics, 2006, 79(1):225–248.

［27］Joyce J P, Nabar M. Sudden Stops, Banking Crisis and Investment Collapses in Emerging Markets［J］. Journal of Development Economics, 2009, 90(2):314–322.

［28］Kaminsky G L. Currency Crisis: Are They All the Same?［J］. *Journal of International Money and Finance*, 2006, 25(3):503–527.

［29］Kiyotaki N, Moore J. Credit Cycle［J］. Journal of Political Economy, 1997, 105(2):211–248.

［30］Kraay A, Ventura J. Current Accounts in Debtor and Creditor Countries［J］. The Quarterly Journal of Economics, 2000, 115(4):1137–1166.

[31] Levchenko A A, Mauro P. Do Some Forms of Financial Flows Help Protect from Sudden Stops? [R] . IMF Working Papers, 2006: No.06/202.

[32] Leonardo H, Pamela M, Rodrigo V. Determinants of Private Capital Flows in the 1970s and 1990s: Is There Evidence of Contagion? [R] . IMF Working Papers, 2001: No.01/64.

[33] Levy Yeyati E. Global Moral Hazard, Capital Account Liberalization and the "Over-lending Syndrome" [R] . IMF Working Papers, 1999: No.99/100.

[34] Mandalinci Z. Modelling Portfolio Capital Flows in a GVAR Framework: Multilateral Implications of Capital Controls, Manuscript, 2013.

[35] McKinnon R I, Pill H. Exchange-rate Regimes for Emerging Markets: Moral Hazard and International Over-borrowing [J] . Oxford Review of Economic Policy, 1999, 15(3):19-38.

[36] Mody A, Taylor M P, Kim J. Modeling Fundamentals for Forecasting Capital Flows to Emerging Markets [J] . International Journal of Finance and Economics, 2001, 6(3):201-216.

[37] Mody A, Murshid A P. Growing Up with Capital Flows [J] . Journal of International Economics, 2005, 65(1):249-266.

[38] Radelet S, Sachs J D. The East Asian Financial Crisis: Diagnosis, Remedies, Prospects [J] . Brookings Papers on Economic Activity, 1998, 29(1): 1-90.

[39] Rodrik D, Velasco A. Short-term Capital Flows [R] . NBER Working Papers,1999, No.7364.

[40] Rothenberg A D, Warnock F E. Sudden Flight and True Sudden Stops [J] . Review of International Economics, 2011, 19(3):509-524.

[41] Ruiz-Arranz M, Zavadjil M. Are Emerging Asia's Reserves Really Too High? [R] . IMF Working Papers, 2008: WP/08/192.

[42] Sarno L, Taylor M P. Hot Money, Accounting Labels and the Permanence of Capital Flows to Developing Countries: An Empirical Investigation [J] . Journal of Development Economics, 1999, 59(2):337-364.

[43] Sula O, Willett T D. The Reversibility of Different Types of Capital Flows to Emerging Markets [J] . Emerging Markets Review, 2009, 10 (4):29 6-310.

[44] Sula O. Surges and Sudden Stops of Capital Flows to Emerging Markets [J] . Open Economies Review, 2010, 21(4): 589-605.

[45] Taylor M, Sarno L. Capital Flows to Developing Countries: Long-and Short-term Determinants [J] . World Bank Economic Review, 1997, 11 (3):451-470.

［46］Tillmann P. Capital Inflows and Asset Prices: Evidence from Emerging Asia［J］. Journal of Banking and Finance, 2013, 37(3):717–729.

［47］Willett T D, Budiman A, Denzau A, Jo G J, Ramos C, Thomas J. The Falsification of Four Popular Hypotheses about the Asian Crises［J］. The World Economy, 2004, 27(1):25–44.

［48］Williamson J. Issues Regarding the Composition of Capital Flows［J］. Development Policy Review, 2001, 19(1):11–29.

［49］简仲德. 台湾最适外汇储备量之探讨［D］.逢甲大学经济研究所硕士论文，2008.

［50］李巍, 张志超. 一个基于金融稳定的外汇储备分析框架：兼论中国外汇储备的适度规模［J］. 经济研究，2009(8): 27–36.

［51］李增刚, 赵擎. 中国外汇储备最优规模的实证研究：基于改进的动态优化模型［J］. 数量经济研究，2012(3): 32–49.

［52］梁权熙, 田存志. 国际资本流动“突然停止”、银行危机及其产出效应［J］. 国际金融研究，2011(2): 52–62.

［53］郑妍妍, 刘鹏程, 李磊. 资本账户开放条件下我国预防性最优外汇储备估计［J］. 上海金融，2014(5): 3–10.

全球股票市场运行与风险分析报告

余颖丰[1]

摘要： 截至2015年6月，全球股票总市值达到6.85万亿美元，半年环比增长7.84%，半年同比增长7.26%。2015年6月，全球股票市场交易量（以EOB统计口径）为1.21万亿美元，比2014年1月增长93%。过去的18个月，中国沪深股市总市值和交易量的放量增长，带动亚太地区股票市场总市值的增加，因此亚太地区对全球股票市场总市值增长贡献最大，贡献度占到95%。全球股票市场新股与再融资发行规模也呈现结构性变化，亚太地区已取代了美洲地区，成为全球主要的企业获得资本的新来源地。全球股票市场交易仍以交易所形式为主，市场垄断程度不断提高，截至2015年6月，NYSE和NASDQ-OMX垄断了全球40%的股票总市值。本课题组调研全球101只股票指数分析发现中国股市与全球股市关联性不断增强，利用在险价值（VaR）测算全球股市风险（截至2015年6月数据）发现，中国股票市场指数在全球股票市场中风险处于适中地位。

关键词： 股票市场风险分析；VaR 相关系数

一、2014年全年与2015年上半年全球市场总体情况分析

世界证券交易所联合会（World Federation of Exchanges，简称：

1　余颖丰，首都经济贸易大学金融学院、金融风险研究院讲师，经济学博士。

WFE）基于全球38个主要证券交易所交易数据，按月统计了全球资本市场的交易信息，其中覆盖美洲地区的主要交易所8家、亚太地区（包括中国）的主要交易所15家和欧非中东（Europe-Africa-Middle East，简称：EMEA）地区交易所15家（见附录1）。本课题组综合了WFE数据库、Wind数据库和彭博数据端的全球股票市场数据和市场信息，收集和整理了从2014年1月至2015年6月的全球股票市场相关数据，通过分析，全球股票市场呈现以下发展趋势：

全球股票市场总体而言呈现增长和震荡的趋势。截至2015年6月，全球股票总市值达到6.85万亿美元，半年环比增加7.84%，半年同比增加7.26%，以电子指定账簿模式（Electronic order book，简称：EOB）统计口径统计的全球股票市场交易量达到1.21万亿美元，比2014年1月增长93%。

中国股市在全球股票市场中的地位不断增强。由于中国股票市场的火爆，中国股市在多个方面直接影响了亚太地区乃至全球股票市场的多个指标。过去的18个月，中国沪深股市总市值和交易量的放量增长，带动了亚太地区股票市场总市值的增加，经本课题组测算，亚太地区对全球股票市场总市值增长贡献度最大，占到95%。

亚太地区成为全球主要的企业融资场所，进而取代了美洲地区的老牌霸主地位，全球新股发行和再融资发行规模也发生了结构性变化。就新股发行而言，2014年全年，美洲地区仍然是全球新股发行的主要场所，但到了2015年上半年，亚太地区的全球市场份额从2014年下半年的40.49%（同期美洲地区为41.97%），上升到58.42%，而美洲地区占全球市场份额下跌到23.60%；就再融资发行规模而言，亚太地区在2014年上半年开始就已成为全球主要的股票再融资场所，占到40%，2014年下半年亚太地区的股票再融资占全球份额已超过50%，而到了2015年上半年，已达到56%。

本报告从总市值、现有上市公司数量、交易量以及一级市场融资规模四个方面按区域分析全球资本市场。

（一）全球以及主要地区股票市场总市值分析

从全球总市值来看，过去18个月（截至2015年6月），全球股票市场份额达到6.85万亿美元，较2014年下半年增加0.50万亿美元，半年环比增长7.84%，亚太地区对全球股票市场总市值增长贡献巨大，贡献度占到95%。此外，美洲地区因受拉美地区经济复苏乏力等因素影响，地区股票市值出现负增长，而欧洲、中东以及非洲地区（即EMEA地区）虽然股票市值有所增加，但因为欧洲经济以及金融行业受希腊债务危机拖累，增幅较小，仅为亚太地区的6%。从半年同比分析，2015年上半年全球股票市场总市值较2014年上半年增加0.46万亿美元，增幅为7.26%，经过比较发现，相对于其他两个地区，亚太地区股票市场是总市值唯一正增加的地区，为0.62万亿美元，而美洲地区和EMEA地区出现负增长，分别为-0.019万亿和-1.5万亿美元。

从月度数据角度分析，见图1~图3。

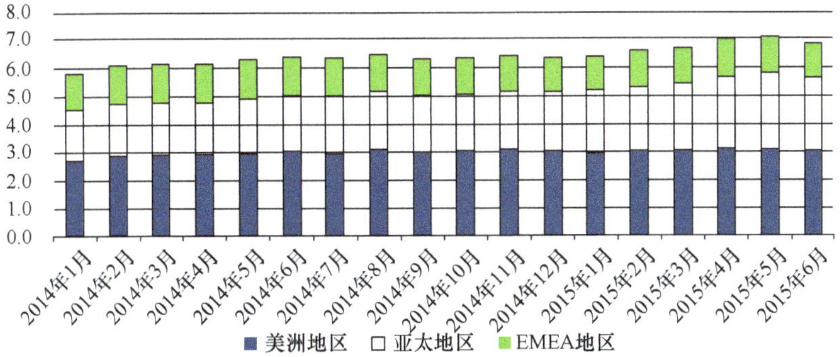

数据来源：WFE月度数据库、Wind数据库以及彭博数据端。

图1　2014年1月至2015年6月全球及主要地区股票市场总市值（单位：亿美元）

从图1可见，美洲地区仍是全球主要的股票市场，根据过去18个月数据平均计算，美洲地区占全球股票市场份额的46.56%，而亚太地区为32.94%，而EMEA地区仅占20.50%。此外，由图1可见，亚太地区股票市场的市值占全球份额缓慢增加，以2014年1月初市值计算，美洲地区、亚太地区以及EMEA地区全球份额分别为46.64%、31.11%和22.25%，而到了2015年6月，三个地区的全球股票市场份额分别为

44.14%、37.68%和18.18%，亚太地区的市场份额增加了6.57%，美洲地区市场份额下跌了2.50%，而EMEA地区下跌了4.15%。由此可见，美洲地区全球市场份额略有下降，EMEA地区市场份额的缩水是亚太地区市场份额增加的主要原因。

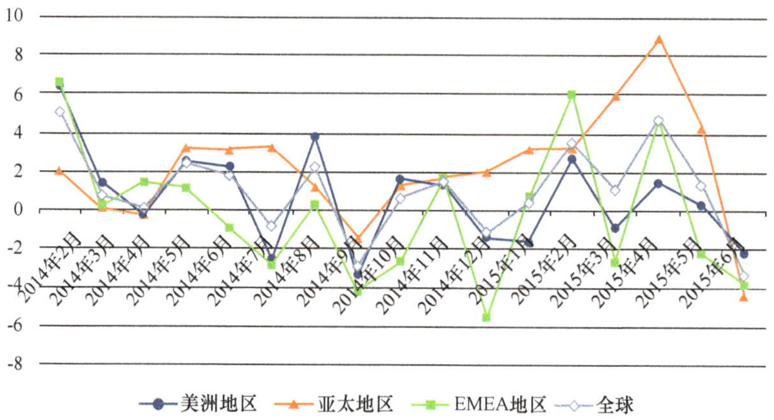

数据来源：WFE月度数据库、Wind数据库以及彭博数据端。

图2　2014年1月—2015年6月全球主要地区股票总市值月度环比增幅（单位：%）

图2分析了全球主要地区股票总市值月度环比增长情况。从图2可见，全球股市存在明显的“1月效益”，美洲地区和EMEA地区最为明显，过去18个月，美洲和EMEA地区最大单月增幅都出现在一二月份。过去18个月，总体而言，全球主要地区都实现了股票市场总市值的月度环比增长，即正增长出现频率远大于负增长出现频率，其中美洲地区出现7次负增长（负增长出现频率为7/18=39%），亚太地区仅有两次，负增长出现频率为11%，而EMEA地区出现8次负增长，负增长出现频率为44%，全球在过去18个月中负增长出现频率为22%（4/18）。由此可见，过去18个月中，亚太地区股票市场总市值的增加缓解和对冲了美洲和EMEA地区股票市场增速放缓带来的负面影响。

特别值得一提的是，2014年9月，全球及三个主要地区的股票市场都出现了月度环比负增长，其中美洲地区为-3.28%，亚太地区为-1.43%，EMEA地区为-4.20%，全球当月环比负增长为-2.89%，造成该月全球及主要地区股票市场出现负增长的原因是多方面的。首先，在欧洲地区主要是因为受希腊债务危机解决方案前景不明朗所拖累。其次，在美洲地区，全球投资人对拉美地区经济发展前景担忧是一个因素，而投资人对美联储当月经济数据不甚理想而引发的对美联储加息预期改变的猜测，增加了市场不安定情绪。而在亚太地区，各国对中国经济减速的担忧都“协整性”地引发了全球当月股票市场总市值的负增长。

此外，从图2还可以看出，进入2015年后，亚太地区股票市场总市值增长迅猛，2015年4月亚太地区月度环比增长高达8.91%，主要是与中国股票市场在上半年进入“疯牛”模式有关，基于目前官方披露的信息，中国股市2015年上半年的疯涨与不合规场外配资有关，因此从6月开始中国股市开始大幅跳水，进入七八月份，中国股市更是每日上演“步步惊心”的场面。虽然本课题组的研究数据截至2015年6月，但从目前数据统计结果来看，进入2015年6月，中国股市已开始拖累亚太地区股票总市值增长，亚太地区2015年5月月度环比增长为4.31%，而到了6月，月度环比增长迅速下降，为–4.41%。

2015年4—6月间，希腊债务危机问题不明朗化导致EMEA股市总市值大幅缩水，美元加息预期不断增长，拉美地区通货膨胀抬头也导致了该地区股票市场不确定的增加。由于以上诸多原因以及诸多问题的

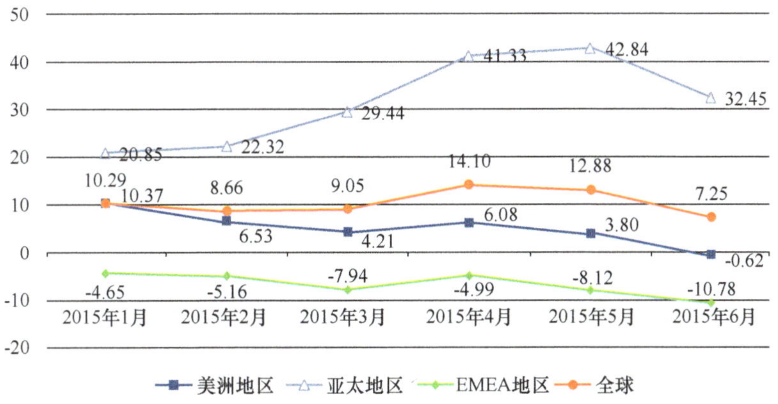

数据来源：WFE月度数据库、Wind数据库以及彭博数据端。

图3　2015年上半年全球及主要地区股票市场总市值月度同比增长（单位：%）

综合叠加，2015年6月，全球及主要地区股票市场总市值也出现了环比负增长，其中美洲地区月度环比增长为-2.12%，亚太地区为-4.41%，EMEA地区为-3.83%,全球该月环比增长为-3.30%（参见图3）。

图3汇总了2015年上半年全球及主要地区股票市场总市值月度同比增长的情况，如图可见，2015年上半年，美洲地区股票市场总市值增长速度不如2014年上半年，6月甚至出现了负增长，主要原因是2015上半年有若干复杂经济问题困扰该地区。以拉美地区为例，该地区经济增长放缓，企业增长不确定，以及大宗商品价格走低等因素都拖累拉美地区股市的表现。而美国股票市场的表现也不如2014年上半年，美联储加息的不确定性始终困扰美国股市。而在亚洲股票市场，2015年上半年相比2014年上半年出现两位数增长，4月和5月出现涨幅峰值，甚至达到了41.33%和42.84%。如前文分析，驱动亚太地区股票市场总市值的主要因素来自于上半年3~5月份中国内地股票市场的火爆。与亚太地区股票市场总市值迅猛增长呈显著对比的是EMEA地区，该地区2015年上半年月度同比数据显示全为负增长，到2015年6月份甚至出现了两位数的负增长，主要原因仍然是欧债危机的持续发酵。由此可见，环比与同比数据分析得出来的结论印证了当下宏观经济学家们的普遍共识，此外，也可以看出股票市场确实是宏观经济的“晴雨表”。

（二）全球以及主要地区股票市场上市公司数量分析

截至2015年6月，全球上市公司数量为45 258家，其中亚太地区上市公司数量最多，为24 911家，占全球总数量的55%，超过半数。美洲地区和EMEA地区上市公司数量较为接近，分别为10 271家和10 076家，分别占全球份额的23%和22%。图4汇总了2014年1月至2015年6月全球主要地区的股票市场上市公司数量的月度数据，由图4可见，全球各地区的占比较为稳定，美洲地区、亚太地区和EMEA地区的上市公司数量始终保持在1/5、1/2和1/5左右[1]。

1　忽略四舍五入因素。

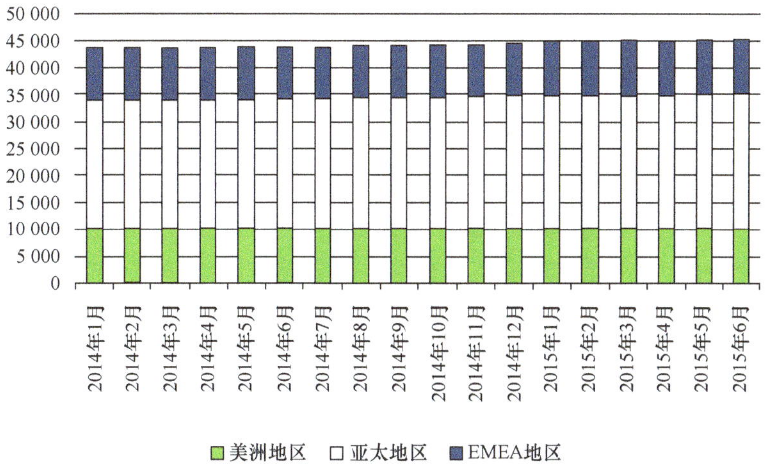

数据来源：WFE月度数据库、Wind数据库以及彭博数据端。

图4　2014年1月至2015年6月全球主要地区股票市场上市公司数（单位：家）

截至2015年6月，在过去18个月中，美洲地区有6个月上市公司数量出现负增长[1]，从2015年1月开始到4月连续四个月上市总数量减少，其中2015年4月净退市公司数量达到82家，但总体而言，美洲地区过去18个月月平均净上市公司增加数为3家。亚太地区过去18个月实现上市公司数量正增长，平均每月净增加68家，其中2014年12月和2015年6月甚至出现了三位数的增长，这两个月的上市企业净增长数为157家和107家。EMEA地区总体实现每月上市公司净增加25家，但该地区上市公司数量波动巨大，有6个月上市公司数为负数，甚至2014年4月出现净退市公司数达到100家，2014年7月净退市公司数达到66家，较为特殊的是2015年1月上市公司数为261家。由此可见，该地区上市与退市公司数量震荡十分明显。从全球分析，全球企业净上市数仅2014年3月和2015年4月为负，分别为68家和23家。见图5，折线部分绘制了过去18个月全球上市公司净增长变化率（右坐标轴），可见受美洲地区和EMEA地区上市公司数量变化较大影响，增长波动率较大，多数月份出

1　根据WFE的说明，某地区当月上市公司数出现负增长的原因是该地区上月已有上市公司和当月新增公司数和当月退市公司数相加为当月上市公司数。因此，当月上市公司数减去上月上市公司数，如果为正被称为“当月净上市公司数”；如果为负，可称为“当月净退市公司数”。

现负增长。

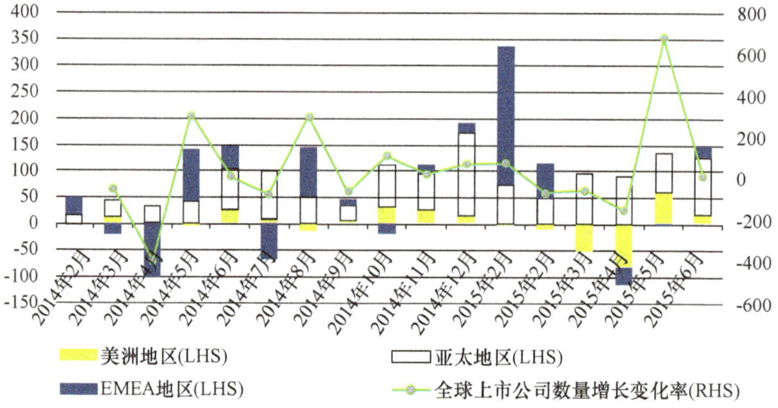

数据来源：WFE月度数据库、Wind数据库以及彭博数据端。

图5　2014年1月至2015年6月主要地区股票市场上市公司净增加数（单位：家）及全球上市公司净增长数变化率（单位：%）

（三）全球以及主要地区股票市场交易价值[1]情况分析

根据世界证券交易所联合会（WFE）的统计标准[2]，该协会认为交易所交易的金融工具模式可分为三种，分别为：电子指定账簿模式（Electronic order book，简称：EOB，或翻译为电子定单交易模式）、协议型交易模式（Negotiated deals，简称：ND）、报备型交易（Reported trades, 简称：RT）。EOB指基于电子化交易完成的证券交易订单模式，这也是全球股票市场采取的主要交易模式。而ND模式指通过专门的系统间接或直接的交易所系统，在买家和卖家同意价格和量后执行交易，该模式更多见于衍生品交易中。2008年金融危机之后，G20集团要求全球金融系统的OTC业务，尤其是涉及高风险的衍生品业务需进行报备，基于这样的监管逻辑，金融衍生品交易往往需通过特定的报备便利设施进行，比如，通过特定的交易报备便利系统（Trade

1　国内证券业习惯于使用“交易量”，但其英文为Trading Volume，而根据WFE的官方规定，该统计量的准确含义应指“交易价值”（value of share trading），其具体定义为股票总交易数量乘以其相对应的交易价格。

2　具体统计原则可见WFE主页的关于统计口径的解释和案例，具体网址见：http://world-exchanges.org/files/statistics/pdf/Stats_definitions_2013.pdf。

Reporting Facility，简称TRF），美国是最早采取该监管理念的国家。全球若干地区的股票交易虽有采取第二种模式的（即ND模式），但必定是少数，而第三种模式基本上不适用于股票市场，因此本报告重点汇总和分析基于EOB模式下的全球及主要地区股票市场交易价值情况（参见图6）。

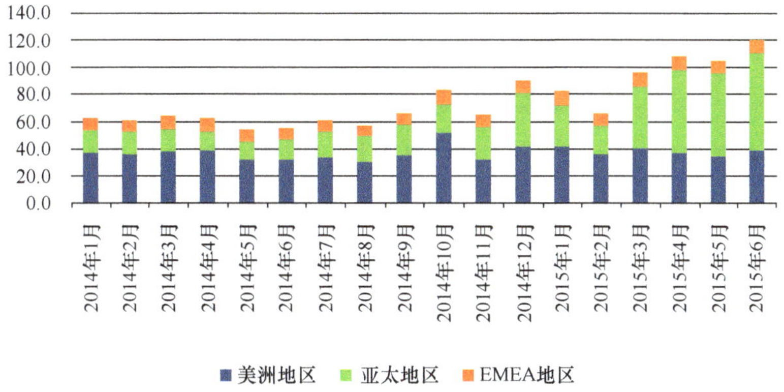

数据来源：WFE月度数据库、Wind数据库以及彭博数据端，以EOB统计口径为准。

图6　2014年1月至2015年6月全球主要地区股票交易价值汇总（单位：百万美元）

2014年1月，全球股票市场交易价值（以EOB统计口径）为0.627万亿美元，而到2015年6月，全球股票市场交易价值为1.21万亿美元，净增加0.581万亿美元，平均月增加971.6亿美元，全球交易量如此活跃的主要原因来自于交易数量的增加，此外还与亚太地区股票价格走高有关。从图6可知，全球过去18个月股票市场交易价值几乎翻番的主要原因为亚太市场股票市场的活跃。如本报告前文所言，亚太地区股票市场的活跃主要来自于中国股票市场的火爆，而全球股票市场交易价值增长迅猛主要发生在2015年上半年。本报告统计和分析了2015年上半年全球及主要地区股票市场交易价值的同比和环比情况。美洲地区2015年上半年环比增长0.57%（几乎为零增长），半年同比增长6.20%；亚太地区环比增长102.86%，半年同比增长219.10%；EMEA地区环比增长12.62%，半年同比增长为8.20%；全球2015年上半年同比增长37.20%，半年环比增长为61.08%。

为说明中国股市对全球股票市场交易价值的贡献，本课题组假设中国股票市场（上海与深圳两个市场）交易价值始终维持在2014年1月的水平，重新统计全球以及主要地区市场交易价值[1]。亚太地区2015年环比增长仅为12.21%（真实值为102.86%），而同比增长仅为8.20%（真实值为219.10%），全球2015年上半年环比增长率将变为4.51%（真实值为37.20%），而同比增长率将变为8.43%（真实值为61.08%）。基于简单的反事实统计分析（counterfactual statistical analysis）可知，亚太地区尤其是中国地区的股票交易活跃度对全球股票市场的影响十分巨大，中国股票市场已经在全球金融市场中开始成为影响全球资本市场稳定的重要因素，中国金融市场（尤其是股票市场）已开始成为全球金融市场不可分割的一部分，其任何市场异动都可能诱发全球系统性金融风险。

从月度情况分析，就环比增长而言（具体见图7），美洲地区有9个月出现负增长，在2014年5月、2014年8月、2014年11月以及2015年2月，这4个月都出现两位数的负增长，此4个月负增长分别为-17.30%，-10.88%，-38.66%以及-14.25%。美洲地区18个月中仅5个月出现两位数正增长，最大增长率发生在2014年10月，为46.25%。如前面的分析，亚太地区是主要带动全球股票交易价值迅猛增加的推手，在过去18个月中12个月出现正增长，其中三位数增长一次，出现在2015年3月，达到115.54%；两位数增长出现7次。EMEA地区和美洲地区表现相似，也出现了9个月的负增长，有6个月出现两位数负增长，最厉害的一次负增长出现在2014年11月，当月环比增长为-21.48%。由此可见，虽然EMEA地区两位数的负增长出现次数多于美洲地区，但其绝对值远小于美洲地区最严重的一次负增长（出现在2014年11月）。特别值得一提的是，EMEA地区和美洲地区都在2014年11月份出现最严重的环比负增长，主要的原因是当时全球油价和俄罗斯股票市场价格暴

1　因中国股票市场变化不会影响美洲地区和EMEA地区的股票市场交易价值，故仅用亚太地区和全球股市情况。

跌，此外全球市场还受到美联储议息会议结果的影响，导致非洲以及拉美地区货币遭遇竞争性贬值，进而导致本地股票市场下挫。

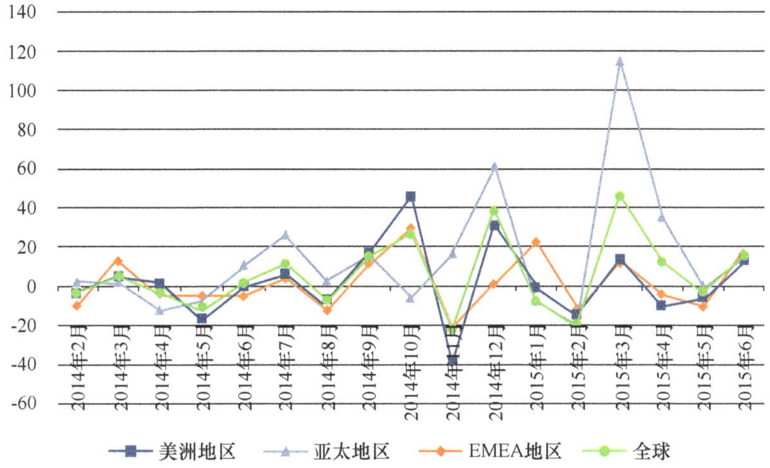

数据来源：WFE月度数据库、Wind数据库以及彭博数据端。以EOB统计口径为准。

图7　2014年1月至2015年6月全球及主要地区股票交易价值月度环比增长（单位：%）

全球股票市场交易价值月度环比增长是全球主要三大市场合力的综合结果，总体而言，全球股票市场过去18个月大部分月份出现环比增长为正，负增长月份仅为8个月，小于美洲地区和EMEA地区总负增长月数。全球最严重的环比负增长出现在2014年11月份，为-22.55%，主要原因是受美洲地区和EMEA地区市场拖累，虽然该月亚太地区有16.82%的正增长，但也无法改变全球两位数环比负增长的事实。全球股票市场交易价值环比最大增长出现在2015年5月，最主要的原因是该月迎来了亚太地区18个月以来最大环比增长，同时美洲地区和EMEA地区在该月也未拖全球股票市场后腿，分别为13.78%和11.88%的两位数正增长。

图8具体分析了2015年上半年全球及主要地区股票市场价值的月度同比增长情况，亚太地区同比增长大幅超过美洲地区和EMEA地区，除2015年2月两位数增长外（主要原因是“春节效应”），其余几个月都为三位数增长。特别值得一提的是4月至6月三个月同比持续增长300%

以上，其中峰值出现在2015年6月，该月月同比增长高达388.3%，几乎翻了4倍。而美洲地区出现两个月的负同比增长，而EMEA地区2015年前4个月同比都为个位数增长，到2015年5月几乎出现零增长（具体值为0.46%）。总体而言，三个地区在6月都实现了正增长，亚太地区出现388.3%的增长，美洲地区和EMEA地区实现了20%以上的增长。全球股票交易价值月环比增长也是三个地区共同合力的结果，因为亚太地区增长太过强劲，以至于虽然在2015年2月和4月美洲地区出现分别为-1.50%和-4.85%的负增长外，EMEA地区虽然仍未摆脱希腊债务危机的阴影，但欧洲地区的股票市场发展明显好于上年同期，因此基本都实现增长，未拖累全球股票市场总价值。因此，在亚太地区交易强劲的带领下，除2015年2月出现7.82%的个位数增长外，其余月份都实现两位数增长。此外进入3月份之后，同比增长一路飙升，到2015年6月，同比增长120.80%（参见图8）。

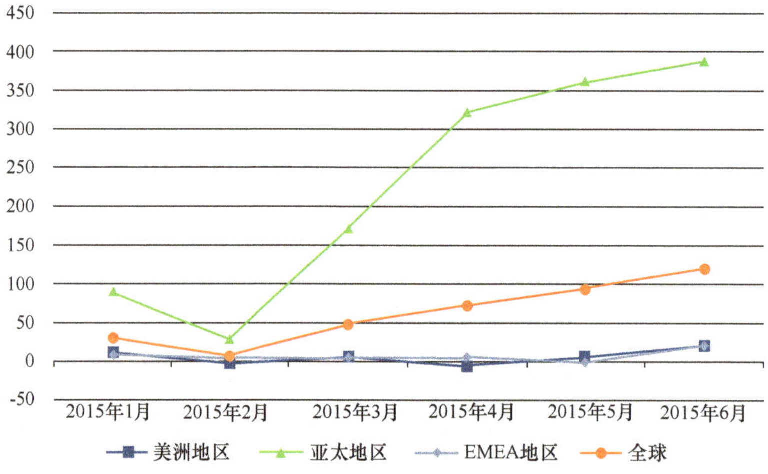

数据来源：WFE月度数据库、Wind数据库以及彭博数据端。以EOB统计口径为准。

图8　2015年上半年全球及主要地区股票交易价值月度同比增长（单位：%）

（四）全球以及主要地区股票市场新资本流入情况

WFE的统计资料十分重视全球股票市场新资本流入情况，因为新的资本流入为全球资本市场，尤其是股票市场注入了新的血液，这也是金融虚拟资本流入实体经济的重要入口，是支持实体经济发展的重要“输血口”。WFE衡量全球及主要地区股票市场新资本流入情况主要通过新股发行规模和再融资发行规模两个口径来衡量。

1. 全球及主要地区新股发行规模情况

纵观过去一年半，全球股票市场新股发行呈现较大结构性变化，整个2014年美洲地区（尤其是美国）仍然是新企业寻求融资的主要场所，占到全球的40%以上；但到了2015年上半年，亚太地区成为企业上市融资的主要场所，亚太地区新股增长主要与香港证券交易所和上海证券交易所的新股发行规模迅猛扩大有关。2014年上半年，全球新股发行规模达到843.08亿美元，其中美洲地区新股发行规模为370.0亿美元，占全球新股发行规模的43.88%，亚太地区新股发行规模达到292.6亿美元，占全球新股发行规模的34.42%，而EMEA地区新股发行规模为180.6亿美元，占全球发行规模的21.42%（参见图9）。

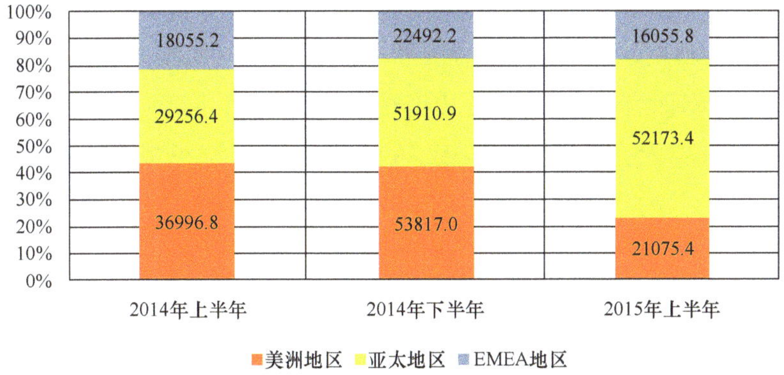

数据来源：WFE月度数据库、Wind数据库以及彭博数据端。

图9　全球主要地区新股发行规模及全球占比（单位：百万美元，%）

2014年下半年，全球新股发行规模达到1 282.2亿美元，比2014年上半年增长52.08%，其中美洲地区新股发行规模538.2亿美元，占到全球的41.97%，比2014年上半年增长45.46%，亚太地区新股发行规模达到519.1亿美元，占全球新股发行规模的40.49%，比2014年上半年增长77.43%，而EMEA地区新股发行规模为224.9亿美元，占到全球发行规模的17.54%，比2014年上半年增长24.57%。

2015年上半年，全球新股发行规模为893.0亿美元，比2014年下半年减少30.35%，其中美洲地区新股发行规模为210.1亿美元，与2014年下半年相比，缩水60.84%，全球份额也缩小23.60%；亚太地区新股发行规模达到521.7亿美元，因美洲地区和EMEA地区新股发行规模缩水，虽然亚太地区新股发行规模与2014年下半年的规模基本持平，即环比半年增长仅为0.50%，因此，亚太地区新股发行规模占全球新股发行规模不降反增，占到全球份额的58.42%；而EMEA地区新股发行规模仅为160.6亿美元，比2014年下半年减少28.62%，但因为美洲地区新股发行规模缩减过分剧烈，导致EMEA地区新股发行规模虽然减少，但占全球发行规模的份额变化不大，2015年上半年EMEA地区新股发行规模占全球发行规模的17.97%。

图10绘制了过去18个月全球主要地区新股发行规模月度情况。柱状图从左往右依次表示美洲地区、亚太地区、EMEA地区和全球。线状图绘制了全球及主要地区的月度新股发行规模同比增长情况。就环比月度增长率而言，主要地区共出现四次环比月度四位数增长，其中EMEA地区三次，美洲地区一次。这四次时间分别出现在2014年3月、2014年9月（美洲地区）、2014年10月和2015年2月。

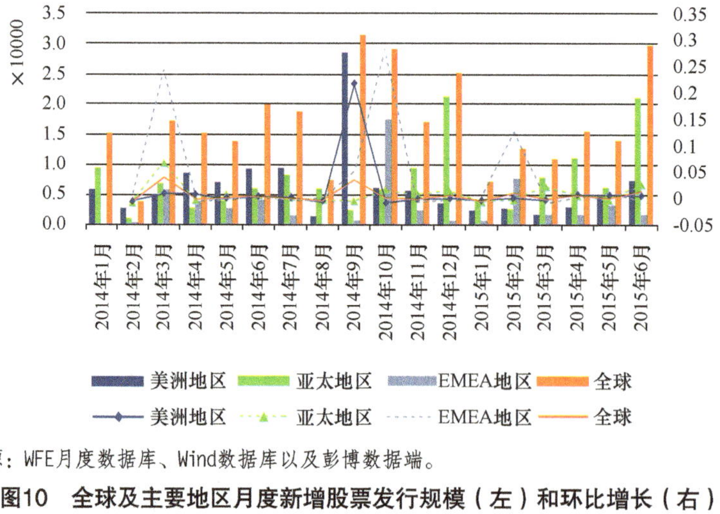

数据来源：WFE月度数据库、Wind数据库以及彭博数据端。

图10　全球及主要地区月度新增股票发行规模（左）和环比增长（右）
（单位：百万美元，%）

2014年3月，EMEA地区新股上市环比增长2 461.8%，这主要是泛欧证券交易所（Euronext）和北欧纳斯达克交易所（NASDAQ OMX Nordic Exchange）新股上市规模突然在3月放量造成的。泛欧证券交易所新股上市规模从2月的1.716亿美元增加到26.463亿美元，而北欧纳斯达克交易所的新股发行规模从2月的0骤然增加到10.86亿美元。

美洲地区2014年9月也出现了新股环比四位数的增长，为2 184.2%，这主要是因为纽约证券交易所（NYSE）所造成的，同年8月纽约证券交易所新股发行规模仅为4.677亿美元，而到了9月份新股发行规模突然增加至279.612亿美元，占到整个北美地区当月总新股发行规模的98%。

2014年10月，EMEA地区又出现了四位数的环比增长，为2 904.3%，此次增长主要是由以下五个交易所引起的：德意志证券交易所（Deutsche Boerse）、迪拜金融市场交易所（Dubai Financial Market）、泛欧证券交易所（Euronext）、奥斯陆证券交易所（Oslo Bors）和沙特证券交易所（Saudi Stock Exchange）。德意志证券交易所的新股发行规模从9月的0.12亿美元增加到10月的32.719亿美元，迪拜金融市场交易所的新股发行规模则从1.361亿美元增加到35.43亿美元，而泛欧证券交易所由9月的新股发行规模为零增加到10月的30.197亿美元，奥斯陆证券交易所则从9月的零新股发行增加到12.955亿美元的新股发行规模，而沙特证券交易所是新股发行增加最多的交易所，该交易所从9月的零新股发行增加到10月的59.971亿美元。

2015年2月，EMEA地区再次出现四位数增长，这也是2015年上半年唯一出现四位数增长的地区。这次四位数的增长主要是由西班牙马德里交易所（BME Spanish Exchanges）和泛欧证券交易所引起的。2015年1月这两个交易所的新股发行规模分别为0和0.102亿美元，而到了2月份这两个交易所新股发行规模猛增到48.345亿美元和22.49亿美元。

图11绘制了2015年上半年的月度同比增长情况。美洲地区2015年上半年同比增长均呈现负数（除2月份负增长较小外，其余月份都出现两位数负增长），其中有三个月负增长在60%以上，分别出现在1

月、3月和4月。5月到6月同比增长有明显改善，但增长仍然为负数，分别为-28.4%和-21.8%。由此可见，2015年上半年北美地区新股发行规模明显不如2014年上半年。

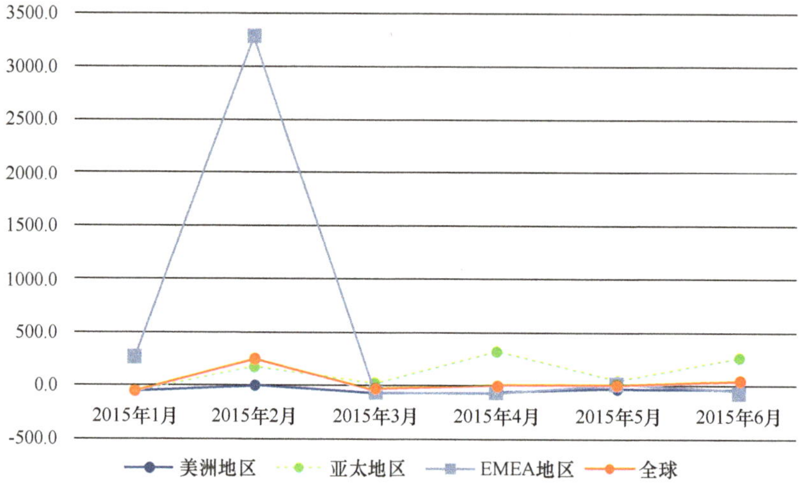

数据来源：数据来源：WFE月度数据库、Wind数据库以及彭博数据端。

图11　2015年上半年全球及主要地区新股发行规模月度同比增长率（单位：%）

而在亚太地区，与2014年上半年相比，2015年上半年除1月份不如2014年同月外，其余月份都出现了同比月度高速增长，分别为177.0%，15.3%，318.7%，44.5%和261.9%。

EMEA地区2015年2月出现了一个四位数增长的峰值，该值高达3 285.0%，造成该月单月同比增长如此之高的原因是西班牙马德里证券交易所和泛欧证券交易所在2015年2月的新股发行规模远高于2014年2月的新股发行规模。EMEA地区2015年上半年有三次两位数的负增长，分别出现在3月、4月和6月，其余三个月有一次二位数的正增长，出现在5月，一次三位数的增长，出现在2015年1月。

2. 全球及主要地区股票再发行规模情况统计

图12表明，全球股票再发行规模从2014年上半年的2 704.22亿美元，增加到2014年下半年的3 345.14亿美元，再到2015年上半年的

3 881.44亿美元，2014年下半年环比增长为23.7%，而2015年上半年环比增长为16.03%，2015年上半年同比增长43.53%。

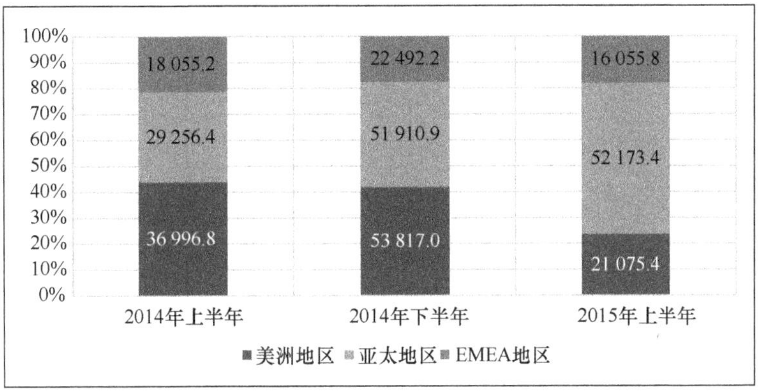

数据来源：WFE月度数据库、Wind数据库以及彭博数据端。

图12 全球主要地区股票再发行规模情况统计（单位：%）

从地区层面分析，2014年上半年开始亚太地区已经成为全球股票再融资的主要场所，占到全球市场份额的40%，到2014年下半年全球份额已占到一半以上。美洲地区从2014年上半年的全球占比38.11%，到2014年下半年下降到仅为21.77%，而到2015年上半年虽然有所恢复，但也仅占据全球市场份额的30.28%。EMEA地区在全球份额一直呈现下降趋势，从2014年上半年的21.05%下降到2014年下半年的20.79%，而到了2015年上半年，EMEA地区全球市场份额因亚太地区的迅猛增长，全球份额受到进一步倾轧，2014年上半年EMEA地区占全球股票再发行规模仅为14.07%。从年度同比和环比层面分析，美洲地区2014年下半年环比增长出现-29.32%的负增长，2015年上半年呈现反弹，环比增长61.34%，2015年上半年同比增长为14.03%。亚太地区2014年下半年环比增长为75.91%，而2015年上半年环比增长为12.44%，2015年上半年亚太地区同比增长为97.78%。EMEA地区2014年下半年环比增长仅为19.60%，而2015年上半年环比增长出现负增长为-21.48%，2015年上半年EMEA地区同比增长为-6.09%。

从月度情况分析，再发行规模的增长率波动幅度远小于新股发行规模增长率。就美洲地区而言，过去18个月，有8次负增长，且都为两位数以上，最严重的负增长出现在2014年10月份，为-68.07%。美洲地区在2014年9月和2014年11月甚至出现了三位数的同比增长，分别为209.92%和132.06%。亚太地区在过去18个月中，也有8次负增长，有7次为两位数的负增长，1次为个位数的负增长，但负增长的绝对值都小于美洲地区，最严重的负增长分别出现在2014年2月、2014年9月和2015年1月，环比月度增长率为-46.07%，-42.75%和-43.79%。亚太地区有一次三位数的同比增长，发生在2014年12月，为204.29%。月度数据统计分析显示，EMEA地区有10次负增长，其中两位数的负增长多达8次，但无三位数的负增长，最严重的两次发生在2015年3月和2015年5月，分别为-62.43%和-63.43%。此外，EMEA地区有三次三位数的正增长，分别发生在2014年4月、2014年11月和2015年4月，其环比月度增长率分别为174.23%，407.09%和128.05%。从直观的统计数据观察和分析看，三个地区的数据都呈现较大的波动性，但是EMEA地区的数据震荡最为明显。此外，一般在出现三位数正增长的月份的前后两个月份的增长率均为负数，且负增长都非常明显。从全球层面来分析，全球在过去18个月中，也有8次负增长，最严重的3次负增长发生在2014年2月、2014年10月和2015年1月，分别为-31.02%，-30.49%和-34.83%，原因是三个地区的合力因素造成的，尤其是美洲地区的数据和EMEA的数据有很强的联动相关性，此外亚太地区和美洲地区以及EMEA地区的相关性也在不断加大。简而言之可以认为，在全球经济一体化的今天，全球资本市场联动性在不断加剧。全球最高的环比增长出现在2014年11月，为63.29%，主要的原因是虽然当月亚太地区出现-36.53%的负增长，但当月美洲地区和EMEA地区月度环比增长为132.06%和407.09%。

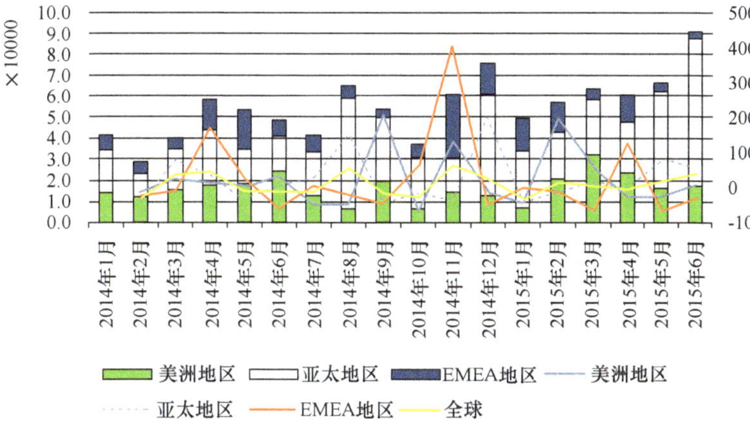

数据来源：WFE月度数据库、Wind数据库以及彭博数据端。

图13　2014年1月—2015年6月全球及主要地区股票再发行规模情况统计（左）及同比月度增长率（右）（单位：百万美元、%）

根据2015年月度全球及主要地区股票再发行规模同比增长数据（图14）可以发现，美洲地区2015年上半年正增长和负增长各为三个月，2至4月为正，而“一头一尾”分别为负。但从图14可以看出，负增长的绝对值数据远小于正增长数据，其中2015年3月同比月增长达到108.68%，因此，美洲地区2015年上半年同比增长（半年口径）仍然为正，为14.03%。亚太地区2015年上半年股票再发行规模总体大幅超过2014年上半年，但也有一个月份负增长。主要原因是季节调整因素。2015年4月出现了一次-4.34%的同比负增长，但其后的5月和6月亚太地区的股票再发行规模出现了三位数的正增长，分别为181.59%和322.65%。EMEA地区2015年上半年同比增长正负各为一半，1至3月同比月度增幅为正，而4至6月为负，且负增长效应强于正增长效应，导致EMEA地区上半年同比增长（半年口径）整体为负。从全球视角综合来看，2015年上半年全球实现了股票再发行规模六个月的正增长，主要原因还是因为亚太地区的正效应抵消了美洲地区和EMEA地区的负效应冲击。全球股票再发行规模同比增长数据显示，除2015年4月出现个位数增长外，其余月份都实现了两到三位数的正增长，其峰值出现在2015年2月，该月实现了同比增长100.54%。

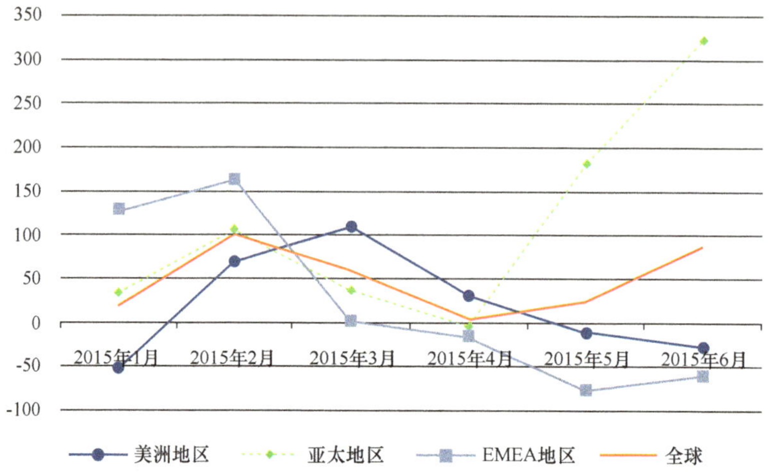

数据来源：WFE月度数据库、Wind数据库以及彭博数据端。

图14　2015年上半年全球及主要地区股票再发行规模月度同比增长率（单位：%）

二、全球证券交易所股票交易信息统计分析

证券交易所是全球股票发行与交易的主要场所，以交易所为主体分析全球股票发行与交易信息更能够真实反映全球股票市场运行情况。本课题组基于WFE数据库以及Wind全球资本市场数据库，汇总全球46家证券交易所2014年1月至2015年6月底月度数据进行统计和分析。

（一）全球主要证券交易所国内股票市值分析

基于全球46家证券交易所月度国内股票市值分析（单位为百万美元），纽约泛欧证券交易所集团（美国，简称：NYSE）在过去18个月一直为全球最大的证券交易所，该交易所股票市值占全球总份额的29.5%（基于过去18个月数据平均），而NASDQ-OMX（美国）为全球第二大股票交易中心（仍按市值计算），占全球总份额的10.55%（仍基于过去18个月数据平均）。东京证券交易所为全球第三大股票交易机构（按股票市值），但被前两大巨头抛在了后边，全球市场份额仅占7.01%（基于过去18个月数据平均）。由于2015年上半年中国股票市场的火爆以及人民币升值等因素，在2015年4月东京证券交易所全球

排名第三的位置被上海证券交易所超过，上海证券交易所成为按股票市值排名的全球第三大交易所。截至2015年6月，上海证券交易所股票总市值占全球市场份额的8.27%，已抛离排名第四的东京证券交易所1.09%，当月东京证券交易所的股票总市值占全球份额的7.18%。

纵观过去18个月，另外一个值得关注的现象是Euronext从2014年1月的按股票市值排名的全球第四（当时占全球份额的5.96%），从2014年6月开始不断下滑，到2015年6月，仅占全球市场份额的4.96%，全球排名下滑至第七。而人民币升值以及2015年上半年中国股票市场的"疯狂"也使得深圳证券交易所的排名迅速爬升，在2014年1月，按股票总市值计算，深圳证券交易所占全球市值2.61%，全球排名第十。从2014年4月开始股票市值不断增加，全球市场份额也在不断增加。进入2015年5月份，深圳交易所市值占全球市值的6.15%，超过了排名第五的香港证券交易所，成为全球第五大证券交易所。

纵观2014年1月至2015年6月全球主要的46家交易所总股票市值可以发现，全球股票市场呈现双寡头垄断的现象，NYSE和NASDQ-OMX几乎垄断了全球股票市场的40%的股票总市值。而排名第三到第七的交易所仅占到全球市场份额的26%左右（见图15）。

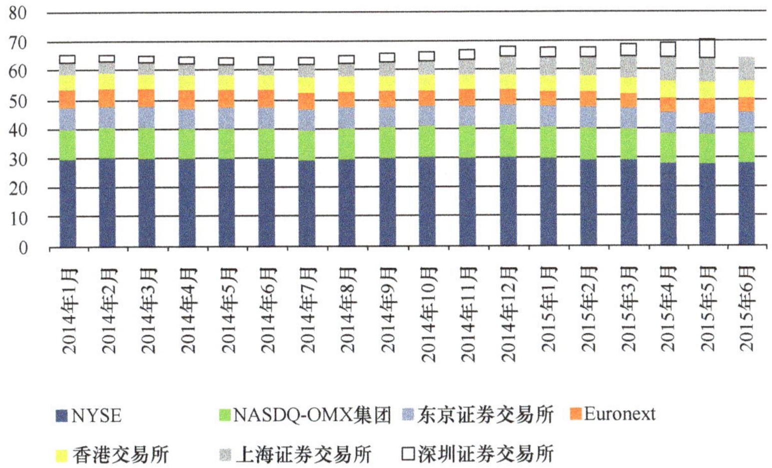

数据来源：WFE月度数据库、Wind数据库以及彭博数据端。

图15　全球主要证券交易所国内股票市值全球占比（单位：%）

图16为按股票市值计算排名第八至第十九位的全球主要交易所的情况，由此可见这12家证券交易所仅占全球25.33%的股票市值份额。从图16也可以看出，每家证券交易所的全球市场份额非常平均，基本为3.5%~1.3%。由此可见，处于这一梯队的证券交易所都处在完全竞争性市场环境中，全球股票市场呈现碎片化现象。此外，如果考察老牌交易所，多伦多证券交易所、德意志证券交易所（又名：德国交易所）、瑞士证券交易所和澳大利亚交易所，可明显发现原本处于此序列中较有竞争力的领头羊在不断失去全球市场份额，其中以多伦多证券交易所和德意志证券交易所的表现最为明显。在2014年1月，多伦多证券交易所和德意志证券交易所长期稳占全球市场份额的3.5%以上，远高于该梯队排名靠前的瑞士证券交易所、澳大利亚证券交易所和NASDQ-OMX北欧交易所，而到了2015年6月，多伦多证券交易所和德意志证券交易所的全球市场份额不增反降，下滑到2.97%和2.54%，虽然瑞士证券交易所、澳大利亚证券交易所和NASDQ-OMX北欧交易所的全球份额也在不断下滑，但多伦多证券交易所和德意志证券交易所相对于瑞士证券交易所、澳大利亚证券交易所和NASDQ-OMX北欧交易所的优势在不断缩小。在这一梯队中的证券交易所的全球市场份额都在萎缩，全球市场份额有一定增加的是印度的两个证券交易所：孟买证券交易所和印度国家证券交易所，这两个交易所在2014年1月的全球市场份额分别为1.86%和1.82%，在过去18个月中，其股票市值占全球份额不断增加。2015年6月，这两家交易所的全球市场份额占到了2.32%和2.26%。在这一梯队中的12家证券交易所，西方发达经济体证券交易所占到6家，东亚地区证券交易所两家（分别为韩国和中国台湾），新兴经济体4家，其中印度两家、巴西一家、南非一家。

图15和图16列出的19家全球排名前二十位的证券交易垄断了全球股票市场，占到全球股票市值的93.5%~94.8%，图17统计了过去18个月这19家证券交易所的全球总股票市值占比，由图可见，全球股票市场的聚凝度在不断加剧。

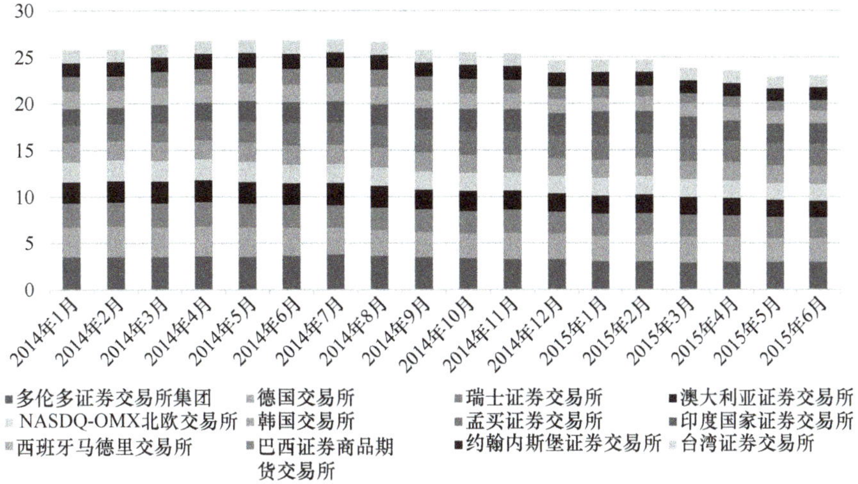

数据来源：WFE月度数据库、Wind数据库以及彭博数据端。

图16　按股票市值计算排名第八至第十九位的全球主要交易所

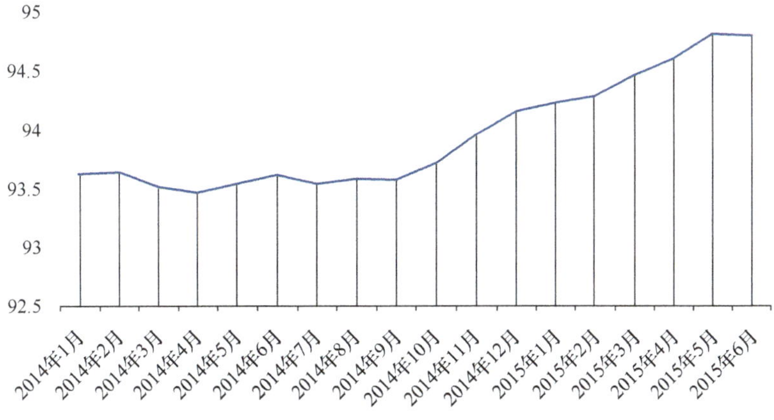

数据来源：WFE月度数据库、Wind数据库以及彭博数据端。

图17　19家证券交易所股票总市值占全球股票总市值的份额

（二）全球主要证券交易所成交金额分析

根据全球46家交易所EOB成交数据，过去18个月，全球主要交易所股票成交金额有以下特点和变化。

（1）老牌劲旅业绩开始下滑。美国老牌交易所纽约泛欧交易所和纳斯达克-OMX集团一直雄霸全球股票成交金额前列，2014年上半年，纽约泛欧交易所和纳斯达克交易所占据了全球股票总成交额的51.06%，而到2014年下半年这两大交易巨头的全球份额开始下滑为43.95%，而到了2015年上半年，全球占比仅为30.38%。

（2）中国交易所成为全球股票市场新领头羊。沪深两家交易所2014年上半年成交金额（按美元计算）占全球股票交易量的13.04%，而到了2014年下半年，沪深股市股票成交金额占到全球份额的26.01%，由于2015年上半年中国股市迎来自2006年以来难得一见的牛市，沪深两家交易所成交金额一跃成为全球排名第一和第二的交易所，占到全球股票成交金额的47.12%。

（3）亚太地区证券交易所在全球地位越发重要。表1汇总了2014年至2015年上半年全球主要交易所按成交金额排名的情况，亚洲地区证券交易所始终占到五所，此外，全球总份额也在跳跃式增长，这五家亚洲证券交易所的成交金额在全球的占比从2014年上半年的28.23%增长到2014年下半年的38.94%，而到了2015年上半年，已占到全球的57.53%。

（4）全球交易所仍然呈现优势“凝聚效应”。从表1可知，虽然全球排名前十的交易所彼此排名有一定变化，但并无新交易所进入前十的位置。此外，根据本课题组的计算，排名前十的交易所在全球的占比在不断提升，2014年上半年，排名前十的交易所占到全球成交金额的87.86%，而到了2015年上半年，该比率已达到92.94%。

此外，全球跌幅排名最靠前的三家证券交易所是卢布尔雅那证券交易所（–46.44%）、埃及交易所（–45.69%）和雅典交易所（–45.52%）。

表1　全球主要交易所成交金额排名（按美元计算，作者整理）

排名	2014年上半年	2014年下半年	2015年上半年	涨幅排名
1	纽约泛欧证券交易所集团（美国）	纽约泛欧证券交易所集团（美国）	上海证券交易所	上海证券交易所
2	纳斯达克-OMX集团	纳斯达克-OMX集团	深圳证券交易所	深圳证券交易所

续表

排名	2014年上半年	2014年下半年	2015年上半年	涨幅排名
3	东京证券交易所	上海证券交易所	纽约泛欧证券交易所集团	塞浦路斯证券交易所
4	深圳证券交易所	深圳证券交易所	纳斯达克-OMX集团	百慕大证券交易所
5	上海证券交易所	东京证券交易所	东京证券交易所	毛里求斯证券交易所
6	纽约泛欧证券交易所集团（欧洲）	纽约泛欧证券交易所集团（欧洲）	香港交易所	香港交易所
7	德国交易所	香港交易所	纽约泛欧证券交易所集团（欧洲）	韩国交易所
8	香港交易所	韩国交易所	韩国交易所	布宜诺斯艾利斯证券交易所
9	韩国交易所	德国交易所	德国交易所	瑞士证券交易所
10	西班牙马德里交易所	西班牙马德里交易所	西班牙马德里交易所	泰国证券交易所
全球占比（%）	87.860 3431 2	89.674 115 55	92.941 3044 6	

（三）全球主要证券交易所成交笔数分析

本课题组对全球46家证券交易所对2014年1月到2015年6月的月度股票交易笔数数据进行了统计分析，并进行排名，具体见表2。从表2可知，沪深交易所的交易笔数从2014年下半年开始增长。以上海证券交易所为例，2014年上半年股票成交笔数为4.73亿笔，而2014年下半年交易笔数增加到11.18亿笔，环比增长137%；而2015年上半年，交易笔数达到26.94亿笔，环比增长141%，同比增长470%。此外，过去18个月，全球各交易所成交笔数都有明显增加，仅有8家出现负增长。沪深证券交易所成交笔数是全球仅有的以三位数增长的交易所，分别为470%和226%，以两位数增长的交易所共有26家。排名倒数的三家交易所分别为利马证券交易所（-39.91%）、安曼证券交易所（-15.47%）和台湾证券交易所（-9.31%）。

表2　全球主要交易所成交笔数排名（按千次排名）

排名	2014年上半年	2014年上半年	2015年上半年	成交笔数增长变化率（%）
1	纳斯达克-OMX集团	上海证券交易所	上海证券交易所	上海证券交易所
2	印度国家证券交易所	深圳证券交易所	深圳证券交易所	深圳证券交易所
3	纽约泛欧证券交易所集团（美国）	纳斯达克-OMX集团	印度国家证券交易所	韩国交易所
4	深圳证券交易所	印度国家证券交易所	韩国交易所	泰国证券交易所
5	韩国交易所	纽约泛欧证券交易所集团（美国）	纳斯达克-OMX集团	菲律宾证券交易所
6	上海证券交易所	韩国交易所	纽约泛欧证券交易所集团（美国）	香港交易所
7	孟买证券交易所	孟买证券交易所	孟买证券交易所	约翰内斯堡证券交易所
8	多伦多证券交易所集团	多伦多证券交易所集团	香港交易所	瑞士证券交易所
9	香港交易所	巴西证券商品期货交易所	多伦多证券交易所集团	维也纳交易所
10	巴西证券商品期货交易所	香港交易所	纽约泛欧证券交易所集团（欧洲）	圣地亚哥证券交易所

（四）全球主要证券交易所换手率情况分析

换手率也称周转率，指在一定时间内市场中股票转手买卖的频率，该指标是反映股票流通性强弱的重要指标。有本课题组统计发现，上海证券交易所以及深圳证券交易所换手率明显高于全球其他交易所。此外，深圳证券交易所从2014年1月开始换手率已远高于其他证券交易所，甚至高于上海证券交易所，一个重要的原因可能是深圳是中国主要的中小企业上市的场所，而中小企业的换手率本来就比大盘股以及蓝筹股高。上海证券交易所在2015年6月换手率已明显高于全球其他交易所，但是在2014年1月，其全球换手率排名仅为第四，上海证券交易所是从2014年8月才开始明显高于全球其他交易所。图18统计了全球主要交易所的换手率情况。特别需要说明的是，有部分不出名的证券交易所虽然保持了极高的换手率，比如伊斯坦布尔证券交易所[1]，

1　该交易所在2015年1~6月一直保持全球换手率月度排名第三。

并未出现在图18中。

从图18可发现，中国股市的换手率存在明显的“春节效应”，即换手率在2015年1月和2月下降明显。此外，从全球主要证券交易所的换手率情况来看，换手率排名基本保持稳定，而从换手率排名来看，亚太地区交易所占比均超过了50%。

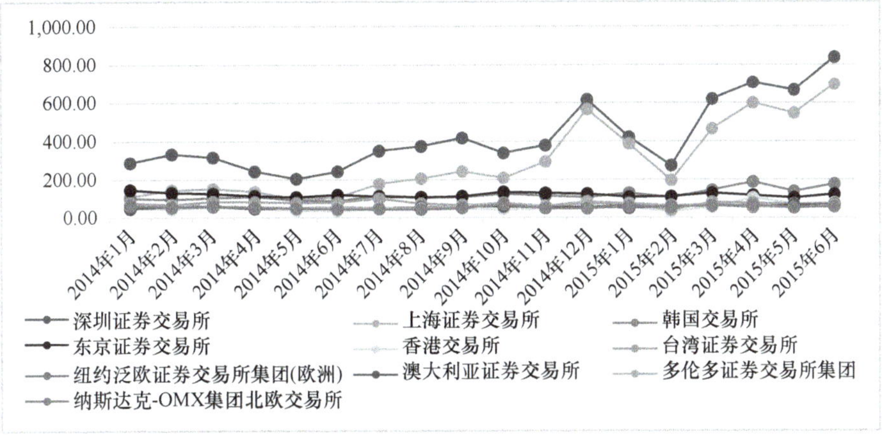

数据来源：WFE月度数据库、Wind数据库以及彭博数据端。

图18　全球主要证券交易所换手率情况（单位：%）

三、全球股票指数统计分析与风险研究

本课题组跟踪并收集了全球46家主要交易所编制的101只指数过去18个月的日度收盘价数据（Adj. Closed）的基本情况，这101只指数覆盖了全球股票市场的绝大部分指数，其中大盘股指数54只，蓝筹指数47只（具体的101只指数名称以及对应的证券交易所见附录2）。

（一）全球股票涨跌幅统计分析

从涨跌幅分析，54只大盘股指数中上涨的指数有43只，其余指数下跌，而在47只蓝筹股中39只蓝筹股指数为上涨，另外8只指数下跌。

全球涨幅排名前五的大盘股指数分别是深圳综合指数、上证综合指数、布宜诺斯艾利斯证券交易所综合指数、印度S&P CNX 500指数、印度孟买500股票指数，涨幅分别为127.9%，110.38%，59.30%，

46.34%和45.40%。涨幅超过20%的大盘指数共计16只，涨幅超过10%的大盘指数共计36只。涨幅排名前30的指数中，有3只来自美洲地区，亚太地区有10只，欧洲14只，非洲和中东地区3只。这30只股票指数中新兴国家的大盘股股票指数占到14家。由此可见，过去18个月亚太地区和新兴国家大盘股股票指数表现良好，而欧洲地区的大盘股股票，并未明显受到希腊债务危机的影响，也表现不俗。全球跌幅排名前五的大盘股指数分别是希腊ASE通用指数、塞浦路斯CSE普通指数、秘鲁利马股指、百慕大证券交易所指数[1]和葡萄牙PSI通用指数，跌幅分别为-32.41%，-25.63%，-15.13%，-14.19%和-6.23%，希腊股市成为全球股票跌幅第一，主要原因是希腊债务危机一直未得到妥善解决。希腊新政府与欧盟就债务问题救助计划多次协商未得到解决，后引发全球投资者对希腊国债违约的恐慌性担忧，导致了希腊股票市场的“跌跌不休”。图19统计了54只大盘股的涨跌幅情况。

在本课题组统计的47只蓝筹股股票指数中，涨幅排名前五的分别是上证180指数、深证180指数、阿根廷Burcap指数、OMX哥本哈根20指数和印度SENSEX指数，涨幅分别为103.33%，99.04%，68.21%，38.35%和35.42%。跌幅排名前五的蓝筹股股票指数分别为：富时/ASE 20希腊指数、葡萄牙PSI 20指数、富时/CySE 塞浦路斯20指数、秘鲁利马精选指数和哥伦比亚IGBC股指，跌幅分别为：37.26%，17.09%，15.69%，14.88%和8.81%。其中蓝筹股指数中涨幅排名前20的指数中，10只来自欧洲地区、1只来自亚太地区，而美洲地区仅为两只，且都来自于美国，而中东地区仅一只，来自于以色列特拉维夫证券交易所的TA-25指数。在这20只指数中，来自发达国家的指数有13只，其余蓝筹股指数来自于新兴市场。具体可见图20。

1　百慕大证券交易所指数是由百慕大证券交易所推出的大盘股指数。百慕大证券交易所是全球第一个电子化证券交易市场，成立于1971年，具体位置在百慕大首都哈密尔顿。该交易所主要以国际化证券交易、市场开发及拥有庞大国际投资基金而闻名。该交易所自1971年起是西印度洋群岛地区唯一的证券交易市场。自1993年飞速发展成为现今世界最著名的国际离岸资本集资市场。

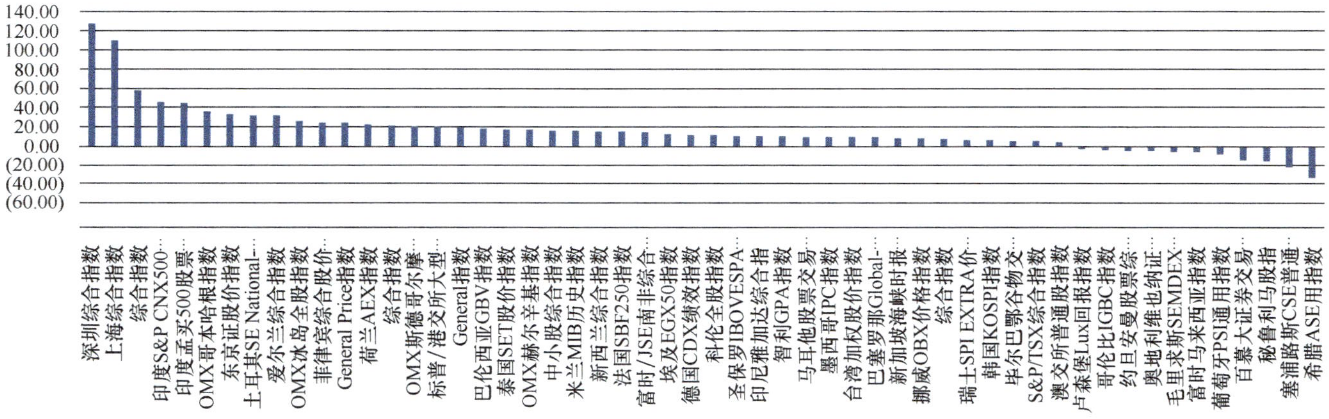

数据来源：Wind数据库以及作者整理。

图19 全球主要大盘股2014年1月至2015年6月平均涨跌幅（单位：%）

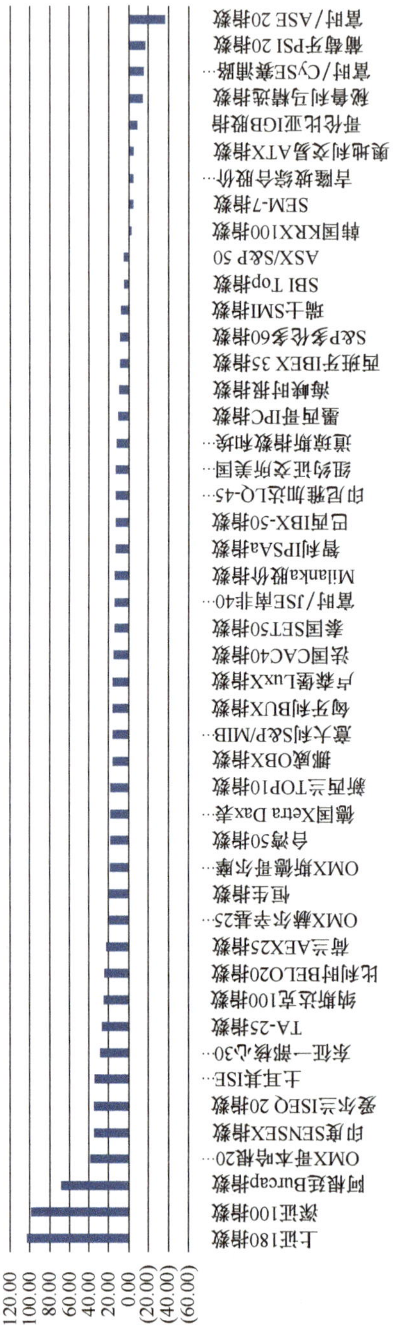

数据来源：Wind数据库以及作者整理。

图20 全球主要蓝筹股股指2014年1月至2015年6月平均涨跌幅（单位：%）

（二）全球股票风险统计及研究

根据投资组合理论，样本数据的标准差是一种有效、简洁地刻画金融资产风险的风险测定指标。根据实证金融学与量化金融学的基本事实可知，股票及股指的价格往往存在非平稳性特征，股票价格属于随机游走，因此测算股票价格（或股指的价格）没有太大意义，一般利用测算资产价格的对数收益率的标准差来衡量资产的风险，并认为资产价格的收益率近似满足正态分布，但存在超峰、偏度不为零等问题，因此对数收益率的标准差不是最常用的风险测度单位。基于这样的考量，本课题组采用了两种评估风险的简易方法，首先是测算了全球主要股票指数的对数收益率的标准差，然后测算了每个股票指数的在险价值（Value at Risk ,简称VaR）。VaR是金融风险的主要监管指标，该指标已被《巴塞尔协议》确定为指标风险测算框架。测算VaR的方法一般有三种：一种是参数法，第二种是历史模拟法，第三种是蒙特卡罗法。第一种最为简单、有效，便于计算，需假设金融资产收益率满足高斯分布，且均值与标准差已知。均值和标准差一般利用数据的样本获得，这种方法的主要问题是忽略了金融资产收益率的三阶矩不为零、四阶矩超峰问题，因此往往会低估实际风险。第二种方法不依赖于对金融资产收益率统计分布的假设，但对数据窗口的尺度选择极为敏感。第三种方法也是一种模拟方法，但结合了前面两种方法的优点，利用蒙特卡罗模拟技术，结合Garch这样的结构化模型，构建数据生成过程（Data Generating Process，简称：DGP），最终模拟出收益率的超峰、波动聚凝等效应，避免低估实际风险，但唯一的缺点是计算较为复杂，运算时间较长，以本课题为例，课题组编写了Matlab程序，计算101只股票指数的VaR需耗时若干小时。本报告中的VaR是利用第三种方法测算的结果。

1. 基于对数收益率标准差的全球主要股指风险分析

对数收益率标准差可作为一种粗略的研判股指风险的指标，目前国内若干大型金融机构仍采用此指标作为风险评估的分析工具。经本课题组测算，54只大盘股股指的对数收益率标准差的均值为0.040 4，

47只蓝筹股股指的对数收益率标准差的均值为0.041 9。

就大盘股指数而言（见图19），54只指数中14只的标准差高于均值，而在47只蓝筹股股指中16只股指高于均值，因此可见，全球主要股票指数风险水平低于全球风险的均值，大盘股估值的风险略小于蓝筹股股指风险。在大盘股股指中，标准差排名前五的是塞浦路斯CSE普通指数、希腊ASE通用指数、布宜诺斯艾利斯综合指数、深圳综合指数和上海综合指数，其标准差分别为0.144 7，0.134 6，0.108 6，0.081 4和0.068 8。标准差最小的5只股指是毛里求斯SEMDEX指数、新西兰综合指数、约旦安曼股票综合指数、富时马来西亚指数和新加坡海峡时报指数，分别为0.013，0.016，0.016，0.186和0.186。

在47只蓝筹股股指中（见图20），标准差排名前五的股指是阿根廷Burcap指数、富时/ASE 20指数、上证180指数、爱尔兰ISEQ 20指数、富时/CySE 塞浦路斯20指数，其标准差分别为0.114，0.099，0.085，0.073和0.072。标准差最小的五个股票指数为SEM-7指数、新西兰TOP10指数、吉隆坡综合股价指数、海峡时报指数、纽约证交所美国100指数，分别为0.014 5，0.015 8，0.017 3，0.018 6和0.022 7。

2. 基于VaR的全球股指风险分析

基于《巴塞尔协议》推荐标准，本课题组利用蒙特卡罗法[1]计算了10日内，置信区间在99.99%下的在险价值（收益率VaR）[2]，根据VaR的特性，该值越大说明风险越大。

就大盘股指数而言（见图21），54只大盘股指的平均收益VaR为0.22，超过该平均值的大盘股指13只，其中欧洲地区4只，拉美地区6只、非洲地区1只、亚太地区2只（分别为标普/港交所大型股指数和澳交所普通股指数）。VaR值最大的五只股票指数按从大到小排列，分别为塞浦路斯CSE普通指数、希腊ASE通用指数、布宜诺斯艾利斯综合指数、葡萄牙PSI通用指数、秘鲁利马股指，其对应的收益VaR值分别

1　蒙特卡罗法依靠于DGP（数据生成过程），在本模型中，本课题组利用了GARCH(1,1)模型，参数估计利用了极大似然估计法。

2　一般教科书中采用的VaR计算是基于$VaR，收益VaR和$VaR的转换公式可见Peter Christophersen（2011）。

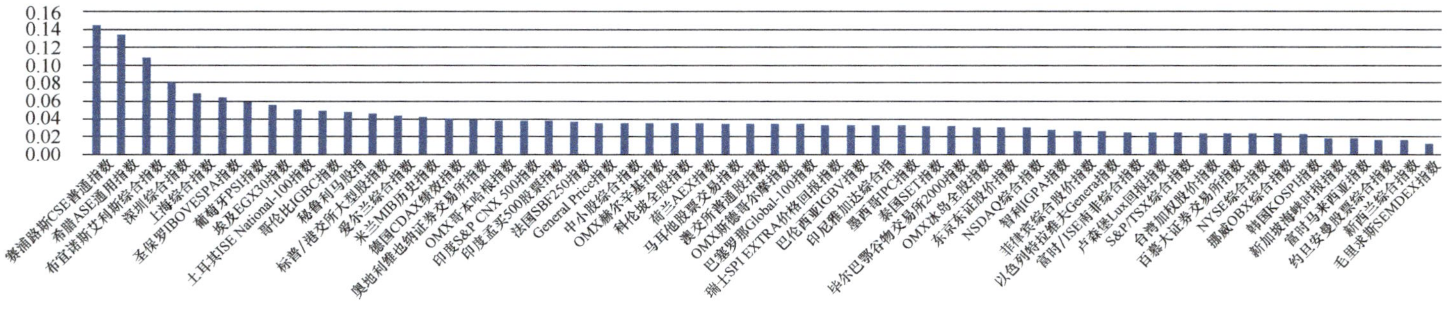

数据来源：作者整理计算。

图21　全球主要大盘股2014年1月至2015年6月对数收益率标准方差

为：1.24，1.22，0.52，0.48和0.45。VaR值最小的五只股指为：新西兰综合指数、印度S&P CNX 500指数、东京东证股价指数、菲律宾综合股价指数，其VaR值分别为：0.025，0.051，0.053，0.053和0.063。特别值得一提的是，深圳综合指数的VaR为0.114，上海综合指数为0.068，分别位列54只股指的第42和第49位（从大到小排列）。由此可见，VaR分析法和标准差分析的结论相差甚远。

就蓝筹股而言（见图22），全球47只蓝筹股股指的收益VaR均值为0.23，高于该平均值的股指共12只，说明全球大部分蓝筹股股指处在较为安全的水平。这12只股指中，欧洲地区6只，受欧债危机影响的国家股指几乎全部上榜，其中包括希腊、塞浦路斯、爱尔兰、葡萄牙，拉美地区4只，非洲和亚太地区各1只。VaR值高的五只股指分别是富时/ASE希腊20指数、富时/CySE 塞浦路斯20指数、葡萄牙PSI 20指数、阿根廷Burcap指数、秘鲁利马精选指数，其对应的VaR值分别为：1.00，0.63，0.59，0.53和0.45，而VaR最小的五只股票指数分别为：新西兰TOP10指数、深证100指数、以色列特拉维夫TA-25指数、OMX哥本哈根20指数和海峡时报指数，其VaR值分别为：0.02，0.05，0.06，0.07和0.08。特别值得一提的是上证180指数的收益VaR值为0.21，在47只蓝筹股股指中排名第19位（由大到小排列）。

简而言之，基于对数收益率标准差分析，深圳和上海的股指风险非常大，而基于VaR计算的结果却发现深圳和上海的股指风险并不大，在全球股票指数中处于较为安全的位置。

（三）中国股市与全球股市相关性分析

本报告从股价与对数收益率两个层面研究了上海综合指数和深圳综合指数与全球股票指数的相关性问题。一般而言，相关系数在60%以上，可以认为两金融资产在统计上存在相关性。虽然相关性不等于因果性，两个金融资产有高度相关也不能保证一个金融资产价格（或收益率）的改变必然导致另外一个金融资产的价格（或收益率）改变，但相关性研究可以让投资人对把握两个金融资产间的可能关系提供一定的大致信息。本课题组以相关系数的绝对值0.6作为分界点，相关系

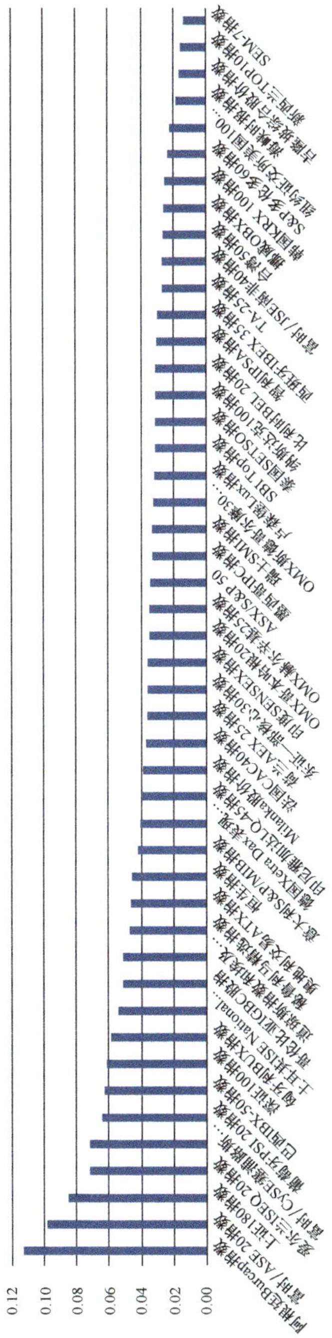

图22　全球主要蓝筹股2014年1月至2015年6月对数收益率标准方差

数据来源：作者整理计算。

数在区间［0.6，1］内表示两金融资产有较强的正相关性，而相关系数在区间［–1，–0.6］内表示两金融资产有较强的负相关性。

根据过去18个月日度交易数据，上海综合指数与54只全球大盘股股指中45只存在正相关性，而负相关仅为7只，在45只正相关股指中，有26只正相关系数大于0.6，此外需排除高相关度的深圳综合指数，有学术文献实证证明，沪深股票一直存在协整关系，故相关系数必然较高。但是应特别指出的是，上海综合指数与东京东证股价指数正相关系数（+0.970 5）甚至高于深圳综合指数（+0.967 3），而上海综合指数与OMX冰岛全股指数（+0.948 3）、OMX哥本哈根指数（+0.934 1）、以色列特拉维夫General指数（0.931 7）、爱尔兰综合指数（+0.931 4）以及荷兰AEX指数（+0.162）都保持了+0.9以上的相关性[1]。在大于正相关系数0.6的25只股票中（剔除深圳综合指数），欧洲地区占13只、亚太地区8只、非洲与中东地区3只、北美1只。

全球大盘股股指中有7只大盘股股指与上海综合指数呈负相关，除葡萄牙PSI通用指数与上海综合指数的负相关系数为–0.4外，其余6只大盘股股指的负相关系数的绝对数值大于0.7，其中上海综合指数与塞浦路斯CSE普通指数负相关系数为–0.90。

上海综合指数与全球主要蓝筹股股指的相关情况和与全球大盘股股指的情况极为类似，在剔除深证100指数（相关系数为0.996 6）和上证100指数（相关系数为0.996 2）后，与上证综合指数正相关的蓝筹股总计36只，占到总数的56%，其中正相关在0.6以上的蓝筹股股指为25只，其中欧洲13只、亚太地区8只、非洲和中东地区3只，北美1只。

对深圳综合指数，本课题组也进行了类似的分析，本课题组剔除了中国的其他股票指数，重点研究深圳综合指数和国际股指间的相关性关系。研究发现，深圳综合指数与全球53只大盘股指数中的44只存在正相关关系，存在负相关的仅为9只。其中大于等于正相关0.9的大盘股4只，介于0.89~0.8的9只，介于0.79~0.7的3只，介于0.69~0.6的8只，

1　本课题组并未找到关于上海综合指数和东京证券指数存在协整性的学术研究文献，此外上海综合指数和冰岛等国家股指出现高度相关性也是一个较难用金融学指数所解释的问题，因此这对本课题组后续的研究有非常好的启发性。

即大于0.6的股票股指为25只，这与上海综合指数的情形一样。此外，东京、哥本哈根以及冰岛等地股指也与深圳综合指数保持了高度的正相关。深圳综合指数、上海综合指数完全一致地和雅典以及塞浦路斯等地区的股指保持了负相关关系。

实证金融研究人员习惯于观测金融资产对数收益率间的相关性，一般而言，基于市场有效假说等理论，金融资产对数收益率之间不应存在相关性，或仅应存在弱相关性（即相关系数应接近零）。根据本课题组的测算，上海综合指数（以及深圳综合指数）与全球主要股指（剔除中国境内股指）基本符合学院派理论的结论。

首先分析上海综合指数与全球53只大盘股，相关系数绝对值在0~0.1的全球股指占21只，而相关系数绝对值在0~0.2的大盘股有37只。由此可见，绝大部分大盘股与上海综合指数的对数收益率无明显相关性。以下几个事实较为有趣：首先就对数收益率而言，上海综合指数和深圳综合指数间的相关系数仅为0.524 8；其次，上海综合指数仍和东京东证股价指数有较高的相关性，是除深圳综合指数外最高的，为0.306，也是唯一的相关系数大于0.3的股指。此外，上海综合指数与标普/港交所大型股指数间的相关系数值仅次于东京东证指数，为0.291 5。

下面讨论上证综合指数与全球45只蓝筹股的对数收益率相关性关系。上证综合指数仅与12只股票指数呈正相关，最大正相关为0.304 9（以色列特拉维夫TA–25指数）。相关系数的绝对值在0~0.2的股票指数占到31只。此外，值得一提的是，上证综合指数与印度SENSEX指数具有最大的负相关值，为–0.656。

因深圳综合指数与上海综合指数长期存在协整关系，因此致使深圳综合指数和上证综合指数出现与全球其他国家和地区的股指呈现类似的相关关系。本课题组简要汇报深圳综合指数与全球主要股指间的相关关系。就对数收益率而言，相关系数绝对值在0~0.1的大盘股股票指数为14只，占总数的26%；而蓝筹股股指10只，占总数的22%；相关系数绝对值在0.1~0.2的大盘股股指为25只，占总数的47%；蓝筹股股指23只，占总数的57.5%。

四、2015年下半年展望及总结

2008年金融危机之后，金融市场在夏季出现动荡已是大概率事件。本报告的分析数据主要来自于国际权威金融与经济监管机构，数据整理和收集有一定滞后，但可以看出中国经济的发展已牵动全球经济的发展，而中国股票市场与全球股票市场的联动性也在不断加强，中国的一举一动均引起世界关注。全球进入2015年下半年，金融市场尤其是股票市场开始巨幅震荡，一个最主要的原因就是中国股市从6月中旬开始，到7月的几周内几乎每天出现惊心动魄的过山车行情，上证指数在2015年6月12日见顶后，到7月底最后一个交易日收盘已暴跌28%，造成约20万亿元人民币的市值蒸发。中国政府随即出台了大规模的托市政策，甚至前所未有地由公安部门调查股市暴跌原因，以及派遣“国家队”出场力挽狂澜。

此外就全球外围环境来看，截至2015年8月10日，东南亚国家都出现了贬值风潮，堪比1998年的东南亚金融危机，以马来西亚林吉特为例，已贬值11%，是自1998年东南亚金融危机以来的最低点，而其他亚太地区货币也出现了贬值。较为令人担忧的是，有迹象表明，亚太地区货币有竞争性贬值的趋势和苗头，从现有的外汇数据来看，日元下跌3.7%，韩元下跌5.5%，泰铢下跌6.4%。过去20年，人民币一直都是全球经济稳定的定盘星，人民币利用其自身的信誉顶住了1998年东南亚金融危机和2008年金融危机。

美国在经历了2015年第一季度的经济小幅波动后，GDP在持续不断回升，越来越多的经济证据显示，美国经济正在走出低谷，恢复活力，非农就业人口正在增加，实际经济数据好于经济学家预测的概率不断增加，这都是美国经济复苏的具体证据，美联储加息越来越成为大概率事件。

本课题组对下半年全球股市风险进行扼要研判。

第一，由于美国仍然是世界最大的经济体，美国的一举一动直接影响全球利率与货币的走势，并时刻能为全球利率和货币定下基调。美联储加息直接影响全球资本的流动方向，也会影响全球股票市场。

图23　全球主要大盘股2014年1月至2015年6月收益VaR指标（单位：%）

数据来源：作者计算。

图24　全球主要蓝筹股2014年1月至2015年6月收益VaR指标（单位：%）

数据来源：作者计算。

第二，中国的全球重要性不断加强，其经济增长速度放缓成为全球经济复苏新的不确定因素。这种不确定因素直接的表现就是全球投资者对中国股市乃至亚太地区股市发展前景的担忧。6月中旬开始的A股暴跌，虽然因“国家队”的出场换得了目前国内金融市场的平静，但要彻底消除股灾的潜在风险，并引导中国经济与金融市场进入良性正常发展快车道，中国金融监管部门还要面临诸多挑战。

第三，大宗商品价格的持续滑落也是一个增加的新兴经济体股票市场的不确定因素。其直接结果是亚太地区内各国决策者从权衡利弊考虑，开始调整汇率政策。而各国决策者的政策策略又往往加剧大宗商品价格的下滑，最终可能再次引发全球性通货紧缩，最终会进一步刺破资产泡沫，导致股价下挫。

第四，过去20年，人民币一直是区域内货币的定盘星。而在目前出现多国外汇竞争性贬值的外部环境下，中国人民币汇率制度和货币政策的短期选择会影响亚太地区区域内经济的走势，进而影响东南亚等地区股票价格的走势，也会影响中国自身资产价格的走势和区域内股票市场的走势。

附录1　本报告所统计的交易所名称

所在地区	交易所英文名称	交易所对应中文翻译	所在地
美洲地区	BM&F BOVESPA	巴西证券交易所	巴西
	Bolsa de Valores de Colombia	哥伦比亚证券交易所	哥伦比亚
	Lima SE	利马证券交易所	秘鲁
	Mexican Exchange	墨西哥交易所	墨西哥
	NASDAQ OMX	纳斯达克-OMX交易所	美国
	NYSE	纽约证券交易所	美国
	Santiago SE	智利圣地亚哥证券交易所	智利
	TMX Group[1]	加拿大TMX集团（含多伦多证券交易所和蒙特利尔证券交易所）	加拿大

1　TMX是加拿大的金融服务公司，T是多伦多英文的第一个字母，M代表蒙特利尔，X指“exchange”（交易），TMX集团拥有多伦多股票交易所和蒙特利尔证券交易所。

续表

所在地区	交易所英文名称	交易所对应中文翻译	所在地
亚太地区	Australian SE	澳大利亚证券交易所	澳大利亚
	Bombay Stock Exchange（BSE）India	孟买证券交易所	孟买
	Bursa Malaysia	吉隆坡马来西亚证券交易所	马来西亚
	Hong Kong Exchanges	香港证券交易所	中国香港
亚太地区	Indonesia SE	印度尼西亚证券交易所	印度尼西亚
	Japan Exchange Group——Osaka	日本证券交易集团——大阪交易所	日本
	Japan Exchange Group——Tokyo	日本证券交易集团——东京交易所	日本
	Korea Exchange	韩国证券交易所	韩国
	National Stock Exchange India	印度国家证券交易所	印度
	New Zealand Exchange	新西兰证券交易所	新西兰
	Shanghai SE	上海证券交易所	中国
	Shenzhen SE	深圳证券交易所	中国
	Singapore Exchange	新加坡证券交易所	新加坡
	Taiwan SE Corp.	台湾证券交易所	中国台湾
	The Stock Exchange of Thailand	泰国证券交易所	泰国
欧洲、非洲以及中东地区（简称：EMEA地区）	Amman SE	安曼证券交易所	约旦
	Athens Exchange	雅典证券交易所	希腊
	BME Spanish Exchanges	西班牙马德里交易所	西班牙
	Borsa Istanbul	伊斯坦布尔证券交易所	土耳其
	Budapest SE	布达佩斯证券交易所	匈牙利
	Deutsche Börse	德意志证券交易所	德国
	Euronext	泛欧证券交易所	欧洲[1]
	Irish SE	爱尔兰证券交易所	爱尔兰
	Johannesburg SE	约翰内斯堡证券交易所	南非
	Ljubljana SE	卢卡尔雅娜证券交易所	斯洛文尼亚
	Luxembourg SE	卢森堡证券交易所	卢森堡

1　Euronext较为特殊，在欧洲境内有多个交易所，是综合型的跨国交易所。

续表

所在地区	交易所英文名称	交易所对应中文翻译	所在地
欧洲、非洲以及中东地区（简称：EMEA地区）	NASDAQ OMX Nordic Exchange	纳斯达克北欧交易所[2]	北欧地区
	Oslo Børs	奥斯陆证券交易所	挪威
	Saudi Stock Exchange – Tadawul	沙特证券交易所	沙特阿拉伯
	SIX Swiss Exchange	瑞士证券交易所	瑞士
	Wiener Börse[3]	维也纳证券交易所	奥地利

附录2　本报告所分析和统计的股票指数名称及对应交易所

编号	股指种类	股票指数名称	交易所名称
1	大盘股指	上海综合指数	上海证券交易所
2	大盘股指	深圳综合指数	深圳证券交易所
3	大盘股指	标普/港交所大型股指数	香港交易所
4	大盘股指	台湾加权股价指数	台湾证券交易所
5	大盘股指	东京东证股价指数	东京证券交易所
6	大盘股指	韩国KOSPI指数	韩国交易所
7	大盘股指	印尼雅加达综合指	印度尼西亚证券交易所
8	大盘股指	泰国SET股价指数	泰国证券交易所
9	大盘股指	新加坡海峡时报指数	新加坡交易所
10	大盘股指	菲律宾综合股价指数	菲律宾证券交易所
11	大盘股指	富时马来西亚指数	马来西亚证券交易所
12	大盘股指	印度孟买500股票指数	孟买证券交易所
13	大盘股指	印度S&P CNX 500指数	印度国家证券交易所
14	大盘股指	科伦坡全股指数	科伦坡证券交易所

2　2007年5月25日，NASDAQ同意收购瑞典OMX集团控制的七家位于北欧和波罗的海地区的证券交易所，并于2008年2月27日完成该收购交易。

3　该交易所英文名称为Vienna Stock Exchange，即维也纳证券交易所，该交易所成立于1771年，是奥地利唯一的交易所也是东欧和西南欧最主要的证券交易所。

续表

编号	股指种类	股票指数名称	交易所名称
15	大盘股指	约旦安曼股票综合指数	安曼证券交易所
16	大盘股指	以色列特拉维夫General指数	特拉维夫证券交易所
17	大盘股指	荷兰AEX指数	纽约泛欧证券交易所（阿姆斯特丹）
18	大盘股指	General Price指数	纽约泛欧证券交易所（布鲁塞尔）
19	大盘股指	葡萄牙PSI通用指数	纽约泛欧证券交易所（里斯本）
20	大盘股指	法国SBF250指数	纽约泛欧证券交易所（巴黎）
21	大盘股指	德国CDAX绩效指数	德国交易所
22	大盘股指	米兰MIB历史指数	意大利证券交易所
23	大盘股指	巴塞罗那Global-100指数	西班牙马德里交易所（巴塞罗那）
24	大盘股指	巴伦西亚IGBV指数	西班牙马德里交易所（巴伦西亚）
25	大盘股指	毕尔巴鄂谷物交易所2000指数	西班牙马德里交易所（毕尔巴鄂）
26	大盘股指	爱尔兰综合指数	爱尔兰证券交易所
27	大盘股指	OMX哥本哈根指数	OMX北欧交易所（哥本哈根）
28	大盘股指	OMX赫尔辛基指数	OMX北欧交易所（赫尔辛基）
29	大盘股指	OMX冰岛全股指数	OMX北欧交易所（冰岛）
30	大盘股指	OMX斯德哥尔摩指数	OMX北欧交易所（斯德哥尔摩）
31	大盘股指	挪威OBX价格指数	奥斯陆交易所
32	大盘股指	瑞士SPI EXTRA价格回报指数	瑞士证券交易所
33	大盘股指	奥地利维也纳证券交易所指数	维也纳交易所
34	大盘股指	卢森堡Lux回报指数	卢森堡证券交易所
35	大盘股指	中小股综合指数	布达佩斯证券交易所
36	大盘股指	希腊ASE通用指数	雅典交易所
37	大盘股指	塞浦路斯CSE普通指数	塞浦路斯证券交易所
38	大盘股指	土耳其ISE National-100指数	伊斯坦布尔证券交易所
39	大盘股指	马耳他股票交易指数	马耳他证券交易所

续表

编号	股指种类	股票指数名称	交易所名称
40	大盘股指	NYSE综合指数	纽约泛欧证券交易所集团（美国）
41	大盘股指	NSDAQ综合指数	纳斯达克-OMX集团
42	大盘股指	S&P/TSX综合指数	多伦多证券交易所集团
43	大盘股指	墨西哥IPC指数	墨西哥交易所
44	大盘股指	百慕大证券交易所指数	百慕大证券交易所
45	大盘股指	圣保罗IBOVESPA指数	巴西证券商品期货交易所
46	大盘股指	布宜诺斯艾利斯综合指数	布宜诺斯艾利斯证券交易所
47	大盘股指	哥伦比亚IGBC指数	哥伦比亚证券交易所
48	大盘股指	秘鲁利马股指	利马证券交易所
49	大盘股指	智利IGPA指数	圣地亚哥证券交易所
50	大盘股指	埃及EGX30指数	埃及交易所
51	大盘股指	富时/JSE 南非综合指数	约翰内斯堡证券交易所
52	大盘股指	毛里求斯SEMDEX指数	毛里求斯证券交易所
53	大盘股指	澳交所普通股指数	澳大利亚证券交易所
54	大盘股指	新西兰综合指数	新西兰交易所
55	蓝筹指数	上证180指数	上海证券交易所
56	蓝筹指数	深证100指数	深圳证券交易所
57	蓝筹指数	恒生指数	香港交易所
58	蓝筹指数	台湾50指数	台湾证券交易所
59	蓝筹指数	东证一部核心30指数	东京证券交易所
60	蓝筹指数	韩国KRX 100指数	韩国交易所
61	蓝筹指数	印尼雅加达LQ-45指数	印度尼西亚证券交易所
62	蓝筹指数	泰国SET50指数	泰国证券交易所
63	蓝筹指数	海峡时报指数	新加坡交易所
64	蓝筹指数	吉隆坡综合股价指数	马来西亚证券交易所

续表

编号	股指种类	股票指数名称	交易所名称
65	蓝筹指数	印度SENSEX指数	孟买证券交易所
66	蓝筹指数	Milanka股价指数	科伦坡证券交易所
67	蓝筹指数	TA-25指数	特拉维夫证券交易所
68	蓝筹指数	荷兰AEX 25指数	纽约泛欧证券交易所（阿姆斯特丹）
69	蓝筹指数	比利时BEL20指数	纽约泛欧证券交易所（布鲁塞尔）
70	蓝筹指数	葡萄牙PSI 20指数	纽约泛欧证券交易所（里斯本）
71	蓝筹指数	法国CAC40指数	纽约泛欧证券交易所（巴黎）
72	蓝筹指数	德国Xetra Dax表现指数	德国交易所
73	蓝筹指数	意大利S&P/MIB指数	意大利证券交易所
74	蓝筹指数	西班牙IBEX 35指数	西班牙马德里交易所
75	蓝筹指数	爱尔兰ISEQ 20指数	爱尔兰证券交易所
76	蓝筹指数	OMX哥本哈根20指数	OMX北欧交易所（哥本哈根）
77	蓝筹指数	OMX斯德哥尔摩30指数	OMX北欧交易所（斯德哥尔摩）
78	蓝筹指数	挪威OBX指数	奥斯陆交易所
79	蓝筹指数	瑞士SMI指数	瑞士证券交易所
80	蓝筹指数	奥地利交易ATX指数	维也纳交易所
81	蓝筹指数	卢森堡LuxX指数	卢森堡证券交易所
82	蓝筹指数	匈牙利BUX指数	布达佩斯证券交易所
83	蓝筹指数	富时/ASE 20指数	雅典交易所
84	蓝筹指数	富时/CySE 塞浦路斯20指数	塞浦路斯证券交易所
85	蓝筹指数	SBI Top指数	卢布尔雅那证券交易所
86	蓝筹指数	土耳其ISE National-100指数	伊斯坦布尔证券交易所
87	蓝筹指数	纽约证交所美国100指数	纽约泛欧证券交易所集团（美国）
88	蓝筹指数	纳斯达克100指数	纳斯达克-OMX集团
89	蓝筹指数	S&P多伦多60指数	多伦多证券交易所集团
90	蓝筹指数	墨西哥IPC指数	墨西哥交易所
91	蓝筹指数	巴西IBX-50指数	巴西证券商品期货交易所

续表

编号	股指种类	股票指数名称	交易所名称
92	蓝筹指数	阿根廷Burcap指数	布宜诺斯艾利斯证券交易所
93	蓝筹指数	哥伦比亚IGBC股指	哥伦比亚证券交易所
94	蓝筹指数	秘鲁利马精选指数	利马证券交易所
95	蓝筹指数	智利IPSA指数	圣地亚哥证券交易所
96	蓝筹指数	道琼斯指数和埃及塔坦兹20指数	埃及交易所
97	蓝筹指数	富时/JSE 南非40指数	约翰内斯堡证券交易所
98	蓝筹指数	SEM-7指数	毛里求斯证券交易所
99	蓝筹指数	ASX/S&P 50	澳大利亚证券交易所
100	蓝筹指数	新西兰TOP10指数	新西兰交易所
101	蓝筹指数	OMX赫尔辛基25指数	OMX北欧交易所（赫尔辛基）

金融市场发展与货币国际化

赵然[1]

摘要：在经济全球化日益深化的今天，金融经济的快速发展使得金融市场规模不断扩大，国家之间的金融联系日益紧密。这种时代发展的特征对货币国际化产生新的影响，在贸易发展成为货币国际化的决定性因素后，金融市场的发展又成为货币国际化拓展的另一个关键性因素。本文的分析包括三个主要方面：理论层面、实证层面以及宏观审慎监管层面。理论层面的分析从虚拟经济和实体经济的辩证关系以及体系积累周期理论两个方面展开。实证层面试图通过构建一个六重套利模型将国际金融市场中的主要子市场均包含在内，并且利用边限协整理论模型进行估计和检验，从整体上评估各子市场对货币国际金融市场计价职能发展的影响方向及程度。宏观审慎监管是保障货币国际化战略顺利进行的重要制度基础。在从系统性风险的本质特征、全球化加深系统性风险的外溢效应以及现有政策存在着力点偏差三个方面详细阐述了加强宏观审慎监管的必要性之后，通过理论模型进一步验证了加强宏观审慎流动性监管对货币国际化的重要意义。

关键词：金融市场　货币国际化　流动性监管

“一带一路”战略思想和“亚洲基础设施投资银行”的建立为

1　赵然，首都经济贸易大学金融学院、金融风险研究院讲师，经济学博士。

人民币国际化提供了清晰的拓展路径，也为人民币的国际输出提供了良好的平台，但是在这个进程中如果一味注重贸易的发展而忽略金融市场的深化，则会给人民币国际化战略带来极大的困扰，甚至走向失败。尽管贸易发展对一国（或地区）的货币国际化具有基础性的决定作用，但是随着世界经济全球化进程的不断深化和国际金融市场的不断创新和发展，经济体之间的金融联系日益密切，货币在国际金融市场中所发挥的各项职能更加突出。金融市场的发展对一国（或地区）货币国际化的影响程度日趋显著，一国（或地区）国内外金融市场的发展程度和深度成为推动其货币国际化进程的一个十分关键的因素。

金融市场并不是一个孤立的概念，而是由各种能实现融资活动的市场所组成的，那么在这些市场中，每个市场对于一国（或地区）货币海外拓展的影响都一样吗？答案显然是否定的，为了能够在最短的时间里实现货币海外拓展效益的最大化，就需要有重点地进行发展，也就是需要对各个市场对一国（或地区）货币国际化的影响程度进行判断，这是本节的分析重点，也是本文的一个重要创新点。2015年6月，中国资本市场遭到重挫，上海证券综合指数（简称“上证综指”）从5 178点迅速震荡至3 500点，资本市场作为金融市场的重要组成部分，其对货币国际化会产生巨大影响是不言而喻的，然而其与货币国际化之间是否存在长期的协整关系？它的短期波动又是否会对货币国际化产生显著影响？影响程度如何？在资本市场过度震荡期间，人民币国际化是否可以通过其他金融市场得到稳定发展？我国商业银行在海外拓展的过程中，应该着重大力发展本币的资产负债业务还是外币的资产负债业务？这些都是本文试图回答的问题。为了回答以上问题，本文分别对主要国际货币国家（或地区）的相关时间序列数据进行了实证研究，试图构建目标货币的金融市场国际计价职能指数并检验各主要子金融市场对目标货币国际化进程的影响方向及程度。

传统的货币国际化决定理论认为，经济规模、贸易规模、币值稳定和货币惯性是决定一国（或地区）的货币是否能成为国际货币的关键因素；然而，现阶段国际金融市场的高度发达已经在很大程度上降低了货币转换成本，货币惯性对于货币国际化的影响程度有所下降（Eichengreen，2005），取而代之的是金融市场发展的深度与广度。近年来国内外经济学家对金融市场发展与货币国际化之间的关系进行了研究，如Williams（1968）、Bergsten（1975）、Kenen（1988）、Tavlas（1997）、Eichengreen（1998）、Greenspan（2001）、Mundell（2003）、Chinn和Frankel（2005）、Papaioannou和Portes（2008）、Flandreau和Jobst（2009）、Chitu等（2012）、Ehlers和Packer（2013）等。Williams（1968）提出国际货币的流动性对发行国实体经济的依赖程度较低，却对该国的金融市场和金融体制的发展高度依赖，第一次世界大战之前英镑占据国际市场中的核心地位正是得益于伦敦高度发达且紧密集中的国际银行体系。与Williams（1968）观点类似的还有Kenen（1988）、Flandreau和Jobst（2009）。Kenen（1988）认为，一国（或地区）的货币要国际化，必须要有充足的货币供给，而且资本的自由流动是构建货币国际化深度和广度的必要条件，所以一国（或地区）金融市场的自由化程度以及成熟程度是决定该国（或地区）货币能否国际化的关键因素；Flandreau和Jobst（2009）则通过对Krugman（1980）所构建的汇率结构模型的扩展推导出流动性是决定一国（或地区）货币能否成为国际货币的首要条件。国内学者邱崇明和刘郁葱（2010）则提出了不同的看法，他们认为，一国实体经济的产业竞争力才是支撑国际货币长久发展的决定性因素，金融市场的竞争力只是在短期内起到显著作用。此外，Chitu等（2012）构建了Tobit模型对33个国家1914年至1946年国外公共债务货币构成的数据进行了实证分析，得出结论认为美国金融市场的深化发展是美元在债券市场所占份额超越英镑的最主要原因。

但大多数文献只是关注于金融市场的整体发展对货币国际化的影响，侧重于某一具体子市场研究的还比较少，其中比较有代表性的是杨荣海（2011）、丁一兵和钟阳（2013）以及丁一兵和付林（2014）的研究。杨荣海（2011）以及丁一兵和钟阳（2013）都着重分析了债券市场的发展与货币国际化之间的关系，并得出结论认为债券市场的发展会显著影响货币国际化进程。丁一兵和付林（2014）通过对5种世界主要货币的国际地位进行双向固定效应面板数据模型检验发现，货币发行国股票市场、债券市场发展与金融深化均会显著正向影响其货币的国际地位。但是这些研究没有将主要的子金融市场对货币国际化进程的影响进行系统分析和对比，只是专注于一个或两个子金融市场对货币国际化的影响；其次没有区分金融市场发展对货币某一具体国际职能的影响。国际货币的主要职能包括国际交易媒介职能、国际价值尺度职能和国际储备职能，其中货币的价值尺度职能包括两个方面：记账单位的使用和计价货币的使用，而与金融市场最息息相关的就是货币的国际计价职能。基于此，本文将着重研究货币的计价职能指数与目标国子金融市场发展之间的联系。本文有两大创新点：首先编制了以各子金融市场的市场规模为基础进行加权平均的国际货币金融市场国际计价职能指数，更加清晰准确地反映了主要货币国际计价职能的变化轨迹；其次本文引入了柯布—道格拉斯生产函数构建了六重套利模型和边限协整模型，并以该国际货币金融市场国际计价职能指数为被解释变量检验各子金融市场的发展是否会对该指数造成显著影响及它们之间是否有长期的协整关系等问题。

一、金融市场的发展与货币国际化：理论层面的分析

针对金融发展对货币国际化的影响机理，理论界的讨论主要集中在两个层面：一是从经济学的角度出发探讨两者之间的关系；二是从国际政治经济学的角度出发探讨金融发展对货币国际化的影响。传统的经济学研究主要是以国际金融的相关理论为基础，从主要国际货币发行国或地区的金融市场和金融体系的发展历史出发，分析其对本国货币国际化以及国际货币体系都带来了哪些影响以及影响程度如何。

而现阶段，各国金融发展速度不断加快，国家或区域间的金融联系更加紧密，全球背景下的虚拟经济规模不断得以膨胀和发展，货币作为虚拟经济的重要载体，势必也会随着全球金融市场和虚拟经济的发展而发生革命性变化，货币国际化的影响因素必然会随之而改变。从国际政治经济学的视角来看，货币霸权是金融霸权的最高级表现形式，而金融霸权又是货币霸权实现进程中必不可少的坚实后盾。只有在强大的贸易和金融市场中，才能树立起强大的货币；也只有在强大的贸易市场实现了向金融市场升级和转换的背景下，才能最终建立起强大的国际货币。

（一）虚拟经济与实体经济辩证关系分析

进入21世纪以后，虚拟经济的规模随着经济全球化的不断深入日益扩大，其与实体经济之间的位移也越来越远。虚拟经济最大的特点就是金融工具的市场价值脱离了金融工具的自身价值，金融工具的交易形成了相对独立于实体经济的运动体系。货币在虚拟经济发展的过程中起着举足轻重的作用，要研究金融市场的发展和货币国际化之间的关系，对虚拟经济的研究不可避免。

虚拟经济的概念是由马克思提出的虚拟资本衍生而来的。马克思认为，虚拟资本是基于借贷资本和银行信用制度而产生的，如股票、债券等。同时，虚拟资本可以作为商品进行买卖，也可以作为资本增值，但其本身并不具有价值，它所代表的实际资本已经投入到生产领域或消费的过程中，而虚拟资本自身却作为可以买卖的资产滞留在市场中。刘骏民（1998）将虚拟经济分为广义和狭义两类：广义虚拟经济是排除了物质生产活动及其与之有关的一切劳务以外的所有经济活动，狭义的虚拟经济则是指所有的金融活动和房地产业等。他提出：“经济的金融化或金融的深化主要是由于虚拟资本的扩张造成的，而虚拟资本的扩张与房地产行业的虚拟价值膨胀结合在一起，就构成了实体经济中的虚拟部门，我们将此虚拟部分称作虚拟经济。”刘骏民（2003，2008）对虚拟经济的概念进行了进一步的具体化和明确化，他将虚拟经济定义为："以资本化定价行为为基础的价格系统，而且其运行的基本特征具有内在的波动性；虚拟经济是经济主体在追求货币理论的目标推动下，通过单纯的买卖和资本化运作以及价值炒作等相对脱离了物质生产过程的方式来获得资本增值。"

这里需要特别指出的是，虚拟经济不同于货币经济，货币因素在虚拟经济运行中所起到的作用是毋庸置疑的，但是两者并不完全等同。虚拟经济是将货币看作经济系统内价值运动的尺度标准，是以货币的形式表现和计量的、脱离了物质生产过程的一种经济运行形式；而货币经济的重点则在于解释货币的运作过程对经济发展的影响，侧重于阐述货币、商品和价格之间的关系。王建（2005）指出，虚拟资本的运动轨迹是从货币出发，经过有价证券或其他类似货币形态的转换，再还原到初始的货币形态。产业资本的运动轨迹如图1所示。

图1　产业资本的运动轨迹

与产业资本不同，虚拟资本的运动轨迹如图2所示。

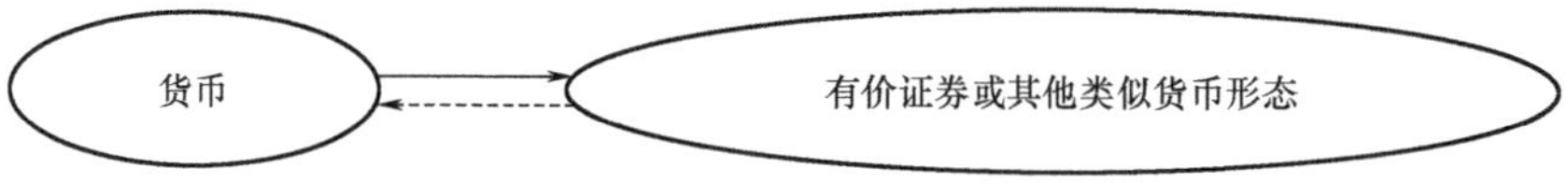

图2　虚拟资本的运动轨迹

由图1和图2可以看出，虚拟资本与产业资本相比，它们的本质区别在于，在虚拟资本的运动过程中资本仅仅追求价值，而不参与物质产品创造，不追求物质产品的使用价值。虚拟资本具有资本的一般特征，即仍然是以追求资本增值为目的进行运动的，但获得资本增值的方式却与产业资本大不相同。产业资本通过工人创造出使用价值的生产过程获得资产增值，而虚拟资本获取资本增值的方式则是通过金融财富名义价值的提高。虚拟资本增值过程中的货币使用没有这么复杂，由于货币资本购买的对象是有价证券，所以货币供应只要足够充分就可以了。虚拟资本和产业资本之间运行机制的区别解释了为什么只有当货币脱离黄金以后，虚拟经济才能得到快速的发展，自20世纪70年代以来，全球货币的增长总是远远超出名义GDP的增长，超出的部分事实上流入到虚拟经济运行中去了。

在虚拟资本主义阶段或者说金融扩张阶段，一国（或地区）主要需要进行的是对金融领域的管理，而不仅仅是传统的对贸易等实体经济的管理，而管理金融领域的一个重要方面就是充分利用本国强势的国际化货币。虚拟经济是依托于金融市场产生的，某种程度上来说，金融市场的发展就是虚拟经济的发展，经济全球化的发展更是加深了这种趋势，在推动一国（或地区）的货币走向国际金融市场的进程中，该国（或地区）必须认清并适应当前虚拟经济快速发展的现实，并制定出相应策略随时应对虚拟经济市场的任何可能的正反面冲击。

（二）体系积累周期理论

金融扩张是20世纪70年代初以来世界经济的主要特征，鉴于此，阿锐基在其2001年的著作《漫长的20世纪：金钱、权力与我们社会的根源》中推翻了布罗代尔和其他学者经常采用的百年周期（或价格逻辑）和康德拉季耶夫周期，重构了近代以来的资本积累周期，即体系积累周期。阿锐基将现代世界体系的资本积累分成四个周期：热那亚周期（14世纪末—17世纪初）、荷兰周期（16世纪末—18世纪末）、英国周期（18世纪下半叶—20世纪初）和美国周期（19世纪末至今）。后一个周期都会在更大规模上重复前一个周期的主要特征，但是又会有自身的创新，四个资本体系积累周期相互重叠，而且持续的时间逐渐缩短。

阿锐基用马克思的资本积累理论对体系积累周期进行了阐述，他认为，马克思对货币资本向商品资本转移，然后商品资本再一次向货币资本进行转移的这种循环往复现象的描述，不仅刻画了资本主义的一般投资逻辑，而且也反映了历史中资本主义作为世界制度反复出现的格局。这种格局的核心环节是物质扩张阶段与金融扩张阶段的交替更迭——即货币资本与商品资本之间转移方向的交替变化。在物质扩张阶段，货币资本使得越来越多的物质商品开始运转；而在金融扩张阶段，大量的货币从商品的形式中撤离出来，资本积累不再通过商品进行交易，而是以金融交易的形式不断进行。即体系积累周期需要经历一个循环往复的过程，就是从“金融扩张”到“物质扩张”，最后又回到“金融扩张”。这两个阶段共同组成了完整的体系积累周期，而20世纪只是与其他三个相似结构的漫长世纪相比离我们最近的一个，每一个漫长的世纪都经历了现代资本主义世界体系发展中的一个特定阶段。

阿锐基的一个重要结论就是在世界资本主义的演变过程中，金融扩张既是连续性的象征，也是突变的象征。它是连续性的象征，因为贸易和生产大规模地发展以后，经常爆发过度积累的普遍危机，世界资本主义因此做出的典型反应就是金融扩张。然而，它也是突变的象征，因为一切金融扩张最终导致当时世界资本主义的崩溃，使得它在新的领导下重新组织，恢复生机。没有几次这样的彻底重新组织，资本主义不会拥有现阶段的国际地位。

二、测度子金融市场对货币国际化影响效应的实证模型构建

本文将着重研究各主要子金融市场对一国货币国际化程度的影响，本文选择的目标货币为SDR篮子中的四种货币，即美元、欧元、日元和英镑。考虑到欧元是1999年以后才正式开始启用的，本文采用了1999—2012年美国、欧元区、日本、英国的季度时间序列数据对模型进行估计。本文的计量软件使用的是Microfit 5.01软件。

（一）变量定义与数据来源

过往的大部分文献都是用年度数据进行估计的，为了更加清晰地反映出一国货币国际化程度的演变趋势，本文采用了季度数据，这就意味着一些数据较难获得。综合考虑了季度数据可获得性因素并细致对比了各子金融市场的代表性含义后，本文选取的目标国（或地区）子金融市场包括：资本市场、银行海外本外币业务拓展市场、国际债券市场、国际货币市场和衍生品市场，具体指标选择见表1。

表1　自变量定义与说明

名称	符号	含义	原始数据
自变量			
资本市场	MC	目标国资本市场市值占全球比重	世界银行
银行海外本外币业务拓展市场	BEL	目标国银行海外本币资产负债业务占全球比重	国际清算银行
	BEF	目标国银行海外外币资产负债业务占全球比重	国际清算银行
国际债券市场	IBS	目标国国际债券市场存量份额	国际清算银行
国际货币市场	IMS	目标国国际货币市场存量份额	国际清算银行
衍生品市场	DVR	目标国衍生产品交易规模占全球比重	国际清算银行、美国期货业协会
因变量：			
货币金融市场国际计价职能指数	PCI	衡量目标货币当期的国际金融市场计价职能发展程度	表2

本文的一大创新点就是创建了主要货币的季度金融市场国际计价职能指数（见图3和图4），更加清晰地展现了一国货币国际计价职能演化程度的变化轨迹。国内外很多学者都曾提出过量化一国货币国际角色的方法，如Detken和Hartmann（2000），Chinn和Ito（2005），Thimann（2009）、张光平（2011）以及陈雨露（2012）等。其中大多数学者都是以年度数据为基础进行度量的，并且在选取指标的权重上也多是采用数学平均的方式。本文综合了以上学者的研究思想并提出

在衡量一国货币国际计价职能时，应当以各部分的市场规模为基础进行加权平均的估算方法。本文的国际货币金融市场国际计价职能指数估算方法如表2所示。

表2　货币金融市场国际计价职能指数指标体系

一级指标	二级指标	三级指标	
		含义	权重
国际计价职能	资本与金融	外汇及利率衍生品市场总市值中目标货币占比	各部分市场规模占比
		本地银行持有外汇总额中目标货币占比	
		国际货币市场存量中目标货币占比	
		国际货币市场流量中目标货币占比	
		国际债券市场存量中目标货币占比	
		国际债券市场流量中目标货币占比	

数据来源：国际清算银行（BIS）、国际货币基金组织（IMF）。

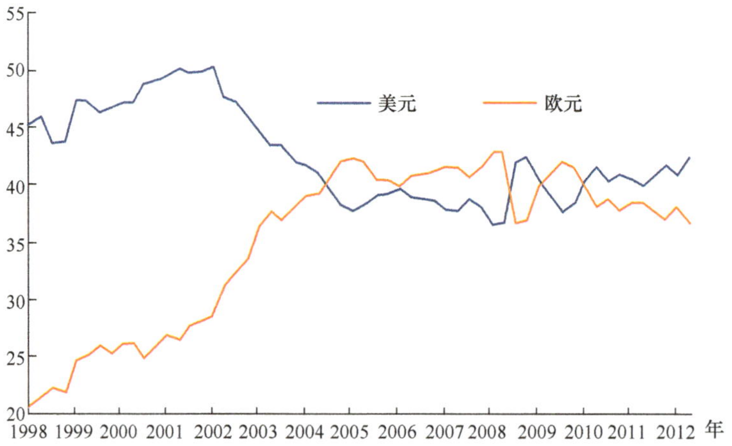

图3　美元和欧元国际计价职能指数

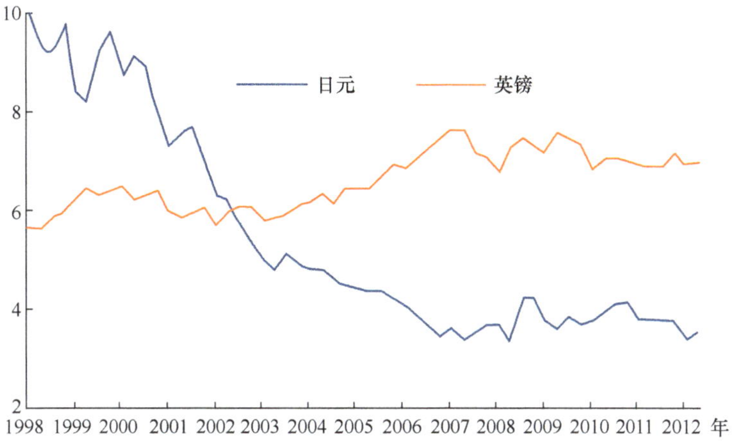

图4　日元和英镑国际计价职能指数

2000年初伴随着欧元的产生，美元的部分国际职能被欧元所取代，美元的货币国际化程度有所下降，而近两年欧洲次贷危机的发生，又在一定程度上冲击了欧元的国际地位，作为世界上最强势的两种国际货币，美元和欧元之间相互替代和补充的关系得到了学界的广泛认可（Kenen，2002；Lim，2006；Chinn 和 Frankel，2005；Eichengreen，2009等）。此外，随着日本经济进入低迷时期，日元的国际货币地位从20世纪90年代末开始逐渐下降，日元在其本国的进出口贸易中所占的比例也极其有限。而英镑在2000年初至欧洲债务危机发生之前，一直保持坚挺，且汇率长期保持稳定，而且有伦敦这个强大的国际性金融中心做后盾，英镑的国际化程度在2000年后逐渐超过日元，有很多学者在这一点上也达成了共识（Shirono，2009；刘瑞，2012等）。由图4可以看出，根据本文构建的加权平均指标体系计算得出的主要国际货币计价职能指数一定程度上和市场整体宏观反映是相一致的。

从描述被解释变量与单个被解释变量之间关系的散点图（参见图5）中可以看出，本文计算出的目标货币金融市场国际计价职能指数与目标国资本市场规模（MC）、银行业务海外本币资产负债规模发展水平（BEL）、国际债券市场发展（IBS）、国际货币市场发展（IMS）

以及衍生产品交易规模（DVR）之间均呈现出明显的正相关关系，而银行业务海外外币资产负债规模的发展水平（BEF）与国际货币计价职能之间的正相关关系并不明显。

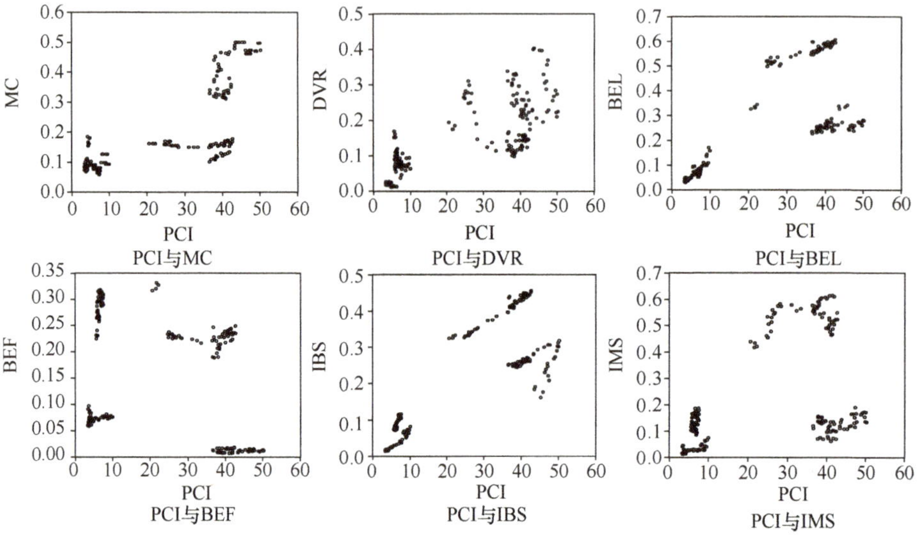

图5　自变量与因变量散点图

（二）模型设定与估计方法选择

1. 多重套利理论模型设定

本文以柯布—道格拉斯生产函数的基本形式为基础，进行了一定的扩展，并将其四个前提假设扩展为[1]：①影响货币国际计价职能（PCI）的因素只有MC，BEL，BEF，IBS，IMS以及DVR；②六个因素之间可以互相替代；③这六个影响因素的效用受边际递减规律制约；④由于本文是为了证明上述六种因素的发展有助于货币国际计价职能水平的提高，则根据柯布—道格拉斯生产函数中报酬递增型模式，假设有：$\beta_1+\beta_2+\beta_3+\beta_4+\beta_5+\beta_6>1$

1　柯布—道格拉斯生产函数的基本形式如下：$Y=A(t)L^{\alpha}K^{\beta}\mu$；四个假设前提为：①生产中只有资本和劳动两种投入；②资本和劳动可以互相替代；③资本和劳动均存在边际收益递减；④规模报酬不变。

则通过以上假设，本文提出的六重套利模型如下：

$$PCI = A \cdot MC^{\beta_1} BEL^{\beta_2} BEF^{\beta_3} IBS^{\beta_4} IMS^{\beta_5} DVR^{\beta_6} \cdot \mu \quad (1)$$

在模型（1）中，PCI为货币国际计价职能指数，A为常数项，即不受资本市场规模、银行业务海外本币和外币资产负债规模扩展水平、国际债券市场发展、国际货币市场发展以及衍生产品交易规模影响的货币国际计价职能发展的部分。β_1，β_2，β_3，β_4，β_5，β_6分别是资本市场规模、银行业务海外本币外币资产负债规模扩展水平、国际债券市场发展、国际货币市场发展以及衍生产品交易规模对货币国际计价职能发展水平贡献的弹性系数。μ是与MC，BEL，BEF，IBS，IMS以及DVR都无关的独立的随机扰动项。

以上构建的基于资本市场规模、银行业务海外本币外币资产负债规模扩展水平、国际债券市场发展、国际货币市场发展以及衍生产品交易规模的六重套利模型可以较全面地解释推动货币国际计价职能水平发展的主要影响因素。

2. ARDL模型构建

为了能更好地对各变量之间的长期关系进行实证分析，本文借鉴了Pesaran，Shin 和 Smith（2001）提出的边限协整检验（PSS）方法，该方法是基于模型提出的。本文选用PSS方法的理由主要有两个：第一，其他的所有方法如Johansen 和Juselius的Johansen协整分析方法，Park的增加变量法，Shin的基于残差来检验协整零假设的方法等均要求变量是同阶单整的，这不可避免地会涉及一定程度的预检验问题，预检验会增加变量间长期关系分析的不确定性。而PSS检验可适用于三种情况：变量为I（0）；变量为I（1）；变量为I（0）和I（1）交叉型。第二，Engle，Granger和Johansen提出的协整检验只适用于大样本数据，而PSS方法更适用于小样本，本文四种国际货币的样本容量均为58，若采用传统协整检验方法，实证检验结论将具有很大的不可靠性。

Pesaran等人（2001）推导出了以下VECM 模型：

$$\Delta Y_t = A_0 + \Pi Y_{t-1} + \sum_{i=1}^{p} \Gamma_i \Delta Y_{t-i} + \varepsilon_t \; t{=}1,2,3,L\;,T \qquad (2)$$

其中， $Y_t = (\ln \mathrm{PCI}_t, \ln MC_t, \ln \mathrm{BEL}_t, \ln \mathrm{BEF}_t, \ln \mathrm{IBS}_t, \ln \mathrm{IMS}_t, \ln \mathrm{DVR}_t)'$ $\Pi = I_k + \sum_{i=1}^{p} \Psi_i$， $\Gamma_i = -\sum_{j=i+1}^{p} \Psi_i$， $i = 1,2,\cdots p-1$。Π和Γ_i均是7×7系数矩阵，分别代表长期乘数以及VECM模型的短期动态系数。由（2）式推出各个变量之间的长期关系可以由以下条件VECM模型表示：

$$\Delta y_t = \alpha_{y0} + \delta_{yy} y_{t-1} + \delta_{xx} x_{t-1} + \sum_{i=1}^{p-1} \lambda_i \Delta y_{t-i} + \sum_{i=0}^{p-1} \xi_i \Delta x_{t-i} + \varepsilon_{yt},\; t = \text{üüü} \quad \cdots \; T \qquad (3)$$

根据模型（3），则可以得出本文的条件VECM 模型ARDL(üüü ， ， ， ， ，)如下：

$$\aleph\aleph \mathrm{PCI}_t \quad \alpha_0 \quad \delta_1 \ln \mathrm{PCI}_{t-1} \quad \delta_2 \ln MC_{t-1} \quad \delta_3 \ln \mathrm{BEL}_{t-1} \quad \delta_4 \ln \mathrm{BEF}_{t-1} \quad \delta_5 \ln \mathrm{IBS}_{t-1}$$
$$+\delta_6 \ln \mathrm{IMS}_{t-1} + \delta_7 \ln \mathrm{DVR}_{t-1} + \sum_{i=1}^{p} \phi_i \Delta \ln \mathrm{PCI}_{t-i} + \sum_{j=1}^{q} \varpi_j \Delta \ln MC_{t-j} + \sum_{l=1}^{q} \varphi_l \Delta \ln \mathrm{BEL}_{t-l} \qquad (4)$$
$$+\sum_{m=1}^{q} \upsilon_m \Delta \ln \mathrm{BEF}_{t-m} + \sum_{n=1}^{q} \eta_n \Delta \ln \mathrm{IBS}_{t-n} + \sum_{k=1}^{q} \pi_k \Delta \ln \mathrm{IMS}_{t-k} + \sum \theta_r \Delta \ln \mathrm{DVR}_{t-r} +$$

其中，δ_i（i=1，⋯，7）为长期乘数，δ_0是漂移项，ε_t为白噪声。

3. 边限协整检验程序

第一步：估计模型（4），然后利用F检验来判定各个变量之间是否存在长期均衡关系；其中原假设H_0为$\delta_1=\delta_2=\delta_3=\delta_4=\delta_5=0$，备则假设$H_1$为$\delta_1$，$\delta_2$，$\delta_3$，$\delta_4$，$\delta_5$ 不全为零。如果估计出来的F值大于临界值上限，则无论协整的阶数如何都可以拒绝原假设，即变量间存在长期协整关系；若F值低于临界值下限，则不能拒绝原假设；若F值处在临界值上限和下限之间，则不能确定各变量间是否存在长期关系。

第二步：变量间的长期协整关系确定后，$\ln \mathrm{PCI}_t$的条件ARDL（$p_1,q_1,q_2,q_3,q_4,q_5,q_6$）长期模型可以由下式表示：

$$\ln \mathrm{PCI}_{t\,\text{üü}} = \alpha_0 + \sum_{i=1}^{p} \delta_1 \ln \mathrm{PCI}_{t-} + \sum_{i=0}^{q_1} \delta_2 \ln MC_{-} + \sum_{i=0}^{q_2} \delta_3 \ln \mathrm{BEL}_{t-} \qquad (5)$$
$$+\sum_{i=0}^{q_3} \delta_4 \ln \mathrm{BEF}_{t-i} + \sum_{i=0}^{q_4} \delta_5 \ln \mathrm{IBS}_{t-i} + \sum_{i=0}^{q_5} \delta_6 \ln \mathrm{IMS}_{t-i} + \sum_{i=0}^{q_6} \delta_7 \ln \mathrm{DVR}_{t-i} + \varepsilon_t$$

然后根据AIC准则选择ARDL（$p_1,q_1,q_2,q_3,q_4,q_5,q_6$）模型的七个最优滞后阶数。

第三步：通过对短期修正模型（ECM）进行估计获得短期动态参数：

$$\Delta \ln \mathrm{PCI}_t = \mu + \sum_{i=1}^{p} \phi_i \Delta \ln \mathrm{PCI}_{t-i} + \sum_{j=1}^{q} \varpi_j \Delta \ln MC_{t-j} + \sum_{l=1}^{q} \varphi_l \Delta \ln \mathrm{BEL}_{t-l} + \sum_{m=1}^{q} \upsilon_m \Delta \ln \mathrm{BEF}_{t-m} + \sum_{n=1}^{q} \eta_n \Delta \ln \mathrm{IBS}_{t-n} + \sum_{k=1}^{q} \pi_k \Delta \ln \mathrm{IMS}_{t-k} + \sum_{r=1}^{q} \theta_r \Delta \ln \mathrm{DVR}_{t-r} + \lambda \mathrm{ecm}_{t-1} + \varepsilon_t \tag{6}$$

其中，$\phi_i,\varpi_j,\varphi_l,\upsilon_m,\eta_n,\pi_k,\theta_r$为模型向均衡回归的短期动态系数，代表$\ln\mathrm{PCI}_t$的短期修正速度系数。

（三）实证模型构建

本文进行实证检验的模型选取的是上部分提到的六重套利模型式（1），由于数据的自然对数变换不改变原有的协整关系，并能使其趋势线性化和消除时间序列中存在的异方差现象，在本文的研究中对式（1）两端分别取自然对数，四种国际货币的估计模型变为：

$$\ln \mathrm{PCI}_{i,t}^C = \alpha_0^C + \beta_1^C \ln MC_{i,t}^C + \beta_2^C \ln \mathrm{BEL}_{i,t}^C + \beta_3^C \ln \mathrm{BEF}_{i,t}^C + \beta_4^C \ln \mathrm{IBS}_{i,t}^C + \beta_5^C \ln \mathrm{IMS}_{i,t}^C + \beta_6^C \ln \mathrm{DVR}_{i,t}^C + \varepsilon_{i,t}^C \qquad = \mathrm{USD,EUR,JPY,GBP} \tag{7}$$

其中，$\mathrm{PCI}_{i,t}$代表货币C第i个截面在时间t的货币国际计价职能指数、$MC_{i,t}$代表货币C第i个截面在时间t的资本市场市值占全球比重、$\mathrm{BE}L_{i,t}$代表货币C第i个截面在时间t的银行海外本币资产负债业务占全球比重、$\mathrm{BEF}_{i,t}$代表货币C第i个截面在时间t的银行海外外币资产负债业务占全球比重、$\mathrm{IBS}_{i,t}$代表货币C第i个截面在时间t的国际债券市场存量份额、$\mathrm{IMS}_{i,t}$代表货币C第i个截面在时间t的国际货币市场存量份额、$\mathrm{DVR}_{i,t}$代表货币C第i个截面在时间t的衍生产品交易规模占全球比重，$\varepsilon_{i,t}$则表示为服从正态分布的随机扰动。

（四）边限协整模型估计

1. 单位根检验

在进行ARDL边限协整检验之前，需要先对各个变量进行单位根检验，这主要是为了确保变量为$I(0)$或$I(1)$或者$I(0)$和$I(1)$的交叉型，而不存在$I(2)$或者更高阶单整。本文采用ADF方法对各个变量进行单位根检验，各个变量的滞后阶数均是按照AIC最小原则确定，由表3可知本文的四个模型中美元和英镑模型的序列中都出现了$I(0)$和$I(1)$交叉的情形，符合边限协整检验要求。

表3　各时间序列变量的ADF平稳性检验结果

原变量	检验类型（C,t,k）	ADF统计量	P值	Δln PCI	检验类型（C,t,k）	ADF统计量	P值	原变量单整阶数
$\ln PCI^{USD}$	（0,0,2）	-0.166	0.622	$\Delta\ln PCI^{USD}$	（0,0,1）	-6.829	0.000	$I(1)$
$\ln MC^{USD}$	（0,0,0）	1.117	0.930	$\Delta\ln MC^{USD}$	（0,0,0）	-6.459	0.000	$I(1)$
$\ln BEL^{USD}$	（C,0,0）	-3.641	0.008					$I(0)$
$\ln BEF^{USD}$	（C,t,0）	-1.584	0.787	$\Delta\ln BEF^{USD}$	（0,0,0）	-7.868	0.000	$I(1)$
$\ln IBS^{USD}$	（C,0,7）	-4.205	0.002					$I(0)$
$\ln IMS^{USD}$	（0,0,5）	1.191	0.938	$\Delta\ln IMS^{USD}$	（0,0,4）	-5.255	0.000	$I(1)$
$\ln DVR^{USD}$	（C,0,0）	-2.059	0.262	$\Delta\ln DVR^{USD}$	（0,0,1）	-6.043	0.000	$I(1)$
$\ln PCI^{EUR}$	（C,t,0）	-0.963	0.941	$\Delta\ln PCI^{EUR}$	（C,t,1）	-6.173	0.000	$I(1)$
$\ln MC^{EUR}$	（0,0,0）	1.339	0.953	$\Delta\ln MC^{EUR}$	（C,t,0）	-8.952	0.000	$I(1)$
$\ln BEL^{EUR}$	（C,0,0）	-3.984	0.003					$I(0)$
$\ln BEF^{EUR}$	（C,0,2）	-3.652	0.008					$I(0)$
$\ln IBS^{EUR}$	（C,0,6）	-2.103	0.244	$\Delta\ln IBS^{EUR}$	（C,t,1）	-7.737	0.000	$I(1)$
$\ln IMS^{EUR}$	（0,0,0）	-1.210	0.205	$\Delta\ln IMS^{EUR}$	（0,0,0）	-7.424	0.000	$I(1)$
$\ln DVR^{EUR}$	（C,0,1）	-1.029	0.737	$\Delta\ln DVR^{EUR}$	（0,0,0）	-9.243	0.000	$I(1)$
$\ln PCI^{JPY}$	（C,0,2）	-1.795	0.379	$\Delta\ln PCI^{JPY}$	（C,t,1）	-7.857	0.000	$I(1)$
$\ln MC^{JPY}$	（C,0,0）	1.823	0.366	$\Delta\ln MC^{JPY}$	（0,0,0）	-7.989	0.000	$I(1)$
$\ln BEL^{JPY}$	（C,0,0）	-2.563	0.107	$\Delta\ln BEL^{JPY}$	（C,t,0）	-9.254	0.000	$I(1)$
$\ln BEF^{JPY}$	（C,t,0）	-0.004	0.995	$\Delta\ln BEF^{JPY}$	（C,t,0）	-7.299	0.000	$I(1)$
$\ln IBS^{JPY}$	（0,0,3）	0.899	0.899	$\Delta\ln IBS^{JPY}$	（C,t,0）	-6.466	0.000	$I(1)$
$\ln IMS^{JPY}$	（C,0,0）	-2.290	0.179	$\Delta\ln IMS^{JPY}$	（C,t,0）	-9.049	0.000	$I(1)$
$\ln DVR^{JPY}$	（0,0,4）	0.436	0.805	$\Delta\ln DVR^{JPY}$	（0,0,3）	-3.076	0.003	$I(1)$
$\ln PCI^{GBP}$	（C,0,0）	-1.868	0.345	$\Delta\ln PCI^{GBP}$	（0,0,4）	-3.909	0.000	$I(1)$

续表

原变量	检验类型（C,t,k）	ADF统计量	P值	Δ ln PCI	检验类型（C,t,k）	ADF统计量	P值	原变量单整阶数
$\ln MC^{GBP}$	（C,t,0）	−2.953	0.155	$\Delta\ln MC^{GBP}$	（0,0,0）	−7.581	0.000	I（1）
$\ln BEL^{GBP}$	（0,0,0）	0.942	0.906	$\Delta\ln BEL^{GBP}$	（0,0,2）	−3.509	0.000	I（1）
$\ln BEF^{GBP}$	（C,0,6）	−2.004	0.284	$\Delta\ln BEF^{GBP}$	（0,0,1）	−4.695	0.000	I（1）
$\ln IBS^{GBP}$	（C,0,5）	−0.939	0.768	$\Delta\ln IBS^{GBP}$	（0,0,0）	−4.384	0.000	I（1）
$\ln IMS^{GBP}$	（C,t,1）	0.128	0.997	$\Delta\ln IMS^{GBP}$	（C,t,1）	−6.546	0.000	I（1）
$\ln DVR^{GBP}$	（C,t,1）	−2.695	0.243	$\Delta\ln DVR^{GBP}$	（0,0,0）	−11.226	0.000	I（1）

注：检验类型中的（C,t,k）分别表示单位根检验方程，包括常数项、时间趋势和滞后阶数，0表示不包含常数项/时间趋势或者滞后阶数为0。

2. 边限协整检验

首先对（4）式条件ARDL-VECM模型进行估计，则四种货币的模型估计结果如表4所示。

表4　ARDL边限检验结果

被解释变量	ARDL-VECM模型形式	F统计量	是否协整
$F=(\ln PCl^{USD} \mid \ln MC^{USD}, \ln BEL^{USD}\ \ln BEF^{USD}\ \ln IBS^{USD}\ \ln IMS^{USD}\ \ln DVR^{USD})$	（1,1,1,0,1,0,0）	3.7025	是
$F=(\ln PCl^{EUR} \mid \ln MC^{EUR}, \ln BEL^{EUR}\ \ln BEF^{EUR}\ \ln IBS^{EUR}\ \ln IMS^{EUR}\ \ln DVR^{EUR})$	（1,1,1,0,1,0,0）	4.5231	是
$F=(\ln PCl^{JPY} \mid \ln MC^{JPY}, \ln BEL^{JPY}\ \ln BEF^{JPY}\ \ln IBS^{JPY}\ \ln IMS^{JPY}\ \ln DVR^{JPY})$	（1,0,1,0,1,0,0）	3.8193	是
$F=(\ln PCl^{GBP} \mid \ln MC^{GBP}, \ln BEL^{GBP}\ \ln BEF^{GBP}\ \ln IBS^{GBP}\ \ln IMS^{GBP}\ \ln DVR^{GBP})$	（1,0,1,0,1,0,1）	3.0457	无法判断

注：表中F统计量在5%显著性水平下的上下临界边限分别为2.237 6和3.519 3。

由表4可以看出，美元、欧元和日元的估计模型在5%的显著性水平下均超出临界边限的上限值，所以变量之间不存在长期均衡关系的原假设可以被拒绝，即$\ln PCL^{USD}$, $\ln PCL^{EUR}$, $\ln PCL^{JPY}$分别与其估计模型中的各变量之间存在长期协整关系。此外，本文对设定的美元、欧元和日元的ARDL-VECM模型分别进行了Lagrange-Multiplier检验、Reset检验、Bera-Jarque检验、Koenker-Bassett检验以及CUSUM和CUSUM平方和检验。可以判定，在5%的显著性水平下，自相关检验、模型形式检验、正态性检验以及自回归条件异方差检验均不能拒绝原假设，即本文的这三个ARDL模型拟合效果良好。且CUSUM和CUSUM平方和检验也说明本文估计的参数在选定的样本空间内是稳定的。此外，通过AIC最小原则，本文的模型最优形式不含常数项，说明本文选择的变量较好地覆盖了影响的所有子金融市场[1]。但是以$\ln PCI^{GBP}$为被解释变量的ARDL-VECM模型没有通过PSS的F检验，即$\ln PCI^{GBP}$与其他变量之间不存在长期协整关系，或者通过现有数据无法确定它们之间是否存在长期关系。

确定了协整关系后，接下来分别对美元、欧元和日元的模型（5）进行估计，结果如表5所示。

表5 各变量间的长期均衡关系

回归变量	回归系数	标准误	T统计量	P值
$\ln MC^{USD}$	−0.1952	0.2919	0.6689	0.507
$\ln BEL^{USD}$	0.6965	0.3506	1.9868*	0.053
$\ln BEF^{USD}$	−0.2652	0.1269	−2.0902**	0.042
$\ln IBS^{USD}$	−0.2458	0.3683	−0.6674	0.508
$\ln IMS^{USD}$	0.0522	0.1637	0.3189	0.751
$\ln DVR^{USD}$	0.8606	0.2025	4.2494***	0.000
$\ln MC^{EUR}$	−0.1056	1.1673	−0.0904	0.928
$\ln BEL^{EUR}$	−3.606	2.7607	−1.3062	0.198
$\ln BEF^{EUR}$	−4.306	2.1248	−2.0265**	0.048
$\ln IBS^{EUR}$	4.854	2.8182	1.7224*	0.092
$\ln IMS^{EUR}$	−1.174	0.9909	−1.1847	0.242
$\ln DVR^{EUR}$	0.7995	0.7385	1.0826	0.285
$\ln MC^{JPY}$	−0.9580	3.1678	−0.3024	0.764
$\ln BEL^{JPY}$	0.0959	4.2031	0.0228	0.982
$\ln BEF^{JPY}$	−2.0169	1.7909	−1.1262	0.266
$\ln IBS^{JPY}$	0.9875	0.3436	2.8741***	0.006
$\ln IMS^{JPY}$	−1.0709	0.9387	−0.3644	0.717
$\ln DVR^{JPY}$	0.1297	0.7767	0.167	0.868

注：*** 表示在1%的水平下显著；* 表示在5%的水平下显著；* 表示在10%的水平下显著。

1 限于篇幅，这里不再将四个ARDL模型的检验结果详细列出。

从各变量间的长期关系可以看出，显著影响美元、欧元和日元金融市场国际计价职能发展的子金融市场各不相同。银行海外本外币业务的拓展和本国衍生品市场的拓展会显著影响美元国际计价职能的发展，其中：银行海外本币资产负债业务占全球比重和美国衍生产品交易规模占全球比重会对美元的国际计价职能指数产生正向影响，二者每增加1%会使美元国际计价职能指数分别提升0.7%和0.86%；而银行海外外币资产负债业务占全球比重则会产生显著负向影响，即每增加1%会导致美元国际计价职能指数下降约0.27%。对欧元来说，银行海外本外币业务的拓展和本地区衍生品市场的拓展不再显著影响欧元国际计价职能的发展，对其产生显著影响的因素变为银行海外外币资产负债业务占全球比重和国际债券市场的发展。同美元一样，欧元区银行海外外币资产负债业务占全球比重会对欧元的国际计价职能产生显著负向影响，每增加1%会导致欧元国际计价职能指数下降约4.31%；而欧元区国际债券市场对欧元国际计价职能水平的影响程度高达4.85%。

欧元自产生以来，欧元区银行的海外拓展都以本币的资产负债业务为主，美国银行海外的资产负债中更是绝对以美元为主，外币资产负债业务所占的比重微乎其微，根据国际清算银行（BIS）的相关数据，欧元在世界货币市场和债券市场中的存量份额占比已经由1999年初的25.5%和26.8%上升至2012年6月的41.7%和41.2%。国际金融市场在欧元的国际地位提升和国际使用范围方面都起到了至关重要的作用。欧元也正是由于抓住了国际金融市场近二十年快速发展的机遇，才能达到今天的国际地位，欧元的国际职能发展轨迹非常值得我们研究和借鉴。中国和日本都属于金融市场开放相对保守的国家，其货币国际化的路径也更为相似，从本文的估计结果来看，在本文选择的子金融市场中，影响日元国际计价职能的显著因素只有日本国际债券市场的发展，日本国际债券市场份额每增加1%会使日元国际计价职能指数提升约0.99%，而银行海外本币业务的拓展并不显著影响日元的国际化进程，这主要是由日本政府对东京金融市场设置的诸多限制所导致的，对银行海外本币业务发展的限制也成为制约日元国际化进程的重要因素（Tavlas和Ozeki，1992）。

国际债券市场是非常重要的国际金融市场之一，是国际金融体系中不可或缺的部分，一个统一、成熟的债券市场是国际金融市场存在和发展的重要基础。近年来，国际债券市场的类别结构和币种结构都发生了显著变化，而且欧洲债券的发行规模远远超过外国债券。截至2012年2季度，欧元区在国际债券市场和国际货币市场中所占的比例分别为40%与55%，而美国的相应数据仅为26%和7%。欧元区国家在国际债券市场中发行的债券主要以欧洲欧元债券为主，这在很大程度上推动了欧元的国际化发展。反观日元，随着日本经济实力的落寞，其在国际金融市场中融资的能力也有所下降，欧洲日元债券规模迅速缩减，这是造成日元国际计价职能指数大幅下滑的主要原因。

此外，值得注意的是，本文的研究发现，长期来看目标国资本市场规模与美元、欧元和日元的国际计价职能水平之间均不存在显著关系，这一点对资本市场处于剧烈震荡中的中国来说具有较高的指导意义，不能因为资本市场的短期震荡就对人民币国际化的长远发展产生质疑。此外，一些观点认为，衍生品市场规模的发展会在一国（或地区）货币国际计价职能发展的进程中起到非常重要的作用，但是本文的实证检验却否定了这一观点，虽然衍生品市场发展会显著影响美元的国际化进程，但这主要是因为大部分大宗商品都是以美元作为计价货币的。本文的实证模型同样说明一国（或地区）银行海外外币业务的发展不仅不能对该国（或地区）的货币国际计价职能带来显著的正向影响，还会带来负面的影响，而国际货币市场的发展并不会显著影响货币国际化的进程。综合对美元、欧元和日元的分析，要使一国（或地区）货币的国际计价职能得到扩展，需要着重从国际债券市场和银行的海外本币业务拓展两个方面着手。

与长期协整关系相关联的各变量间的短期动态系数将以模型（6）为基础利用ECM模型进行估计，见表6。

表6 基于ARDL模型的短期误差修正结果

回归变量	回归系数	标准误	T统计量	P值
dln MC^{USD}	0.218	0.0905	2.4074**	0.020
dln BEL^{USD}	0.207	0.0585	3.5356***	0.001
dln BEF^{USD}	−0.0288	0.0134	−2.1538**	0.036
dln IBS^{USD}	0.9862	0.1458	6.7651***	0.000
dln IMS^{USD}	0.0057	0.0177	0.3198	0.750
dln DVR^{USD}	0.0934	0.0315	2.9626***	0.005
dln MC^{EUR}	0.2632	0.0999	2.642**	0.011
dln BEL^{EUR}	0.1311	0.0948	1.3824	0.173
dln BEF^{EUR}	−0.1963	0.0955	−2.0552**	0.045
dln IBS^{EUR}	1.9226	0.2994	6.422**	0.000
dln IMS^{EUR}	−0.0535	0.0595	−0.8995	0.373
dln DVR^{EUR}	0.0364	0.0247	1.4763	0.146
dln MC^{JPY}	−0.0236	0.0333	−0.7103	0.481
dln BEL^{JPY}	0.1973	0.0919	2.1483**	0.037
dln BEF^{JPY}	−0.0498	0.1037	−0.4799	0.633
dln IBS^{JPY}	1.0845	0.2493	4.3495***	0.000
dln IMS^{JPY}	−0.0264	0.0348	−0.7591	0.451
dln DVR^{JPY}	0.0032	0.0158	0.2033	0.84

注：*** 表示在1%的水平下显著；** 表示在5%的水平下显著；* 表示在10%的水平下显著。

各个变量的短期动态系数符号与长期协整关系基本上相一致，但是短期显著影响因素明显增加，国际债券市场份额的短期波动不仅显著影响欧元和日元国际计价职能水平的短期变化，而且对美元该指标短期变化的影响也是高度显著的。其次，虽然银行海外本币资产负债业务占全球比重长期内对日元国际计价职能的影响不显著，但是短期波动却会在5%的显著性水平下对其短期变化产生正向的显著影响，且无论是短期还是长期，银行海外外币资产负债业务占全球比重对美元和欧元国际计价水平都只会产生负向的显著影响，而国际货币市场的发展均不会显著影响三种货币国际计价水平的发展。这里尤其值得注意的是，虽然资本市场的发展和美元、欧元国际计价水平发展之间不存在长期的均衡关系，但是其短期波动却会在5%的显著性水平下显著影响美元和欧元国际计价水平的短期变化。

由以上检验可以看出，货币国际计价职能水平的发展对国际债券市场和银行海外本币业务的发展长期和短期的敏感性都非常显著；而资本市场整体规模的扩展仅会在短期内对目标国（或地区）货币的国际计价职能发展产生显著的正向影响，长期影响却并不显著。长期来看，为了扩展一国（或地区）货币的国际计价水平，应该倾向于国际债券市场和银行海外本币业务的发展。这个实证结果对人民币的国际化发展有着指向性的实际意义。中国在进行国际金融市场扩展的时候，应当有所侧重，银行在进行海外业务扩展的时候也应该更加侧重本币业务的发展，加快本币业务海外投资产品的创新。2008年以来，中国的资本市场一直处于低迷状态，2015年更是经历了巨幅震荡，通过“组合投资理论”可知，投资者会按照效用最大化的方式来寻求将他们的财富分布于不同的可用资产之间。国内资本市场的低迷会使得国外投资者的资本利得下降，造成一定的国际资本流出，继而国际市场对人民币的需求也会降低，这样的低迷和不稳定状态短期内会对人民币国际化有所影响，但是不会长期制约人民币国际计价职能水平的发展。

三、金融市场的稳定与货币国际化：宏观审慎监管

前面的实证研究已经证明，随着世界经济全球化进程的不断深化和国际金融市场的不断创新和发展，货币在国际金融市场中所发挥的各项职能也更加突出，金融市场的发展对一国或地区货币国际化的影响日趋显著，一国或地区国内外金融市场的发展程度和水平成为推动其货币国际化进程的一个十分关键的因素。那么在这里，本文提出问题：长期来看，一国（或地区）金融市场的发展依托于什么？如何避免发生大规模系统性风险？如何保障货币国际化所需要的金融制度基础？这几个问题的答案当然是金融体系的长期稳定。货币国际化是一

个长期的战略过程，英镑成为主要的国际储备货币经历了85年的漫长历程，美元的国际化过程则经历了将近50年的时间。如何保证这个漫长过程中的每一个环节都能顺利进行呢？答案自然也是一国或地区经济金融市场的长期稳定。尤其是在2008年国际金融危机爆发后，如何保证金融体系长期稳定的发展成为摆在各国货币当局面前首先需要解决的难题。在这个背景下，产生于20世纪70年代的“宏观审慎监管”理论体系再次引起很多经济学家的重视，他们基于此对该理论进行了一系列的研究和拓展（Goodhart和Persaud，2008；Borio，2009；Perotti和Suarez，2009；Landau，2009； Keys等，2009；Wagner，2010，Clement，2010；Caruana，2010；Drehmann和Tarashev，2011；李文泓，2011）。

（一）为什么要加强宏观审慎监管

“宏观审慎”（Macro-Prudential）的概念第一次出现是在20世纪70年代末，一份由英格兰银行编写的未公开工作文件中，当时这一概念主要强调与宏观经济方向有关的调控与监管。在1997年亚洲金融危机爆发之前，这一概念并没有引起足够多的重视，而此轮金融危机过后，“宏观审慎”开始被广泛地用于中央银行以外国际金融机构的各类研究中。IMF也提出要用宏观审慎指标来评估金融系统的薄弱弱环，并以此为基础，逐渐发展成一套完整的金融部门评估体系。究竟什么是“宏观审慎”？顾名思义，这是针对“微观审慎”的概念提出的，目前为止，关于宏观审慎监管的定义可分为两大类：①通过宏观审慎监管与微观审慎监管进行定义（Crockett，2000；Borio，2003以及李文泓，2011等）；②将宏观审慎监管直接定义为：将整个金融体系的稳定视为根本目标的审慎政策工具及对该工具的合理使用（Clement，2010；Caruana，2010以及IMF，2011等）。这两类定义的代表性研究分别为Borio（2003）和IMF（2011）。其中，Borio（2003）分别从直接目标、最终目标、风险特征、金融机构间的关联性和共同风险敞口五个方面将宏观审慎管理与微观审慎管理进行了对比（见表7）。IMF（2011）则提出宏观审慎监管应当分成宽口径和窄口径两类：宽口径指代所有可以对金融稳定起到保障作用的政策工具；窄口径则仅限于从系统性视角出发进行归类的宏观审慎监管政策组合。

表7　宏观审慎监管与微观审慎监管的比较

比较方面	宏观审慎监管	微观审慎监管
直接目标	避免或减少系统性金融危机的发生	避免或减少个体金融机构出现危机
最终目标	避免产出成本	保护消费者和投资者
风险特征	部分内生性	外生性
机构间关联性和共同风险敞口	密切相关	不相关
审慎监管的测度标准	与系统性风险相关、自上而下的方法	与个体风险相关、自下而上的方法

资料来源：Borio，2003.

从监管目标来看，宏观审慎监管着眼于整个金融体系的稳定发展，重点防范系统性风险对宏观经济造成破坏（Borio和Drehmann，2009；Caruana，2010）；而微观审慎监管则是对单个金融机构的风险进行防范以避免消费者或投资者可能遭受的损失，而不去考虑对整个经济金融体系的影响。因此，宏观审慎监管关注更多的是宏观经济层面，而微观审慎监管则将注意力主要放在微观经济行为中。Landau（2009）提出宏观审慎监管的主要任务是为了避免泡沫的产生。也有观点认为，宏观审慎监管的目标是为了保证金融中介服务的稳定供给（包括支付结算服务、信用中介服务以及保险服务），从而避免经济周期可能对信贷和流动性供给产生的影响。

此外，传统理论认为，宏观审慎监管内容主要由三个部分组成：①建立对金融体系进行稳健性分析的监测和评估制度、开发针对金融体系系统性风险的早期预警指标和宏观压力测试体系，并及时对宏观经济周期的趋势性以及金融体系的风险状况做出判断；②研究并制定宏观审慎政策，并针对宏观审慎指标体系识别出潜在的系统性风险，从而提出准确的应对措施；③有针对性地设计开发宏观审慎管理工具体系，通过宏观审慎管理工具与财政政策、货币政策等相关宏观经济政策工具相配合，避免和降低系统性风险借助金融机构之间的相互关联、共同的风险敞口以及顺周期行为倾向等途径向整个金融体系蔓延和扩散的可能性，以达到防范和化解系统性风险并以此促进经济可持续发展的目标。由以上对宏观审慎监管含义和内容的分析，可以总结出实施宏观审慎监管的必要性主要有以下方面：

1. 系统性风险的本质特征

系统性风险是指由多个银行同时出现流动性问题或者被清算，进而通过信用或信息渠道对其他银行产生冲击，最终在整个银行体系中引发的“多米诺骨牌效应”。由系统性风险的定义可以看出，其最显著的特点就是传染性和风险溢出性，微观审慎监管在这两个特性面前显得无能为力，系统性风险的本质特征是决定宏观审慎监管的最重要因素。

2. 全球化加深系统性风险的外溢效应

全球化、区域经济一体化已经成为现代世界经济发展的一个主要潮流，在过去十年中，经济自由化的不断加深确实为全球经济注入很强的增长动力，但是2008年国际金融危机的爆发却让人们看到了在全球化背景下，一旦发生系统性风险，危机瞬间就会从一国扩散至另一国，让各国货币当局措手不及。在当前世界经济体制下，国家之间的经济、金融界限已经相当模糊，一个国家的金融波动会对他国的金融体系产生非常强大的外溢效应。据IMF相关数据统计，20世纪70年代以来，全球范围内总共发生金融危机212次，危机发生的频率远远高于过去，并且还有不断上升的态势，一系列危机的接连发生充分反映出全球化所带来的系统性风险的外溢效应。

此外，随着各国金融市场的不断融合，必将产生的一个结果就是各国金融产品的同质性不断加强，在降低各国投资者交易成本的同时会加剧金融市场的不稳定性。金融同质化的本质是各个不同的市场微观主体基于相同制度规则要求、相同或相近的思维模式而采取的相同或类似的行为，这意味着这些行为的作用方向是相同的，不能彼此抵消。金融同质化风险会催生金融市场资产泡沫的不断膨胀，使整个金融体系丧失自我修复和收敛的内在机制，进一步加剧整个金融体系的顺周期效应。金融稳定论坛（FSF，2009）对金融体系的顺周期性进行了研究，并提出顺周期性可以通过实体经济与金融部门之间的相互动态作用放大实体经济周期的波动幅度并最终引起整体金融体系的不稳定性。金融体系的风险本身具有内生性的特征，在经济处于扩张期时，资产价格的迅速攀高会导致金融机构资产负债表的过度膨胀，市场对风险的认知能力下降；而在经济处于收缩下降期时，市场对风险的过于谨慎又会反过来加剧资本市场的低迷，并导致金融机构资产负债表规模收缩过度。

3. 现有政策框架存在着力点偏差

对一国货币当局来说，金融体系只是货币政策传导机制中的一个环节，没有一个国家的货币政策会仅针对金融市场的变动而制定，这就注定货币政策的着力点在调节金融体系失衡和资产价格过度波动时，会带有明显的偏差，从而影响政策的作用效果。近年来，货币政策目标逐渐从多元化向单一化转变，这样虽然增强了货币政策的透明度和集中度，但是却在一定程度上进一步降低了从宏观层面制定相关政策确保整体经济均衡发展的可能性，不利于对系统性风险进行防范。此外，传统的微观审慎监管本身就存在很多缺陷，仅在防范非系统性风险方面有着显著的正向作用；但是从长远看，却缺乏对整体金融体系的全面监控和判断，既无法确认系统性风险发展的程度，也无法有效防范实体经济与虚拟经济之间的相互背离。而且，对单个微观审慎监管指标的监测忽略了总体杠杆率水平的上升和总体信贷资源的错配，只有宏观审慎监管才能从全局角度出发全面监控经济发展，以防范系统性风险的发生。

（二）宏观审慎流动性监管是构建国际货币回流机制的必然要求

前面的实证研究已经证明一国（或地区）资本市场的短期波动会显著影响该国（或地区）货币国际计价职能的发展，可见要保证货币国际化的顺利进行，就必须要维护国内资本市场的有序发展，这样才能为构建国际货币的回流机制打下良好的市场基础。在货币国际化的进程中，资本账户开放是不可避免的一个内在要求。而资本账户一旦开放，可能带来的一个结果就是国际资本流动规模的迅速扩大，并且会为其国内金融体系注入大量流动性，在没有一个完善的宏观审慎监管体系存在的情况下，这些流动性会严重扰乱国内经济金融市场，尤其是资本市场的健康稳定发展。20世纪90年代以来，国际资本大量流入新兴市场国家，助推了这些国家的经济繁荣，但是在危机后资本流入的大规模逆转又使这些国家的经济发展陷入停滞，甚至衰退。李稻葵和梅松（2009）在对全球流动性状况和新兴市场国家经济发展之间的关系进行研究后发现，美元对全球流动性的发展具有决定性的影响，并且美元流动性充裕时所积累的系统性风险在流动性条件逆转后将引发严重的金融危机。国际货币基金组织在2012年12月发布的一份报告中明确指出，近年来国际资本流动规模的大幅上涨已经成为国际货币体系的一个重要特征，在增强各国金融体系竞争力、促进投资收益提升的同时也会使这些国家的金融体系波动幅度明显变大，各国政策当局应当不断更新宏观审慎监管框架以更好地应对由国际资本流动所引发的各种挑战。本文接下来将用一个理论模型证明国际资本流动会对开放经济体的国内资产价格产生重要影响。

本文对刘莉亚（2008）建立的资本流入影响因素传导模型进行了进一步修改和完善，刘莉亚在该模型中没有考虑汇率的问题，本文加入了汇率因素并对该模型进行了拓展。该模型假定既定的经济体为开放经济体，且只拥有单一产品。在t时期，国外资本进入的总量用F_t表示；国内单位资产的价格用q_t表示；假设在该经济体中，一单位国内资本每期可以产出ρ单位的产品；世界的实际利率为固定值$\bar{r}$；该国第t期的利率用r_t表示。由于一国的实际利率与其国内流动性密切相关，而国外资本进入总量又在很大程度上影响了国内市场的流动性，由此，该模型将开放经济体的利率和国外资本进入总量的关系抽象为：

$$r_t = \varphi(F_{t-1}), \varphi' < 0 \quad (8)$$

并且：

$$q_t = \frac{\rho}{r_t} \quad (9)$$

任何资金的流动都需要一定的成本，在该模型中引入了流动成本变量，即为国外资金所有者为了达到收益最大化而必须付出的代价。τ_{ft}表示以外币计价的第t期国外资本流动的成本，相应τ_{dt}表示以本币计价的第t期国外资本流动的成本。根据利率平价理论，我们用e_t表示第t期以本币表示的名义汇率（直接标价法），则有：

$$e_t = \frac{\tau_{dt}}{\tau_{ft}}$$

在一国以稳定汇率为目标而实行资本流动管制的前提下，国外资金的流动成本和国外资本进入总量变化的大小呈正相关关系。在本文中，我们只考虑资本净流入的情况，即$\Delta F_t = F_t - F_{t-1} > 0$的情形。则设定国外资本流动成本与国外资金净流入之间的关系为：

$$\tau_{ft} = \varphi(\Delta F_t), \varphi' > 0$$

$$\Delta F_t = \varphi^{-1}(\tau_{ft}) \quad (10)$$

将（8）式带入（9）式可得：

$$q_t = \frac{\rho}{\varphi(F_{t-1})} \quad (11)$$

在均衡条件下，国外资本的边际成本等于其预期的边际收益，因而有：

$$\bar{r} + \tau_{dt} = E_t\left[\left(\frac{\rho}{q_t} + \frac{q_{t+1} - q_t}{q_t}\right) | \theta_t\right] \quad (12)$$

其中，θ_t为第t期所有信息的集合，（12）式可以化简为：

$$\tau_{dt} = \frac{\rho}{q_t} + \frac{E_t(q_{t+1}) - q_t}{q_t} - \bar{r}$$

$$\tau_{ft}=\frac{1}{e_t}\left(\frac{\rho}{q_t}+\frac{E_t\left(q_{t+1}\right)-q_t}{q_t}-\bar{r}\right) \tag{13}$$

将（13）式代入（10）式得：

$$\Delta F_t=\varphi^{-1}\left[\frac{1}{e_t}\left(\frac{\rho}{q_t}+\frac{E_t\left(q_{t+1}\right)-q_t}{q_t}-\bar{r}\right)\right] \tag{14}$$

（11）式两边对F_{t-1}求导得：

$$\frac{\mathrm{d}q_t}{\mathrm{d}F_{t-1}}=-\rho\frac{\varphi'(F_{t-1})}{\varphi^2(F_{t-1})}>0 \tag{15}$$

（14）式两边分别对q_t，$E_t(q_t+1)$求偏导得：

$$\frac{\partial\Delta F_t}{\partial q_t}=-\varphi^{-1\prime}\left[\frac{1}{e_t}\left(\frac{\rho}{q_t}+\frac{E_t\left(q_{t+1}\right)-q_t}{q_t}-\bar{r}\right)\right]\frac{\rho+E_t\left(q_{t+1}\right)}{e_t q_t^{\;2}}<0 \tag{16}$$

$$\frac{\partial\Delta F_t}{\partial (\ldots_{+1})}=\varphi^{-1\prime}\left[\frac{1}{\;}\left(\frac{\rho}{\;}+\frac{E_t\left(q_{t+1}\right)-q_t}{\;}-\bar{r}\right)\right]\frac{1}{\;}>0 \tag{17}$$

$$\frac{\partial\Delta F_t}{\partial \ldots}\ \ldots\varphi^{-1\prime}\left[\frac{1}{\;}\left(\frac{\rho}{\;}\quad\frac{E_t\left(q_{t+1}\right)-q_t}{\;}\quad\bar{r}\right)\right]\frac{1}{2}\left[\frac{\rho}{\;}\quad\frac{E_t\left(q_{t+1}\right)-q_t}{\;}\quad\bar{r}\right]\quad 0 \tag{18}$$

由式（15）至式（18）可以得出结论，在一个开放经济体内上一期国外资本流入总量增加时，会引发当期国内资产价格的上升，而当期国内资产价格的上升又会对当期的国外资本流入产生一个负效应，但是当市场预期下一期的资产价格上升时，又会对当期国外资本流入产生一个正效应，从而可以看出国外资本流入和国内资产价格之间是一种螺旋式上升的关系。最后，从式（18）可以看出，在考虑汇率问题后，直接标价法下，本币升值会造成国外的资本流入量增加。

既然资本账户开放不可避免地会造成国际资本的大规模流动，那么为了不扰乱一国（或地区）经济金融市场，尤其是资本市场的有序发展，以达到有效促进其货币实现国际化战略目标的目的，首先要解决的就是构建一个有效、完善的宏观审慎监管体系。国际资本的大规模流进流出所涉及金融体系范围内的各个领域，单靠微观审慎监管工具显然远远不能实现对各个资产价格进行有序管理的目标。宏观审慎视角下的流动性管理旨在通过引入宏观的、逆周期的调节因素来对金融体系实施动态地、全范围的、具有差异化的流动性管理措施，从而达到实现金融体系整体稳定的目标。宏观审慎流动性管理与传统的流动性管理在目标和运用方式上都存在差异，详见表8。Blanchard等（2010）在对金融危机进行反思后提出，仅追求价格稳定并将利率维持在较低水平的货币政策是不充分的，而宏观审慎管理则是对货币政策的有效补充，能够实现利率工具调节难以达到的目标。

表8　宏观审慎流动性监管和传统流动性监管的区别

工具		目标		运用方式	
		内容	缺陷	内容	缺陷
传统流动性监管	以防止通货膨胀为主的货币政策工具	稳定物价水平	难以应对金融机构的顺周期性以及由此带来的金融失衡	利用货币政策工具进行统一化管理	无法隔断或抵消金融机构之间的相互影响
	以保证单个金融机构稳健经营的监管工具	避免金融机构出现清偿风险			
宏观审慎流动性监管	宏观审慎				
流动性监管工具	防止金融机构的群体行为所引发的经济金融失衡和系统性风险	引入逆周期因子动态调节模式，对不同影响力的机构采取差异化管理			

伴随着一国（或地区）金融体系的快速发展和其货币国际化战略的逐步推进，宏观流动性对经济金融体系的运行发展所产生的影响越来越大，现有的流动性管理工具虽然在稳定物价和单个微观机构稳健经营方面可以发挥积极作用，但在应对宏观流动性顺周期的加速器效

应对整体经济产生的冲击时，却显得无能为力。货币国际化首先需要的就是一个健康稳定的宏观经济环境和成熟完善的金融体系、金融市场，一个稳健有效的金融体系以及深度发展的金融市场，不仅是国际货币服务于全世界的根本前提，也可以在货币国际化进程中帮助一国（或地区）的经济抵御国际资本的大规模冲击，并且能在资源的有效配置和承受风险中发挥积极作用，成为一国（或地区）货币经济开放过程中最好的自我保护屏障。为了实现这一系列的目标，保障货币国际化战略进程的稳健发展，加强宏观审慎监管力度是必然的选择。

四、结论及建议

本文在理论上将传统的三重套利模型拓展为六重套利模型，并采用边限协整模型基于1999—2012年美国、欧元区、日本和英国资本市场、银行海外本外币资产负债业务、国际债券市场、国际货币市场和衍生品市场的数据，对影响美元、欧元、日元和英镑金融市场国际计价职能指数的因素进行了分析，得到以下基本结论：

首先，本文构建的四种货币的ARDL模型的边限检验结果显示，美元、欧元和日元的金融市场国际计价职能水平与美国、欧元区和日本的资本市场、银行海外本外币资产负债业务、国际债券市场、国际货币市场和衍生品市场之间存在长期协整关系，但是根据现有数据无法判断英镑与英国相关子金融市场发展之间是否存在长期协整关系。

其次，综合分析美元、欧元和日元的ARDL边限协整检验结果显示，无论是长期还是短期内，国际债券市场都是影响欧元和日元国际化水平的显著因素，欧元区国际债券市场对欧元国际计价职能水平的影响程度甚至高达4.85%，且国际债券市场对美元国际计价职能水平短期变化的影响也是高度显著的；但是国际货币市场作为短期融资市场，其长期变化和短期波动均不会显著影响这三种货币国际计价水平的发展。虽然银行海外本外币业务的拓展仅与美元的国际计价职能水平之间存在长期均衡关系，但是其短期波动却会在5%的显著性水平下对日元的国际计价职能指数短期变化产生正向的显著影响；而且无论是短期还是长期，银行海外外币资产负债业务对美元和欧元国际计价水平都会产生一个显著的负向影响。此外，一些观点认为，衍生品市场规模的发展会在货币国际计价职能发展的进程中起到非常重要的作用，但是本文对欧元和日元的实证检验却否定了这一观点。综合对美元、欧元和日元的分析，要使一国（或地区）货币的国际计价职能得到扩展，需要着重从国际债券市场和银行海外本币业务拓展两个方面着手。

本文的研究发现，虽然资本市场的发展和美元、欧元国际计价水平发展之间不存在长期的均衡关系，但是其短期波动却会在5%的显著性水平下显著影响美元和欧元国际计价水平的短期变化。这个结论表明中国资本市场近年来低迷和不稳定的状态短期内会对人民币国际化有所影响，但是不会长期制约人民币国际计价职能水平的发展。

最后，本文利用理论模型说明由资本账户开放所引发的国际资本大规模流动会对开放经济体的资本市场造成很大冲击，而这会直接影响该国（或地区）货币国际化的战略进程，为了有效抵御大规模资本流动的冲击，必须要加强一国（或地区）宏观审慎监管的能力和效率。货币国际化首先需要的就是一个健康稳定的宏观经济环境和成熟完善的金融体系和金融市场，一个稳健有效的金融体系以及深度发展的金融市场，可以在货币国际化进程中帮助一国（或地区）的经济抵御国际资本的大规模冲击，并且能在资源的有效配置和承受风险中发挥积极作用，成为一国（或地区）货币经济开放过程中最好的自我保护屏障。为了实现这一系列的目标，保障货币国际化战略进程的稳健发展，加强宏观审慎监管力度是必然的选择。

伴随着资本账户的逐步开放，中国的资本市场将成为国外游资和投机资本主要冲击的目标，虽然资本市场的发展不会长期制约货币国际计价职能水平的发展，但是其短期波动的影响却非常显著，为了有效抵御大规模资本流动的短期冲击，必须要加强一国（或地区）宏观审慎监管的能力和效率。货币国际化首先需要的就是一个健康稳定的宏观经济环境和成熟完善的金融体系和金融市场，一个稳健有效的金融体系以及深度发展的金融市场，可以在货币国际化进程中帮助一国（或地区）的经济抵御国际资本的大规模冲击，并且能在资源的有效配置和承受风险中发挥积极作用，成为一国（或地区）货币经济开放过程中最好的自我保护屏障。为了实现这一系列的目标，保障货币国际化战略进程的稳健发展，加强宏观审慎监管力度是必然的选择。此外，为更加有效地推动人民币国际化的发展，本文建议应当加大人民币离岸市场的建设深度与广度，首先要对非居民发行欧洲人民币债券放宽限制，包括扩大发行机构、放宽发行条件、放宽数量限制以及扩大主办银行的范围等；其次大力鼓励企业走出去，只有企业走出去，商业银行的海外人民币业务才可能得到实质性推动和发展。

参考文献：

［1］Bergsten C F. Dilemmas of the Dollar: The Economics and Politics of United States International Monetary Policy ［M］. ME Sharpe, 1996.

［2］Blanchard O Dell' Ariccia G, and Mauro P. Rethinking Macroeconomic Policy［J］. Journal of Money, Credit and Banking, 2010. 42（s1）:199-215.

［3］Borio C. Towards a Macroprudential Framework for Financial Supervision and Regulation? ［R］. CESifo Economic Studies, 2003, 49（2）: 181-215.

［4］Borio C. Implementing the Macroprudential Approach to Financial Regulation and Supervision［J］. Banque de France Financial Stability Review – the Future of Financial Regulation: 2009: 31-41.

［5］Borio C, Drehmann M. Towards an Operational Framework for Financial Stability: "Fuzzy" Measurement and Its Consequences［R］. BIS Working Paper, 2009: No.284.

［6］Caruan J. 2010, Macroprudential Policy: Working Towards a New Consensus ［R］. Remarks at the High-Level Meeting on "The Emerging Framework for Financial Regulation and Monetary Policy" Jointly Organized by the BIS' s Financial Stability Institute and the IMF Institute, Washington D.

［7］Clement P. The Term "Macroprudential": Origins and Evolution ［R］, BIS Quarterly Review,（March）, 2010, 59-67.

［8］Chinn M, Frankel J. Will the Euro Eventually Surpass the Dollar as Leading International Reserve Currency? ［J］. NBER Working Paper, 2005: No. 11510,July.

［9］Chinn M D, Ito H. What Matters for Financial Development? Capital Controls, Institutions, and Interactions［J］. Journal of Development Economics, 2006,81（1）, 163–192.

［10］Chiu L, Eichengreen B and Mehl A. When Did the Dollar Overtake Sterling As the Leading International Currency? Evidence from the Bond Markets［R］. NBER Working Paper , 2012, No. 18097, May.

［11］Crockett A. Marrying the Micro–and Macro–prudential Dimensions of Financial Stability［R］. BIS Working Paper, 2000: No.342.2000.

［12］Detken C, Hartmann P. The Euro and International Capital Markets［R］.CFS Working Paper, No. 2000/08,March.

［13］Drehmann M, Tarashev N. Measuring the Systemic Importance of Interconnected Banks［R］. BIS Working Paper, 2011: No.342.2011.

［14］Eichengreen B. The Euro as a Reserve Currency ［J］. Journal of the Japanese and International Economics, 1998, 12（4）: 483–506.

［15］Eichengreen B. Sterling' s Past, Dollar' s Future: Historical Perspectives on Reserve Currency Competition［R］. NBER Working Paper, 2005: No. 11336, May.

［16］Eichengreen B. The Dollar Dilemma ［R］. Development Outreach: 2009: 47–49.

［17］Ehlers T, Packer F. 2013, FX and Derivatives Markets in Emerging Economies and the Internationalization of Their Currencies［J］. BIS Quarterly Review, December: 2009: 55–67.

［18］Flandreau M, Jobst C. The Empirics of International Currencies: Network Externalities, History and Persistence ［J］. The Economic Journal, 2009, 119（537）: 643–664.

［19］FSF. FSF Principles for Sound Compensation Practices ［R］. Financial Stability Forum, 2009.

［20］Goodhart C, Persaud A. A Party Pooper' s Guide to Financial Stability ［J］. Financial Times, 2008, 4th June.

［21］Greenspan A.The Euro as an International Currency, Paper presented at the Euro 50 Group Roundtable［J］. Washington, D. C., November, 2001.

［22］IMF. Macroprudential Policy: An Organizing Framework （Prepared by Monetary and Capital Markets Department）［R］. 2011.

［23］Kenen P B. "International Money and Macroeconomics" ［J］. In K.A. Elliott and J. Williamson,（ed.）World Economic Problems, Institute for International Economics,

Washington, 1988.
[24] Kenen P B. The Euro versus the Dollar: Will There be a Struggle for Dominance? [J] . Journal of Policy Modeling, 2002, 24（4）: 347–354.
[25] Keys B, Mukherjee T, Seru A and Vig V. Financial Regulation and Securitization: Evidence from Subprime Loans [J] . Journal of Monetary Economics, 2009, 56（5）: 700–720.
[26] Krugman P. Vehicle Currencies and the Structure of International Exchange [J] , Journal of Money, Credit and Banking, 1980, 12: 513–526.
[27] Landau J R. Bubbles and Macroprudential Supervisor [R] . Paris: Banque de France and Toulouse School of Economics（TSE）, 2009.
[28] Lim E G. The Euro' s Challenge to the Dollar: Different Views from Economists and Evidence from COFER and Other Data [R] . IMF Working Paper, 2006: WP/06/153.
[29] Mundell R A. The International Financial System and Outlook for Asian Currency Collaboration [J] . The Journal of Finance, 2003, 58（4）: 3–7.
[30] Papaioannou E and Portes R. Costs and Benefits of Running an International Currency [R] . European Commission Economic Papers, 2008: No. 348.
[31] Perotti E, Suarez J. Liquidity Insurance Charges as a Macro-prudential Tool [M] . Mimeo, University of Amsterdam and CEMFI, 2009.
[32] Pesaran M H, Shin Y and Smith R J. Bounds Testing Approaches to the Analysis of Level Relationships [J] . Journal of Applied Econometrics, 16（3）: 289–326.
[33] Shirono K. Yen Bloc or Yuan Bloc: An Analysis of Currency Arrangements in East Asia [R] . IMF Working Paper, 2009, No. WP/09/3.
[34] Tavlas G S, Ozeki Y. The Internationalization of Currencies: An Appraisal of the Japanese Yen [R] . IMF Occasional Paper, 1992, No.90, January.
[35] Tavlas G S. The International Use of the US Dollar: An Optimum Currency Area Perspective [J] . The World Economy, 1997, 20（6）: 709–747.
[36] Thimann C. Global Roles of Currencies [R] . ECB Working Paper, 2009: No. 1031,March.
[37] Wagner W. In the Quest of Systemic Externalities: A Review of the Literature [J] . Journal of CESifo Economic Studies, 2010, 56（1）: 96–111.
[38] Williams D. Essays in Money and Banking in Honor of R. S. Sayers [J] . In Whittlesey, C. R. and J.S.J. Wilson（Ed.）. The Evolution of the Sterling System [M] . Oxford: Clarendon Press, 1968.
[39] 陈雨露等. 2012人民币国际化报告 [R] .中国人民大学中国财政金融政策研究中

心系列报告, 2012.

[40] 丁一兵，付林. 金融市场发展影响货币国际地位的实证分析［J］.吉林师范大学学报（人文社会科学版）2014（2）：101–106.

[41] 丁一兵，钟阳. 货币国际化中国际贸易与债券市场发展的作用——基于非平衡面板数据的实证研究［J］. 经济问题. 2013（5）：85–89.

[42] 杰奥瓦尼·阿锐基. 漫长的20世纪：金钱、权力与我们社会的根源（中译本）［M］. 南京：江苏人民出版社，2001.

[43] 李稻葵，梅松. 美元M2紧缩诱发世界金融危机：金融危机的内外因论及其检验［J］. 世界经济，2009（4）：15–26.

[44] 李文泓. 宏观审慎监管框架下的逆周期政策研究［M］，北京：中国金融出版社，2011.

[45] 刘骏民. 虚拟经济的理论框架及其命题［J］，南开学报（哲学社会科学版），2003（2）：34–40.

[46] 刘骏民. 虚拟经济的经济学［J］. 开放导报，2008（12）：5–11.

[47] 刘莉亚. 境外“热钱”是否推动了股市、房市的上涨？［J］. 金融研究，2008（10）：48–70.

[48] 刘瑞. 日元国际化困境的深层原因［J］. 日本学刊，2012（2）：96–111.

[49] 邱崇明，刘郁葱. 产业竞争力对货币国际化的决定性作用研究［J］. 福建论坛（社会科学版），2010（6）：9–14.

[50] 王建. 美元霸权的终结与保卫美元的战争之二——四论世界资本主义新阶段［OL］. 搜狐网页，2005.

[51] 杨荣海. 货币国际化与债券市场发展关系的实证分析［J］，经济经纬，2011（4）：155–160.

[52] 张光平. 货币国际化程度度量的简单方法和人民币国际化水平的提升［J］，金融评论，2011（3）：40–48.

天使投资：国外经验与国内发展研究报告

王佳妮[1]

摘要： 天使投资用股权投资的方式支持种子期/早期的创业企业。与其他投资不同，天使投资人除了追求经济回报，更多受到个人兴趣、回报社会以及支持创新创业的驱动。因此，天使投资对创新企业乃至一国宏观经济有重要的积极作用。近几年全球天使投资发展迅猛，尤其是天使投资呈现组织化与机构化、女性参与比重增加、与孵化器及众筹平台深度融合等趋势。尽管中国市场发展较快，但与国外相比，中国天使投资仍处于初级阶段，在投资者认知、规范化发展以及政策制定等方面还有很长的路要走。本文建议：中国应主动借鉴发达国家经验，特别是重视政府在市场发展中的作用，进一步加强天使投资市场中“认证”“激励”“引导”等工作，从而推动我国天使投资规范化发展，使之走向成熟，为创新型经济发展提供支撑。

关键词： 天使投资　公共政策风险　投资孵化器　众筹

天使投资（Angel Investing）对一国宏观经济有重要的积极作用。从美国经验数据来看，平均每笔天使投资产生4.1个工作岗位，2012年

1　王佳妮,首都经济贸易大学金融学院、金融风险研究院讲师，经济学博士，管理科学与工程博士后。

美国天使投资创造了274 800个新就业机会。作为全球最大的天使投资市场，美国约有350个活跃的天使投资团体，其中67%的项目交易额在15万~50万美元，平均投资额约为每笔34万美元。尽管项目失败率达56%，仍有约9%的项目能够获得大约10倍的回报。与其他投资不同，天使投资人除了追求经济回报，更多受到个人兴趣、回报社会以及支持创新创业的驱动。从政策层面来看，国外政府对天使投资的支持力度较大，主要有税收激励、跟投基金、无偿捐赠、扶持孵化器等措施。

一、国际天使投资发展概况

（一）天使投资的市场现状

1. 天使投资的起源

天使投资这一概念最早起源于20世纪初纽约百老汇的一次表演。当时为了排练一部新的剧目，演员和编导要为之艰苦付出，做好精心准备。在编导和排练过程中，他们不仅要付出艰辛的劳动，还要准备各种服装道具，需要一笔相当多的经费。如果剧目大功告成，之前的投入就会带来荣誉和金钱。然而，一旦首演失败，他们之前所付出的全部心血，注入的全部感情，付出的全部努力，都会付诸东流。不仅如此，他们先前投入的全部资金，无论是自己的，还是亲朋好友的，也将化为乌有。可见，对于这种新型剧目的投资是具有相当高的风险的。有一次，在已经投入大量人力与物力资本的情况下，人们忽然发现资金不够，面临着半途而废的困境，大家心急如焚。在最困难的时候，一位过去曾在百老汇演出的，成功且经济实力雄厚的人向他们伸出了援助之手。这位做出大胆而及时投资决策的投资人，对于那些处于困境的编导和演员们来说，如同上帝派来的天使。他们尊敬地称他为投资天使，“天使投资”一词便应运而生（刘曼红，2009；刘曼红，王佳妮，2015）。

百老汇出现的最初意义上的天使投资具有一定的慈善资助的性质。但后来，天使投资被用于纯商业行为。那些投资于种子期/早期的创意或创业的个人的股权资本即称为天使资本（Angel Capital），而那些从事这种高风险，以期获取可能的高收益的人即称为天使投资人（Business Angel）。像风险投资（Venture Capital，又译为创业投资）一样，天使投资家不只是为企业提供了资金，更具有价值的是他们的专业知识、经验以及关系网。与风险投资不同的是，天使资本的主要来源是天使投资人的自有资金，投资于企业发展阶段的相对早期，金额相对较小，且由天使投资人独立决策。

2. 天使投资市场的规模

天使投资人十分分散，且较为隐蔽，准确估算一国的天使投资人数目是非常困难的。早期的一些学者估计美国天使投资人的数目为20万~50万（Freear et al.,1996; Osnabrugge et al, 2000; Lange et al.,2003;Morrissette,2007）。新罕布什尔大学皮特·T. 罗保留商学院风险投资研究中心（Venter for Venture Research, Peter T. Paul College of Business and Economics, University of New Hampshire）从2002年起开展美国天使投资市场调研分析，根据他们的研究报告，活跃天使投资人的数目越来越多，尽管投资总额在金融危机期间有所下滑，但投资总额和交易数量随着经济的复苏，近几年又开始回升。目前全美约有30多万活跃天使投资人，每年投资两百多亿美元（见图1）。

除美国外，欧洲天使投资市场的发展也非常迅猛。根据欧洲天使投资网络（European Business Angel Network）的最新统计数据，欧洲天使投资市场持续火热，无论是投资金额、交易数量还是天使投资人数，都在不断增加（见表1）。

表1　欧洲天使投资市场规模（2011—2013）

年份	投资总额（百万欧元）	交易数量（个）	天使投资人估算值（万人）
2011	4 744	26 158	24.24
2012	5 099	29 130	26.14
2013	5 543	33 430	27.1

数据来源：Statistics Compendium from European Business Angel Network（2014）.

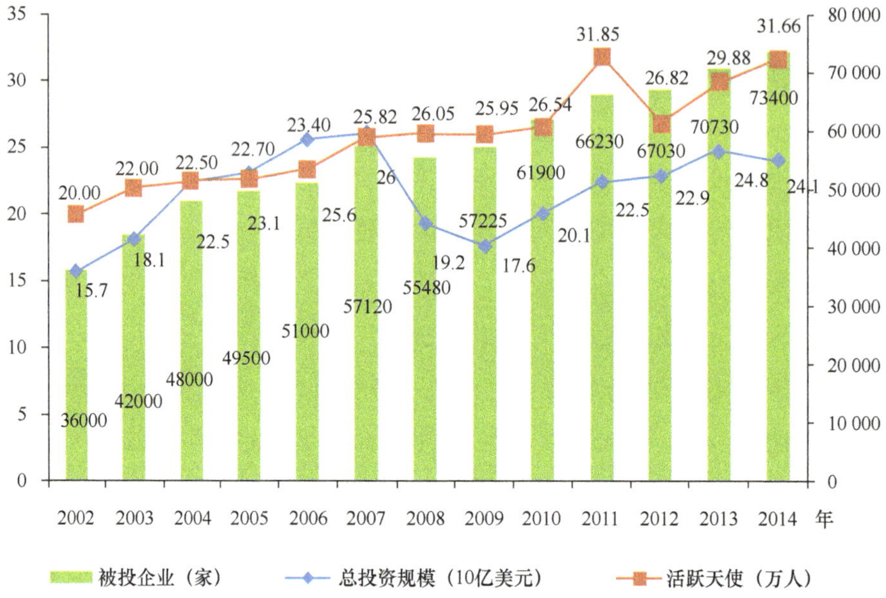

资料来源：根据美国新罕布什尔大学 Angel Market Analysis Report（2002–2014）整理而得。（http://paulcollege.unh.edu/research/center-venture-research/cvr-analysis-reports）

图1　美国天使投资市场规模（2002—2014）

通过比较天使投资和风险投资的数据发现：天使投资的规模超过了风险投资活动（Gaston, 1989; Bygrave 等,2003）。根据全球创业观察（GEM）对37 个国家的研究结果：与正式创业资本相比（US＄590亿），2001 年天使资本是其5 倍（US＄2 980亿）；正式风险投资只占GDP 的0.2%，而据估计天使投资占GDP 的1%（Reynolds 等, 2002b）。OECD（2011）对欧美地区的天使投资市场规模进行了估算，各国天使投资与风险投资规模的比较情况不尽相同（见表2）。

表2　欧美国家/地区天使投资与风险投资市场规模的对比　　单位：百万美元

国家	天使投资调研规模（占总体比重）	天使投资总体规模（预计）	风险投资市场规模
美国	469（3%）	17 700	18 275
欧洲	383（7%）	5 557	5 309
英国	74（12%）	624	1 087

续表

国家	天使投资调研规模（占总体比重）	天使投资总体规模（预计）	风险投资市场规模
加拿大	34（9%）	388	393

资料来源：根据OECD（2011）“高增长企业融资：天使投资者的作用”研究报告整理而得。

3. 天使投资市场的特征

典型的天使投资人主要是一些成功创业的企业家，在某一行业工作多年的专家，也有一些VC（Venture Capital，风险投资）投资人，通常给予2.5万~50万美元的投资；天使投资人通常与其他天使、天使团体或者早期基金进行联合投资；由于天使投资人自身具有一定的专业能力和强大的网络资源，除了给予资金外，还会给予创业项目“手把手”的扶持。总体而言，女性投资人相对少些，大部分投资集中在信息技术、生物基础以及清洁技术领域，见表3。

表3　美国、英国、加拿大天使投资情况

国家	基本情况
美国（2014年数据）	① 总投资额241亿美元，活跃天使人数31.66万，女性占26.1% ② 平均交易额32.85万美元 ③ 前3个行业：软件、健康医疗、IT服务 ④ 投资阶段：种子和起步（26%）、早期（46%）、扩张期（28%）
英国（2014年数据）	① 女性占14%；44%的天使投资人年龄小于45岁 ② 地理偏好：本地（86%）；外地（58%） ③ 联合投资伙伴：众筹（43.3%）、天使团体（36.5%）、风险投资（23.6%）、天使合投（19.2%） ④ 25.7%的创业企业有社会影响力 ⑤ 55%的天使享受过政府的优惠政策
加拿大（2013年数据）	① 行业偏好：生命科学、信息与通信技术、清洁技术 ② 25个天使团体，进行了199笔交易，投资额为8 900万美元 ③ 活跃的天使团体，2013年投资数量在11~25笔

资料来源：根据美国新罕布什尔大学 Angel Market Analysis Report（2014）、英国天使投资协会Notion of Angels: The Unsung Heroes of Britain’s Economy（2015）、加拿大天使投资协会2013 Report on Angel Investing Activity in Canada整理而得。

（二）天使投资的组织发展

1. 天使投资组织发展概述

随着天使投资的发展，原本隐蔽的天使投资人开始聚在一起，形成一个“可见的”“正式的”组织；同时也有越来越多服务于天使投资人和创业者的第三方机构。这些组织和机构以“团体（Group）”“组织（organization）”“俱乐部（Club）”“协会（Association）”“联盟（Alliance）”“网络（Network）”等形态出现。它们成立的目标和业务范畴也不完全相同：团体主要强调众多的个人投资者聚在一起，共同投资初创企业；而网络和协会等组织则更多地发挥信息中介和支持整个行业发展的作用。欧洲国家习惯用“天使投资网络”这一概念，而其他国家和地区，有的则使用“协会”和“联盟”的称呼。由于缺乏清晰的定义，后三者不能被严格区分。除了名称不一样，它们在功能和业务范围方面具有很多共同之处。

天使投资团体的出现早于行业协会。随着团体数目的增加，统筹整个行业的协会组织和网络组织才应运而生。1994年，硅谷第一家天使投资组织Bands of Angels成立，十年后该组织的创始人Johannes Hans Severiens联合其他天使投资人共同成立了美国天使投资协会（Angel Capital Association，ACA）。英国天使投资的活跃地区在苏格兰。Investment Networking Company （LINC Scotland）成立较早，该地区也是21世纪以来欧洲天使投资发展相对成熟的市场。纵观国际市场，大部分国家的天使投资行业协会都是在2000年之后陆续成立的（见表3）。

表3　国际代表性天使投资协会或网络组织（不完全统计）

国家 / 地区	组织或机构	成立时间
澳大利亚	National Angel Association: Australian Association of Angel Investors Limited（AAAI)	2007
加拿大	National Angel Capital Organization (NACO)	2002
智利	Southern Angels	2004
芬兰	Finnish Business Angels Network (Fi BAN)	2011

续表

国家 / 地区	组织或机构	成立时间
法国	France Angels	2001
意大利	Italian National Association（IBAN）	1999
荷兰	BAN Netherlands	2009
新西兰	Angel Association New Zealand	2008
葡萄牙	Associacão Portuguesa de Business Angels（APBA）	2006
俄罗斯	The National Union of Business Angels of Russian Federation（RUSSBA）	2006
西班牙	ESBAN – Red Espanola de Business Angels	2004
土耳其	Turkey Business Angels Association（TBAA）	2011
英格兰	British Business Angel Association（BBAA）	2004
苏格兰	LINC Scotland	1993
美国	Angel Capital Association（ACA）	2004
东南亚	Business Angels Network South East Asia（BANSEA）	2001
欧洲	European Trade Association for Business Angels, Seed Funds, and other Early Stage Market Players （EBAN）	1999
拉美	Latin American Association of Angel Investors	2010
世界	World Business Angel Association（WBAA）	2009

资料来源：根据OECD（2011）“高增长企业融资：天使投资者的作用”研究报告整理而得。

天使团体主要是地方层面，在某个城市或小区域内开展投资业务，而行业协会或者网络组织基本上都是国家层面或者跨国组织，并呈伞形结构，其会员包括个人天使和天使团体。美国天使投资协会（ACA）登记了300个美国天使投资团体的信息，平均每个团体内约有42名成员（Kerr,2010）。在欧洲，为了鼓励建立跨区域网络，大多数国家已成为欧洲天使投资联盟（EBAN）的成员国。根据EBAN（2012）的最新报告：截至2013年年底，活跃的天使网络会员已达468家。OECD（2011）研究报告指出，欧美地区天使投资团体及网络组织的数量在1999—2009年增势迅猛（见图2）。

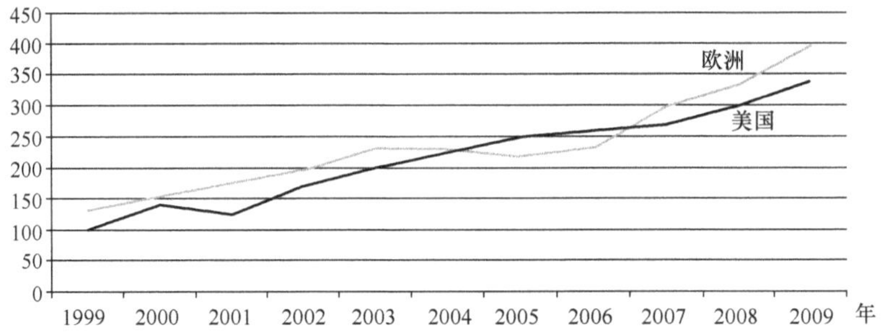

数据来源：根据OECD（2011）“高增长企业融资：天使投资者的作用”研究报告整理而得。

图2 欧美地区天使团体/网络的数量（1999-2009）

2. 一些特别的组织

一是女性天使投资组织。如美国Golden Seeds投资机构。这是由一位资深的女性投资人Stephanie Newby于2005年创立的天使投资机构。Golden Seeds的主要目的是为女性天使投资人和女性主导的创业企业提供更好的融资渠道和增值服务，Golden Seeds的创立使得女性天使投资人得到了同男性天使投资人同等的声誉和权利。Golden Seeds的总部设在纽约，同时在波士顿、硅谷和德克萨斯设有分支机构，其第一笔投资始于2005年。成立至今，公司已经评估过超过2 000家企业，在60家由女性领导的公司投资超过6 000万美元；同时吸纳了超过275个会员，管理着3个风投基金；并且业务规模已扩展至全国，成为全美最大的天使投资机构。Golden Seeds是一个具有极强识别能力的组织机构，它不断寻找、挖掘和资助由女性领导的极具潜力的业务和企业。因为一方面其认为女性投资者在创业初期即便拥有创意、才能和技巧，仍同样需要得到资金的帮助以促进其成长；另一方面，通过其研究，在创业者领导团队里如存在性别差异，则公司的资本回报率将更高，这样的投资最终更容易获得成功。

二是投资某些特殊行业。比如，美国Life Science Angels，该组织成立于2004年，专注于生命科学领域的早期投资，俱乐部拥有80位会员，这些会员都曾经或者正在从事生命科学领域的工作；Life Science

Angels每年向会员收取750美元会费，单笔项目投资金额为300万美元，每年新投资项目的数量占总项目数的一半。作为非营利的天使投资俱乐部，每年5次的聚会均以AA制来支付。

三是关注社会影响力、可持续发展的领域。比如，美国的Investors’ Circle天使投资俱乐部。该组织关注的行业并非传统意义上的TMT（Technology, Media, Telecommunication）,而是从事影响力投资（Impact Investing），即关注对社会有直接积极作用的行业，如新能源行业、环保行业等。该组织已拥有170名会员，俱乐部对会员没有地域和行业限制，其中有2/3是独立的天使投资人，1/3是机构投资者，独立天使投资人每年交纳2 000美元的会费，机构投资者每年交纳5 000美元的会费。Investors’Circl将投资领域划分为4个板块，对于每个板块，每年投资15个创业项目，投资金额一般在300万美元。他们的投资方式包括：会员直投和设立基金两种。Investors’Circl每年的投资回报率在14%左右，失败率在30%左右。在项目来源方面：Alexandra指出，俱乐部的项目大多由各地的孵化器和加速器推荐，小部分来自于美国项目平台Gust。俱乐部投资的创业项目一般拥有两种退出方式：1/3以IPO的方式退出；2/3以并购的方式退出。

（三）天使投资的政府支持

在“天使投资”概念还没有出现前，全球大部分国家和地区都十分重视创业并鼓励创新，中央和地方政府出台了很多针对创业企业和中小企业财务以及非财务支持的相关政策。根据政策类型OECD（2011）将政府支持政策分为两大类：一类是针对资金供给方——天使投资人的税收激励、跟投基金（边车基金），支持天使投资相关组织以及投资人培训；另一类是针对资金需求方——创业企业的“投资准备”、促进创业生态的发展等。各个国家的国情不一样，政府对天使投资支持的力度和效果也不尽相同（见表4）。

表4　国际天使投资的政策（不完全统计）

国家和地区	重要政策	备注（跟投基金/重要组织）
美国	· 税收激励（地区层面） · 跟投基金	The Oregon Angel Fund(OAF,2007)
加拿大	· 跟投基金和边车基金 · 税收激励 · 支持天使投资组织	
哥伦比亚	· 政府补贴	
英格兰	· 跟投基金和边车基金 · 税收激励	UK Government’s Regional Growth Fund（2011）
苏格兰	· 跟投基金 · 创业者支持	Scottish Co-Investment Fund (2003)
法国	· 税收激励 · 地方种子基金（跟投基金）	
葡萄牙	· 政府跟投基金 · 税收减免（国家层面的政策）	Co-Investment Fund for Business Angels (2009)
俄罗斯	· 个税减免	
荷兰	· 跟投基金 · 税收激励	TechnoPartners Seed Facility (2005)
意大利	· 税收激励	
芬兰	· 跟投基金 · 风险投资担保	Finnvera’s Seed Fund Vera Ltd (2003)
丹麦	· 跟投基金	Vaeksfonden Partner Capital (2007).
德国	· 支持天使投资组织 · 跟投基金	Business Angels Netzwerk Deutschland (BAND,1998)
西班牙	· 支持天使投资组织 · 税收激励	
奥地利	· 跟投基金 · 股权资本担保	
比利时	· 税收激励 · 支持天使投资组织 · 跟投基金 · 跟“贷”计划 · 区域担保计划	Business Angel +
澳大利亚	· 支持天使投资组织	
新西兰	· 种子跟投基金 · 新中小板证券市场	Seed Co-Investment Fund (SCIF) of the New Zealand Venture Investment Fund Ltd (2005)

续表

国家和地区	重要政策	备注（跟投基金/重要组织）
新加坡	· 跟投基金 · 支持天使投资组织	
日本	· 税收激励	
以色列	· 跟投基金	孵化器模式非常成功，孵化器弥补了天使投资市场不足的空缺
阿联酋	· 支持天使投资组织	
南非	· 支持早期投资机构	没有直接对个人天使的税收激励；没有补贴政策
土耳其	· 税收激励 · 适于非上市私人企业发行和交易股票的资本市场	

资料来源：根据OECD（2011）、刘曼红（2011）、李姚矿（2013）以及各国相关资料整理而得。

1. 税收优惠政策

在天使投资或其他早期投资的政府税收优惠政策中，英国政府的企业投资计划（Enterprise Investment Scheme，以下简称EIS）算首屈一指。EIS向那些被政府认定的合格公司进行股权投资的天使投资家提供一系列税收优惠，在此基础上，又在2012年启动一项新政策——"种子企业投资计划"（Seed Enterprise Investment Scheme，以下简称SEIS），旨在激励投资者投资那些他们本不太愿意支持的企业。SEIS涵盖所得税减免（Income Tax Relief）、资本利得税递延（CGT Deferral Relief）、资本利得税免税（CGT Freedom）、损失减税（Loss Relief）、免除遗产税（Inheritance Tax Exemption）等。

2. 政府型天使投资跟投基金

政府型天使投资跟投基金也称为政府边车基金（Government Sidecar Fund）。

以色列政府的种子基金具有政府型天使投资边车基金的性质。在政府种子基金的投资项目中，创业者本身的股份为普通股，天使投资家的股份为优先股A，而政府型边车基金的股份为优先股 A*。A*与 A

的不同之处在于：前者没有投票权，没有权利干涉被投企业的管理层设立；相反，持有优先股A的天使投资家既有投票权，又有权利任命被投企业的重要管理人员。此外，新西兰政府边车基金的模式也十分成功。2005年，新西兰政府成立了种子期跟投基金，即Seed Co-Investment Fund（SCIF）。该基金由新西兰风险投资基金（New Zealand Venture Investment Fund）管理。SCIF的原则是：①SCIF选择合格的私人投资者，进行跟投；②SCIF作为一种被动的投资者，仅跟投；③SCIF只投种子期和创始期的企业；④对于一家公司最高只投25万新西兰元；⑤SCIF寿命为12年，平均投资退出时间为5~6年；⑥SCIF总投资规模约为4 000万新西兰元，截至2014年上半年，已经投资了超过100家的企业，累计投资金额约为3 000万新西兰元，见表5。

表5　SCIF的相关数据（截至2014年6月30日）

指标	数量	单位
已投企业数	115	
种子基金投资金额	29.9	百万新西兰元
合作方投资金额	61.5	百万新西兰元
其他私人投资	77.6	百万新西兰元
种子基金与合作方投资的比值	1：2	
种子基金与全部投资的比值	1：4.6	
已投企业的累计收入	100	百万新西兰元
首笔承诺的平均规模	170508	新西兰元
公司出口率	>80%	

数据来源：www.angelassociation.co.nz；www.nzvif.co.nz

3. 支持天使投资网络组织（Business Angel Network）发展

天使投资网络在天使投资市场起到中介的作用，它能有效地降低企业和天使投资者的寻找成本，促进他们之间的衔接。传统的天使投资网络通过定期出版的小册子为投资者提供各种投资机会，或者通过交易洽谈会让企业家直接向私人风险投资者介绍情况。随着互联网的发展，天使投资网络走进互联网。在美国、加拿大和英国等风险资本市场较发达的国家中，都存在着大量的天使投资者网络。其中的大多数是由政府部门或非营利机构经营的，也有少数是出于商业目的而设立的。英国在20世纪90年代早期建立了最早的天使投资联盟，随后荷兰、芬兰、比利时分别在1995年、1996年和1999年建立了各自的天使投资联盟。至1999年，欧洲已设立了66个天使投资联盟组织，并形成了欧洲天使投资联盟（EBAN）。截至2008年，欧洲天使投资联盟数量已发展到298个，其中拥有天使投资联盟数量前五位的国家分别是：法国66个，德国38个，西班牙37个，英国35个，瑞典22个。1998年，欧盟发起了一项三年期的计划，支持天使投资联盟的建立、可行性研究和天使投资联盟的传播。欧盟还鼓励使用区域基金促进天使投资联盟的建立。新兴科技——互联网赋予传统天使投资的获取方式以新的活力，天使投资联盟在世界各国发挥着越来越不可替代的作用。

4. 支持天使投资的培训与教育

在天使投资项目的建立和发展过程中，一个非常重要的且亟待解决的问题就是很多天使投资者（特别是潜在天使投资者）对投资过程缺乏足够的了解，他们不能很好地利用这些投资机会。另外，虽然天使投资联盟在一定程度上为创业和潜在投资者提供了投资机会，但是仍不能有效地动员大量的天使投资者，不能有效地促进天使投资者的投资行为达到预期的水平。因此，建立培训天使投资者的院校也成为国外促进天使投资发展的一个有力措施，可以作为天使投资联盟的一个有效补充，如美国的内布拉斯加州（Nebraska）建立专款用于天使投资者的教育。

5. 创业企业的“投资准备（Investment Readiness）”

投资准备的目标在于通过培训和教育创业企业以更有效地促成天使投资人和创业企业之间的投资交易。主要有股权投资知识教育的信息研讨会（Information Seminar），判断早期项目的投资准备审查（Investment Ready Review），解决创业核心问题的投资准备发展计划（Investment Ready Development Program），提高路演技巧的投资准备演示审查（Investment Ready Presentation Review）等活动，这些活动主要由大学、孵化器、创业服务机构等主办，公共部门有一定的财务支持（OECD，2011；李姚矿，2013。）

6. 促进创业文化和生态的发展

除了创业方、投资方之外，天使投资协会或网络组织、孵化器、风险投资机构，会计师、律师，大学、政府、大企业等都是整个生态系统的重要成员。从法律环境来看，一些国家通过立法支持天使投资网络的发展。从创业环境来看，比如政府出资建立创业服务机构或者补贴一些私人孵化器来鼓励创新企业，同时跟天使投资人和风险投资机构开展合作，给予有潜力的企业以资金上的支持等。

（四）天使投资的最新趋势

在近期的调研中笔者发现，国际天使投资发展呈现几大趋势：

1. 天使投资的组织化与机构化

世界银行（2014）发布了一项关于天使团体（Angel Group）的研究报告，包括天使投资的概述、全球天使团体案例、天使团体的建立框架与运作流程等。从报告来看，全球天使投资组织化与机构化发展趋势明显。具体来看：第一，美国约有350家活跃天使投资机构，遍布各州，其中硅谷和波士顿地区最为集中；加拿大有一个包含30个天使组织的活跃联盟，大部分团体成立于2008年之后，位于安大略和不列颠哥伦比亚地区及周边。第二，随着英国和法国成为欧洲地区最活跃的市场，欧洲地区天使团体的数量在过去十年增长迅猛。欧洲政府对天使投资团体和网络提供公共支持；此外欧盟委员会在1999年支持成立了欧洲天使投资联盟（European Business Angel Network, EBAN）。第三，澳大利亚的天使投资市场已有十来年的发展历史，但直到2007年澳大利亚天使投资协会（Australian Association of Angel Investors, AAAI）的建立才逐渐正式、规范起来。而在新西兰地区，公共部门设立了强大的联合投资基金体系，促进了天使投资市场的发展。第四，截至2013年，拉丁美洲地区有21个活跃的天使网络。阿根廷、巴西、智利以及墨西哥的天使团体发展相对超前，但大部分团体成立于2005年之后。天使投资规模持续增长，与发展股权投资文化相抗衡。第五，以色列拥有一个成熟的天使投资市场，但约旦和巴林的市场正处于发展中。对于一些国家来说，小市场面临一些挑战，并且全民创业还没有成功过。第六，南非拥有撒哈拉以南地区最发达的天使投资市场。Angel Hub是该区域第一个正式团体。尼日利亚、肯尼亚和布基纳法索在最近几年也出现了天使团体。总体而言，该区域的创业生态系统还不成熟，天使投资人在寻找高质量的投资项目上面临挑战。

2. 女性天使数目的增加以及地位的提升

越来越多的女性参与天使投资，同时国际天使投资市场也出现了很多女性天使团体，如美国苏格兰的Investing Women（2013）、新西兰的Arc Angels、澳大利亚Scale Investors（2013）等。早期的研究一致发现女性天使投资人规模较少，通常不到5%。根据美国新罕布什尔大学的研究报告，女性天使在市场中的份额已经从2004年的5%上升至2014年的26.1%。在英国，Harrison, Mason（2007）估计女性天使占比2%~5%。然而，2015年1月，英国天使投资协会（UK Business Angels Association）发布题为《天使之国——英国经济的无名英雄》（National of Angels：The Unsung Heros of Britains Economy）的研究报告研究发现，随着越来越多的女性投资人（升至14%）进入天使投资领域，天使投资人的群体特质发生了变化。报告显示，目前英国天使投资人的经验远少于之前对英国天使投资相关研究中观察到的情况。

3. 一些孵化器及加速器在天使投资市场发挥的作用越来越大

孵化器与天使投资的目的都是扶持创业企业，尤其是有些孵化器设立了自己的基金，在一定程度上充当了天使投资人的角色。对于天使投资稀缺的市场，先进的孵化器模式弥补了部分空白，如以色列。在一些天使投资较为发达的市场，孵化器常常与天使投资有着紧密合作的关系：孵化器通过空间、辅导等软性服务与天使资本结合，共同促进创业企业的快速健康成长。一方面，在孵化器资金不能满足的情况下，借助天使投资人、天使投资团体的力量，缓解企业融资需求；另一方面，孵化器为天使投资提供了好的项目源，在一定程度上减少了搜寻匹配项目的工作量，优质的创业辅导也有助于创业成功率的提升，从而降低天使投资风险。比如，硅谷赫赫有名的YCombinator（YC）孵化器，堪称孵化器行业中的哈佛大学；俄罗斯著名投资人Yuri Milner与硅谷天使团体（Silicon Valley Angel）共同设立了一项专门基金，向每个从YC毕业的创业者的创业项目投资15万美元。

4. 天使投资与众筹平台的紧密联系

天使与众筹的关系受到更多的关注，原因是全球蕴含着巨大的潜在众筹资本。研究表明，目前全球股权众筹占全部众筹份额的5%，尽管相比债权、产品等其他众筹平台，其规模较小，但增长速度较快。UK Business Angels Association（2015）的研究报告显示：英国天使投资人参投的渠道比以往更加丰富，这可能得益于融资方式和融资工具的增加。进入网络时代，创业者的融资方式进一步增加，这也大大丰富了天使投资人参与投资的渠道。众筹平台通常被天使投资人视作“验证市场化”的工具，类似Kickstarter等众筹融资平台的兴起，使得天使投资人能够发现大量的可投项目，同时也让投资过程变得越来越简单。

二、中国天使投资发展概况

（一）天使投资的发展历程

北京民营科技实业家协会在2007年7月的《中关村科技园区天使投资发展环境研究报告》中指出：“中国最早的天使投资起源于1986年开始实施的‘863计划’和1988年开始实施的‘火炬计划’，这是两个由政府主导的投资于种子期的天使投资计划。”这样看来，中国最早的天使投资是由政府推动的。这是中国天使投资的特色之一（刘曼红，2009）。2000年之后，互联网、信息技术等高科技的发展，带动了全球的创业和早期投资热潮。一些在欧美发达地区学习和工作的“海归”回国创业并开始在国内尝试“天使投资”，帮助更多的年轻人创业，同时也带动了本土科技领域的成功企业家从事天使投资。他们利用个人的资金、行业经验、人脉资源帮助初创企业。2006—2009年，天使投资的规模在逐步壮大，形成了以“成功的企业家”与“行业经验丰富的精英人士”为主的天使投资人格局。除此之外，还涌现出了一些开始关注早期投资的机构。一方面，更多的本土天使投资人开始尝试建立天使投资机构；另一方面，传统的风险投资与私募股权投资机构试图回归到寻找早期项目中去，纷纷成立专门的天使投资基金。2012年以来，天使投资在中国发展迅猛，越来越多的个人和机构开始从事天使投资，市场中还涌现出了各种天使投资人聚集的组织及网络平台。总体上讲，如果从天使投资行为来看，中国天使投资最早起源于政府对中小企业的支持，随后是天使投资人的出现，近几年诞生了越来越多的天使投资机构以及各类天使投资组织（刘曼红，王佳妮，2015）。

（二）天使投资的发展现状

1. 天使投资的总体规模

西方经典的天使投资定义在中国并不适用。“天使投资”在中国通常被视作一种投资阶段而并非是某类投资者，即天使投资是创业项目的首轮外部投资（在A轮之前），其投资主体既包括个人，也包括机构。2012年之后，中国天使投资市场进入快速增长阶段，但天使投资人较为分散且非常隐蔽，很难完全识别。如果以天使投资组织会员和网络平台认证投资者为身份界定，目前中国的天使投资人已经超过2 000人。其中，中关村活跃的天使占绝大多数。2008—2014年募集完成的天使投资基金达110只；全国各地的天使投资协会、俱乐部、联盟等专业组织已经超过50家。在投资规模方面，采集天使投资人的投资数据非常困难，因此无法准确估计市场上全部天使投资规模。

根据清科研究中心不完全统计，自2014年以来，国内天使投资市场发展迅猛，尤其是大量的基金机构开始关注早期创业项目。天使投资交易数量和资金额度均保持增长态势；2014年披露的天使投资交易案例766起，总投资金额5.26亿美元，投资数量和规模远超过2013年的水平（见图3）。由于天使投资的交易活动比较敏感、私密，不易对外披露，特别是个人投资数据难以采集，现有的能够搜集到的信息也大都来自天使投资机构交易数据。因此，中国天使投资的实际规模应远远高于统计数据。

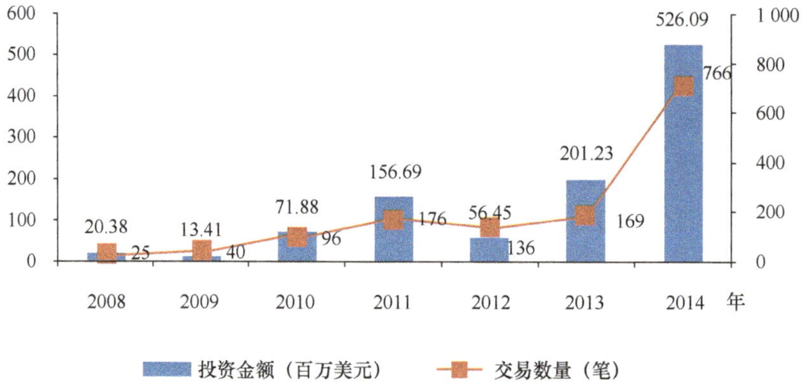

数据来源：清科研究中心发布的《2015年中国天使投资白皮书》。

图3　中国天使投资市场规模（2008–2014）

2. 天使投资的区域差异

中国的天使投资无论是在投资的资金规模还是数量规模与美国都存在一定差距，中国天使投资在主体特征、投资方向等方面也有明显的区域差异。作为中国的“硅谷”，北京中关村的天使投资领跑全国，天使投资人及天使投资机构较为集中，天使投资人占到全国天使投资人的六成，大部分是成功企业家与企业高管。其媒体曝光率高，在业内形成了一定的影响力和知名度。

通过访谈调研，笔者发现：与北京中关村地区相比，华东、华南及中部地区天使投资市场呈现出一些独有的特征：第一，与北京“集聚性”特征不同，大部分地区的天使投资人及天使投资机构都较为分散。第二，北京地区大量的个人天使多为全职投资人，但广州和深圳的天使投资人多为“兼职型”，他们本身从事实业领域的工作，同时又兼职参与天使投资。第三，在投资风格和行业偏好上，典型的天使投资人通常持股比例不高，偏好投资于以技术、媒体和通信为主体的新兴产业（Technology, Media, Telecom ,TMT）。而以宁波为代表的浙江天使更喜欢控股，偏好在传统产业升级中寻找投资机会；香港地区的天使投资人则较为“谨慎”，评估创业企业的标准较为严格，很少投资种子期的创业企业。第四，天使投资群体大多出现在北京、上海、深圳等金融业相对发达的地区，以武汉、成都为代表的中西部地区，尽管本土的个人天使投资刚刚起步，但政府支持力度十分之大，在当地发起了一些天使投资引导基金。

3. 天使投资的发展特征

从问卷调查结果来看，大部分天使投资人为男性（88.57%），高学历（硕士及以上占比48.57%），从事金融行业（68.57%），并且具有创业（57.14%）和担任公司高管（54.29%）的经历（见图4）；除了经济回报之外，兴趣是参与天使投资的最大动机（见图5）。截至2015年，在中国典型的天使投资人主要是：

* 高净值人群，独立投资或与其他投资者进行联合投资
* 有意愿帮助其他创业者的成功企业家
* 在大企业工作的高级管理人员
* 会计师、律师、教授等专业人士
* 有海外工作或者学习经历的中国本土投资者
* 居住在中国的外国投资者

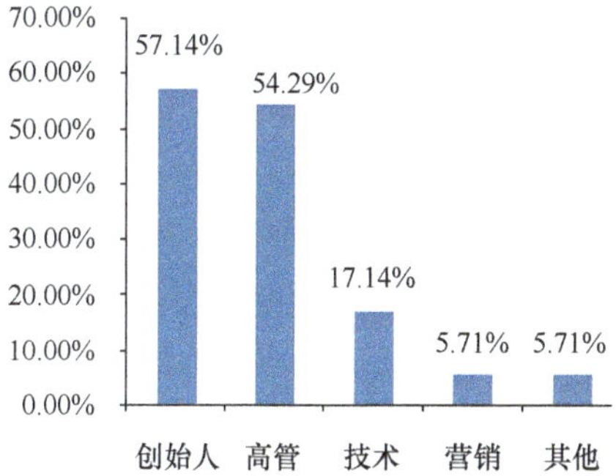

图4 个人天使投资人背景（多选）

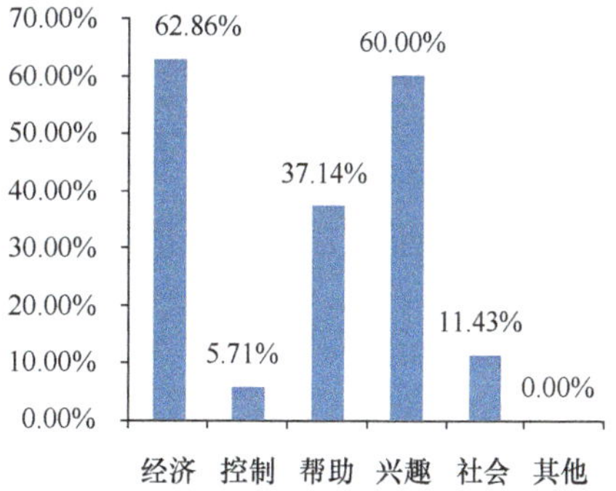

图5 天使投资动机（多选）

在交易规模方面，大多数天使计划是在近几年才开始投资，因此投资项目数相对较少。图6和图7显示：43.75%的人投资项目不足5个，投资总额呈现两极分化（500万元以上的占比50%，100万元以下的占比50%）；大部分人平均持股5%~10%（56.25%）；TMT（57.14%）、节能环保（34.29%）和生物医药（20%）是相对热门的行业；北京（48.57%）和上海（42.86%）是投资聚集重地。

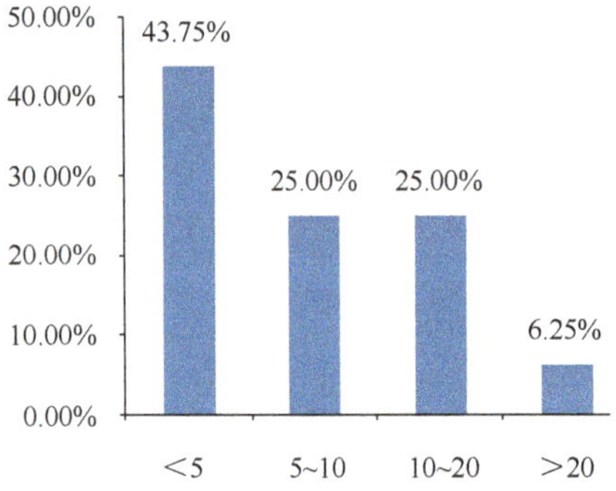

图6　投资规模分布

（交易数量，单位：个）

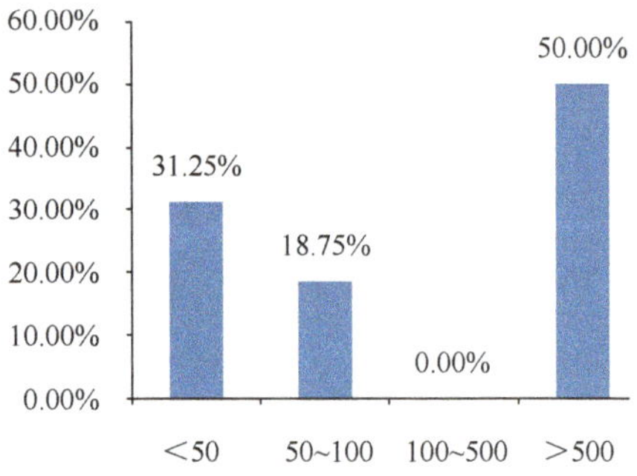

图7　投资规模分布

（投资总额，单位：万元）

在投资策略方面，八成以上的投资者会对投资项目进行实地考察；九成以上的投资者有联合投资的经历，并且联合投资的伙伴主要是亲戚朋友（54.29%）和天使组织成员（51.43%）；所有的投资者都会签订投资协议，主要以股权转让（71.43%）、反稀释（60.00%）及对赌条款（54.29%）为主（见图8）；九成以上的投资人参与投资后的监督与管理，八成以上的投资人会加入被投公司董事会（见图9）。

另一方面，原本“隐蔽”且“非正式”的天使投资市场越来越趋向于组织化与正规化发展。天使投资正在快速扩张，由于个人天使精力、经验的局限，仅凭单打独斗获得成功的概率越来越小，通过天使辛迪加组织（Business Angel Syndicate, BAS）开展联合投资已经成为一种趋势。此外，还有各种私募基金开始关注早期创业企业，尤其是近几年新募集成立了很多专门面向早期创业企业的“天使投资基金”。

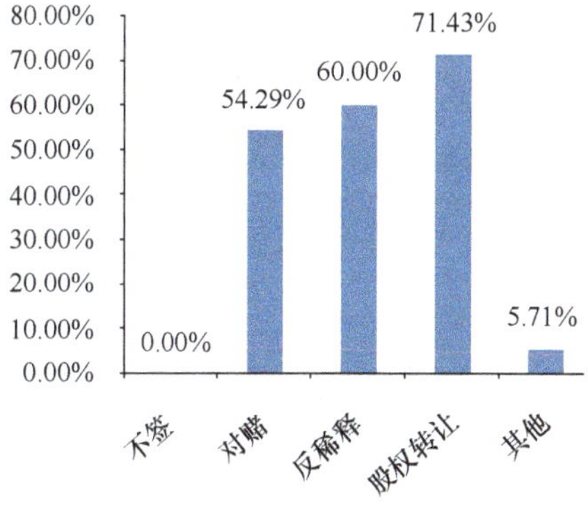

图8　签订投资协议的情况

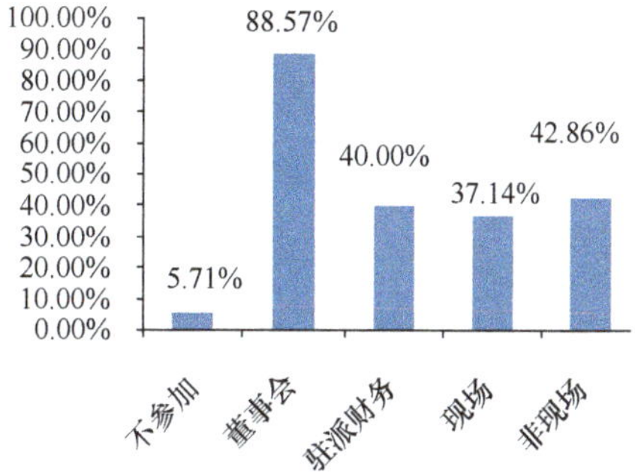

图9　参与投资后监督和管理的情况

中国私募股权界知名的研究咨询机构——清科研究中心和投中研究院，它们都将中国天使投资主体置于一个“广义”的范畴，强调市场主体的多元化。他们将天使投资者分为四类：个人天使、团体天使、机构天使（天使基金）以及技术平台VC。从天使投资组织和机构来看，本报告将它们分为四种类型：

（1）非正式与正式的天使投资团体（ABS）。非正式的团体主要由若干相识的投资人组成或者由相关熟人介绍而形成的，为一家创业企业进行联合投资；而正式的天使投资团体一般有会员制与公司制两种管理模式。中国现在大部分是会员制管理（注册社团组织手续复杂，初期一般是公司形态，或者挂靠某个正式机构），少有公司制管理（如果设立共同资金池，一般是用基金模式）。比如，中国青年天使会、草根天使会等。

（2）天使投资基金（AF）。这类机构一般以私募基金公司的形态出现，全职从事早期投资业务。除政府引导的天使投资基金外，一般天使投资基金由若干位投资人（LP）出资设立，由出资的天使投资人共同管理或聘请专业的一般合伙人（GP）管理，为之提供项目筛选、项目估值、投资决策等服务。根据发起方的不同，天使投资基金可分为三大类：一是由著名天使投资人发起的基金，如徐小平的真格基金、雷军的顺为基金等；二是由风险投资机构成立的天使投资基金，如创东方的富星基金、北极光的种子基金等；三是政府主导的天使投资基金，如成都高新区创业天使投资基金、宁波市天使投资引导基金等；四是新型孵化器成立的天使基金，如联想之星、创业接力天使等。

（3）营利性天使投资网络（BAN）。这类机构本身不从事投资业务，而是提供项目筛选、尽职调查等咨询服务或者提供收费类的第三方中介服务。BAN通常有线上、线下两种模式：线下模式类似于“投融资俱乐部”或金融中介（FA），主要为投融资双方提供信息匹配服务；另一种流行模式是基于互联网平台的线上服务，如天使汇、创投圈、大家投等这些类似美国Angellist，Kickstarter的“天使+众筹”网络公司。它们是天使投资与创业项目之间的投融资对接平台，通过收取会员费、服务佣金、公开活动收入等方式获取盈利。

（4）非营利性天使投资协会（BAA）。尽管BAA的业务范畴与BAS、BAN相似，但协会的设立目标以及服务对象要更宽泛和深远一些。BAA通常是国家级或者地区性官方组织，服务于整个天使投资行业，除了为天使投资人和天使机构提供信息中介服务外，还教育和培训潜在投资人学习天使投资知识，帮助政府制定相关政策等，旨在完善天使投资生态系统。

（三）天使投资的公共政策

2013—2015年，部分地方政府通过引导基金、风险补贴、建立网络等政策直接促进了天使投资的发展。

1. 门槛准入

美国《证券法》有专门的“合格投资人”认证规定，但中国的天使投资认证还没有上升到法律层面。仅仅是部分地方政府为了配合天使投资扶持政策的需要而制定的专门的天使投资门槛准入制度。深圳市科技和信息局（2009）出台了天使投资人的备案登记制度：天使投资人的个人资产超过500万元，具有天使投资的实际案例或项目来源渠道和社会资源，并且出具行业协会的推荐意见；天使投资机构的注册资金不低于3 000万元，具有天使投资的实际案例或项目来源渠道和社会资源，具有较高的知名度、较强的经济实力和风险承受能力，有2年以上投资或相关业务经营的高级管理人员负责，并且出具行业协会的推荐意见。宁波市（2013）制定了天使投资备案管理的办法：天使投资人具有100万元以上的投资资本（银行存款），有意向或者已经有过天使投资行为；而天使投资机构则要求单笔投资不低于100万元，有至少3名具备2年以上投资或相关业务经营的高级管理人员负责，有意向或者已经有过天使投资行为。

2. 引导基金

引导基金的好处在于发挥创新资金的杠杆效应，吸引更多的社会资本参与到支持初创企业的发展中来。很多地方政府最近几年十分重视创新企业的发展，由财政出资，设立了一些“种子基金”“创新基金”“天使基金”等专项基金。在资金额度上，重庆市科委和团市委（2012）设立首期资金规模为1亿元的“重庆市青年创新创业天使基金”；成都高新区（2012）设立8 000万元的天使基金；北京软件交易所（2013）首期天使基金的规模达8 000万元；武汉市政府（2013年）天使投资基金总规模达3亿元，首期规模为1亿元。在运作方式上，中关村有参股（不高于基金总额的30%）和契约（与合伙伙伴进行联合投资）两种方式；成都高新区委托成都高投创业投资有限公司开展直接投资；宁波市天使投资则采取跟进投资的模式；青岛市天使投资引导资金将按企业规模、企业发展阶段等对企业实施差别化投资，引导方式为阶段出资、跟进投资、风险补助等方式，不参与被投资企业的日常经营管理。在投资领域上，一般是符合一定的标准和当地产业发展的需要。如成都高新区的基金重点支持“天府之星”的优秀企业；武汉天使投资基金主要投向光电子与新一代信息技术、新材料、先进装备制造、高新技术服务、生物医药、新能源（如新能源汽车）、节能环保、现代农业及应用高新技术提升传统产业领域等；南京文创天使投资基金项目则重点投资领军型文化创业人才企业和初创型文化科技企业。总体来看，这些基金在引进人才，鼓励创新创业及促进区域产业发展等方面发挥了积极作用。表6对政府有关政策进行了疏理。

表6　基于政府引导基金的天使投资政策（部分）

类型	基金	内容
支持种子、创业早期的创投引导基金	苏州工业园区创业投资引导基金（2008）	对参股基金投资阶段的限制，或者出台鼓励投资种子期、创业早期的一些政策。如规定创投企业在投资园区创建企业时，可申请引导基金跟进投资。引导基金提供的跟进投资，原则上不高于创投企业本轮投资额的30%，但经园区备案的种子基金，引导基金的跟投比例可以提高到100%
	北京市文化创意产业创业投资引导基金管理暂行办法（2009）	明确表示北京市将安排3亿元作为“种子基金”，定向支持北京文化创意产业的发展，该基金有望带动数十亿元的社会投资
	温州科技创新政府引导基金（2010）	首期规模为2亿元，由温州市财政出资，再吸引6亿元风险投资基金加入，专门为培育早期（种子期）科技创新型企业，如盈利模式创新，经营方式创新和管理机制创新型企业提供资金支持。该引导基金还采取科技金融补偿基金的运行方式，解决种子期公司在创业阶段没有抵押物的贷款难问题，鼓励银行对企业提供信贷支持。为了降低银行因给种子期企业贷款而带来的风险，科技金融补偿基金将为银行因对种子期企业提供贷款进行风险补偿，每个项目的补偿不高于贷款额的25%
	湖北省创业投资引导基金管理暂行办法（2011）	规定引导基金的收益奖励仅限于投资湖北省内战略性新兴产业和种子期、初创期、早中期科技型中小企业，且仅在有项目退出年度发生，按不超过所有约定投资项目弥补亏损后净收益的10%来确定
政府出资设立的天使投资基金	成都高新区创业天使投资基金（2012）	该基金由政府全额出资，并由以市场化、专业化方式运作的成都高新区创业天使投资基金正式启动。这也是目前国内首只由政府全额出资的创业天使投资基金（首期募集规模为8 000万元），旨在助推成都高新区产业发展，进一步培育、孵化具有成长潜力的优质创业项目，鼓励和促进高层次人才落户成都高新区创新创业

续表

类型	基金	内容
政府出资设立的天使投资基金	重庆市青年创新创业天使基金（2012）	重庆市科委和团市委将通过共同实施“天使计划”，设立首期资金规模为1亿元人民币的“重庆市青年创新创业天使基金”，在重庆市青年创新创业基地内设立“天使服务站”，为重庆市青年创新创业提供全方位的帮助和扶持。“天使计划”将在3年内，完成对1万家科技型小微企业的服务，其中5 000家企业获得天使担保信贷支持，1 000家企业获得天使投资，200家企业成为能通过IPO或多层次资本市场实现融资的高成长型明星企业
	洛阳市青年创业基金（2012）	该基金首批募集资金2 100万元，用于帮助青年实现创业梦想。青年创业基金由市青年企业家协会、市青年商会牵头成立，洛阳恒生科技园置业有限公司与德丰小额贷款有限公司各出资1 000万元，洛阳天盛工贸股份有限公司出资100万元。该基金主要用于三个方面：一是作为投保基金为创业青年申请财政贴息贷款进行担保；二是直接用于对进入青年创业孵化基地的创业青年进行资金扶持和奖励；三是投入本市下岗失业小额贷款担保中心，为创业青年定向提供小额贴息贷款
	宁波市天使投资引导基金（2012）	该基金是宁波市政府设立的不以营利为目的的政策性基金，规模为5年内总投资5亿元，其中市级财政经费2亿元。其宗旨是通过引导基金的跟进投资，鼓励天使投资机构（人）对创新型初创企业实施投资

资料来源：根据网络资源整理而得。

3. 风险补贴

除了天使投资引导基金之外，风险补贴是政府扶持天使投资的另一项政策。成都高新区（2012）出台了天使投资风险补助专项资金的实施规则，即投资机构对高新区创业型企业投资50万元以上的，按投资额20%同期对被投企业进行项目扶持，单个企业获得扶持金额上限为40万元。江苏省（2012）设立“天使投资引导资金”作为弥补天使投资损失的风险补偿资金，主要向已投资种子期或初创期科技型小微企业的天使投资机构提供不超过首轮投资额30%的风险准备金并要求地方按照20%给予相应的资金扶持。若三年内实际发生损失，天使投资机构可按首轮投资实际发生损失额的50%从准备金中获得补偿。扬州市

（2013）设立的“天使引导资金”将按照最高不超过天使投资机构首轮投资种子期或初创期科技型小微企业实际投资额的20%给予风险准备金。值得一提的是，中关村（2014）出台一项新的政策，鼓励高校老师成为天使投资人，投资于学生创业，中关村给予风险补贴，最大资助额度为投资额的一半。

4. 构建天使投资网络

天使投资行业中普遍存在信息沟通不畅，缺乏制度规范等问题。为此通过构建天使投资网络形成行业自律组织，也是政府大力支持的一项内容。在江苏省政府2012年发布的《关于鼓励和引导天使投资支持科技型中小企业发展的意见》中，明确强调了要发挥天使投资行业组织的作用，鼓励建立天使投资协会、联盟等社会组织；宁波市政府2012年《关于加快天使投资发展的若干意见》也提出了要搭建天使投资对接平台，建立天使投资俱乐部，开展项目对接和信息交流。自2014年以来，中国大部分城市都纷纷成立俱乐部、联盟、协会等天使投资网络，如宁波天使投资俱乐部、武汉光谷天使投资俱乐部、天津天使投资协会、江苏天使投资联盟和中关村天使投资协会等。这些社会团体都是在政府和民间的共同支持下发起设立的。中国创业技术协会天使投资联盟（China Business Angel Association）——是世界天使投资联盟（World Business Angels Association）在中国区的唯一成员。其隶属于中国科技部中国技术创业协会，受到国家科技部火炬中心的支持，该机构采用理事会团体及个人形式，通过吸纳投资人、创业家、专家学者与政策制定者，投资机构、企业与中介机构，高校、园区、协会等社会团体单位，开展网站资讯、研究出版、论坛沙龙、项目对接、培训认证和创业服务等工作，为社会各方提供一个信息共享、资源互换、合作发展的多方位交流平台。

（四）天使投资的发展趋势

截至2015年，中国天使投资已处于高速发展阶段，尤其是在国家鼓励创新创业的氛围下，对天使投资营造了利好的环境。2015年3月，国务院新发布了一项关于“发展众创空间，推进大众创新创业”的政策，明确提到“要培育一批天使投资人”“发挥财税政策作用支持天使投资发展”“完善天使投资退出和流转机制”“鼓励天使投资人担任创业导师”等。由此可见，天使投资正迎来黄金发展时期。基于这个新形势，天使投资的未来发展会有如下变化：

1. 平民化与天使投资教育

投资早期企业面临很高的风险而且投资回报周期较长，在“风险规避”和“市场投机”的背景下，很难转变传统投资人的观念。与此同时，在大众创业的趋势下势必会引发“大众投资”，未来会有越来越多的人加入天使投资行列，这些群体可能出于天使投资的兴趣和帮助草根创业者的爱心，他们不一定是成功的企业家或者企业高管，投资金额不高，其身份也会更加“平民化”。另一方面，中国天使投资培训服务水平还远远不够，参考现有的培训平台，其门槛也较高，要么是高额会费，要么是资质筛选。因此，需要发展一些天使投资服务平台，鼓励一些资深的天使投资人充当导师，通过教育和培训加强“准天使”和“新天使”的投资意识，提高业务能力，降低投资风险，只有这样才能真正培育出一批天使投资人。

2. 组织化与联合投资

创建和加入天使投资组织确实能够带来一些好处。近几年，越来越多的高净值人群加入天使投资，但独立开展天使投资往往面临一些挑战，尤其是接触一些高质量的创业项目。同时，由于缺乏丰富的经验和资源，致使不能够有效地进行辅导和监督；哪怕是老练的创业者也会有资金和行业背景的局限。对于天使组织来说，通过聚集会员的资金与经验知识，可以克服独立投资的困难。一般而言，天使组织有以下几点优势：汇集资金投资于大项目；投资更多项目或通过合投分担风险；聚集大量会员的同时也带来了知识流和经验流，大大提高了投资人筛选项目，尽职调查以及投后管理的效率；使天使与项目更容易得到匹配；新老天使的经验交流与分享；有助于政府出台新政策

（WorldBank，2014）。通过调查发现：市场中有影响力的天使投资组织都是在2013—2015这三年间新成立的，这些组织在全国开花，比如广东天使会（2012）、深圳草根天使会（2012）、中国青年天使会（2013）、中关村天使投资百人会（2013）、天使成长营（2014）、宁波伯乐合投（2014）等。这些活跃的组织大多提倡通过“联合投资”带动更多的人参与天使投资。本文的调查结果也显示，大部分天使喜欢跟熟人一起进行投资，这也佐证了组织化与联合投资这一趋势。

3. 机构化与基金运作

2013—2015年，早期投资迅速崛起，天使投资群体日趋庞大，投资规模也持续增长，一些天使投资机构应运而生。尤其是一些“知名天使投资人”，开始从个人行为向机构行为转型。与个人行为相比，机构化运作能够聚集更多资金从而投资更多的企业，通过规范化运作可以降低早期投资风险，尤其是整合更多资源为投后管理提供良好的服务支持。此外，与风险投资基金相比，天使投资基金募资额度低，单笔投资额更小。二者最大的区别在于LP（有限合伙人）的属性，天使投资基金的LP以高净值个人为主，也有少量的机构和政府资金注入。随着新一轮创新创业高潮的掀起，未来会有更多的机构投资和政府资金流向早期创业企业。

4. 其他发展趋势

主要有两个方面：一是孵化器与天使投资的融合更加紧密。传统的科技企业孵化器主要强调提供物理空间等“硬件”支持，离天使投资较远；而以中关村车库咖啡、联想之星、36氪等为代表的创新型孵化器则更加看重提供创业培训，投融资对接等“软件”服务。这些新兴孵化模式与天使投资的关系更加紧密，主要通过直接提供种子资金，与天使投资人、机构建立合作关系，以及帮助创业者获取融资机会等方式帮助入驻的创业企业，并在提高创业成功率，降低投资风险方面发挥了重要作用。创新型孵化器也是目前国家十分推崇和鼓励发展的创业服务机构。二是股权众筹平台更好地促成天使投资交易。目前主流的做法是通过建立良好的创业企业筛选，投资人认证以及“领投+跟投”的联合投资机制，来运作天使投资交易及管理。这有助于让更多的人参与天使投资，让资金和项目聚集并相互匹配，从而提高投融资交易效率。继“天使汇（2011）”“创投圈（2011）”之后，又有多家股权众筹平台涌现：如大家投（2013）、原始会（2013）、人人投（2014）、微投网（2014）和京东股权众筹（2015）等。这些平台也会找准自身的定位，通过差异化经营战略来规避竞争风险，比如，专注于某一类产业，或者更为细分的垂直领域。

三、中国天使投资问题与对策

尽管中国市场发展较快，但与国外相比，中国天使投资仍处于初级阶段，对创新产业扶持与推动的手段与方式还有待深度挖掘。主要有以下几个突出的问题：一是针对天使投资的激励和相关教育明显不足，以企业家为主的富裕人群对参与天使投资的认知不足。由于客观上，天使投资的激励制度尚不完善，力度也不够，还远不能抵消投资人在天使投资阶段所要承担的风险。二是为天使投资提供服务的组织和平台还远远不够，并且很多组织和平台本身也面临专业人才缺乏、服务有待提升及可持续发展的挑战。三是创业热、投资热引发的“价格泡沫”。个人投资者、基金机构纷纷追逐早期项目，导致一些交易价格和项目估值过高，不利于整个行业的发展。四是缺乏统一且完善的法律制度和引导政策，已有政策的适用性和有效性还有待进一步评估。

基于此，本文提出以下对策：

第一，制定规范的促进天使投资发展的相关法律法规，建立健全天使投资的培育管理体系。天使投资在我国还是个比较模糊的概念，从定义到发展现状，政府、学界都缺乏准确的了解，政策法律更是几乎空白。相比而言，美国在其《证券法》中对天使投资人的资格做出了严格的限定，如只有个人或家庭净资产超过100万美元，或个人年收入超过20万美元，或夫妻年收入超过30万美元才可以称为“合格”的天使投资人。此类法规的制定有助于国家对天使投资人群体进行管理，避免不符合条件的投资人进入风险较高的天使投资，从而造成投资亏损后不能维持基本生活的局面。同时也为国家相关决策提供法律依据。近几年，中国天使投资发展基本上依靠地方的推动，缺乏国家层面统一的制度体系建设，故建议全国实行天使投资人的登记制度，根据其在各地的投资记录进行管理，记录优良者则给予资金和培训支持，记录不良者则纳入黑名单，肃清风险。在此基础上有针对性地加大资金、培训等的扶持力度，构建天使投资培育管理体系。

第二，改善天使投资生存环境，出台天使投资税收优惠等激励政策。天使投资风险高、周期长，难以独立按照市场机制生存，因此政府的引导作用是不可替代的。在加拿大等国家，政府一般采取跟投，股权担保等形式为天使投资人增加信心。必须强调的是，政府往往跟投天使投资机构，并非天使投资个人。比如，如果认证天使投资组织已投给一个初创企业10万元，政府会跟投6万元，被投企业的研发和人员开销还可按一定比例向政府申请报销。此外，欧美国家对天使投资税收支持的力度也非常大。如美国夏威夷州、堪萨斯州、威斯康星州、肯塔基州等地区都有税收抵免政策，其中夏威夷州的税收抵免达投资额的100%。而国内的税收优惠政策主要针对扶持中小企业，缺乏对天使投资人和机构的税收激励，股权投资行业的“双重税收”问题要从政策层面来解决，建议推出天使投资税收优惠政策，鼓励这一群体的发展，增强其投资热情。

第三，倡导行业健康作风，加强天使投资人的“硬实力”和“软心态”的培养，引导不盲目跟风，杜绝恶意争抢项目及抬高价格。对于创业者，要着重创业项目本身的创新性和提升核心价值。此外，加强媒体的监管，禁止不切实际的包装企业，吹嘘企业。

第四，国家应牵头建立天使投资基金，加大引导力度。目前部分省市已经拿出资金支持早期的天使投资，但因只在当地范围内，故局限性较大。天使投资大多辐射至全国，但如果政府支持的天使投资不在辖区内，不能直接带动本地经济发展，长期下去也会让地方政府缺乏积极性。另一方面，有些区域的资金和项目之间存在资源错配、管理失效等问题。因此建议国家层面建立统一的引导基金，推动民间天使投资的快速良性可持续发展。

参考文献：

［1］刘曼红.天使投资与民间金融［M］. 北京：中国机械出版社，2003.

［2］刘曼红.天使投资理论与实践［M］. 北京：中国经济管理出版社，2009.

［3］刘曼红,王佳妮.中国天使投资：理论、方法与实践［M］.北京：中国发展出版社，2015.

［4］李姚矿.天使投资：国际比较与经验借鉴［M］. 北京：经济科学出版社，2014.

［5］魏炜.美国天使投资的成功故事［M］. 北京：企业管理出版社，2014.

［6］清科研究中心. 2015年中国天使投资白皮书［R］. 投资界，2015.

［7］投中研究院. 2012年中国天使投资与天使孵化研究报告［R］. 投资中国，2012.

［8］投中研究院. 2013中国天使投资年度报告［R］. 投资中国，2013.

［9］投中研究院. 2014中国天使投资年度报告［R］. 投资中国，2014.

［10］王佳妮.中国天使投资发展趋势与对策研究［D］. 中国科学院虚拟经济与数据科学研究中心，2015.

［11］Linde L, Prasad A, Morse K P et al.. Venture Support Systems Project: Angel Investors［J］. Unpublished manuscript, MIT Entrepreneurship Center, 2000.

［12］NACO.2013 Report on Angel Investing Activity in Canada［R］. www.nacocanada.com,2014.

［13］OECD. Financing High-Growth Firms: the Role of Angel investors［R］.Internal working Draft, 2011.

［14］World Bank. Creating Angel Investor Groups［R］.Conference Copy, 2014.

［15］Sohl J. Angel Market Analysis Report （2014）［R］. Venter for Venture Research, Peter T. Paul College of Business and Economics, University of New Hampshire, 2015.

［14］Notion of Angels: The Unsung Heroes of Britain’s Economy［R］. The Centre for Entrepreneurs and the UK Business Angels Association, 2015.

国内篇

中国大类金融资产配置风险研究报告

赵大萍[1]

摘要： 利用近十年的样本数据，报告第四部分对大类金融资产配置的风险进行了测算及解读。而为促进中国大类金融资产配置健康持续发展，报告建议重视相关理论发展，加强专业人才储备；并通过加大宣传力度、强化资产配置意识，完善社会保障体系以及深化金融改革、推进金融产品创新等措施，积极鼓励居民家庭金融资产配置的发展；并针对未来一段时间内中国大类金融资产配置管理给出了具体建议。

关键词： 大类资产 资产配置 风险测算

一、中国大类金融资产配置概况

（一）大类金融资产配置概述

资产配置的相关理论方法可追溯到诺贝尔经济学奖获得者马科维兹（H. Markowitz）于1952年发表的著名论文《投资组合选择》。马科

基金项目：北京市优秀人才资助项目（20140000204400001）和首都经济贸易大学2015年度科研基金项目。

1 首都经济贸易大学金融学院、金融风险研究院讲师，经济学博士。

维兹在文章中系统阐述了金融市场中收益和风险的度量方法，构建了投资组合选择模型对资产进行配置管理。这一划时代的研究工作被认为是奠定了现代金融理论发展的基础。到目前为止，资产配置依然是金融市场中一个非常基本且关键的问题。Brinson, Hood和Beebower对美国91只大型退休基金从1973—1985年季度投资收益进行归因分析发现，大类资产配置决定了91.5%的投资收益。2000年，Ibbotson和Kaplan对美国94只混合基金的月度投资收益率进行分析发现，几乎所有的获利水平都是由大类资产配置所决定的。由此可见，作为资产组合中最核心的内容之一，资产配置不仅在资产定价、风险管理等方面有重要的应用和影响，更对资产组合的收益水平起到决定性的关键作用。

大类金融资产配置，是根据投资需求，将投资资金在金融市场的几类主要资产中进行分配，以实现对整体组合收益及风险的管理。近年来，随着金融市场的发展，各种金融工具的持续完善，以及资金规模的不断增大，将股票、债券、外汇等各类金融资产单独对待已经不再适应市场和经济的发展规律，也不能满足投资者寻求增值的需求。因此，大类金融资产配置越来越受到投资者的关注。特别是2008年全球金融危机之后，世界经济陷入低迷状况，金融市场的波动性和风险较以往更加剧烈。与此同时，中国经济已经进入新的发展常态，在这种经济金融环境下，大类金融资产配置面临的风险也呈现出新的变化。在这种情况下，投资资金该如何在收益和风险特点不同的大类金融资产之间分配，怎样实现有效的资产配置、规避风险成为学术界，特别是金融工程领域的研究热点，更成为众多投资机构和投资者迫切想了解的问题。

（二）大类金融资产配置在中国的发展

金融资产配置的相关研究理论起源于20世纪50年代的美国，至今已经发展成为包含均值—方差模型、资本资产定价模型、现代投资组合理论等较为完整的理论方法体系，并被一些大型金融投资机构应用于欧美发达金融市场中，取得了较好的效果。特别是伴随着决策分析的细化，量化宏观对冲基金和拥有大资本的养老金、学校基金会等，各种机构成为进行大类资产配置实践的主体。相比之下，中国由于政策和监管等原因，不论是在大类金融资产配置的理论研究还是实践方面均起步较晚。直到近年来，随着中国债券市场、股票市场规模的扩大，特别是2008年金融危机之后，大类金融资产配置在中国才真正受到重视，并在较短时间内取得了快速的发展。中国大类金融资产配置发展的主要特点包括四个方面。

1. 起步晚，发展快

虽然中国大类金融资产配置实践起步较晚，但在近几年堪称高速发展，取得了一定的成果。首先，在用以资产配置的资金规模方面，从1998年南方基金等机构建立的近20年里，中国进行资产配置的资金规模呈现几何级数增长。以资产管理行业资产规模为例，根据智信资产管理研究院发布的《中国资产管理行业发展报告（2014）》，不考虑信托公司、银行资产管理部、保险公司等互相持有的重复部分，简单算术加总后，截至2013年年底，国内总受托资产管理规模已近40万亿元，直追2013年年底全国个人储蓄存款的44.8万亿元。表1显示的是截至2013年年底，中国主要资产管理机构管理资产余额状况。从表1可以看出，信托、银行理财用于资产配置的资金规模最大，其次是保险公司、券商资管等机构。而据新华网发布的消息，截至2014年 6 月份，国内银行理财等六类金融机构资产管理业务总规模已接近50万亿元。而在资金规模增长迅速的同时，以资产管理机构为主的国内金融机构在大类金融资产配置的实践和理论方面也取得了极大的进步。

表1　中国主要资产管理机构管理资产余额

机构	信托	银行理财	保险	券商资管	公募基金	基金子公司	合计
资产规模（万亿元）	10.91	10.21	8.30	5.19	3.00	0.94	38.55

资料来源：郑智. 中国资产管理行业发展报告［M］. 北京：社会科学文献出版社，2014.

在实践方面，到2015年上半年，国内主要的金融机构均已建立起涵盖权益类资产、债券类资产、货币类资产等主要大类资产类别的完整投资体系，并在各大类金融资产之间进行资产配置实践时，体现出了资产均衡和风险分散的特征。此外，一些大型的金融机构已经建立起较为完善的大类资产配置研究体系和决策流程，并培养了一批兼具大类金融资产配置理论和实际投资经验的专业人才队伍。在大类资产配置的理论方面，国内亦有研究人才根据中国金融市场实际情况初步建立了自己的资产配置研究框架，比如，宏源证券建立了宏观博弈均衡体系，并可以根据各种指标的市场变化进行反馈式校准。

2. 不同机构的大类金融资产配置差异明显

目前，中国进行大类金融资产配置的机构主要包括保险公司、银行理财部门和公募基金等。由于不同的机构其追求收益、规避风险的需求并不相同，因此，各部门在大类金融资产配置上差异明显。

首先，保险公司和银行理财部门在风险偏好上表现出很大的相似性，二者均偏好收益相对稳定，风险相对较低的固定收益类和类固定收益类资产。而按照人力资源和社会保障部的规定，企业年金等养老金产品的资产配置也明显表现出对固定收益类资产的偏好。

其次，相比保险公司和银行理财部门，以及大型国企的企业年金等部门相对保守的大类金融资产配置风格，公募基金则在以股票为主的权益类资产配置方面表现出明显的倾向。以股票为主的权益类资产在公募基金的大类资产配置中占比接近50%。但与此同时，较高的权益类资产占比限制了公募基金资产配置的分散化。公募基金在可投资品种的丰富性和大类资产的分散程度上相比保险和银行理财存在较大差距。

此外，对券商部门而言，尽管其在近年来定向资产管理计划、信托计划、基金子公司的规模在快速增长，但由于其中与银行理财和同业对接的通道类业务占比重较大，因此，券商部门的大类金融资产配置主要体现出和银行理财类似的偏好。与券商部门不同的是，信托公司在其主动管理的信托计划中，债权类或结构化股权类融资项目占据绝对比例。

3. 中国大类金融资产配置正在转型

2008年，全球金融危机之后，世界经济一直处于回升乏力的状态，中国实体经济也进入了较为缓慢的复苏期。目前，中国经济正面临着经济增长模式与经济结构逐步发生变化的转型期。在此情形下，在过去较长的时间内，中国金融市场，特别是股票市场一直处于较为低迷的状态。2014年，中国债券市场首先进入上行通道。2015年上半年，中国股票市场一度迎来明显的上涨，但又呈现宽幅震荡的态势。在国内经济增长结构调整、大类资产收益风格快速转换的背景下，大类金融资产配置也呈现出迁移转型的特点。

首先，市场资金向权益类资产转移。2014年年底至2015年上半年，中国股票市场的强劲上扬在一定程度上提振了投资者的信心，同时，"一带一路"战略的提出和新兴产业的快速发展，都成为支撑中国股票市场的因素。而伴随着经济转型下实体经济的活跃和金融市场化改革的推进，作为最受益于改革与转型的资产类别，权益类资产的吸引力正在提升。受此驱动，市场资金在配置上表现出明显的向权益类资产转移的势头。

其次，固定收益类资产配置比例稳中有降。随着刚性兑付逐步被打破，固定收益类产品在出现分化。一方面，随着地方债务的清理整顿和刚性兑付的被打破，以债券为主的信用产品内部已经出现较为明显的分化，各类相对高收益的城投债、产业债以及信托等非标产品的信用风险，已经引起了投资者的关注。而随着国内经济结构转型带来整体资金需求下行，以及随着房地产市场景气的持续回落，利率水平下调压力较大。在此境况下，固定收益类资产的吸引力有所下降，固定收益类资产配置比例与以往相比有小幅下降。

再次，商品类和货币类资产的配置有所降低。在过去的近两年时间内，国内大宗商品价格基本呈持续下降态势，大宗商品类资产投资的吸引力明显降低。货币类资产作为主要避险类资产，其收益率自2014年年底出现回落迹象。受到股票市场和债券市场发展状况相对良好、投资回报率较高的影响，市场资金从大宗商品类资产和货币类资产中流出，商品类和货币类资产的配置有所降低。

4. 居民家庭大类金融资产配置发展迅速

居民家庭金融资产配置是指居民家庭如何利用股票、债券等投资工具实现资源跨期优化配置，达到家庭长期消费效用最大化。近年来，随着经济的发展，居民家庭财富的增多，居民家庭金融资产配置已成为一个热门话题，越来越受到人们的关注。与发达国家家庭金融资产选择相比，早期中国居民家庭在医疗、养老体制不健全的情况下，金融资产配置主要是以储蓄为主，这批资金具有一定的防老防病的预防性储蓄特征，高储蓄率现象较为普遍。随着财富的增加，居民家庭产生了进行资产配置，实现理财增值的需求。

中国居民家庭投资仍以储蓄为主，但在资产配置方面，由于房地产价格长期处于持续上涨态势，居民家庭资产配置呈现出以房地产为主的实物占比较大，金融资产占比较小并且风险化程度低，中介化程度更低的特征。近两年，随着房地产市场景气的回落，居民投资于房地产市场中的回报有所下降，与此同时，居民财富中对以股票为主的权益类资产的配置比例正在提高。图1和图2分别展示2011年和2014年中国居民家庭的资产配置情况。从图1可以明确看出，2011年时，中国居民家庭在房地产市场中的资产配置高达64.37%，与此同时，在股票市场上资产配置仅为3.68%。2014年，中国居民家庭在房地产市场中的资产配置比例降低了19.37个百分点，降至45%。同时，闲散出来的资金主要流向了存款、理财产品、股票和债券等，显示出居民家庭在资产配置过程中，正在降低在实物资产上的配比，转而增加对金融类资产的配置比例。

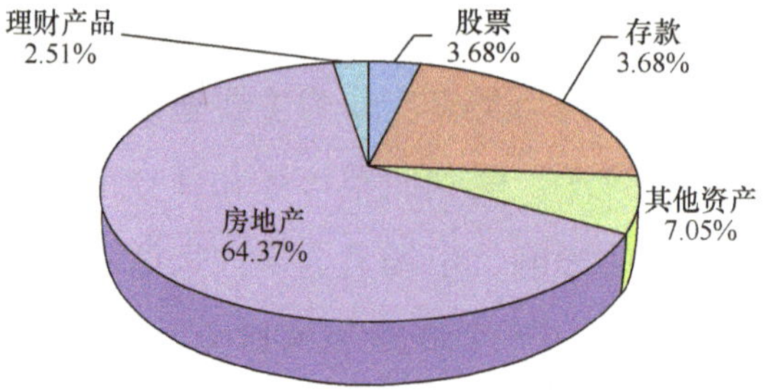

数据来源：Wind数据库，东方证券研究所，经作者整理。

图1　2011年中国居民家庭资产配置示意图

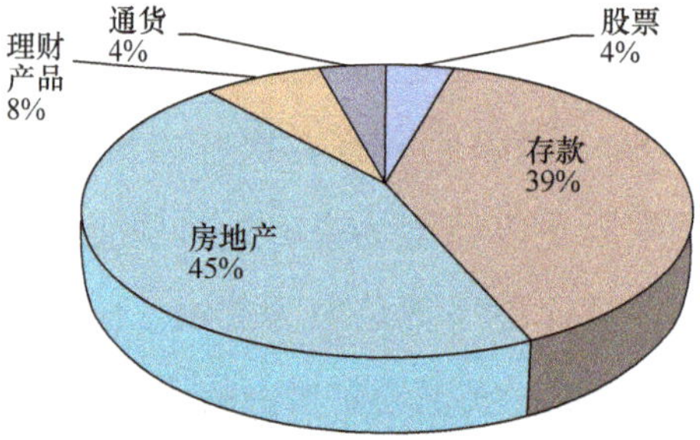

数据来源：Wind数据库，中国人民银行，经作者整理。

图2　2014年中国居民家庭资产配置示意图

但需要注意的是，近年来，尽管中国居民家庭资产配置发展迅速，并正在进入一个新的阶段。但相对于欧美发达国家的居民资产配置选择，中国居民家庭的金融资产配置仍处于初级阶段，在资产选择和财富配比上仍有许多不成熟的地方，特别是在权益类资产、保险准备金方面的配置比例依然处于较低水平。相比美国等居民家庭20%甚至30%左右的配置比例，中国居民家庭在权益类资产、保险准备金方面的配置还有很多上升空间，房地产资产的配置比例还需进一步下调。

二、中国主要大类金融资产现状分析

2004年，美林证券提出“投资时钟理论”，即股票、债券、商品和货币四大类资产的轮动理论，成为近年来中国金融机构采用的资产配置策略之一。受此理论影响，目前国际上习惯将金融资产按照其收益和风险的特点，分为权益类、固定收益类、商品类和货币类四大类金融资产，中国也已经沿用此类别区分。因此，下文将基于此具体分析中国的权益类、固定收益类、商品类和货币类金融资产的发展现状。

（一）权益类金融资产现状分析

权益类金融资产是指投资于股票、股票型基金等权益类资产，包括股票、股票型基金等，其收益与股票市场行情密切相关，风险也与股票市场的波动紧密相连。考虑到中国金融市场的实际情况，下文首先对2014—2015年上半年的中国股票市场基本状况进行分析。

就整体情况而言，截至2014年年底，各主要股票指数较同期均有较大幅度的上涨，其具体收益情况如表2所示。从表2可以看出，2014年，股票市场中主要的几个指数较2011年、2012年、2013年均有更好的表现，其股票指数收益率均有较大幅度的提升。这主要是因为在经济下行背景下，国内资金流动性整体宽松，而中国人民银行又通过定向降准等工具释放流动性，并在2014年11月份宣布全面降息，这些利好消息带动了2014年下半年以来金融股和其他权重股的大幅上涨，从而推动了整个股票市场大幅震荡上扬。

表2　主要股票指数收益率情况一览表

指数	2014年（%）	2013年（%）	2012年（%）	2011年（%）
上证综指	52.87	–6.75	3.17	–21.68
大盘指数	51.39	–8.82	9.76	–24.1
中盘指数	35.56	15.58	–1.2	–34.72
小盘指数	37.07	21.74	0.27	–32.13

数据来源：Wind数据库，华泰证券，经作者整理。

2015年上半年，中国股票市场另一个较为明显的变化是新股发行数量较往年同期明显增加。2014年，新股发行的数量是每个月10~12

只的水平。由于股票指数在2014年11月份呈现加速上涨的运行态势，以《人民日报》为代表的官方媒体多次发表了对于行情上涨过快的担忧。在此背景下，进入2015年后，证监会实行了加快新股发行的策略，希望通过首次公开募股（Initial Public Offerings，IPO）、新股申购的效用分散市场资金，从而实现短期内调控股市上涨过快的效果。2015年1~6月份，每月都有超过20只股票在上海主板、深圳创业板或中小企业板上市，5月份新上市股票数量高达44家。2015年上半年，中国企业境内IPO上市数量达到187只，具体情况如表3所示。然而伴随着6月份股票市场的剧烈波动，7月4日晚，沪深交易所同时公布了共计28家公司首次公开发行A股暂缓发行的公告，并称暂缓发行IPO的原因是“近期市场波动较大”。

表3　中国企业境内IPO上市情况

市场	融资额（百万美元）	比例（%）	上市数量	比例（%）	平均融资额（百万美元）
上海主板	16 629.13	70.5	78	41.7	213.19
深圳创业板	4 482.38	19.0	74	39.6	60.57
深圳中小企业板	2 460.58	10.4	35	18.7	70.30
合计	23 572.10	100	187	100	126.05

数据来源：私募通，PEdata，经作者整理。

在简要介绍了近两年中国股票市场的基本情况后，为更好地了解中国股票市场的波动风险，下文选取囊括沪市和深市300只股票走势的沪深300指数作为代表，对中国股票市场的走势做具体分析。

回顾2014年，受到中国实体经济增速放缓，但又有降息等利好政策出台，且有大量资金入市推动等因素影响，沪深300指数的走势整体波动不大，基本呈稳中有升态势，从图3中可以看到，从2014年1月份的2 202.45点缓慢攀升至12月份的3 533.71点，达到全年最高点位，较年初增长了1 331.26点，增幅超过60%。进入2015年，在1~5月份，沪深300指数呈快速增长态势，一度接近5 000点高位，随后在6~7月份，连续两月下滑至3 816.70点，跌幅超过20%。图4显示，2015年上半年股市成交量和成交额较去年同期有明显上升，并随着2015年上半年股票市场行情的一度上扬，股市成交量和成交额也一度出现大幅增加，并在6月份股票市场回落后出现快速下降。

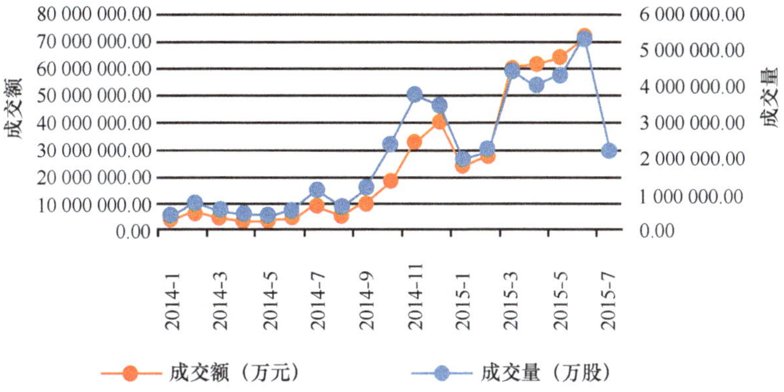

数据来源：Wind数据库。

图4　沪深300指数成交额和成交量走势图

具体分析2015年上半年中国股票市场出现快速上涨继而下降的大幅震荡走势的原因。一方面，经济形势整体向好促进了股票市场的发展，提振了投资者的信心。据国家统计局发布的数据，2015年上半年，中国国内生产总值296 868亿元，同比增长7.0%。其中，一季度同比增长7.0%，二季度同比增长7.0%，环比增长1.7%，整体经济增长超出预期，整个经济实现了缓中趋稳、稳中向好的走势。此外，中国自2014年下半年开始实行相对宽松的货币政策，增加资金流动性，同时降低货币市场利率，尽管该政策对促进宏观经济有一定积极作用，但受到商业借贷等影响，传导至实体经济的路径并不顺畅。在此情况下，资金从各种渠道流入资本市场，大量资金入市在一定程度上推动了中国股票市场的上扬。但另一方面，中国经济正处在一个调整产业结构、转变经济增长方式的关键阶段，行业结构调整带来的影响还在继续释放，整体经济下行压力依然较大。以房地产、银行、石油、煤炭、有色金属和钢铁等行业为代表的周期性行业景气还没有出现显著上行的态势。而这些行业占据了股票市场近2/3的市值结构，因此，中国股票市场尽管在经济向好、政策推动、大批资金入市推动和投资者信心提振的背景下一度出现快速攀升，但上行仍然缺乏实体经济支撑，加之中国股票市场中存在恶意做空力量，并且政府对于市场的波动性风险监管不足等多种因素影响，最后导致股票市场在2015年中出现大幅下滑，1~7月份整体走势呈倒“U”型。

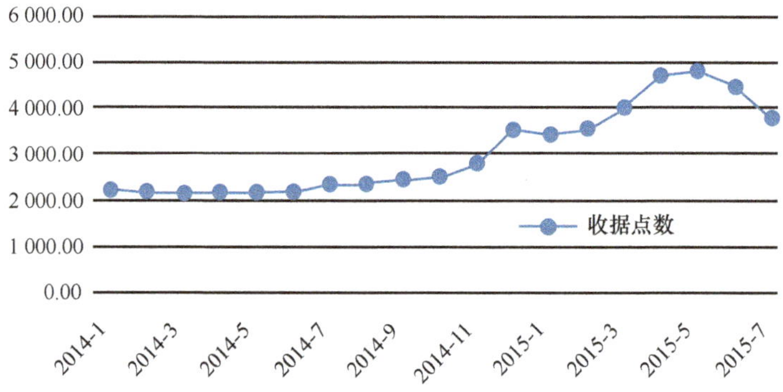

数据来源：Wind数据库。

图3　沪深300指数走势图

（二）固定收益类资产现状分析

固定收益资产是指投资于银行定期存款、国债、金融债、企业债、可转换债券和债券型基金等固定收益类资产。考虑到美林证券“投资时钟理论”中的资产划分标准将其中一种资产划分为债券类，下文主要以中国债券市场中有代表性的债券指数为例，通过分析其走势特点，进一步分析中国金融市场上固定收益类资产的发展情况及现状。

对债券市场而言，2014年是债券市场发展形势良好的一年，几只债券指数从年初便一路上扬，且全年居于较高收益水平，因此，2014年被中国金融机构称为债券牛市。近年来，债券指数收益情况如表4所示。从表4可以看出，2014年，中国几只主要债券指数的收益率均较往年有明显上升，特别相对于2013年中国债券单边下跌半年之久，收益相对低迷的情况，2014年的债券市场迎来了快速发展，固定收益类资产受到了投资者的积极追捧。其中，中证可转债指数的收益率高达48.55%，中证全债、中证国债和中证金融债指数的收益率都超过了10%，显示出2014年债券市场的良好发展态势。分析彼时债券市场大幅上涨的原因，主要是受国内货币政策相对宽松的影响，资金偏向债券市场，推动了债券市场的回升和快速发展。

表4 主要债券指数收益率情况一览表 %

指数名称	2014年	2013年	2012年	2011年
中证全债	10.68	–1.07	3.52	5.88
中证国债	10.84	–2.81	2.64	6.85
中证金融债	12.08	–1.81	2.08	5.14
中证企业债	9.91	1.51	6.30	4.95
中证可转债	48.55	–1.41	4.11	–12.77
中证央票	5.91	1.19	3.71	3.97

数据来源：Wind数据库，华泰证券，经作者整理。

相比2014年中国债券市场发展势头一片大好的情形，进入2015年后，债券市场的表现较2014年下半年均出现了明显的下滑，几只主要债券指数的收益率都有不同程度的回落，其走势如图5所示。从图 5 可以看出，2015年1~7月份，各债券指数的收益状况基本良好，但在3月份，除中证企业债指数外，其他债权指数都出现了负收益。而伴随着6月份股票市场出现大幅震荡，债券市场上的各只债券指数收益率也出现了不同程度的下跌。

2015年1~7月份，中证全债指数基本呈震荡上行走势，从1月份的

160.05点缓慢上升至7月份的165.33点，收益率平均为0.62%。此外，其他各只指数仍然处于上升通道。1~7月份，中证国债指数收益率为0.52%，中证央票指数收益率为0.41%，中证企业债指数收益率为0.83%，中证金融债指数收益率为0.52%。其中，中证国债和中证金融债指数的收益率均低于去年同期平均水平。

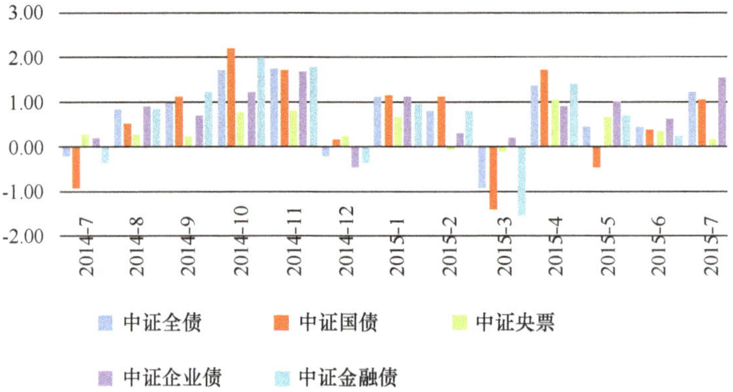

数据来源：Wind数据库，经作者整理。

图5　主要债券指数收益率走势图（%）

分析2015年中国债券市场表现一度走强，但后续相对疲软的原因，一方面2015年国际债券市场表现不佳，大量外国资本涌入了相对表现坚挺的中国债市，大量外国资金的注入推动了中国债券市场一定程度的上涨。2014年国内货币政策相对宽松和通货膨胀等因素利好债券市场，进入2015年后，这些因素本身或者其影响正在消退，对债券市场而言不再有明显的促进作用。此外，伴随着中国利率市场化和人民币国际化进程的加快，必然伴随人民币相对的强势地位，由此带来的汇率不稳定性也可能会影响中国人民银行宽松货币政策的推出，从而对债券市场有潜在的不利影响。即使有降息降准等宽松政策出台，但在国内整体经济相对疲弱、不良风险持续释放的情况下，债券市场上扬仍受到较大阻力。另外，2014年末，政府出台了地方债清理的相关政策，导致债券市场的重估信用风险增大，也给债券市场带来一定的下行压力。

（三）商品类资产现状分析

商品类资产是主要投资于大宗商品，或者通过基于商品的交易型开放式指数基金（ETF）投资于大宗商品的金融产品，主要以黄金、白银为主的贵金属，油气能源、农产品等作为投资标的。此类金融资产以指数化或基金中的基金（FOF）投资为主，投资策略以复制指数或大宗商品价格的方式为主。对中国金融市场而言，目前商品类金融产品数量还相对较少，主要包括用以避险的黄金商品，有明显行业周期性特点的油气能源商品等。在市场指数方面，目前已有中国大宗商品期货价格指数（CFPI）、中国大宗商品价格指数（CCPI）等。本报告将主要选用中国大宗商品价格指数作为研究对象，该指数以2006年6月为基期，利用加权平均法计算，涵盖了能源、钢铁、矿产品、有色金属、橡胶、农产品、牲畜、油料油脂和食糖等9大类别26种商品，能够较好地反映中国大宗商品的现货价格。选用该指数为代表对中国商品类资产近况进行分析，具有一定的代表性和研究价值。

图6是2014年1月至2015年7月，中国大宗商品价格指数走势图。

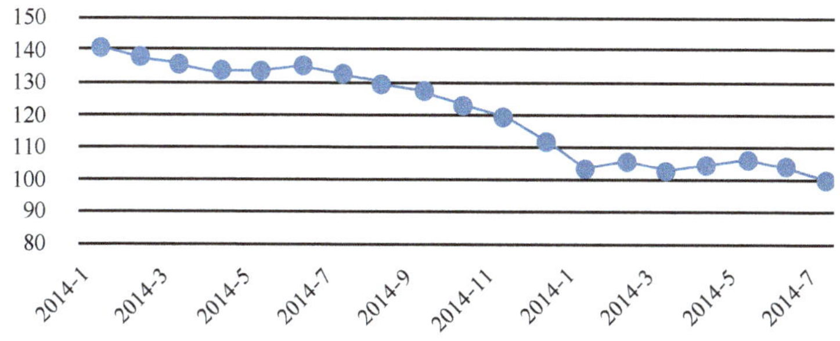

数据来源：Wind数据库。

图6　中国大宗商品价格指数走势图

从图6可以看出，从2014年初开始，近一年半的时间内，中国大宗商品价格指数基本处于震荡下行的态势。2014年1~4月份，中国大宗商品价格指数从1月份的141.08点逐月下降至134.01点，虽然在5~6月份中国大宗商品价格指数的走势有1.13点的轻微回升，但随后的7个月，中国大宗商品价格指数一直处于下行通道，并在2015年1月份达到103.56点的低位。进入2015年后，中国大宗商品价格指数一直处于震荡走低的态势，并在7月份达到99.59点，相较年初下降了近4点，为近6年的最低位置。

以2015年7月份为例，具体分析中国大宗商品价格指数持续走低的原因，各主要商品价格指数及其涨跌情况如表5所示。从表5中可以看出，2015年7月份中国大宗商品价格指数较去年同期下降了25%，下降幅度较大，相较年初也下降了3.8个百分点。而在各类大宗商品中，除了油料油脂类、牲畜类和食糖类以外，其他大宗商品均出现了同比、环比均下跌的情况，并以钢铁类、矿产类和能源类商品的跌幅最大。其中，能源类商品价格相较去年同期下跌了40个百分点，钢铁类和矿产类价格也同比下跌了33.4%和22.4%。这主要是由于页岩气等新能源的发现抑制了石油等传统能源的发展，而随着澳大利亚和巴西的铁矿石产量不断增加，全球经济相对还处于恢复阶段，需求相对不足，导致全球的原油、铁矿石等大宗商品价格上涨动力不足。受全球经济复苏，黄金作为避险品种配置价值相对较低，2014年年底美国推出量化宽松（QE）政策等因素影响，美元指数在2014年年底开始走强，因此又一度压制了黄金价格的表现。此外，尽管中国经济已有企稳回暖迹象，但是，中国目前正处于产业结构调整、行业升级转型的关键时期，政府还采取了一系列治理环境的措施以控制污染，这些经济因素和政策措施并不利于能源类、矿产类以及钢铁类大宗商品的价格上涨。在这些因素的综合影响下，整个国际大宗商品价格的上升动力不足，并影响到中国相关商品的价格，表现为大宗商品价格指数持续走低。

表5 2015年7月份中国大宗商品价格指数表

类别	点位	较年初涨跌幅（%）	同比涨跌幅（%）	环比涨跌幅（%）
总指数	99.59	–3.8	–25.0	–4.4
能源类	72.86	–3.4	–40.0	–7.2
钢铁类	63.36	–21.4	–33.4	–7.5
矿产类	90.05	–8.2	–22.4	–11.3
油料油脂类	151.06	–6.5	–21.7	0.4
橡胶类	57.68	–5.2	–21.2	–8.1
有色类	64.87	–3.9	–13.1	–4.0
农产品类	171.36	–1.9	–3.5	–1.0
牲畜类	236.12	7.5	6.8	6.8
食糖类	100.62	15.5	14.7	–3.3

数据来源：Wind数据库，中国流通产业网，经作者整理。

（四）货币类资产现状分析

货币类金融资产主要指以货币市场作为投资对象，满足投资者一定流动性需求的金融产品，如货币基金等。本报告主要以中国货币基金为例，具体分析货币类金融资产的现状。

2013年，中国金融市场上资金趋紧 的格局让货币基金得以受益，彼时货币基金的年化收益率已经在4%左右。而随着互联网金融的崛起，货币基金市场出现迅猛增长，不仅货币基金种类花样繁多，其市场收益也表现得更为稳健。进入2014年后，年初市场资金仍保持在一个相对较紧平衡的状态，处于较高水平，而持续震荡的市场利率也利于货币基金的发展。但随着2014年下半年国内货币政策的相对放松，股票市场和债券市场等大幅上涨，货币基金市场上涨乏力。图7是2014年1月份至2015年7月份中证货币基金指数走势图。从图7可以看出，中证货币基金指数从2014年初的1 265.89点，缓慢上升至2015年7月份的1 349.28点，增幅为83.39点，增长了6.59%。在近一年半时间内呈现稳中有升，缓慢稳步上涨态势。观察中证货币基金指数的收益率可以看出，该收益率在2014年3月份和 6月份出现两次较大的增长。进入2015年后，1~7月份中证货币基金指数整体增速相较2014年有所下滑，特别是从4月份开始，基金指数收益率在0.005%~0.01%内震荡，处于一个相对较低的水平。

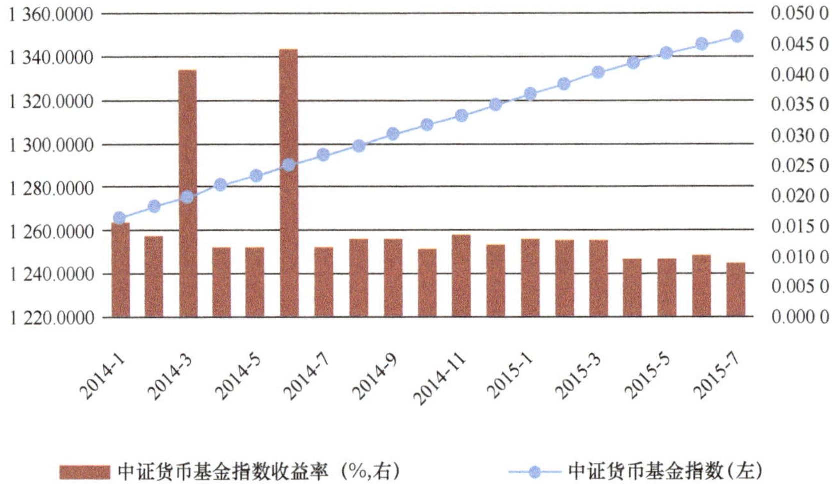

数据来源：Wind数据库。

图7　中证货币基金指数走势图

整体来说，货币类资产在大类金融资产配置当中主要承担保底收益、规避风险的角色。当权益类、固定收益类和商品类资产收益较高时，投资者在货币类资产中的配比较低，而当权益类等资产的收益出现较大波动时，投资者往往在避险情绪的推动下，选择增加在货币类资产上的资金配置，从而实现在躲避风险的同时，保有一定的收益。

三、未来大类金融资产配置风险关注点

（一）宏观经济有望企稳回升

根据国务院领导的公开表态，目前中国经济处于结构调整阵痛期、经济增速换挡期和前期刺激政策消化期的“三期叠加”阶段，面

临经济增速放缓和去杠杆、去产能及去泡沫的压力，既要稳增长、保就业，又要调结构、控通胀，宏观经济运行面临的不确定性较多。2015年7月份，中国发布了新的宏观经济数据，显示上半年中国整体经济增长超出预期，实现了缓中趋稳、稳中向好的走势。近年来，中国GDP增速走势如图8所示。可以看出，截至2015年第二季度，中国宏观经济景气已显露出较为明显的企稳回暖的迹象。

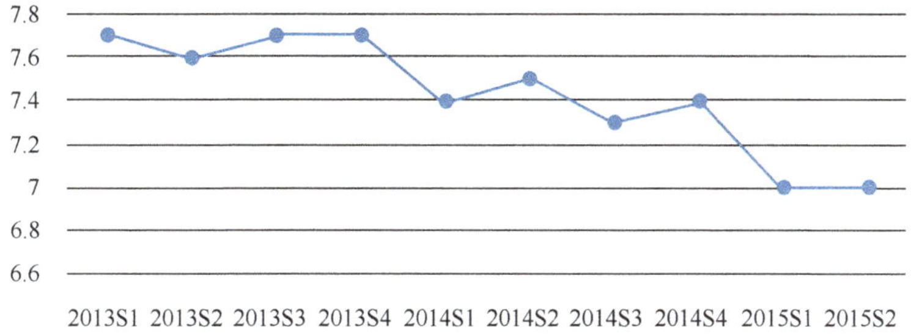

数据来源：国家统计局。

图8 中国GDP增速走势图

分析未来一段时间内推动中国经济发展的主要因素，主要包括：第一，2014年四季度以来，央行连续降息降准，货币政策宽松，市场整体流动性较为充裕，这在一定程度上刺激了宏观经济的发展；第二，传统工业经过前期的调整将进入再平衡阶段，降幅有望缩小，拉低中国经济增速的因素正在逐渐消退，并且在“一带一路”战略的影响下，基础建设行业将对中国经济的稳定发展起到重要支撑作用；第三，由百余名院士专家提出的“中国制造2025”的概念，为中国制造业绘制了未来十年顶层规划和路线图，通过实现中国制造向中国创造、中国速度向中国质量、中国产品向中国品牌三大转变，将推动中国到2025年基本实现工业化，迈入制造强国行列。在此背景下，包括高速铁路在内的高端制造业等新兴产业的崛起将在一定程度上促进经济的增长。然而，尽管在此利好消息下，仍需要清晰地认识到，目前，中国经济正处于转型升级阶段，行业调整升级带来的经济增长压力依然存在，而且中国已经进入人口增速下降，劳动力投入相对减少的人口红利下行通道，随着劳动力成本的增加和人民币升值，中国出口商品的竞争力也在逐步下降，贸易份额难以大幅增长。因此，从短期角度看，中国宏观经济已经有企稳迹象，并有望在“一带一路”的走出去战略和新兴产业发展等带动下，暂缓经济增速放慢的态势，或将稳中有升；但从中长期角度看，中国宏观经济的形势仍需密切关注。在这种背景下，大类金融资产配置应该注意对整体金融资产的风险控制。

（二）“43号文”对金融市场有所冲击

2014年9月21日，国务院办公厅下发《国务院关于加强地方政府性债务管理的意见》（〔2014〕43号）的重要文件，简称“43号文”，主要围绕建立规范的地方政府举债融资机制进行指导。《意见》主要内容包括：一是通过明确举债主体、规范举债方式、严格举债程序等措施，解决好“怎么借”的问题；二是通过控制举债规模、限定债务用途、纳入预算管理等措施，解决好“怎么管”的问题；三是通过划清偿债责任、建立风险预警、完善应急处置等措施，解决好“怎么还”的问题。这一文件，重新厘清了原地方政府性债务范围的界定，政府性债务、政府债务和政府或有债务以及公益性问题。并且规定了金融机构等不得违法违规向地方政府提供融资，不得要求地方政府违法违规提供担保等。

毫无疑问，“43号文”将对中国地方政府的改革和经济发展起到重要的推动作用，同时对中国金融市场，特别是中国债券市场有一定的影响甚至冲击。在此背景下，原有的地方债务风险将在一定层面上暴露出来，地方政府债置换也会带来巨大且不确定的供给压力。而原有融资平台将发生一定的改变，甚至传统的政府融资职能有可能被剥离出来。但是考虑到政府仍然有融资的需求，新型投融资主体或将产生，再次加入到金融市场中来。此外，尽管新的意见已经出台，城投债仍然会存在，但离开了政府的融资功能，其属性会有一定改变。在这种背景下，债券市场中以城投债为主要代表的部分债券的价值需要重估，其相关信用风险值得关注。

（三）债券信用违约风险不容忽视

2014年3月7日，超日太阳宣布不能按期兑付11超日债第二期利息，成为国内首例债券违约事件，中国债券市场违约的序幕从此被拉开。此后，华通路桥、华锐风电接连出现兑付危机，中小企业私募债先后发生违约。2014年4月7日，中科云网发布公告称，其无法按时、足额筹集资金用于偿付“ST湘鄂债”债券应付利息及回售款项，成为国内第一只实质违约的公募债。这些重要事件发生之前，中国债券市场主要考虑的只有利率曲线风险，没有信用风险。但随着近两年债券的信用风险逐渐暴露，市场对信用违约的担忧有所提升。

可以说，在过去刚性兑付的保护下，中国债券市场发展良好，并已经具有一定规模。但是刚性兑付并非是成熟的债券市场特征，随着市场制度的完善，刚性兑付已经被打破，尽管债券违约乃至违约常态化将给市场带来一定的冲击和变动，但这是中国债券市场走向更加成熟完善的必经阵痛。因此，债券违约风险仍然是下半年大类金融资产配置需要重点关注的风险点。而随着违约的逐步市场化，投资者日趋重视利差对风险的充足覆盖。特别是在刚性兑付被打破后，市场对低评级债券的风险偏好将有所下降，短期低评级债券发行利率和市场收益或将提高。中长期看，发行利率较高的低评级债券发行规模或将减小。

（四）人民币国际化对大类金融资产配置的影响

随着政府“一带一路”的走出去战略和亚洲基础设施投资银行（简称“亚投行”）的建立，人民币的国际影响力正在逐步扩大，人民币国际化也将成为大势所趋。在这种背景下，对大类金融资产配置而言，一方面，从国际视角分析，人民币国际化会增加全球大类资产配置对人民币的需求。一旦人民币实现真正的国际化，主要国际金融机构势必将重估人民币资产价格，加大对人民币资产的配置。另一方面，依国内情况观察，伴随着人民币国际化进程的加快，资本账户将逐渐放开，在此压力下，国内利率市场化也必将被推进并最终实现。但就目前国内经济形势，未来人民币实现国际化后，人民币利率极可能会有所下降，对债券、货币类资产等大类金融资产的收益产生一定的影响，从而进一步导致大类金融资产配置的变动，见表6。

表6　人民币国际化对大类金融资产的影响

资产	影响
权益类资产	利率下降，利于股票融资，股票价格上涨
固定收益类资产	利率下降，促进债券价格上涨
商品类资产	利率下降，大宗商品价格上涨；人民币升值，大宗商品价格下跌
货币类资产	利率下降，存款类产品收益下跌；人民币升值带动外汇理财

此外，人民币国际化会加大资本流动，从而迫使人民币的汇率市场化加快进程。考虑到“一带一路”战略以及来自世界货币基金组织和贸易伙伴的压力，人民币汇率稳定面临较大的压力，或呈现长期升值的趋势。如果人民币汇率相对保持稳定甚至走高，则可能会发生需求外溢情况，并对出口导向型经济发展不利，国内经济复苏将受到抑制，同时人民币升值带来的物价下跌也将影响到国内大宗商品的价格，进而影响到商品类金融资产的配置。而为了稳定汇率，减少资本大量流入对外汇市场的冲击，防止出口恶化，国内极有可能采取抑制通货紧缩的货币政策来释放压力，但这类措施若不能真正传导到实体经济市场，则有可能再度引发虚拟经济繁荣，相关影响也终会传到金融市场大类资产配置中。

四、大类金融资产配置风险测算

（一）测算方法

为让读者对大类金融资产配置风险有更加直观的认识，本报告采用目前通用的VaR（Value at Risk）方法，对大类金融资产配置风险进行测算。

VaR方法也被称作风险控制模型，是G30集团在1993年研究衍生产品种基础上，在《衍生产品的实践和规矩》的报告中提出的度量市场风险的方法。按其字面的意思解释就是“处于风险状态的价值”，具体含义是：处于一定市场正常波动中，在给定一定的持有期内和置信水平的前提下，某一金融资产或者证券组合在给定的时间区间所面临的最大期望损失。从概率角度分析，VaR的计算形式为：

$$\mathrm{Prob}\left(i\Delta\ _{\Delta t} > \mathrm{VaR}\right) = 1 -$$

其中，ΔP 指在特定的持有期限内的价值损失额；Δt 指一定的持有期；VaR表示在给定一定的置信水平下处于风险中的价值，即可能的损失上限；c表示给定的置信水平。

VaR方法区别于传统风险度量手段的地方，就是VaR是在统计分析基础上的风险度量技术。从统计的角度看，VaR方法在应用中要回答的问题是：投资者有$C\%$的信心，在以后的T个交易日内，损失程度不会超过某一值ΔP，此时的ΔP就是投资组合的VaR。

VaR方法自问世以来受到了广泛的关注，并应用于资产组合的风险计算中。目前，基于VaR度量金融风险已成为国外大多数金融机构所采用的衡量金融风险的方法。因此，此处选用VaR方法度量大类金融资产配置的风险是合理可行的。

（二）测算结果

考虑到此处对大类金融资产配置风险进行度量，本报告分别使用4个指数来计算整体资产组合的风险（沪深300指数代表权益类资产，中证全债指数代表固定收益类资产，中国大宗商品价格指数代表商品类资产，中证货币基金指数代表货币类资产）。选用的样本数据时间频率为周度数据，样本数据区间为2006年6月1日至2015年7月31日。此外，根据投资者或机构持有不同的风险偏好，此处将投资组合设为三类：追求高风险、高收益的激进型金融资产配置，厌恶风险的保守型金融资产配置，以及处于二者之间的稳健型金融资产配置。其中，根据不同类型投资者或机构对收益的不同追求，以及对风险不同的承受能力，对各类型风格的四大类金融资产配置比例进行预设，见表7。其中，激进型金融资产配置偏好高风险、高收益，在收益水平较高的权益类固定资产上的配置较高，为50%；而保守型金融资产配置更重视对风险的规避，倾向于固定收益类和货币类资产，二者分别占比为30%。稳健型金融资产配置在各类资产中的投资比例居于二者之间，相对比较均衡。

表7　各类型投资组合的四大类金融资产配置比例 %

类型	权益类资产占比	固收类资产占比	商品类资产占比	货币类资产占比
激进型	50	30	20	0
稳健型	30	30	30	10
保守型	20	30	20	30

在风险测算方面，本报告重点关注近年来中国大类金融资产配置的风险情况。但为了进一步分析短时间内大类金融资产配置风险的特点，本报告在风险测算中还将样本分成不同阶段，便于比较分析。整个样本区间为2006年6月1日至2015年7月31日，周度数据，按照时间、经济形势以及金融市场运行的特点，将样本分为三段，第一段为2006年6月1日至2008年5月31日，此时间内中国经济处于快速发展时期，股票市场也处于上行通道；第二段为2008年6月1日至2011年5月31日，此时间内受全球金融危机影响，中国经济虽然仍处于较快发展阶段，但增速有所放缓，中国股票市场呈现持续下跌的态势；第三段是2011年6月1日至2015年7月31日，是本报告重点关注的一段时间，其风险测算结果对了解近年来中国大类金融资产配置风险有一定的参考意义。全样本及各段时间内中国大类金融资产配置风险测算结果如下：

1. 全样本风险测算结果

根据整个样本区间内的数据，首先计算各大类资产的收益情况及其风险测算结果，如表8所示。从表8可以看出，在近十年内，四类资产中权益类资产的周平均收益远高于其他三类资产的收益，其中，权益类资产的单周最大收益出现在2008年4月份，高达16.213%。而四者当中，周平均收益最低的是商品类资产，仅为0.004 8%。观察各类资产的周波动率，可以看出周平均收益最高的权益类资产波动最大，符合高风险、高收益的特点。而商品类资产收益的周波动率仅次于权益类资产，相比其在四者周平均收益水平最低的表现，表明在过去近十年内，大宗商品类资产每单位风险所带来的收益较低，这也与大宗商品市场震荡低迷的态势较为吻合。

表8　全样本内各类资产的收益及风险测算 %

	权益类资产	固定收益类资产	商品类资产	货币类资产
周平均收益	0.321 7	0.081 2	0.004 8	0.062 4
周波动率	4.146 6	0.340 5	1.318 3	0.028 0
收益率偏度	−1.940 8	186.981 2	−103.772 4	118.509 2
收益率峰度	151.332 2	1571.778 1	669.134 4	351.971 3
单周最大收益	16.213 0	2.770 8	5.284 6	0.217 9
单周最大回撤	−15.006 7	−1.190 9	−8.301 5	0.016 9
VaR（5%）	−6.437 3	−0.3970	−2.073 3	0.025 0
VaR（1%）	−10.154 1	−0.754 6	−4.037 7	0.020 3

数据来源：Wind数据库，经作者整理。

表9是各类型资产配置组合的收益及风险测算结果。从中可以看出，激进型资产配置拥有最高的收益，约为稳健型资产配置收益的1.4倍，约为保守型资产配置收益的1.7倍。而通过分析三类资产配置的VaR（5%）可以发现，激进型资产配置的在险价值也远高于另外两类资产配置的在险价值，约为稳健型资产配置在险价值的1.5倍，约为保守型资产配置在险价值的2.5倍。由此可见，激进型资产配置承担的风

险最大。不同投资风格的金融资产配置收益走势如图9所示。

表9　全样本内各类型资产配置组合的收益及风险测算　%

	激进型资产配置	稳健型资产配置	保守型资产配置
周平均收益	0.186 2	0.128 5	0.108 4
周波动率	2.111 0	1.336 8	0.887 6
收益率偏度	-6.795 2	-17.017 8	-12.300 1
收益率峰度	150.152 6	159.419 1	144.397 2
单周最大收益	8.173 8	4.996 7	3.467 3
单周最大回撤	-8.332 4	-6.148 0	-3.790 9
VaR（5%）	-3.156 6	-1.972 0	-1.263 2
VaR（1%）	-5.107 9	-3.092 9	-2.045 3

数据来源：Wind数据库，经作者整理。

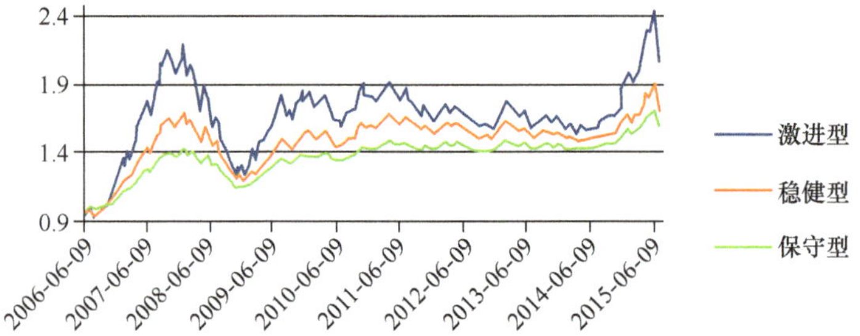

数据来源：Wind数据库，经作者整理。

图9　不同类型的金融资产配置收益走势图

2. 2006年6月至2008年5月金融资产配置风险测算结果

2006年6月份至2008年5月份，中国经济处于快速发展的阶段，股票市场也正在经历一轮上涨行情，根据样本区间内的数据，本时间段内各大类资产的收益情况及其风险测算结果，如表10所示。从表10可以看出，在这段股票市场的“牛市”期间，权益类资产的周平均收益高达0.878 5%，不仅远高于其他三类资产的周平均收益，也远高于近十年内的平均水平0.321 7%。在整体经济发展势头良好的背景下，大宗商品价格也得以提振，商品类资产的周平均收益达到0.385 8%，是近十年来大宗商品资产的周平均收益水平的80倍。与此同时，固定收益类资产的周平均收益处于低位，仅为0.021 2%；货币类资产的周平均收益为0.056 0%，略高于其近十年的平均值。

表10　2006年6月至2008年5月各类资产的收益及风险测算 %

	权益类资产	固定收益类资产	商品类资产	货币类资产
周平均收益	0.878 5	0.021 2	0.385 8	0.056 0
周波动率	5.221 2	0.217 6	0.961 8	0.032 5
收益率偏度	–28.794 6	69.336 8	–1.909 9	296.877 4
收益率峰度	96.003 2	582.511 5	129.385 6	1010.931 9
单周最大收益	16.213 0	1.098 5	3.325 9	0.217 9
单周最大回撤	–14.626 2	–0.693 9	–2.659 0	0.019 1
VaR（5%）	–7.852 3	–0.302 6	–1.178 8	0.034 9
VaR（1%）	–13.441 8	–0.445 2	–2.064 2	0.026 2

数据来源：Wind数据库，经作者整理。

表11是2006年6月份至2008年5月份样本期内，资产配置组合的收益及风险测算结果。从表11可以看出，受到股票市场行情大涨的利好影响，在权益类资产中配比较高的激进型资产配置的周平均收益达到0.522 8%，明显高于稳健型和保守型资产配置组合的收益水平。而通过分析三类资产配置的VaR（5%）值可以发现，激进型资产配置在得到较高收益的同时，在三类金融资产配置组合中所承担的风险价值也最高。但从整体看，受到整体经济和金融市场发展良好的影响，该时期的各类型资产配置组合获得的周平均收益均为三段样本期内最高的。

表11　2006年6月至2008年5月各类型资产配置组合的收益及风险测算 %

	激进型	稳健型	保守型
周平均收益	0.522 8	0.391 2	0.276 0
周波动率	2.621 5	1.596 9	1.065 0

续表

	激进型	稳健型	保守型
收益率偏度	-28.1497	-26.5031	-25.8156
收益率峰度	87.4966	67.0200	68.6027
单周最大收益	8.1594	4.9348	3.3128
单周最大回撤	-7.2226	-4.2256	-2.8174
VaR（5%）	-3.8354	-2.2889	-1.5293
VaR（1%）	-6.5526	-3.7804	-2.5017

数据来源：Wind数据库，经作者整理。

3. 2008年6月至2011年5月金融资产配置风险测算结果

2008年6月份至2011年5月份，中国经济仍保持良好的发展势头，但是经济增速有所放缓，而股票市场在全球金融危机爆发之后，处于持续下滑的状态。根据样本区间内的数据，本时间段内各大类资产的收益情况及其风险测算结果，如表12所示。从表12可以看出，在这段时间内，权益类资产的周平均收益仅有0.098 7%，远低于近十年内的权益类资产的周平均收益水平，且只有第一段时间内股票市场还处于“牛市”时权益类资产的周平均收益的1/9。由此可以看出，在2008年金融危机爆发后，中国股票市场受到的冲击是巨大的。在此期间内，其他三类金融资产的收益相对较好，固定收益类资产和货币类资产的周平均收益与近十年平均值基本持平，商品类资产的周平均收益的水平相对较高。这主要是因为全球金融危机爆发后，尽管经济形势状况不佳，但受到美元指数走弱等因素影响，大宗商品类价格有所上升，在一定程度上提高了商品类资产的收益回报。

表12　2008年6月至2011年5月各类资产的收益及风险测算　　%

	权益类资产	固定收益类资产	商品类资产	货币类资产
周平均收益	0.098 7	0.098 3	0.039 5	0.043 8
周波动率	4.424 0	0.434 0	1.684 9	0.022 9

续表

	权益类资产	固定收益类资产	商品类资产	货币类资产
收益率偏度	12.745 2	272.177 7	-116.743 1	192.979 8
收益率峰度	101.259 3	1678.793 6	539.410 4	511.466 5
单周最大收益	15.843 1	2.770 8	5.284 6	0.154 8
单周最大回撤	-15.006 7	-1.047 9	-8.301 5	0.016 9
VaR（5%）	-6.720 7	-0.4810	-2.2293	0.0216
VaR（1%）	-9.013 2	-0.820 9	-5.710 8	0.018 5

数据来源：Wind数据库，经作者整理。

表13是2008年6月份至2011年5月份的样本期内，资产配置组合的收益及风险测算结果。从表13可以看到，受到股票市场行情低迷的影响，在权益类资产中配比较高的激进型资产配置的周平均收益仅为0.086 7%，略高于稳健型和保守型资产配置组合的收益水平。而通过分析三类资产配置的VaR（5%）值可以发现，尽管收益水平不佳，但是受到股票市场波动剧烈的影响，激进型资产配置的在险价值仍高于另外两类资产配置的在险价值，约为稳健型资产配置在险价值的1.5倍，约为保守型资产配置在险价值的2.2倍。

表13　2008年6月至2011年5月各类型资产配置组合的收益及风险测算　　%

	激进型	稳健型	保守型
周平均收益	0.086 7	0.075 3	0.070 3
周波动率	2.294 9	1.504 5	0.992 2
收益率偏度	0.062 1	-24.425 1	-13.507 2
收益率峰度	112.361 5	152.832 0	126.649 1
单周最大收益	8.173 8	4.996 7	3.467 3
单周最大回撤	-8.332 4	-6.148 0	-3.790 9
VaR（5%）	-3.322 4	-2.235 2	-1.473 3
VaR（1%）	-4.633 1	-2.930 1	-1.941 2

数据来源：Wind数据库，经作者整理。

4. 2011年6月至2015年7月金融资产配置风险测算结果

近年来，中国经济正处于转型发展的重要时期，行业正在经历改革升级和结构调整带来的阵痛，经济增速进一步放缓。与此同时，中国金融市场在后金融危机时代震荡发展。根据样本区间内的数据，本时间段内各大类资产的收益情况及其风险测算结果，如表14所示。从表14可以看出，在这段时间内，权益类资产的周平均收益达到0.211 0%，略低于近十年内的权益类资产的周平均收益水平。与此同时，固定收益类资产和货币类资产的周平均收益均高于近十年的平均水平。而商品类资产的周平均收益出现负值，不仅远低于近十年的平均水平，也是三段样本期内唯一出现周平均收益为负的资产。分析其原因有两个方面：一方面，金融危机后全球经济都处于复苏阶段，经济需求不足，大宗商品价格走低；另一方面，美元指数走强和人民币国际化进程的加快均不利于大宗商品价格的回升，由此拉低了商品类资产收益水平。

表14　2011年6月至2015年7月各类资产的收益及风险测算　　%

	权益类	固定收益类	商品类资产	货币类资产
周平均收益	0.211 0	0.098 1	-0.205 2	0.078 9
周波动率	3.254 3	0.310 0	1.115 1	0.017 3
收益率偏度	-1.793 0	-19.588 0	-89.829 2	169.210 1
收益率峰度	151.775 0	199.099 5	637.421 4	622.570 6
单周最大收益	11.252 8	0.978 3	3.965 9	0.177 8
单周最大回撤	-13.084 4	-1.190 9	-6.841 4	0.036 1
VaR（5%）	-4.307 1	-0.387 1	-2.096 7	0.058 6
VaR（1%）	-6.469 5	-0.686 5	-2.968 6	0.048 5

数据来源：Wind数据库，经作者整理。

表15是2011年6月份至2015年7月份的样本期内资产配置组合的收益及风险测算结果。从表15可以看到，在权益类资产中配比较高的激

进型资产配置的周平均收益为0.093 9%，略高于金融危机后（第二段样本内）激进型资产配置的周平均收益水平，但只有近十年来激进型资产配置的周平均收益水平的一半，从一定程度显示出近年来权益类资产收益的下滑。与此同时，保守型资产配置组合表现良好，收益水平超过了稳健型资产配置组合，其原因可能是稳健型资产配置组合在商品类资产上的配比略高于保守型，而商品类资产的收益状况不佳，拉低了组合的收益水平。通过分析三类资产配置的VaR（5%）值可以发现，收益水平最高的激进型资产配置的在险价值高于另外两类资产配置的在险价值，约为稳健型资产配置在险价值的1.6倍，约为保守型资产配置在险价值的2.5倍。

表15　2008年6月至2011年5月各类型资产配置组合的收益及风险测算　　%

	激进型	稳健型	保守型	货币类资产
周平均收益	0.093 9	0.039 1	0.054 3	0.078 9
周波动率	1.637 0	1.024 8	0.685 1	0.017 3
收益率偏度	−11.807 0	−21.939 5	−21.732 2	169.210 1
收益率峰度	139.705 6	119.480 0	117.743 5	622.570 6
单周最大收益	4.954 3	2.682 8	1.861 7	0.177 8
单周最大回撤	−6.731 9	−4.229 2	−2.787 3	0.036 1
VaR（5%）	−2.346 0	−1.478 5	−0.956 2	0.058 6
VaR（1%）	−3.349 6	−2.114 8	−1.385 3	0.048 5

数据来源：Wind数据库，经作者整理。

五、对中国大类金融资产配置发展的建议

大类金融资产配置在美国等发达国家的发展已超过60年，并形成了相对完善的理论体系和实践指导方法。相比之下，中国大类金融资产配置虽然发展速度很快，但由于起步晚的原因，还处于发展的初级阶段，在相关理论建设和人才培养、交易实践策略等方面还存在一定的问题。为促进中国大类金融资产配置发展，针对目前其存在的主要

问题，提出三点建议。

（一）重视相关理论发展，加强专业人才储备

目前，大类金融资产配置的相关理论在国外已经得到了良好的发展，并形成相对完善的理论体系和实践指导方法。相比之下，中国大类金融资产配置还处在初步学习的阶段，相关数据和经验积累不足，各项投资管理体系和制度也有待进一步完善。在此情况下，应该重视相关理论发展，构建有中国特色的金融资产配置框架体系。

在大类金融资产配置理论和实践方法方面，国内外通用的理论包括马科维兹的投资组合理论和美林证券提出的投资时钟理论等，二者虽然对中国金融机构开展资产配置提供了有力支持，但是，参照中国金融市场的实际发展状况，这两种理论方法，特别是后者，并不完全适用于中国的投资市场。为弥补国内在金融资产配置及相关理论上的不足，一方面，除大力支持相关研究机构对于金融资产配置的理论展开研究外，还应当积极鼓励金融机构的相关研究人员依据其进行金融资产配置的实际经验，根据中国金融市场的实际发展和投资状况，对已有的理论和方法进行改进和创新，寻找到更适宜在中国境内金融市场上进行大类资产配置的理论体系和实践指导方法。

另外，国内大类金融资产配置规模正在快速发展，可以预见到，未来中国大类金融资产配置还有很大的上升空间，但与此同时，具备相对完整的专业知识和投资经验的专业人才明显不足。因此，加强金融资产配置类专业人才储备成为保障国内大类金融资产配置健康快速发展的重要条件。一方面，高等院校应重视相关专业高等人才的教育培养；另一方面，金融机构应注重增加投资和研究人员的配置比例，做好人才队伍建设工作。

（二）积极鼓励居民家庭金融资产配置的发展

家庭金融资产配置是近年来备受关注的一个问题。2006年，美国金融学会主席就家庭金融做了主题演讲；2009年，美国经济研究局专门成立家庭金融小组，旨在研究居民家庭如何通过资产配置实现跨

期效用最大化。在中国，党的十七大报告中首次提出“创造条件让更多群众拥有财产性收入”，十八大报告中鼓励“发展普惠金融”，让民众享受到更多的金融服务。可以说，家庭金融资产的状况对社会经济活动及社会稳定等有着直接的影响，积极鼓励居民家庭金融资产配置，将对分散居民家庭投资风险，提高其财富水平有直接且重要的意义，对金融市场的健康发展也有一定的积极作用。

近年来，中国学者已经开始重视居民家庭金融资产配置问题，并做了一部分很有价值的研究工作，开始从理论研究角度分析如婚姻、教育等人口统计特征因素对居民家庭金融资产选择的影响，并取得一定成果。但对于处在经济转型时期的中国社会而言，除了开展上述理论研究外，在实践中指导居民家庭优化金融资产配置也具有非常重要的意义，并有一定的迫切性。目前，中国居民家庭已经开始具备金融资产配置的意识，但还存在以房地产投资为主的实物资产投资比例过高，存款储蓄比例偏高，风险性资产投资比例较低，对新型金融资产认识不足等问题。为促进中国居民家庭金融资产配置健康快速地发展，针对目前存在的具体问题，提出以下建议。

1. 加大宣传力度，强化资产配置意识

为帮助居民家庭实现财富的保值与增值，应加大投资理财的宣传力度，强化居民的资产配置意识，帮助他们树立良好的家庭金融理财观念。就目前而言，中国居民家庭投资选择的金融产品还相对单一，多元化严重不足，其中原因就是居民自身金融知识的不足。因此，可以通过不同的宣传手段，帮助居民加深对股票、债券、基金和保险等金融产品的认识，培养其理财知识和技巧，并将之转换为良好的金融资产配置观念，从而帮助居民家庭更理性地进行金融投资，实现保值增值、规避风险的投资目标。

2. 完善法律体系、信用体系和社会保障体系，推进家庭金融资产配置合理化发展

目前，相对美国等发达国家，中国居民家庭资产配置仍存在高储

蓄率等问题。而出现这一问题的重要原因，就是该部分资金具有一定的预防性储蓄的性质。究其根本原因，则是目前中国的社会保障体系仍不完善，居民家庭对医疗、养老等仍存有一定的担忧。因此，中国需加快相关法律体系、信用体系以及社会保障体系的建设和完善，建立更合理的医疗保障制度，改变传统的家庭养老模式，从而推动居民家庭分散金融资产配置，使之更合理化，最终实现为居民家庭提供更多收益和保障的效果。

3. 深化金融改革，推进金融产品创新

金融改革和金融创新是推动金融市场健康发展，引导居民家庭合理配置金融资产的重要条件。通过深化金融市场改革，鼓励金融产品创新，降低投资门槛，为居民家庭提供更加多样化的投资理财产品选择，从而推动居民家庭金融资产配置的分散化和多样化，真正实现普惠金融，让民众享受到更多的金融服务。

（三）对未来短期内大类金融资产配置风险管理的建议

1. 借力经济复苏期，关注权益类资产

根据美林证券提出的投资时钟理论，在经济处于复苏期的时候，往往以股票为主的权益类资产的收益表现最为突出，其次是以债券为主的固定收益类资产的收益较好，再次是以现金为代表的货币类资产收益良好，相比而言，大宗商品类资产的收益往往处于较低水平。在美国的实践经验中，当经济处于复苏阶段时，收益率居前五位的行业包括：酒店业、汽车零配件业、软件与计算机服务业、零售业和地产行业。因此，投资者在进行大类金融资产配置时，可以配置一部分资金在权益类资产，特别是在国企改革转型、并购重组工作推进，《证券法》修订与注册制改革的背景下，可以对中国股票市场中在经济复苏期表现突出的行业加以关注，例如，高端制造等新兴行业。需要注意的是，大类金融资产配置的核心在于将风险分散化，投资者需参照中国经济的发展特点和金融市场实际，对收益和风险再做更细致的甄别，合理配置投资资金。

2. 以固定收益类资产作为投资基础，关注信用风险

2014年，中国债券市场形势发展良好，引发了投资者对以债券为主的固定收益类资产的投资热情。但进入2015年，债券市场中的利率债期限利差已经接近历史低位，其收益也在逐渐收窄。尽管未来国内利率还会出现趋势性下行态势，固定收益类资产配置吸引力可能有所下降，但考虑到固定收益类资产具有的风险较低并且收益相对较高的特点，建议继续关注固定收益类资产，并配置一部分资金在债券市场，以此作为整个大类金融资产配置的基础，实现在保证一定收益水平的情况下，承担较低投资风险的目标。而在债券市场进行具体资产选择时，考虑到近两年内国内债券违约事件频发的情况，投资者应当注意甄别债券的信用风险，选择信用评级较高的债权资产，并适当拉长配置期。

3. 适当降低商品类资产的配额

从2014年初开始，近一年半的时间内，中国大宗商品价格基本处于震荡下行的态势。到2015年7月份，中国大宗商品价格指数创近六年来最低值，大宗商品价格处于历史低位。考虑到目前中国经济刚刚显露出企稳回暖的迹象，未来一段时间内仍面临较大的通货紧缩压力，整体经济需求仍然相对疲软，供给偏松的市场形势并不利于大宗商品价格的回升。而美元指数走强，整个国际大宗商品价格的上升动力不足，在此形势下，中国的大宗商品价格在短时间内还将处于下行通道。根据美林投资时钟理论，大宗商品主要在经济快速扩张、通胀持续走高的情况下具有较高的投资价值。因此，在当前的金融市场条件下，建议投资者适当降低在商品类资产上的配额。

参考文献：

［1］Brinson G P, Hood L R, Beebower G L. Determinants of Portfolio Performance［J］. Financial Analysts Journal, 1995, 51（1）:133-138.

［2］Ibbotson R G, Kaplan P D. Does Asset Allocation Policy Explain 40, 90, or 100 Percent of

Performance［J］. Financial Analysts Journal, 2000, 56（1）:26–33.
［3］Campbell J. Household Finance ［J］. The Journal of Finance, 2006, 61（4）: 1553–1604.
［4］Alexander G J, Baptista A M. Portfolio Performance Evaluation Using Value-at-Risk［J］. Journal of Portfolio Management, 2003, 29（4）:93–102.
［5］智信资产管理研究院.中国资产管理行业发展报告（2014）［M］. 北京: 社会科学文献出版社，2014.
［6］马双，谭继军，尹志超.中国家庭金融研究的最新进展——“中国家庭金融研究论坛”会议综述［J］. 经济研究，2014（9）: 182–186.
［7］吴卫星，王治政，吴锟.家庭金融研究综述——基于资产配置视角［J］. 科学决策, 2015（4）: 69–94.

中国对冲基金与量化投资发展报告

刘威仪[1]

摘要：量化投资作为对冲基金运用最普遍的方法，在西方发达国家已经得到长足的发展并逐步流行于国内，由于其具有投资理性、业绩稳定等优点，现已逐渐成为投资决策的重要依据。本文首先阐述对冲基金和量化投资的内涵，介绍该行业的国内外发展概况，探讨其独特的投资优势和典型的策略表现，最后对行业未来的发展趋势进行展望。

关键词：对冲基金 量化投资 金融衍生工具

一、对冲基金与量化投资简介

“对冲”的概念最早由Alfred W. Jones在1949年创立第一只对冲基金时提出，他认为，“对冲”就是通过管理并降低组合系统风险以应对金融市场变化。

根据资本资产定价理论（CAPM），投资组合的期望收益由两部分组成：

$$E(r_p)-r_f=\alpha+\beta\left[E(r_m)-r_f\right]$$

其中，r_p，r_m，r_f分别为组合收益、市场收益和无风险收益，α为投资组合超越市场基准的收益，β为投资组合所承担的市场系统风险。传

1　刘威仪，首都经济贸易大学金融学院、金融风险研究院讲师，经济学博士。

统交易的方式可以通过资产配置与择时获得α收益，但无法避免市场下跌带来的系统性风险β。而对冲交易的方式则通过金融衍生工具剥离或降低投资组合的系统风险β，进而获取绝对的收益。

对冲基金是指采用对冲交易手段的基金，即与金融期货和金融期权等金融衍生工具结合后以营利为目的的金融基金。与传统的共同基金（Mutual Fund）相比，对冲基金主要具有以下特点：

（1）资金来源私募化。对冲基金主要通过私募的方式向特定的投资者募集资金。比如，机构投资者或个人专户集资，该形式所募集的资金受到的监管约束相对比较小，而且可以不完全地履行披露信息的义务，因此其投资策略具有更高的自由度，操作上也具有更高的灵活性和隐蔽性。

（2）投资收益绝对化。共同基金由于缺乏对冲机制而无法避免系统性风险所带来的损失，因此只能追求超越市场表现的相对收益，其评价标准以高于市场基准收益为目标；对冲基金则是以追求切实的绝对收益为目标，通过金融衍生工具来对冲风险，以达到即便发生系统性风险也能够盈利的目的。

（3）风险管理主动化。与共同基金过分依赖市场表现的被动化风险管理不同，对冲基金需要充分利用金融衍生工具的做空机制和杠杆机制对投资风险进行主动管理，进而承担一种独立于市场风险的特殊风险。

（4）激励机制业绩化。由于对冲基金的收益和风险水平更加依赖于基金管理者的能力，因此其激励机制不仅取决于由基金规模所带来的管理费，更主要的是取决于对冲基金的业绩表现，基金经理的分红一般为投资收益的10%~20%。

正是因为对冲基金具有上述特征，传统的基于主观经验的投资方法已不能适应对冲基金的要求，因此量化投资方法被越来越广泛地应用于对冲基金投资实践中。所谓量化投资，是指借助数学和统计学的方法，运用计算机从海量数据中寻找能够实现超额收益的“大概率”

策略，并纪律严明地按照这些策略所构建的数量化模型指导投资，力求获得稳定的、可持续的、高于平均的超额回报，其本质是定性投资的数量化实践。

实际上，量化投资与传统投资本质上是相同的，都是基于市场不完全有效的理论基础，其具体区别主要表现在信息来源、分析方法、交易方式、投资风格和风险处理等方面（见表1）。

表1　量化投资与传统投资的区别

	量化投资	传统投资
代表人物	詹姆斯·西蒙斯	沃伦·巴菲特
信息来源	海量数据以及多层次多方面的因素	基本面及宏观经济
分析方法	依据量化模型	依据主观经验
交易方式	以计算机自动下单为主	以人为手动下单为主
投资风格	投资周期偏向短期	投资周期偏向长期
风险处理	在风险最小化前提下实现收益最大化	风险考虑不够完善

通过分析量化投资与传统投资的区别，不难总结出量化投资应该具有如下特征：

（1）科学性。将投资思想转化为量化模型，并通过科学的历史回溯方法验证策略是否长期有效，最终采用在多数情况下适用的模型。

（2）纪律性。在设定了量化模型以后，投资决策由模型决定，具体的交易下单由计算机自动按照模型执行，避免了主观交易受制于人性的弱点。

（3）系统性。人脑在短时间内处理信息的能力是有限的，而量化投资则体现了多层次、多角度、多数据的系统性特性。其中，多层次是指建立资产配置、行业选择、精选个股等层次的量化模型；多角度是指从宏观周期、市场结构、价值成长等角度进行分析；多数据是指海量数据的获取与处理。

（4）套利性。不仅充分利用量化模型快速寻找“估值洼池”，而且全面、系统地扫描错误定价、错误估值带来的各类投资机会。

（5）概率性。量化投资不断地从历史中挖掘有望在未来重复的历史规律并且加以利用，依据大数定律的概率理论保证重复实验的长期盈利性。

由此可见，相比传统投资方法而言，量化投资由于具有上述特性，因而更能满足现代对冲基金的需求。量化投资理论的进步，促进了对冲基金行业的发展。鉴于二者关系的紧密结合，对冲基金和量化投资作为行业的代名词经常交替使用，本报告将针对该行业近年的发展概况进行综合阐述。

二、对冲基金与量化投资行业现状

（一）全球发展概况

在过去的十多年，全球对冲基金行业保持了良好的发展势头，除了2008年全球金融危机导致的投资者大量赎回以外，对冲基金管理资产规模一直呈现快速增长的趋势。除此之外，作为全球量化对冲基金的一部分，管理期货基金（CTA）的规模也保持了逐年增长，基金中的基金（FOF）的规模则相对平稳（见图1）。

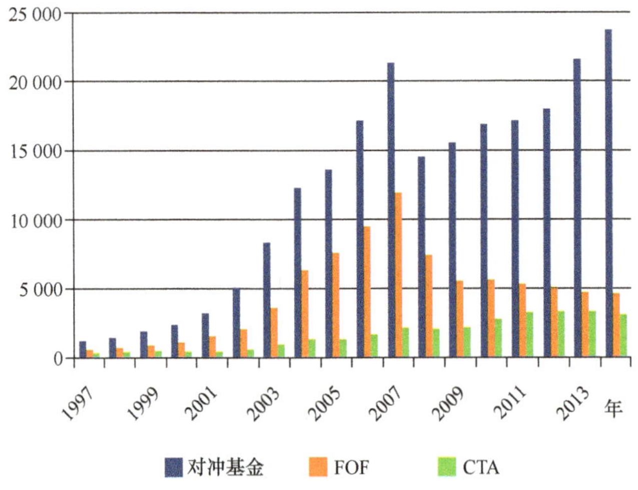

数据来源：BarclayHedge.

图1　全球对冲基金管理资产规模（单位：亿美元）

2014年全球对冲基金管理资产规模创出历史新高，相比1997年的1 182亿美元，已经发展到2014年年底的2.38万亿美元，增长了约19倍，年均增速约20%。如果加上管理期货基金和基金中的基金，全球量化对冲基金管理资产规模已近3.15万亿美元。

由于资本容量的限制，即超过资本限制之后，额外的资本会使得以往有效的投资策略不再可行，并稀释投资收益，从而迫使对冲基金去寻求风险更大的投资项目来保持一贯的收益率[1]。因此截至2014年6月，全球对冲基金的规模分布以小型管理公司为主，其中，资产规模不足1亿美元的占半数以上（约52%），而管理资产规模超过50亿美元级别的占比较小（不超过6%），参见图2。

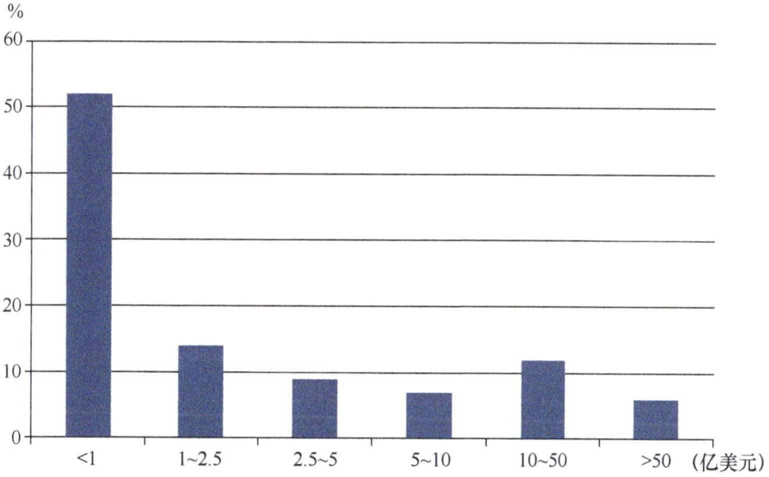

数据来源：Hedge Fund Research.

图2　全球对冲基金管理资产规模分布

截至2014年6月，全球对冲基金资产规模排名前15的管理公司的资产规模均在200亿美元以上，其中，美国占据9席，英国占据6席。位列第一位的是由雷·达里奥领导的桥水联合（Bridgewater Associates），该基金在2008年对冲基金平均亏损19%的情况下仍然获得正收益，并且在2009年以来的经济复苏中引领了alpha与beta分离法、货币管理外包、

1　卢扬州，李凌飞.解密对冲基金指数与策略［M］.北京：电子工业出版社，2013.

通胀挂钩债券管理等投资浪潮，最终成长为全球最大的对冲基金，目前其管理资产超过1 627亿美元。另外，量化投资之父——詹姆斯·西蒙斯的文艺复兴科技（Renaissance Technologies）在全球的对冲基金资产管理总额中排名第13立，管理资产超过253亿美元（见表2）。

表2 全球对冲基金管理资产规模排行榜Top15（截至2014年6月）

排序	管理人	国家	资产规模（亿美元）
1	Bridgewater Associates（桥水联合）	美国	1 627
2	AQR Capital Management（AQR资本管理）	美国	607
3	Och-ziff Capital Management（奥奇—齐夫资本管理）	美国	459
4	Brevan Howard Capital Management（布莱文·霍华德）	英国	370
5	Standard Life Investment（标准人寿投资）	英国	355
6	BlackRock Alternative Inverstment（贝莱德另类投资）	美国	331
7	Baupost Group（宝璞集团）	美国	293
8	Man Investments（曼氏投资）	英国	291
9	Viking Global Investment（维京全球投资）	美国	288
10	BlueCrest Capital（兰冠投资）	英国	280
11	Adage Capital Management（格言资本管理）	美国	270
12	Winton Capital Management（元盛资本管理）	英国	260
13	Renaissance Technologies（文艺复兴科技）	美国	253
14	GAM（环球基金管理）	英国	249（2013年底）
15	Elliott Management（埃利奥特资本管理）	美国	248

资料来源：MIHF.

从目前对冲基金的全球分布比例看，从2007年11月至2013年11月以来，北美地区的对冲基金规模一直占据主导地位，然后依次是欧洲、亚洲、拉丁美洲，并且北美所占比例超过了其他地区的总和，近年来占比还在扩大。截至2013年11月，北美地区占据了全球对冲基金规模的67.5%，其次是欧洲占比22.2%，再次是亚洲占比7.2%，最后是拉丁美洲占比3.1%（见图3）。

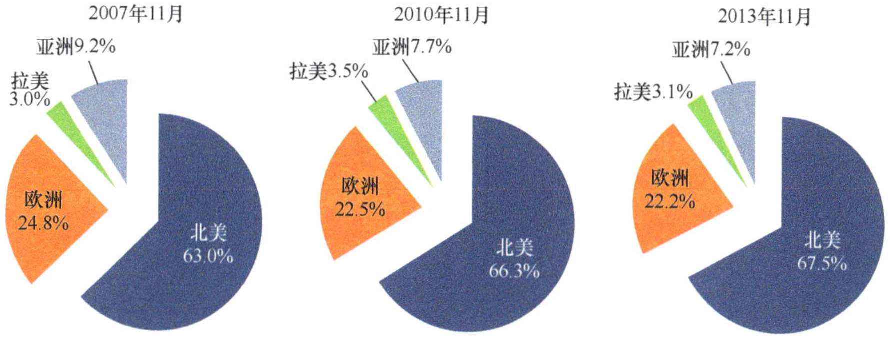

数据来源：Eurekahedge.

图3　全球对冲基金分布比例

在量化投资兴起之前，市场上的主流投资理念是以巴菲特等人为代表的价值投资理念。随着信息技术和计算机技术的迅速发展，量化投资开始逐步兴起，并成为当前对冲基金最重要的投资方式。国外量化投资的兴起和发展可以分为三个阶段[1]：

第一阶段（1971—1977年）

1971年，世界上第一只被动量化基金由巴克莱国际投资管理公司发行，1977年，巴克莱国际投资管理公司又发行了世界上第一只主动量化基金，发行规模达到70亿美元，是美国量化投资的开端。

第二阶段（1977—1995年）

1977—1995年，量化投资在海外经历了一个缓慢的发展阶段，其中受到诸多因素的影响，随着信息技术和计算机技术的巨大进步，量化投资才迎来了高速发展的时代。

第三阶段（1995年—今）

从1995到现在，量化投资技术逐渐趋于成熟，同时被大家所接受。在全部的投资中，量化投资大约占比30%，指数类投资全部采用定量技术，主动投资中，约有20%~30%采用定量技术。

1　中信建投证券股份有限公司. 迎春绽放正当时——论中国量化投资的现状和未来［R］. 中信建投期货首届量化投资论坛，2013-08.

目前，量化投资在西方国家得到了投资人的广泛应用，在全球对冲基金领域则受到了更多的关注。在未来的对冲基金发展中，量化投资仍然扮演极其重要的角色，相关的投资策略和风险管理研究也将进一步完善。

（二）国内发展概况

中国量化对冲基金的历史开始于2004年，华宝信托于2004年12月23日发行的“基金优选套利”是国内最早的一支量化对冲基金，该产品的发行规模为1 535万元。随着接踵而来的交易型开放式指数基金（ETF）和股指期货的相继推出，体现了中国量化对冲基金在11年的时间中经历了飞速的发展。

目前可查的量化对冲基金发行数据，一方面来自于信托平台，另一方面来自于券商平台。其中，信托平台的数据涵盖2004—2014年历年发行的数量和资产规模数据，券商平台的数据涵盖2010—2014年历年发行的数量和资产规模数据。参见图4。

通过信托平台发行的量化对冲基金的数量，在2004年至2014年呈现指数上升的趋势，特别是2012年以后发行数量大幅增加，2014年通过信托平台发行的量化对冲基金已达到522只。通过信托平台发行的量化对冲基金的资产规模，总体也呈现增长的趋势，在增长过程中伴随两轮发行高峰，第一轮资产规模高峰是2008年和2009年，第二轮资产规模高峰是2013年和2014年，其中，2014年的新增资产规模已达到29.09亿元。

通过券商平台发行的量化对冲基金，虽然在发行数量上比信托平台少，但在资产规模上却比信托平台大很多。2011年至2014年，通过券商平台发行的数量和资产规模也都呈现总体增长的趋势，特别是2013年发行券商量化对冲产品共计89只，新增资产规模达72.9亿元。

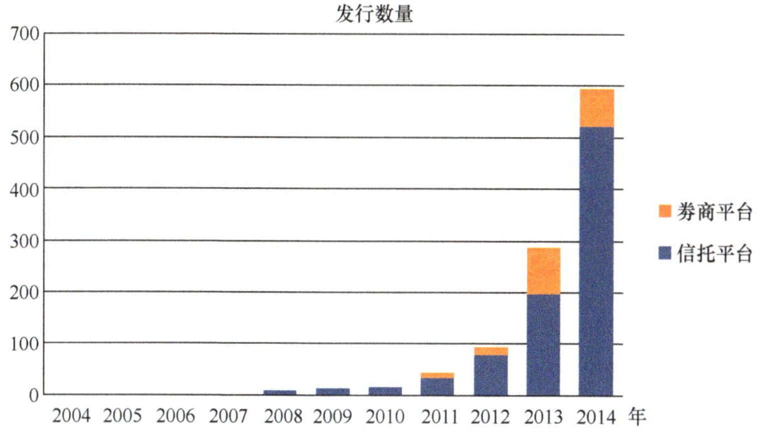

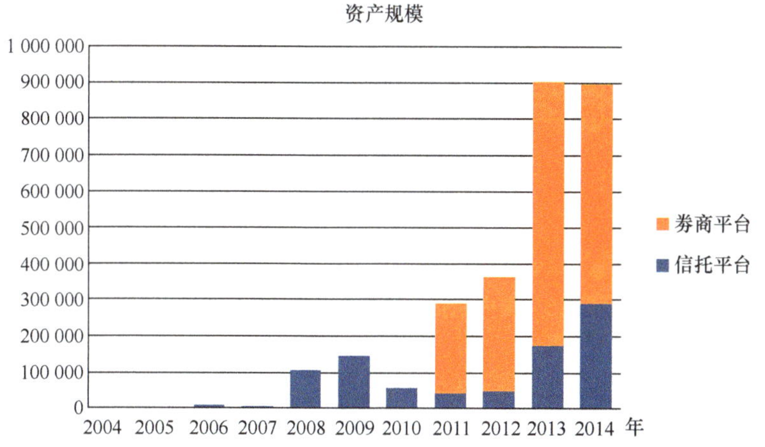

数据来源：Wind资讯金融数据库。

图4　中国量化对冲基金历年发行数量（单位：个）和资产规模（单位：万元）

2014年，国内量化对冲基金产品的形式中，信托和单账户是主要的产品形式，各占总数的23%；其次是基金专户和券商资管，分别占总数的19%和16%；再次是自主发行和有限合伙，分别占总数的11%和6%；最后是期货资管，占总数的2%。参见图5。

信托沿袭了阳光私募的优势，但通道业务正在受到其他资产管理机构的冲击；单账户是期货类私募基金常采用的形式，主要是因为期货策略收益风险高、资金容量有限等原因；基金专户和券商资管的优势是较强的研究能力、较宽松的投资范围、较灵活的风险控制、较便宜的通道费率和较发达的交易系统等，因此受到越来越多的量化对冲基金的青睐，近年来相应的市场份额有所上升；自主发行和有限合伙是私募备案制以来私募基金陆续推动发展的模式；期货资管由于以往只能“一对一”而起点较高，随着“一对多”的逐步放开，未来期货资管的量化对冲产品可能增加。

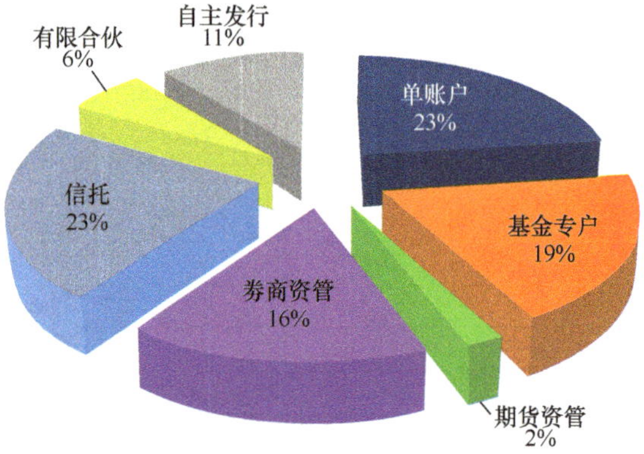

资料来源：华宝证券研究所。

图5　国内量化对冲基金的产品形式分布

量化对冲基金的发展离不开对冲工具的丰富。国内对冲基金在进行量化投资时可选择的金融产品和金融衍生工具非常有限，因此自2004年以来每一次金融产品的创新和金融衍生工具的上市，都会加速推动国内量化对冲基金的发展。中国量化对冲基金的发展可以分为三个阶段：

第一阶段（2004—2006年）

2004—2006年，国内缺乏金融产品和衍生工具，量化对冲技术难以在国内展开，唯一可以使用的金融产品是封闭式基金。2004年12月23日，华宝信托发行了第一只量化对冲私募基金，该产品利用集合资金信托平台突破了基金不得相互投资的限制，在封闭式基金普遍折价的情况下捕捉结构性套利机会。

第二阶段（2007—2009年）

2007—2009年，国内发行了一些新的金融产品，量化对冲技术得以在国内开展，可以使用的金融产品除了封闭式基金外，还包括交易型开放式指数基金（ETF）、可转债和权证。2007年的牛市期间，ETF存在大量溢价，较多对冲基金利用ETF进行套利。可转债具有债券和期权的双重特性，当可转债平价与其标的股价产生折价时，两者就会产生套利空间。还有一种方式是股票和认沽权证的对冲，但在2005年股改以后权证逐渐退出市场，难以对对冲基金造成系统性影响。

第三阶段（2010年—至今）

2010年4月26日，中国金融交易所正式发布了股指期货，量化对冲技术得到迅猛发展，大量的量化对冲产品基于股指期货产生，包括股指期货的期现套利、跨期套利、趋势套利和股票中性alpha产品等。自股指期货发行以来，成交量逐步放大，截至2014年年底主力合约成交量增至峰值1.77亿手。2010年开始对冲基金发行数量增长趋势与股指期货交易量上升趋势显著正相关，这些产品联动了股指期货和股票市场，使得对冲产品的资产容量提高。

自2006年12月起，好买基金研究中心编制了中国对冲基金指数（HCHFI），起始点位为1 000点。截至2015年6月30日，中国对冲基金指数点位为2 856.29点，包含成分基金453只。为了将对冲基金指数与沪深300指数进行比较，将沪深300指数调整为起始点位1 000点，则2015年6月30日调整后的沪深300指数点位为2 191.62点。参见图6。

2006年12月29日至2015年6月30日，对冲基金指数的年化收益率高于沪深300指数，二者收益率分别为20.63%和13.24%；年化波动率低于沪深300指数，二者年化波动率分别为20.37%和34.40%，因此对冲基金指数的夏普比率比沪深300指数高很多，分别为1.01和0.38。在2008年全球金融危机中，沪深300指数遭受了最大回撤为70.75%，而对冲基金指数的最大回撤则为46.67%。由于对冲基金采用了丰富的金融产品和金融工具进行风险对冲，因此拥有更加稳健的月回报率。在2010年股指期货推出以后，国内金融衍生品市场加速发展，对冲基金开始表现出更加明显的优势。参见表3。

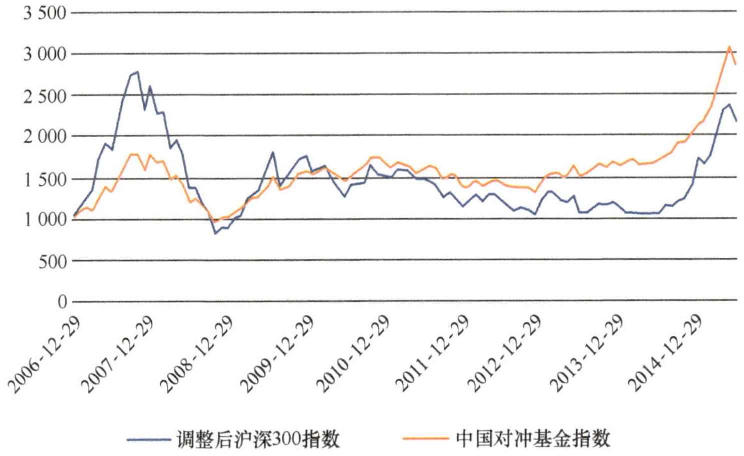

图6　中国对冲基金指数（HCHFI）走势图

表3　中国对冲基金指数与沪深300指数对比（2006.12.29—2015.6.30）

	收益率（年化）	波动率（年化）	夏普比率	最大回撤	最高月回报率	最低月回报率
对冲基金指数	20.63	20.37	1.01	46.67	14.30	–13.66
沪深300指数	13.24	34.40	0.38	70.75	27.93	–25.85

数据来源：好买基金研究中心，2006年12月至2015年6月。

由于量化对冲基金长期以来保持着相对低风险、高收益的特征，加上新的金融工具频繁推出，以及私募基金拟登记备案制的实施，进一步促进了量化对冲基金的发展。因此，近年来传统投资工具的吸引力下降，资金纷纷涌向对冲基金产品，量化对冲基金规模高速增长，量化对冲私募得到了空前的发展。

虽然自股指期货发行以来量化投资发展更加迅速，金融工具和技术的创新不断加强，但相应的监管政策和制度结构仍然不够健全和完善，这些问题在发展过程中逐渐暴露出来，这里仅列出近几年来与量化投资发展有关的几件大事。

1. 光大乌龙指事件

2013年8月16日11时05分，光大证券在进行ETF申购赎回套利交易时，因程序错误，其所使用的策略交易系统以234亿元巨量申购180ETF成分股，实际成交达72.7亿元，引起沪深300、上证综指等大盘指数和多只权重股短时间内大幅波动，此次事件称为“光大证券乌龙指事件”。

光大证券异常交易事件对证券期货市场造成了很大的负面影响，给公众投资者以及光大中小投资者造成了较大损失。证监会重罚光大证券，主要包括没收光大证券违法所得8 721.43万元、罚没金额总计5.23亿元，相关肇事人罚金60万元并终身市场禁入，董秘被责令改正并处以罚款20万元，并暂停其自营业务和新业务审批等。

光大证券乌龙指事件触发的直接原因是其套利策略系统的错误，但根本原因是风险管理和监控措施的缺陷，具体表现为公司对开盘限额和止损限额缺乏风险控制、对于巨额订单缺乏监控机制，上交所对股市异常波动缺乏反应机制和熔断机制，对券商资金越权使用缺乏有效风险管理。传统的证券交易中的风控系统交易响应最快以秒计，但还远不能适应高频套利交易的情形，光大乌龙指事件对监管提出了更高的要求。

2. 持续上涨行情下对冲基金的危机

从2014年下半年开始的A股上涨行情，对alpha对冲基金业绩产生了较大的冲击，上涨前后的对冲基金业绩呈现出显著性差异。由于期间所有行业指数出现普涨，因此传统的多头基金出现较大幅度的提升，然而对冲基金要通过股指期货对冲获得alpha收益却十分困难。在下半年大盘指数上涨了约56%，但近62%的对冲基金产品收益率下降，近66%的产品发生了历史最低回撤，近72%的产品夏普比率下降，这种业绩的对比对alpha基金产生了较大的打击。

并非每次A股上涨行情都会对alpha对冲基金业绩产生巨大冲击，而本次alpha对冲基金遭受冲击的原因主要来自两个方面：一是对冲模式单一，任何单一角度的量化投资策略都不能永恒地战胜市场，在市场行情发生本质变化时，对冲基金缺少对极端情形的应对和风控措施；二是对冲工具单一，以沪深300股指期货为主，但期间局部热点和小盘股活跃，而对冲工具却代表的是大盘股，这种多空风格不匹配也是导致2014下半年多数对冲基金表现不佳的重要原因。

牛市行情以后，相当一部分投资者重新回到了传统的股票多头，一定程度上影响了量化对冲基金的进一步发展。为了应对上述挑战，国内对冲基金一方面积极采取风格轮换，实施灵活调仓，探索多元化的对冲投资策略；另一方面，2015年4月16日，中金所推出了上证50和中证500股指期货分别对应于大盘股和小盘股，使得国内对冲工具得以丰富，对冲基金的多空风格能够更加良好的匹配。

3. 2015股灾与场外配资大规模爆仓

自2014年下半年起，A股市场迎来了七年未见的牛市行情，沪指一度超过5 000点，中小板和创业板更是一路疯涨。2015年6月15日市场开始发生转向，随后连续发生大规模集体暴跌，截至2015年7月8日，上证指数最大回撤34.85%，深证成指最大回撤40.38%，创业板指数最大回撤42.92%。

市场的系统性下跌致使广大投资者遭受重大损失，严重阻碍了中国金融市场改革的进一步深化，因此政府先后出台了一系列救市措施以保证金融稳定[1]。至于股灾发生的原因，目前尚未形成统一的定论，场外配资的大规模爆仓，即从过度杠杆到“去杠杆化”，是本次股灾的直接原因之一[2]。配资是指配资公司在客户原有资金的基础上按照一定比例给客户提供资金使用，由于融资、融券的杠杆低（1：1到1：2）、门槛高，场外配资平台逐渐开始涌现，这些平台包括伞形信托、P2P理财以及场外配资公司，其配资杠杆超过融资、融券高达1：2到1：10。随着场外配资规模越来越大，过度的杠杆化在缺乏监管的情况下成为金融市场的隐患，场外配资商在考虑政策风险的情况下，开

1　郭彦金. 正确认识金融发展、改革与稳定的关系［N］. 人民日报，2015-07-23.

2　易宪容. 中国股市再暴跌的原因及影响［N］. 证券时报，2015-08-05.

始大规模抛售股票与做空市场，使得杠杆资金触及平仓线而引发雪崩效应，爆仓的蔓延从高杠杆资金逐步发展到中低杠杆资金，最终导致整个股市一路下跌。

在场外配资业务遭到禁止后，各家银行开始推行量化配资业务，以满足其新的投资需求[1]。与传统的配资不同，量化配资有对冲和量化策略为基础，配备专门的投顾管理人监控策略表现和账户净值，这是一种与量化投资相结合的新模式。可见，量化投资的发展已经逐步呈现多元化，相应的监管政策也需要进一步制定与完善，建立严格的激励惩罚措施，切实维护市场秩序和投资者权益。

三、对冲基金与量化投资策略表现

对冲基金广泛采用各种投资策略，国际上对冲基金研究公司（Hedge Fund Research, Inc.）常见的量化投资策略主要分为四类：股票对冲（Equity Hedge）、事件驱动（Event Driven）、相对价值（Relative Value）和全球宏观（Macro）。国内量化对冲基金采用的策略通常属于对冲基金一级策略分类下的子策略，本节主要关注国内对冲基金策略在2014年度的表现。

目前，国内对冲基金的投资策略以股票策略为主，占据市场份额的57%，具体又可以细分为股票中性策略、股票多空策略和股票量化策略，分别占据市场份额的34%，32%和14%；其次是管理期货策略，占据市场份额的37%，具体包括管理期货基金趋势策略、管理期货基金套利策略和管理期货基金高频策略，分别占据市场份额的29%，6%和2%；最后是相对价值策略和宏观对冲策略，各占据市场份额的3%，参见图7。

在各类对冲投资策略中，股票中性策略由于遵循严格的对冲思路，因此在2014年牛市行情中获得的收益率最低，为2.88%，显著低于股票多空、股票量化和套利复合（管理期货基金套利、相对价值套利和宏观对冲套利）策略，分别为34.05%，13.3%和16.42%，管理期货（管理期货

1 佚名. 伞形遇冷，量化配资崭露头角［N］. 中国证券报，2015-08-07.

基金趋势和管理期货基金高频）的收益率最高，为44.28%。

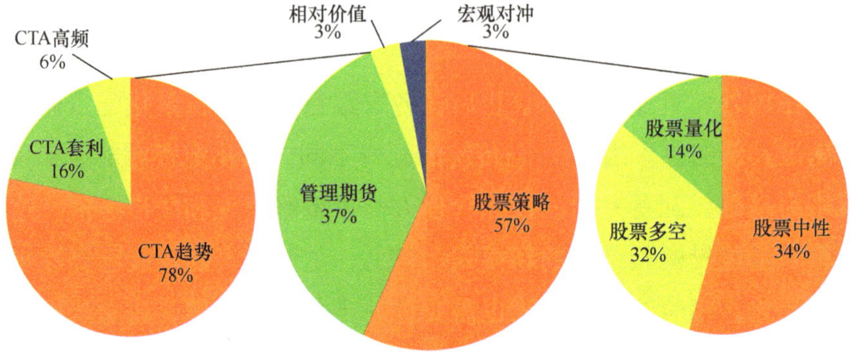

资料来源：华宝证券研究所。

图7　国内量化对冲基金投资策略分布

另一方面，股票中性策略由于对冲裸头寸暴露较少，因此波动率在各类策略中最低，但最大回撤却高于股票多空、股票量化和套利复合策略，因此其夏普比率在各类策略中最低。管理期货策略虽然表现出最高的波动率和最大回撤，但由于其收益率显著高于其他策略，因此相应的夏普比率也最高。综合考虑各个评价因素，策略表现的综合排序（由低到高）为股票中性、股票量化、套利复合、股票多空和管理期货。参见表4。

表4　国内对冲基金2014年策略表现

	收益率	波动率	夏普比率	最大回撤	综合得分
股票中性	2.88	9.49	0.07	7.49	54.46
股票多空	34.05	16.34	2.67	6.72	70.30
股票量化	13.30	10.91	1.08	5.70	63.63
管理期货	44.28	31.25	2.80	13.23	70.61
套利复合	16.42	12.50	1.78	4.06	69.90

数据来源：Wind资讯金融数据库。

（一）股票策略

股票策略是当前国内量化对冲基金所采取的主要投资方式，根据不同的量化投资方式又可以细分为股票中性策略、股票多空策略和股票量化策略。

股票中性策略又称为alpha策略，国内通常的做法是同时建立股票组合的多头头寸和股指期货的空头头寸，从而消除市场系统性风险指数（beta），以期获得稳定的绝对收益。这类策略对选股的要求较高，如果股票组合收益率超过大盘的能力越强，那么该对冲基金获取alpha收益的能力也越强。在2014年下半年的行情中，由于股指期货大幅上涨，股指期货的空头亏损较为严重，因此股票中性策略在全年的表现并不理想，收益率大幅低于其他策略的表现。

股票多空策略分为量化和非量化两类。该策略的绩效依赖于对市场多空大势的判断，根据对多空方向的判断选择配备不同类型的投资品种。例如，在多头市场会配置弹性较大的行业和股票；反之，在空头市场会配置防御性板块，甚至采用股指期货或者融券等方式留有一定的空头敞口。这类策略对择时的要求较高，常常以动量策略为主，在市场出现明显的上涨或下跌趋势时进行相应的调整。由于择时的难度较高，而且策略的敞口较高，因此该策略在获取高收益的同时也伴随着高波动率。

股票量化策略分带对冲和不带对冲两类，该策略的敞口限制较灵活，根据市场趋势配置多头敞口或空头敞口的比例。例如，在市场呈现趋势上涨行情时降低空头敞口的比例，反之，则提高空头敞口的比例。股票量化策略保留的敞口比例一般高于股票中性策略，在依据市场涨跌时操控更灵活，但如果对敞口方向判断失误将会造成一定的负面影响。

2014年成立的股票策略对冲基金共计1 851只，比2013年增加468只。在有记录的1 002只股票策略基金中，2014年度实现正收益的有957只，占比为95.51%，并且绝大多数收益在20%~50%，另有16只基金2014年度收益超过100%。参见图8。

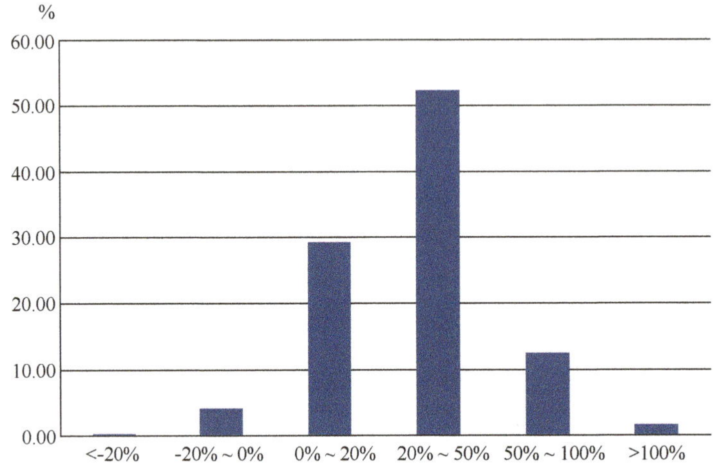

数据来源：私募排排网数据中心。

图8 2014年股票策略对冲基金年度收益分布

2014年股票策略对冲基金年度收益排名第一的是创世翔投资旗下的旗舰产品“粤财信托—创势翔1号”，年度收益达到300.80%，成功卫冕冠军。福建滚雪球投资的“重庆信托—福建滚雪球”以273.80%收益位居第二。泽熙投资旗下由徐翔管理的两只基金进入前十，“山东信托—泽熙3期”以209.08%收益位居第三，“华润信托—泽熙1号”以137.44%的收益位居第五。陶鹜和王晶管理的“西藏信托—蕴泽1号”和“西藏信托—蕴泽2号”分别以153.29%和133.64%的收益位居第四和第六。第七名至第十名分别是长余资本、清水源投资、证大投资以及天乙合资本旗下的产品，收益均超过100%。参见表5。

表5 2014年股票策略对冲基金年度收益前十名

序号	产品名称	投资顾问	基金经理	净值日期	累计净值	2014收益（%）
1	粤财信托—创世翔1号	创世翔投资	黄平	2014-12-19	7.345 8	300.80
2	重庆信托—福建滚雪球	滚雪球投资	林军、林波、林涛	2014-12-31	2.935 1	273.80
3	山东信托—泽熙3期	泽熙投资	徐翔	2014-12-31	8.550 9	209.08
4	西藏信托—蕴泽1号	西藏信托	陶鹜、王晶	2014-12-31	2.381 2	153.29

续表

序号	产品名称	投资顾问	基金经理	净值日期	累计净值	2014收益（%）
5	华润信托—泽熙1号	泽熙投资	徐翔	2014-12-31	7.903 5	137.44
6	西藏信托—蕴泽2号	西藏信托	陶鹜、王晶	2014-12-31	2.238 0	133.64
7	华宝信托—长余1号	长余资本	陈磊	2014-12-31	2.326 7	125.47
8	兴业信托—清水源1号	清水源投资	张小川	2014-12-31	3.633 5	123.92
9	华宝信托—证大稳健	证大投资	姜榕	2014-12-31	1.584 4	117.64
10	山东信托—天乙1期	天乙合资本	彭乃顺	2014-12-31	2.095 8	117.43

资料来源：私募排排网数据中心。

（二）管理期货

管理期货基金侧重于期货市场的投资。早期的管理期货基金投资品种局限于商品期货，但随着金融期货的快速发展，管理期货基金的投资范围已经逐渐扩展到股指期货、外汇期货、国债期货等金融衍生产品。

期货领域的量化对冲策略可以分为套利和非套利两大类，而非套利类策略又可以进一步分为趋势和高频两类，即管理期货策略的主要类别包括管理期货基金套利策略、管理期货基金趋势策略和管理期货基金高频交易策略。

套利策略包括期现套利、跨期套利、跨市套利和跨品种套利。期现套利是指利用期货与现货出现的价格差距，即“基差”（基差=现货价格-期货价格）与持有成本偏离较大时，同时做多和做空期货与现货以谋取利润的活动。跨期套利是指同一市场利用同一种商品不同交割期的价格差距的变化，买进某一交割月份期货合约的同时，卖出另一交割月份的同类期货合约以谋取利润的活动。跨市套利是指利用同一商品在不同交易所的期货价格的不同，在两个交易所同时做多和做空期货合约以谋取利润的活动。跨品种套利是指利用两种不同的，但是相互关联的商品的期货价格的差异进行套利，即做多某一交割月份某一商品的期货合约，而同时做空另一种相同交割月份、另一关联商品的期货合约。

趋势策略是管理期货基金最常用的投资策略之一，趋势策略又可以细分为趋势跟踪和趋势反转两类。趋势跟踪交易通过大量的指标排除市场噪音，判断当前市场趋势，然后顺势建立头寸；趋势反转交易通过运用头肩形态、突破形态、交易量等指标来寻找趋势发生反转的信号，然后逆势建立头寸。

高频交易策略是指从那些人们无法利用的极为短暂的市场变化中寻求获利的计算机化交易，主要类别包括存货交易、信息交易、事件套利和统计套利。存货交易也称为流动性供应或者做市，是通过有效管理存货并设置买卖价差而达到盈利目的的活动，这些交易策略依赖于高频的微小盈利。信息交易利用买卖价差中包含的信息进行交易，从买卖价差中提取有关价格短期波动的信息进行高频交易。事件套利指的是利用市场对事件的反应进行交易的策略，这类策略利用消息公布前后的市场短期运动进行高频交易。统计套利对海量的历史数据进行挖掘，以期发现某种普遍的统计关系，这种关系可以存在于一个证券的当前价格水平及其近期历史价格水平之间，也可以存在于两个证券的价格水平之间，甚至可以存在于一个证券的价格水平和另一个证券的波动率之间。

随着市场的逐步完善，套利策略的获利空间近年来有所下降，2014年采用率下降到16%，趋势策略的采用率上升到78%。高频交易策略在国内刚刚起步，相关的理论和应用还处于进一步探索阶段，目前在管理期货中采用率为6%。

2014年管理期货获得快速发展，主要形式包括基金产品（包括公募专户、期货专户、备案基金、信托和有限合伙）和单账户产品。持续业绩满一年的基金产品共17只，其中15只实现正收益，占比88.24%；持续业绩满一年的单账户产品共134只，其中109只实现正收益，占比81.3%。基金组年度平均收益率为26.88%，单账户组年度平均收益率为74.44%。虽然单账户产品实现了较高的收益，但同时也伴随着高风险，在有一年以上记录的产品中，有4只产品跌幅超过40%。

2014年管理期货基金产品收益排名第一的是由肖辉和陈莹管理的“淘利策略指数进取1号”，年度收益率为258.97%，淘利资产旗下另外一只“淘利策略指数稳健1号”以114.51%的收益率位列第四。排名第二的是花蝴蝶期货工作室旗下的“融和对冲套利”，该产品采用主观套利子策略，年度收益为242.38%。排名第三的是由刘磊管理的“青骓衍生品高频1期”，该产品采用了高频交易的方式，年度收益为153.84%。排名第五至第十的分别是持盈投资、银河期货、富善投资、双隆资产和白石资产旗下的产品，收益率均低于100%。参见表6

表6　2014年管理期货（基金产品）年度收益前十名

序号	产品名称	投资顾问	基金经理	净值日期	累计净值	2014年收益（%）
1	淘利策略指数进取1号	淘利资产	肖辉，陈莹	2014-12-31	3.702 8	258.97
2	融和对冲套利	花蝴蝶期货	彭瑶	2015-01-05	3.430 2	242.38
3	青骓衍生品高频1期	青骓投资	刘磊	2014-12-31	4.659 5	153.84
4	淘利策略指数稳健1号	淘利资产	肖挥	2014-12-31	2.146 4	114.51
5	持赢稳健增长	持赢投资	钱峻	2014-12-31	2.377 0	69.30
6	旗鱼趋势套利1号	银河期货	苏柳鹏	2014-12-31	1.476 8	49.49
7	富善致远1号	富善投资	林成栋	2014-12-31	1.736 1	41.33
8	富善致远2号	富善投资	林成栋	2015-01-05	1.680 0	34.81
9	双隆1号(宝盈)	双隆投资	—	2014-12-31	1.321 0	33.43
10	白石2号	白石资产	王智宏	2014-12-31	1.315 0	31.50

资料来源：私募排排网数据中心。

2014年管理期货单账户产品实现了相对较高的收益，排名第一的是由毛泽红管理的“凯泽1号”，年度收益达到983.31%，该账户采用主观趋势子策略，自成立以来的19个月里，85%的月份实现正收益，其中55%的月份收益大于20%，单月最大回撤为40.18%。排名第二的是由吴洪涛管理的“善境投资（原佛意投资）”，该账户仍然采用主观趋势子策略，自成立以来的57个月里，70.69%的月份取得正收益，其中34.48%的月份收益超过20%，单月最大回撤为68.07%。郭建军管理的主观趋势账户的“金手指3号”占据三席，以668.42%的收益位列第三，“金手指1号”以586.57%的收益位列第六，“金手指2号”以524.48%的收益位列第八。采用系统化趋势子策略的“雨人1号”和“中蕴投资”分别以551.04%和326.74%的收益率位列第七和第十。参见表7。

表7　2014年管理期货（单账户）年度收益前十名

序号	产品名称	投资顾问	基金经理	净值日期	累计净值	2014年收益（%）
1	凯泽1号	凯泽投资	毛泽红	2015-01-05	20.0017	983.31
2	善镜投资（佛意投资）	善镜投资	吴洪涛	2015-01-05	57.0269	914.68
3	金手指3号	柯林资产	郭建军	2015-01-05	14.6114	668.42
4	中信建投小象计划	重庆莲华	详和	2014-12-19	11.6390	610.36
5	宝利2号	—	杨军朋	2015-01-05	12.2142	610.36
6	金手指1号	柯林资产	郭建军	2015-01-05	8.1330	586.57
7	雨人1号	—	上官立军	2014-12-22	7.2515	551.04
8	金手指2号	柯林资产	郭建军	2015-01-05	14.1219	524.48
9	趋势神剑—金山	英恺投资	唐恺羚	2015-01-05	10.1396	500.16
10	中蕴投资	—	黄啸	2015-01-05	9.4807	326.74

资料来源：私募排排网数据中心。

（三）相对价值策略

相对价值策略又称为套利策略，其基本原理是通过一系列的基本面和量化分析方法确定多个资产之间价格偏离的合理范围，一旦价格偏离超过了这个合理范围便产生了套利空间。套利策略的关键在于相关资产之间合理价差范围的确定，以及价差回归均衡范围的过程，若由于某些基本面因素发生变化导致合理价差范围改变，使得价差无法回归均衡甚至更大偏离，则会给策略带来损失。

套利策略中最常见的是二级市场套利，包括商品跨期、跨品种套利，股指期货跨期、期现套利，ETF跨市场、事件套利和延时套利等，除此之外还有一二级市场间的分级基金折溢价套利，目前，国内许多套利私募基金已开始倾向于套利复合策略。2014年持续业绩记录满一年的相对价值产品共计62只，其中实现正收益的产品有45只，占比72.58%，所有产品中最大亏损额度为16.42%。

2014年相对价值策略对冲基金年度收益排名第一的是由刘磊和郭强管理的“中融信托—杉杉青骓量化对冲1期”，年度收益为29.09%，其余的前十名年度收益均在10%~20%。排名第二的是由李聚华管理的“光大阳光集结号套利宝1期”，年度收益为19.31%。排名第三的是由林伟健管理的“华润信托—礼一两克金子量化回报1期”，年度收益为18.88%。除此之外，翼虎投资在前十名中占据了两个席位，即由余定恒管理的“翼虎量化对冲（2期）”和“外贸信托—翼虎量化对冲（创富1号）”，年度收益分别为16.48%和14.94%。参见表8。

表8　2014年相对价值策略对冲基金年度收益前十名

序号	产品名称	投资顾问	基金经理	累计净值	2014收益（%）
1	中融信托—杉杉青骓量化对冲1期	青骓投资	刘磊，郭强	1.246 5	29.09
2	光大阳光集结号套利宝1期	光大证券	李聚华	1.211 0	19.31
3	华润信托—礼一两克金子量化回报1期	礼一投资	林伟健	1.408 6	18.88
4	棕石量化套利基金	棕石资产	—	1.485 7	17.74
5	华宝信托—申毅对冲1号	申毅投资	申毅	1.264 9	16.59
6	翼虎量化对冲（2期）	翼虎投资	余定恒	1.237 0	16.48
7	外贸信托—翼虎量化对冲（创富1号）	翼虎投资	余定恒	1.248 3	14.94
8	中融信托—通和量化对冲	通和投资	石玉强	1.221 0	14.54
9	国泰君安—鼎达对冲1号	鼎达资产	郭锦彬	1.140 0	14.00
10	中信信托—盈融达量化对冲3期	盈荣达	—	0.985 6	13.11

资料来源：私募排排网数据中心。

（四）宏观策略

宏观策略在国外一般称为全球宏观策略，是一种基于宏观经济周期理论对各国经济增长趋势、资金流动、财政/货币政策变化等因素进行自上而下的分析，并预期其对股票、债券、货币、商品和衍生品等各类投资品价格的影响，运用量化、定性分析方法做出投资决策并在不同国家、不同大类资产进行轮动配置，以期获得稳定收益的投资方式。例如，当对冲基金更看好未来美国经济的复苏，就可以逐步做多美股资产，同时将资金撤出新兴市场并做空新兴市场资产构建组合。

2014年持续业绩满一年的宏观策略产品仅有6只，年度平均收益率为46.35%，其中5只实现正收益，占比83.33%。如果加上未满一年的产品，则共有15只产品，年度平均收益率为44.08%，其中14只实现正收益，占比93.33%。

2014年宏观策略对冲基金年度收益排名第一的是由吴星管理的“凯丰对冲2号”，年度收益率为99.72%，由张巍管理的“梵基1号”以67.81%的收益率位列第二，由吕俊管理的“从容全天候基金1期”以39.81%的收益率位列第三。参见表9。除此之外，在未满一年的宏观策略产品中，乐瑞资产旗下三个产品均获得了高收益，“乐瑞宏观配置”1至3号收益率分别为141.88%，81.12%和64.11%。

表9　2014年宏观策略对冲基金年度收益前五名

序号	产品名称	投资顾问	基金经理	净值日期	累计净值	2014收益
1	凯丰对冲2号	凯丰投资	吴星	2014-12-31	2.1270	99.72%
2	梵基1号	梵基投资	张巍	2014-12-20	2.3583	67.81%
3	从容全天候基金1期	从容投资	吕俊	2014-12-31	1.7758	39.81%
4	盈冲1号	尊嘉资产	宋炳山	2014-12-31	1.6057	39.21%
5	泓湖重域	泓湖投资	梁文涛	2014-12-31	2.3081	33.16%

资料来源：私募排排网数据中心。

（五）综合评价

2015年8月14日，福布斯中文网发布了《2015中国最佳私募基金》及《2015中国最佳私募基金经理》两份榜单。与往年一样，根据截至

2015年6月10日的数据，入选基金均有三年以上运作期限。排名根据近三年风险调整后的收益率为评价标准，其中风险调整后收益是基于期望效用模型，主要根据投资者的风险厌恶程度来对产品收益水平进行调整。

在同时考虑收益和风险两大评价指标的基础上，泽熙投资旗下有五只产品上榜，分别为泽熙3期、1期、4期、2期及5期，位列第1，2，4，7及8位，其中泽熙3期以近三年的1 160.49%的风险调整收益率最为突出。同时，和聚投资旗下也有五只产品业绩表现良好，排在前20名。此次上榜的最佳私募产品以股票型基金为主导，多数取得了三位数绝对收益。与过往三年榜单相比，泽熙和新价值重复多次出现在榜单上。而首次登上最佳私募基金榜单的有鸿逸、恒复趋势、汇利优选4期以及和聚等。参见表10。

表10　2015年中国最佳私募基金列表

序号	产品名称	基金经理	设立日期	净值日期	最新净值（元）	三年风险调整收益（%）
1	泽熙3期	徐翔	2010-07-07	2015-06-05	2.50	1 160.49
2	泽熙1期	徐翔	2010-03-05	2015-06-05	2.38	595.84
3	清水源1号	张小川	2011-11-23	2015-05-22	9.43	542.34
4	泽熙4期	徐翔	2010-07-07	2015-06-05	156.34	307.58
5	鸿逸1号	张云逸	2010-12-15	2015-06-05	2.81	255.92
6	恒复趋势1号	刘强	2009-01-20	2015-05-31	3.04	248.96
7	泽熙2期	徐翔	2010-06-11	2015-05-29	1.49	248.85
8	泽熙5期	徐翔	2010-07-30	2015-06-05	156.81	248.85
9	汇富4号汇利优选4期	何震	2009-09-24	2015-05-29	3.73	235.65
10	新价值15期	罗伟广	2010-09-02	2015-06-05	3.35	235.65
11	沃胜1期	魏延军	2010-12-02	2015-05-29	310.44	235.65
12	和聚4期	李泽刚	2010-04-14	2015-06-05	331.63	222.96
13	和聚7期	李泽刚	2011-04-29	2015-06-05	265.30	222.96

续表

序号	产品名称	基金经理	设立日期	净值日期	最新净值（元）	三年风险调整收益（%）
14	景富趋势成长1期	祝巍	2010-12-01	2015-06-05	2.79	222.92
15	和聚2期	李泽刚	2010-03-18	2015-06-05	331.81	216.77
16	和聚5期	李泽刚	2010-05-28	2015-06-05	338.21	216.77
17	和聚3期	李泽刚	2010-04-20	2015-06-05	317.71	210.78
18	理成风景2号	杨玉山	2009-09-15	2015-06-01	383.72	205.10
19	云腾1期	顾涛	2011-03-09	2015-05-29	3.46	205.05
20	龙腾3期	吴险峰	2010-11-12	2015-06-05	2.60	204.97

资料来源：福布斯中文网。

在2015年福布斯中国网公布的最佳阳光私募基金经理中，清水源的张小川在名单中位列第一（见表11），但在统计截止日期（6月10日）后的第二天，A股市场发生了20年来最大跌幅，清水源1号截至8月15日发生回撤43.42%。在此期间，身在其中的私募机构经历了漫长难熬的断崖式下跌，多数私募基金产品净值大幅回撤。泽熙投资的徐翔连续五年位于榜单前列，本次位居第二，泽熙系列基金在本次股指下跌期间净值绝对收益率依然高达30%，这引起了投资者和监管层的广泛关注和质疑。

表11 2015年中国最佳私募基金经理列表 %

基金经理	产品数	基金名称	近三年风险调整收益率	近三年绝对收益率	近三年相对收益率
张小川	1	清水源1号	542.3	770.2	682.2
徐翔	5		512.3	660.1	573.4
		泽熙1期	595.8	771.0	687.2
		泽熙2期	248.9	295.7	212.5
		泽熙3期	1 160.5	1 548.9	1 450.2
		泽熙4期	307.6	386.0	302.1

续表

基金经理	产品数	基金名称	近三年风险调整收益率	近三年绝对收益率	近三年相对收益率
		泽熙5期	248.9	299.1	215.1%
张云逸	1	鸿逸1号	255.9	396.1	312.3%
刘强	1	恒复趋势1号	249.0	329.4	245.4
魏延军	1	沃胜1期	235.6	274.0	190.1
祝巍	1	景富趋势1期	222.9	262.1	163.5
顾涛	1	云腾1期	205.1	319.8	236.0
李泽刚	8		202.7	240.3	156.4
		和聚1期	204.8	231.0	147.1
		和聚2期	216.8	248.4	164.6
		和聚3期	210.8	257.3	173.5
		和聚4期	223.0	266.4	182.6
		和聚5期	216.8	247.7	163.9
		和聚7期	223.0	263.8	179.9
		和聚8期	193.4	227.4	143.5
		和聚9期	193.4	221.5	137.6
陈卫荣	3		199.1	254.4	170.4
		普尔一号	199.1	264.7	180.7
		普尔二号	204.9	257.8	173.9
		普尔麒麟	193.4	240.6	156.7
王进	1	君富至尊9号	198.7	232.2	148.3

资料来源：福布斯中文网。

四、对冲基金与量化投资发展趋势

回顾国内对冲基金与量化投资行业过去十几年的发展，一方面，基金数量和资产规模逐年高速增长，对冲基金行业发展势头良好，已经开始脱离萌芽阶段步入发展阶段。另一方面，对冲基金灵活运用量化投资手段，实现了相对高而稳定的收益，展现了其特有的投资优势。随着理论工具的发展、衍生产品的丰富、市场制度的健全以及监管措施的完备，宏观外部环境将进一步推动国内对冲基金与量化投资行业的发展，未来可能迎来如下几个方面的长期发展趋势。

（一）基金数量和资产规模将进一步增长，机构投资者的比例会逐步上升

在未来的10~20年，预期量化对冲基金行业保持继续增长的理由是多方面的，近几年来基金数量和资产规模一直保持持续增长的态势，截至2014年年底，国内外数据同时创出了新高，但对冲基金规模仍然不足1 000亿元。而中国公募基金的规模为4万亿元左右，从国外对冲基金与公募基金资产比为1：5来看，中国的对冲基金还有较大的发展空间。目前中国对冲基金的投资者结构主要是以高净值的个人投资者为主，虽然有少量的多管理人基金（MOM），对冲基金的基金（FOHF）以及合格的境外投资者（QFII）等机构投资者参与，但所占比例较低。未来随着社保基金、年金等养老基金形成机构投资者，中国对冲基金的投资者结构将会发生重大变化，同时FOHF、MOM也会迎来良好的发展机会。

（二）国内金融衍生工具更加丰富化，对冲基金投资策略更加多元化

在2010年沪深300股指期货发行以前，阳光私募只有股票多头一种策略，股指期货发行以后丰富了股票策略的类型，管理期货策略得到了空前的发展，还逐步产生了相对价值、宏观对冲和事件驱动等多元化的投资策略。2015年2月9日，上交所推出了上证50ETF期权，使得对冲手段和策略容量得到提升，更丰富了利用期权的套利策略，特别是产生了与传统的方向性套利完全不同的机制，例如，蝶式套利和鹰式套利等波动率套利策略。2015年4月6日，中金所又推出了中证500股指期货，使得中小板股票能够得到有效对冲，对对冲基金系统的策略体

系形成重要补充。未来随着其他金融产品和金融工具的完善，量化对冲投资策略将进一步向多元化发展。

（三）对冲基金投资平台多样化，托管人业务竞争更加激烈

目前对冲基金的发行平台以信托平台和券商平台为主，自主发行、有限合伙、基金专户和单账户等多种投资理财通道并存。各类投资平台在不同的方面具有不同的优势，具体涉及募集资金的能力、管理费收取的高低、投资范围的限制、信息公开的强弱等多个方面。例如，券商机构可以赚取交易佣金，因此券商能够通过压低管理费用获得价格优势。目前来看，在中国对冲基金行业券商担任了托管、外包等多重服务角色。未来随着中国对冲基金行业的快速发展，将会催生出一批专业的独立第三方管理人，对冲基金投资通道将会多样化发展，各类托管人业务竞争将会更加激烈。

（四）对冲基金人才需求严格化，公司战略管理要求专业化

随着国内金融衍生工具的丰富，对冲基金的投资策略开始向多元化发展，这就要求基金管理人不仅要具有丰富的市场经验，还要具有扎实的数理功底以建立有效的量化投资模型，可见对冲基金对人才综合素质的要求已经日趋严格化。除了投资业绩以外，中国的对冲基金管理人开始逐步将目光扩大至公司治理、风险控制、品牌管理、团队素质和客户服务等投资之外的能力提升，以求全方面提升自身，为迎接中国对冲基金更快发展和激烈的竞争做准备。这是对冲基金公司战略管理向更加专业化的方向发展。

（五）资本市场改革进一步深化，私募基金监管进一步完善

2015年，中国正在推行以注册制为核心的全面深化资本市场的改革，改革还要求建立多层次的资本结构，积极发展私募市场、健全私募发行制度、推动私募基金规范发展，私募市场的规范发展则主要通过自律管理与问题导向的事中事后监管方式展开。此外，有关部门正在推动建立行政监管、行业协会与地方政府之间的私募基金监管协作机制，同时着手建立健全私募基金信息统计体系和风险监测体系。

2014年8月21日《私募投资基金监督管理暂行办法》的正式施行，标志着未来私募基金的运作将会更加规范。从国外发展经验来看，成熟资本市场对私募基金的监管越来越严，中国对私募基金的监管以及对投资者的保护也会进一步加强，对于私募基金的信息披露，特别是运营风险和合法合规方面会有更高要求。

参考文献

［1］（美）艾琳·奥尔德里奇.高频交易［M］.谈笑俊,等译.北京:机械工业出版社，2011.

［2］（美）安德鲁·波尔.统计套利［M］.陈雄兵,等译.北京:机械工业出版社，2011.

［3］丁鹏.量化投资——策略与技术［M］.北京:电子工业出版社，2014.

［4］何诚颖.解读量化投资之秘［M］.北京:中国财政经济出版社，2014.

［5］卢扬州，李凌飞.解密对冲基金指数与策略［M］.北京:电子工业出版社，2013.

［6］卓金武，周英.量化投资——数据挖掘技术与实践［M］.北京:电子工业出版社，2015.

中国股票市场及股权类衍生品市场风险研究报告

杨阳[1]

摘要：在资本对外开放与金融创新背景下，中国股票市场所面临的挑战和风险也越来越大。本报告在对2014年下半年开始的中国股票市场及股权类衍生品市场的变化进行回顾的基础上，分析当前市场存在的一系列风险并对未来的潜在风险进行合理预判。

关键词：股票市场 股权类衍生品 融资融券 注册制 程序化交易

一、中国股票市场的现状

证券市场通常包括股票市场、债券市场和衍生品市场。本报告主要从股票市场以及与股票相关的股指期货和期权的角度进行分析。

据中国证监会的统计数据，截至2015年9月，中国股票市场的总市值已经达到41.95万亿元。在20多年的飞速发展中，中国股票市场对促进中国经济体制改革、社会主义市场经济发展起到了举足轻重的作用。然而其产生的特殊经济背景——中国市场仍然是一个不成熟、不完善、风险较高的市场，已成为时刻影响中国经济健康发展的隐患。因此研究和防范这些风险，是促进中国股票市场健康发展的一项重大

1 杨阳，首都经济贸易大学金融学院、金融风险研究院讲师，经济学博士。

而紧迫的课题。

目前，中国股票市场风险比较大，其风险主要表现为系统性风险。宏观制度性风险是中国股票市场的特殊风险，它的产生是基于中国经济体制转轨的历史背景，而政府隐性担保是其内生根源。不合理的发行制度和市场股权人为分割是制度性风险的两个具体表现。微观上市公司风险是中国股票市场的基本风险，它集中体现在上市公司质量不高，股权高度集中，致使公司治理结构不合理，内部人控制现象严重；违法行为的普遍存在和信用的严重缺失是监管不严风险的集中体现，主要是由监管指导思想不明确、市场监管者监管职能的错位所致；与此同时，股票市场的资本开放和股权类产品的创新也逐渐成为主要的风险因素，具体表现在巨量国际投机资本的冲击、国外金融风险传递形成的被动性风险，国外证券经营机构进入对国内证券经营机构的冲击以及股权类衍生品的双刃剑作用。

随着全球经济一体化进程与金融产品更新换代速度的不断加快，全球经济开始向着非实体经济的方向发展，资本的流动出现了快速膨胀的现象。2014年以来，全球正处于流动性过剩的背景之中，中国的股票市场在这种背景的影响下，出现了货币追求过度而金融产品不足的情况。中国的股票市场中出现了较多的机构投资者，当前的机构投资者格局为证券投资基金、证券公司、保险公司、社保基金和合格的境外投资者（QFII）等投资者协调发展。随着投资需求的不断扩大，当前的这种有限投资品种远远不足。中国股票市场发展过程中存在的问题主要包括以下方面。

（一）证券市场的规模与品种无法满足投资者需求

发达资本市场的资本工具具有多样化的特点与发展趋势。例如，香港的资本市场采用了当前国际市场中出现的80%以上的金融衍生工具。中国内地的证券市场与发达地区的证券市场相比，交易品种比较单一，无法全面满足投资者需求。因此，中国应该在不断扩大证券市场规模的同时，积极发展衍生品市场，以实现中国证券市场投融资功能的加强与完善，从而促进证券市场的稳步发展。

（二）上市公司在竞争力与持续盈利能力方面存在问题

当前，上市公司尤其是创业板上市公司接连不断地出现破产，部分上市公司在上市后的会计年度中就可能出现亏损。这些情况反映了上市公司中存在信息不对称、上市公司包装等各种问题，对投资者的利益造成了较大的损害。

（三）市场中介机构在功能方面存在较大缺陷

当前，中国的中介机构主要包括证券公司、会计师事务所、信托投资公司、律师事务所、证券投资咨询公司和资产评估机构等。虽然中国的市场中介结构在覆盖内容方面较为全面，涵盖了证券的承购、发行、交易、自营和财务顾问等职能，但是与国外的中介机构相比，其功能方面依旧存在着较大的缺陷。

（四）证券相关法律法规不健全

虽然中国已经针对证券内容出台了相关的法律条例等，但是正在实施的《证券法》已难以适应快速发展的资本市场的新情况、新变化，甚至对资本市场的进一步发展起到了一定的束缚作用。另外，证券的相关法律体系并不完整，导致了在证券交易的某些环节中存在无法可依的情况。同时，部分相关法律规范在执行方面存在执行不力的情况，从而加剧了证券交易过程中违规或者不规范行为等问题。

（五）政策导致证券市场的波动幅度较大

资本市场具有逐利与信息不对称的特点，资本市场中产生的巨大而且直接的经济利益会诱导市场参与者，为了达到谋利的目的而做出各种违法失信行为。中国发布的各种行业性、方针性政策很容易使证券市场出现大幅上涨或者下跌的情况，从而导致证券市场的波动幅度变大。

二、2014—2015年中国股票及股权类衍生品市场主要风险状况分析

（一）资本项目开放背景下的市场风险

1. 合格境外机构投资者（QFII）稳步发展但规模有限

2014年前，除B股和合格境外机构投资者（QFII）渠道，中国对外资进入境内股票市场进行了严格的限制。2008年至今，B股市场既没有新股上市也没有新股增发，其为外资提供投资渠道的功能已经缺失。作为一种引进外资，开放资本市场的过渡性安排，QFII的价值在于拓展中国资本市场的外部需求，同时为中国资本市场最终走向完全开放奠定基础。但是，中国QFII的发展同样面临着规模不足、无法满足境外投资需求的问题。

2014年，中国证监会顺利开通沪港股票市场交易互联互通机制（以下简称沪港通）试点，支持境内企业境外上市，推动境内企业境外发行优先股、人民币股票和B股转H股，大力推进合格境外机构投资者（QFII）和人民币合格境外机构投资者（RQFII）发展，加大证券期货行业双向开放的力度，大力支持中国（上海）自由贸易实验区（以下简称上海自贸区）建设，强化与港澳台地区的合作与联系，支持上海自贸区内证券期货经营机构发展落实《关于建立更紧密经贸关系的安排》（CEPA）的承诺。中国证监会推出了一系列促进内地证券期货业向港澳地区开放的政策措施，允许符合设立外资参股证券公司条件的港资金融机构按照内地有关规定，在上海、广东、深圳各设立1家两地合资的全牌照证券公司，港资合并持股比例最高可达51%，内地股东不限于证券公司；在“金融改革方面先行先试”的若干改革试验区内，允许港资证券公司在合资证券投资咨询公司中的持股比例达50%以上等，不断加强与港澳地区的合作与联系（见图1）。

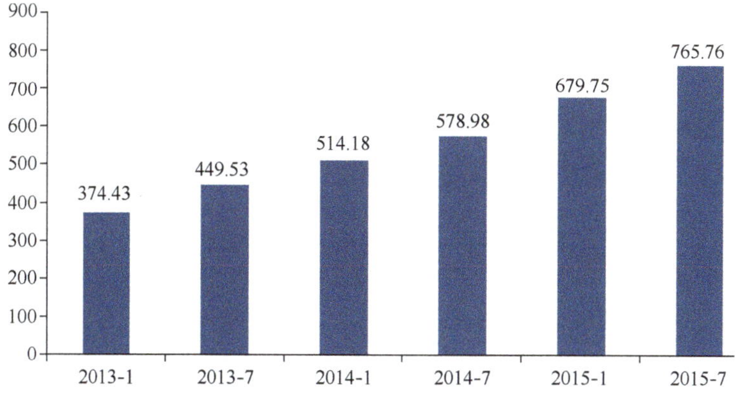

数据来源：国家外汇管理局。

图1 2013—2015年7月QFII累计审批额度（单位：亿美元）

2. 沪港通稳步发展但推动作用尚未真正体现出来

2014年11月17日，依据《中国证券监督管理委员会香港证券及期货事务监察委员会联合公告》，沪港通正式开通，目的是促进内地与香港资本市场共同发展。2015年3月27日，《公开募集证券投资基金参与沪港通交易指引》发布，公募基金获准“南下”，即内地公募基金，可借由沪港通机制配置港股，无需具备合格境内机构投资者（QDII）资格。此前已核准或注册的基金也可根据基金合同约定情况，采取不同程序参与沪港通。当前内地公募基金规模已经高达约5万亿元，公募基金获准“南下”使港股市场有望因此迎来巨大的增量资金进入。2015年3月31日，《中国保监会关于调整保险资金境外投资有关政策的通知》发布，保监会放行10万亿元险资投资香港创业板股票。此规定给予保险机构更多的自主选择空间，有助于优化境外股票资产配置。同时，由于香港创业板中很多上市公司的实际业务在境内开展，这也符合国家支持创新型小微企业发展政策。2015年5月18日，《关于2015年深化经济体制改革重点工作的意见》发布，意见指出，择机推出合格境内个人投资者境外投资试点（以下简称QDII2），进一步完善“沪港通”试点，适时启动“深港通”试点。合格境内个人投资者境外投资试点管理办法将很快发布，首批试点QDII2

的城市共有6个，分别为上海、天津、重庆、武汉、深圳和温州。2015年5月22日，《香港互认基金管理暂行规定》宣布两地基金互认7月1日启动，允许符合一定条件的内地与香港基金，按照简易程序获得认可或许可，在对方市场向公众投资者进行销售，进出额度各3 000亿元人民币。

“沪港通”直接打破了两地市场的间隔，为内地以及香港两地二级市场的投资者打开了投资通道。以上是过去一年发布的针对港股的国家性质政策条例。这些“利好”在一定程度上产生了“预期”。但从启动后的成交金额来看，“沪港通”的推出并未带来大量海外资金的进入，对大盘的推动作用非常有限。同时从“港股通”的成交金额来看，除了在公募基金获准“南下”的利好下放大一段时间外，“沪港通”所带来的投资港股的内地资金量也非常有限（参见图2，图3）。两个市场比较来看，“北水”比“南水”相对充足，即投资于A股的兴趣比投资于港股的兴趣更加浓厚。恒生指数目前9倍多的市盈率，已经触及了历史低估线。显而易见，很多优秀的企业，其估值已经跌至现金水平，有些甚至低于其现金水平，这是非常不合理的现象。从价值投资层面来讲，港股明显是处于“低买”的区间，内地资金投资不足，体现出两地投资者在投资理念和偏好上仍然存在很大的不同。另外，监管层对A股市场违法违规行为打击力度不够，妨碍了国外投资者对A股市场的参与程度。国外投资者担心在投资A股时投资利益会受到损害，这与《证券法》立法不完善有很大的关系。

不管是基金互认，公募“南下”、险资购买创业板、QDII2实施，还是未来的深港通，这些利好需要时间来兑现预期。如果我们将4月份港股的上涨归结于这些利好，产生了“向好预期”，那么截至7月31日，A股调整了1 500点，这对港股的影响不容忽视。再加上美国9月加息产生的“不利预期”，港股已经回到了4月份之前的水平。“向好预期”产生的效应已经被完全抹平了。7月1日开通的基金互认，目前还没有效果。8月A股市场企稳后，配合“深港通”的发布，港股真正“实质性”的“利好兑现”才可能开始（参见图4）。

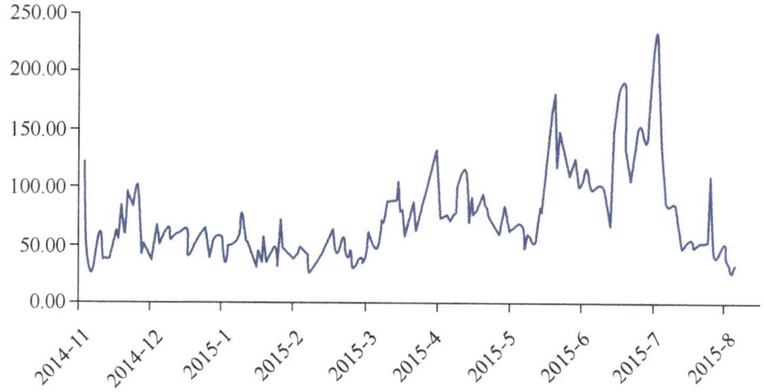

图2　2014年11月—2015年8月沪股通日成交金额（单位：亿元）

数据来源：Wind资讯。

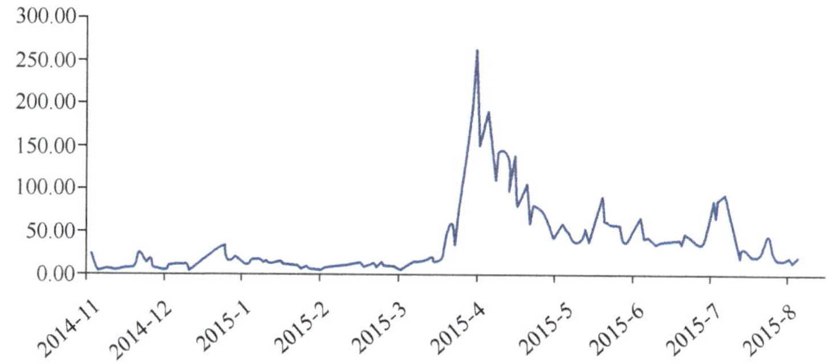

图3　2014年11月—2015年8月港股通日成交金额（单位：亿港币）

数据来源：Wind资讯。

面对6~7月的A股中期调整、希腊债务危机、香港政改投票和美国加息导致的流动性缩减的影响，投资者对港股也产生了一定的“预期”。在港股中，AH折价的股票始终是一种“不合理”的存在（参见图5）。

数据来源：Wind资讯。

图4　上证综合指数收盘及成交额（单位：亿元）

数据来源：Wind资讯。

图5　恒生指数收盘及成交额（单位：亿港币）

回顾恒生指数的走势，整体向上的历史大趋势并没有改变。从国策角度看，国家资本输出、人民币国际化、“一带一路”和“亚投行”的成立，无不体现了“走出去”的大方针、大方向是没有变化的。在这样的背景下，香港证券市场的桥梁作用不可替代。另外，香港股市总体量约30万亿港币，约9倍的市盈率（PE）及超过4%的派息率，可以认为是具有很大投资吸引力的市场。然而，两地投资者在投资理念和偏好上有所不同，内地投资者更多是信息流驱动型，交易更为频繁，对增长的青睐多过价值；内地和香港地区的资金成本不同，香港的低资金成本意味着股息收益率对于香港投资者来说更具吸引力；H股投资者对宏观数据更为敏感等。这些因素导致了两地上市的A股对H股估值仍存在继续折让的空间。未来随着A股逐步市场化、海外机构投资者比例的增加，将使得A股的估值体系国际化进程加速、投资风格更加回归投资本源。A/H股价差逐步收窄，才会使港股市场的吸引力逐步显现出来。

3.“深港通”“沪伦通”浮出水面加速资本市场开放步伐

2014年8月，中国证监会出台深圳资本市场改革创新15条，力挺深圳发展。其中指出，未来在“沪港通”积累一定试点经验的基础上，支持深、港交易所探索新的合作形式。2014年9月5日，证监会明确表示，在“沪港通”试点取得经验的基础上，证监会支持深港两地交易所进一步加强合作，深化合作的方式和内容，共同促进两地资本市场的发展。2014年11月，在“沪港通”正式启动后，市场将目光转向“深港通”和“基金互认”。国务院总理李克强2015年1月5日在深圳考察时表示，沪港通后应该有深港通。

“沪港通”是内地资本市场开放的第一步，主要是探索经验，“深港通”将是A股市场加速国际化的重要一步。“沪港通”规则若再做改变，难度会非常大，而“深港通”可以在“沪港通”试点的基础上进行规则优化和完善。粤港双方已经达成默契，“深港通”的核心不在于“通”而在于“融”，会通过制度创新，让两地在金融、法律等众多方面进行全面融合。另从地理位置上看，深圳与香港毗邻，方言相通，这对包括资金流、信息流和投资理念等会有深刻的影响,预计“深港通”推出后，对粤港两地的发展会起到很大的促进作用。

“深港通”的启动将对深圳股票市场和香港股票市场产生深远影响：第一，深市将会在外来资金的刺激下迎来一波行情。第二，深市可以借鉴一河之隔的香港股市各项完备的制度机制。第三，前海可以更好发挥连接深港一体化的战略平台作用。第四，在两市资金流动差异的背景下，深市将面临股票估值重构，中小盘股或将面临较大压力，但从长期来看，深市中小板、创业板或将迎来突破性的发展，深港一体化的“藩篱”将逐渐被打破。第五，港股稀缺的资产将会受益，而高估值的品种可能会受到负面冲击。

继“沪港通”启动之后，市场对“深港通”开通的预期越来越强，更有业内人士预计“深港通”会在2015年内实施。然而由于受A股市场动荡行情的影响，目前“深港通”落地时间表尚不明确。“深港通”的开通是必然的趋势，两地监管层也做了充分的准备，尤其在“沪港通”平稳运行近一年之后，“深港通”通车并不存在技术上的问题，监管层或是在等待合适的时间点。

2015年9月在第七次中英经济财金会议上，中英双方就资本市场发展提出多项建议，包括支持各类发行主体在伦敦发行人民币债券、在伦敦发行以人民币计价的ETF产品等，支持上海证券交易所和伦敦证券交易所就互联互通问题开展可行性研究。继“沪港通”“深港通”之后，“沪伦通”或将逐渐浮出水面。

尽管这一建议尚处在可行性研究阶段，但严格意义上来说，“沪伦通”将是第一个直接打开对外国发达资本市场的通道，可以预期未来与外国资本市场合作的措施将会逐步增多，资本账户开放将进一步加速。

目前我国的股票市场总体市值排名全球靠前，而随着上市公司的数量和影响力不断壮大，中国实力的不断提升，中国资本市场无疑会成为全球投资者越来越关注的市场之一。国内正面临着经济转型压力，资本市场刚刚又经历了大幅波动，在这样一个特殊的时间点，中英两国决定开展伦敦、上海股市通的可行性研究，显示出中国经济和中国资本市场对国际投资者仍然具有较大吸引力，在更多地吸引海外投资者以后，国内资本市场的投资者结构也将发生一定程度的变化。

以上市公司总市值计，伦敦交易所是目前世界排名第四的交易市场，伦敦交易所银行股市值折合人民币约26万亿元，与香港交易所市值相当。随着中国金融市场的发展，“沪港通”也有望进一步扩容，未来“沪伦通”的入市资金规模预计和“沪港通”相近，“沪伦通”一旦开通，势必会引入英国资本，为A股市场带来长期的资金支持。与此同时，在“沪港通”总体运行良好的情况下，“沪港通”和即将推出的“深港通”创造出了一种新机制，即不改变双方的交易机制，通过一个中间转化器的形式，实现两地投资者相互投资对方的市场，这样有利于促进内地市场的国际化和估值的更加合理，定价机制更加科学。如果开通，“沪伦通”将会吹来新一轮以价值投资为主的投资风，对A股估值将产生重要的影响。

（二）注册制改革渐进监管不力将加剧市场风险

1. IPO市场发展现状

2014年1月17日，首次公开募股（IPO）在暂停一年半之后又打响了新股发行开闸的第一枪。2014年A股市场共有125只新股发行，实际募集资金达668.89亿元。其中，43只在上交所上市；82家在深交所上市，其中31只挂牌中小板，51只登陆创业板。2015年新股发行更有增速之势，截至7月4日证监会发布A股新股暂缓发行的公告，A股市场已有192只新股发行，实际募集资金达到1 471 亿元。在现有的IPO核准制下，股权融资行为被行政审批牢牢把控，而新股需求始终存在。这导致新股市场供不应求，新股溢价偏高并出现“一签难求”的现象。同时主管机构核准速度的不可预期使得IPO排队企业逐渐增多，根据证监会最新数据显示，排队上市企业已经达到654家，“堰塞湖现象”仍然明显。若按此速度并排除新增加的排队企业，在核准制下，该654家企业至少在两年内才能完全实现上市。对于在资本市场外徘徊、融资需求强烈的企业来说，这无疑是漫长的等待（参见图6）。

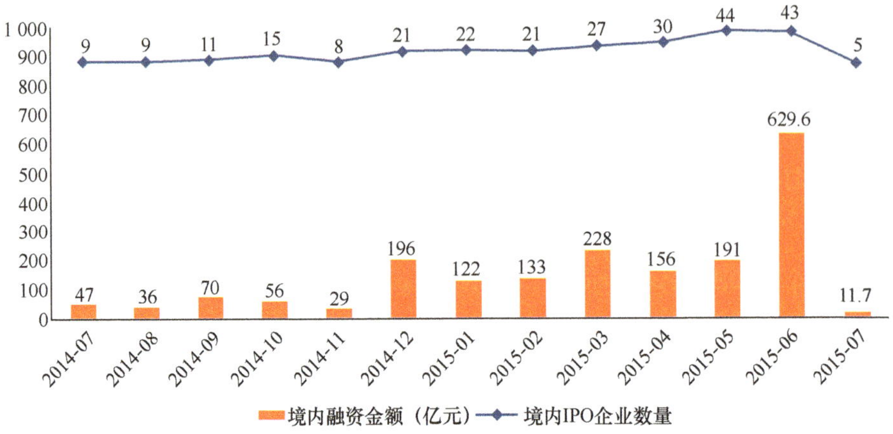

数据来源：Wind资讯。

图6 2014年7月—2015年7月中企境内资本市场IPO规模（单位：只）

2. 注册制改革渐进

注册制的实施可以让市场在资源配置上发挥重要作用。上市公司的上市审核交由市场决定，可以简化上市手续、缩短上市周期，从而使上述现象能得以根本缓解。

2013年6月，《新股发行体制改革意见稿》首次提出注册制改革。2013年11月15日，《中共中央关于全面深化改革若干重大问题的决定》再次提出“推进股票发行注册制改革”，此举意味着监管层对A股发行注册制改革已渐成共识。2014年3月5日，李克强总理在政府工作报告中提及“加快发展多层次资本市场，推进股票发行注册制改革”。2014年4月10日论坛上，证监会主席肖钢表示，IPO注册制改革草案将于年底出台。2014年5月9日公布《国务院关于进一步促进资本市场健康发展的若干意见》，“积极稳妥推进股票发行注册制改革”被单独列为一段来表述。2014年11月19日，国务院常务会议提出要加快出台股票发行注册制方案，以及取消股票发行的持续盈利条件，降低小微和创新型企业上市门槛等。2014年12月3日，证监会副主席姚刚透露，证监会已将发行注册制改革方案上报国务院。2015年3月5日，国务院总理李克强在第十二届全国人民代表大会的政府工作报告中，明确表示2015年将“加强多层次资本市场体系建设，实施股票发行注册制改革”。从以上梳理中可以看出，高层对股票发行注册制改革甚为关切。多家研究机构预计，股票发行注册制将在2015年下半年得以实施。

3. 注册制改革与市场风险

股票发行注册制实施是2015年证监会工作的重点，也是证券市场的头等大事。“注册制”何时推出，配套措施如何落地，A股市场“炒壳”等乱象能否得到有效抑制？对于“注册制”，市场已经充满了太多期待。“注册制”目前已成为IPO乃至整个A股市场无法绕开的话题。

“注册制”的实质是只要证券发行人提供的材料不存在虚假、误导或者遗漏，即使该证券没有任何投资价值，证券主管机关也无权干涉，上市成功与否、定价高低都交由市场决定。在“注册制”下，主管机构的职责主要以事后控制、信息披露为中心，这将大幅减少行政审查的环节。

市场化必须与法治化并行，没有法治的市场将沦为无规则的赌场，没有市场的法治将是无源之水。2015年修订《证券法》能否成功很大意义上取决于能否有效保护投资者的合法权益。毋庸置疑，以中国证券市场目前的信用状况，股票发行注册制的实施如果没有严厉的事中、事后监管配合，将加剧市场风险，主要体现在：

（1）“注册制”对市场趋势影响短期为负面，中长期有望和市场形成良性互动。由于巨大“堰塞湖”待泄，短期内供给压力增加是必然的；而从中长期来看，市场化、新股密集发行期往往对应股市上涨期。随着未来更多优质企业获得融资，市场有望与IPO形成良性互动，海外优质个股与新兴产业企业登陆A股将为市场长期走牛打下基础。

（2）“注册制”改革将带来市场估值体系的重构：短期内由于供给增加，当前小盘股高溢价格局面有望被打破，存量个股分化将加剧；中长期看，市场化改革将吸引更多优质公司回归A股平台、助力经济转型，市场估值结构有望改善。

（3）“注册制”实施后，发行定价机制更趋“市场化”，新股行情将分化。供给增大与市场化定价将降低一级、二级市场的溢价水平。新股、次新股行情分化，将更有利于优质上市企业与优质券商价值的体现。

（4）“注册制”改革也将深刻影响产业资本行为。IPO作为推出机制的完善也将促进产业资本投资一级市场的积极性；“注册制”改革将使企业融资发行的主动权增加，市场过热时可能出现“闪电配售”等增大供给行为；作为IPO替代路径的壳资源重组价值将下降。

（5）“注册制”对投资者的专业化水平提出了更高的要求，机构投资者未来将更具优势。

新股发行制度由核准制向注册制的改革是一个系统性工程，各经济体改革进程表明，发行制度改进是一个渐进的过程。台湾从核准制迈向单一注册制历时近20年。研究实行股票发行注册制的欧美成熟资本市场可知，这些成熟的资本市场的共同特点包括:一是健全的法律制度，良好的诉讼环境，为投资者提供了良好的维权渠道；二是证券市场上以机构投资者为主，理性投资行为占主导；三是完善的退市机制，为没有投资价值的企业提供退出渠道。对照中国的证券市场，要实行“注册制”，还需要进行一系列的改革。“注册制”对监管机构的监管能力将提出更高的要求。否则，可能会导致证券市场秩序混乱，给市场带来一定的风险。

（三）“两融”业务的不对称发展增加了市场风险

融资、融券交易是中国资本市场推进基础性制度建设的一项重要举措，对完善证券交易机制，形成合理规范的资金、证券融通渠道建设有着重要意义。做空机制的引入可以改变中国“单边市”的格局，对证券市场的发展有着里程碑的意义。

“两融”作为一项创新业务，自2010 年3 月31 日正式启动以来，备受关注。特别是进入2014 年，资本市场改革不断深入、市场信心不断增强、10 月份以后沪港通的落地、央行非对称降息等一系列改革措施的出台，A股出现一轮迅速崛起的牛市行情，沪深两市融资、融券余额规模的增长如开闸泄洪，大有一发不可收之势。参见图7。

截至2015年1月底，两市融资、融券余额已达到1.12万亿元，超出过去4年累计余额数倍，这一指标在2013年年底仅为3 456 亿元。与此同时，总余额中融资约为1.126万亿元，约为融券的199倍（参见图7、图8）。融资占绝对主动地位的买空交易背后，是A 股的强势逼空行情。在满足了投资者需求的同时，券商也从“两融”业务中大获其利。随后得益于A股的牛市行情，“两融”余额继续快速增长。2015年上半年这一波牛市大幅迅速的上涨，很大程度上与“两融”业务的强劲带动有关。然而“两融”带来的效影响并不止于此，其实杠杆效应更大。目前，券商融资利率普遍为8.6%，快速增长的“两融”余额让券商收入规模如滚雪球般迅速扩大。面对如此强势的“两融”市场，券商自有资金已不能满足投资者需求，于是，部分券商以未来利息收益做担保，将“两融”收益权打包成资产包，从银行融资，融得的资金再通过融资业务借给股市投资者。此外，更有部分上市券商因“两融”业务强势开展，开始配股，启动再融资计划。然而杠杆放大了收益的同时，风险也随之提升。

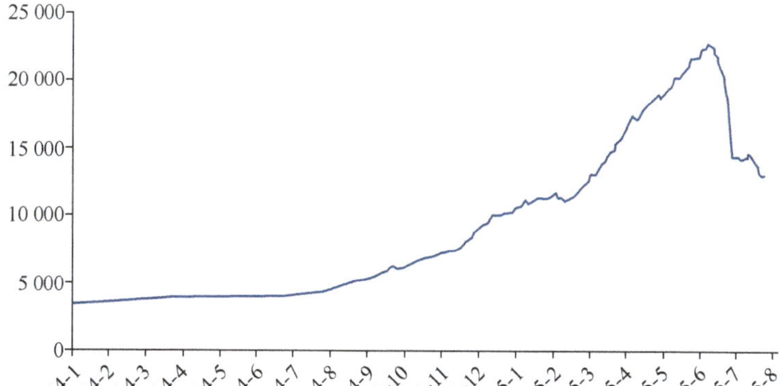

图7　2014年1月—2015年7月日融资与融券总余额（单位：亿元）

数据来源：Wind资讯。

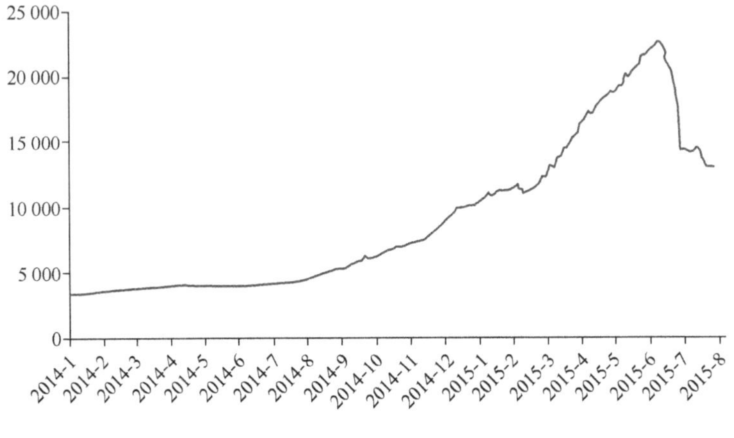

数据来源：Wind资讯。

图8 2014年1月—2015年7月日融资与融券余额差值（单位：亿元）

股市涨跌波动是常态，牛市不可能一直持续，而每次突发事件，都会给市场带来难以承受的后果。到2015年6月由于股市短期快速的上涨已积累了较多的获利盘与融资盘，风险随着股市上涨也不断积累。同时“两融”余额更是攀升到2.2万亿元，融资余额最高达到融券余额的580倍。随着行情逆转，融资盘踩踏出逃导致股票崩盘式下跌，投资者的亏损也加倍扩大，融资盘对整个市场造成了难以估量的冲击。

可以看出，在当前“两融”业务快速发展的同时，投资者和券商在操作和心理上都还未成熟。在这一轮疯长的“两融”业务背后，不乏非理性因素的驱动。“两融”市场仍存在着很大的风险。主要体现在三个方面。

1. 券商违规风险

2015年初，监管层取消了开设“两融”账户资产规模下限的窗口指导，“两融”业务具体资金门槛由券商依据市场情况及风险承受能力等因素自主决定。从证监会2015年2月组织对46家证券公司的融资类业务进行检查和违规处理的结果看，个别证券公司仍存在向不符合条件的客户融资、融券；向风险承担能力不足的客户融资、融券；未按照规定方式为部分客户开立融资、融券信用账户等违规现象。允许投资经验不丰富的人市者参与“两融”业务，本质上是券商只为自身利益而不负责任的表现。由于“两融”业务本身的杠杆作用，这些投资者所面临的风险是巨大的。从媒体披露的信息看，参与“两融”业务的投资者亏损比例并不低。

2. 业务规模失控风险

券商为投资者提供融资、融券业务，不仅能收到融资、融券的利息，还能收到交易佣金，可谓一举多利。在利益的驱动下，券商会为追求更高的利润，盲目扩大融资、融券规模，以至于造成业务规模失控的危险，以及因业务规模失控而引发券商的资金流动性风险。

3. “两融”业务发展不对称带来的风险

融资、融券本身是一个双向业务，融资和融券是可以相互制衡的，现在的问题在于融资的功能比融券的功能发挥得多。作为投资者，无论是机构还是个人，在这个市场上，融资比融券更加容易。如果融资更便利，那么杠杆作用在市场上涨的时候可以起到更大的推动作用。目前融券却相对困难，个人投资者和机构很难在这个市场上融到券。因此，在现有的机制上，我们首先要完善融券的机制。融资和融券的不对等导致了融资的功能比融券的功能更大，市场的大幅上涨是由于融资功能的强大而导致的，同时又没有与之相匹配的融券功能与之相制衡。

融资、融券业务门槛已经放开，政策面的放宽，将使其得到更大的发展空间。同时作为券商最赚钱的业务之一，参与的券商会越来越多。在未来几年，融资、融券业务占券商收入的比例将会更大，“两融”业务将快速稳健增长。备受关注的《证券公司融资融券业务管理办法》已由中国证监会于2015年7月1日发布，监管部门需要继续以强化客户适当性管理和防范系统性风险为管控重点，使两融业务逐步从野蛮生长迈向成熟发展。

（四）程序化交易的双刃剑效应

程序化交易一般是指根据一定的交易模型生成买卖信号，并由计算机自动执行交易指令的过程，包括算法交易、量化交易、高频交易等多种交易形式。这种交易方式的优点是顺势操作，赚取波段利润；指令简单、策略明确，可排除人为贪婪及恐惧等因素；提高了交易效率，丰富了市场流动性；同时可构建多种策略，优化组合投资。

程序化交易在欧美发达地区的金融市场上应用较为广泛，在日本、韩国和中国香港等亚洲发达市场次之，在发展中国家的市场上使用则少一些。在A股市场，程序化交易总体上还处于刚刚起步的阶段。2005年首批交易型开放式指数基金（ETF）上市后，由于套利交易的需要，程序化交易开始出现。2010年股指期货上市后，程序化交易主要应用于期货高频日内交易、ETF 套利/ 股指期货套利和算法交易。在中国程序化交易虽只有数年历史，但2013年光大证券“乌龙指”事件，令这种自动化交易模式在国内已有相当知名度；2015年6月末至7月初的A股暴跌行情，则使程序化交易进一步进入监管层的视野。中国证监会2015年7月31日表示，正在对具有程序化交易特征的机构和个人进行核查。沪深证券交易所随后宣布对34个账号限制交易三个月，其中包括盈融达投资（北京）公司的两个基金账号、盈峰资本的四个账号以及全球知名对冲基金Citadel的一个账号，理由是这些账户存在异常交易或重大异常交易的情况。程序化交易近阶段的政策环境趋紧，各机构亦将重新审视和完善各自的交易模型。

程序化交易能够使资本市场各参与方受益，主要体现为：一是通常情况下，程序化交易可以降低交易冲击成本、增加市场流动性、平抑市场波动、提高价格发现效率；二是程序化交易可以拓展金融产品和服务的创新空间，使原来不可能的业务变为可能；三是程序化交易可以为直接投资者和理财机构提供更为丰富的盈利模式和机会，促进差异化竞争，同时程序化交易在此过程中还会自然而然地促进机构投资者队伍的壮大。

但是，在市场大幅波动的情况下，程序化交易更容易对市场和个股产生助涨助跌的效用。虽然大多数程序化交易使用的是中性策略

（即同时通过构建多头和空头头寸以对冲市场风险），但这种策略需要通过大量买入或卖出一揽子股票，并配合做空或做多股指期货来完成。因此在一定时期内就会对市场产生较大影响。另外，2015年6月至7月这波行情中市场尾盘出现的全市场共振的断崖式下跌，也与程序化交易有着密切关系。过于追逐短线趋势加大了市场波动，特别是市场异常波动如果与程序化交易形成循环反馈，便构成了系统性风险。

随着中国上市公司越来越多，期货和期权等衍生品种不断丰富，发展量化对冲策略的条件已经成熟。程序化交易作为执行量化对冲策略的一种很好的技术手段，必将进入一个快速发展的阶段。与之相对应的，在技术和监管方面也会带来新的挑战。在个人投资者交易占比超过80%的中国股市应更为审慎，加强监管势在必行。程序化交易市场发展的风险主要体现在：

1. 相关法规并不健全

目前，中国对程序化交易尚没有统一的标准。在经历了连续几个月的股灾后，为维护市场秩序，2015年10月中国证监会组织起草了《证券期货程序化交易管理办法（征求意见稿）》，目前还处在向社会公开征求意见阶段。监管部门需要适时考虑制定指导国内程序化交易规范发展的行业性指引，通过分析程序化交易报备资料，并借鉴境外监管机构的认定标准以及监管措施，对程序化交易做出具体定义，从而实施更加有效的监管。比如，德国制定了《高频交易法》，对机构从事高频交易提出了较高的自有资本规模要求，明确了程序化交易系统的设计要求，定义了试图操纵市场的行为等。

2. 缺乏跨市场的综合价格稳定机制

程序化交易往往涉及期货、现货及相关联的证券品种，需要在监管部门、各证券／期货交易所等多个层面建立跨市场、跨品种联动的价格稳定机制。建议在新形势下重新评估涨跌停制度与熔断机制的适用场景和风险隔离特征，建立有效的市场安全阀，警惕程序化交易与异常波动、操纵市场叠加的风险。

3. 技术风险

交易所需要建立全仿真测试环境并提供完善的接入机制，为市场参与者进行完整的系统测试和模型验证提供支持，以便减少技术系统缺陷或算法策略缺陷带来的风险。程序化交易高度依赖技术系统，技术系统中存在的缺陷会造成新的技术风险、市场风险，引发市场巨幅波动。

4. 证券公司的业务风险

证券公司需要在技术和业务层面重视程序化交易实时风险控制体系建设，及时发现并防范因模型缺陷、系统缺陷所导致的非预期交易订单；根据程序化交易的特点，针对程序化交易健全客户分类服务管理、适当性准入管理，使投资者充分了解程序化交易的风险特征；为高频程序化交易投资者配备独立的交易订单处理系统、交易报盘通道，防范高频程序化交易冲击、影响普通客户的正常交易。

（五）衍生品市场扩容但工具间缺少平衡

1. 交易型开放式指数基金期权推出

2014 年12月5日，证监会就《股票期权交易试点管理办法（征求意见稿）》《证券期货经营机构参与股票期权交易试点指引（征求意见稿）》，以及上海证券交易所就《上海证券交易所股票期权试点交易规则（征求意见稿）》等股票期权配套业务规则向社会公开征求意见。经过一个多月的时间，2015年1月9日证监会和上海证券交易所正式发布了《股票期权交易试点管理办法》《证券期货经营机构参与股票期权交易试点指引》《上海证券交易所股票期权试点交易规则》以及《上海证券交易所股票期权试点投资者适当性管理指引》等股票期权业务规则。同日，证监会新闻发言人邓舸表示，证监会批准上海证券交易所开展股票期权交易试点。2015年2月9日，上证50交易型开放式指数基金（ETF）期权正式上市，中国证券市场进入了期权时代，为对冲风险和资产保险提供了新的工具（见图9、图10）。

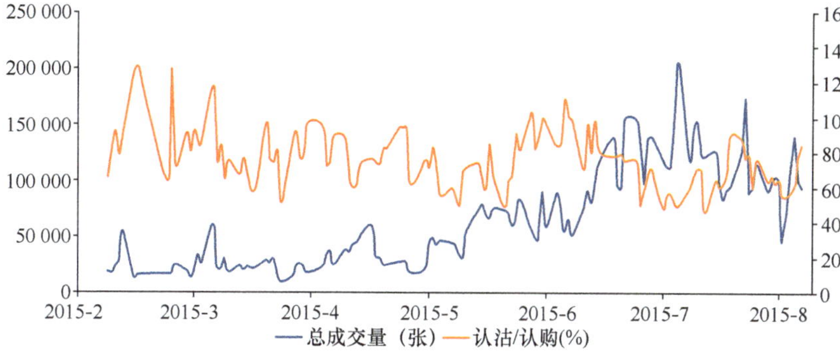

数据来源：上海证券交易所。

图9 交易型开放式指数基金期权上市以来成交情况（单位：亿元）

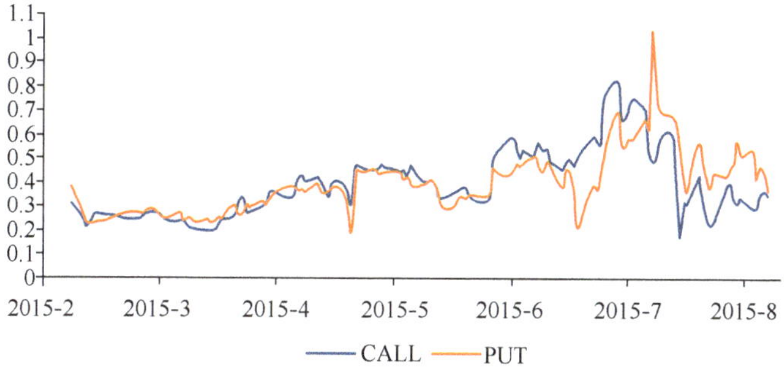

数据来源：Wind资讯。

图10 交易型开放式指数基金期权隐含波动率

2. 股指期货新品种推出

中国股指期货市场于2010年4月16日正式推出以来，沪深300股指期货作为唯一上市交易的指数类衍生品，成为机构规避股市风险的重要通道。沪深300指数是沪深证券交易所联合发布的反映A股市场整体走势的指数，样本覆盖了沪深市场60%左右的市值，其中银行、地产板块股票占据较大的权重，一些具有成长价值的中小市值股票则不会入选样本股，因此偏好交易中小盘股票的投资者难以利用沪深300指数进行策略设计。2015年4月16日，股指期货新品种中证500指数期货和上证50指数期货上市，在一定程度上弥补了这一缺陷。中证500指数偏向于沪深证券市场内小市值公司的整体状况，其样本选择剔除了沪深300指数的大市值股票后，按照日均总市值由高到低进行排名，选取排名在前500名的股票作为中证500指数样本股。推出中证500指数期货可以帮助偏好交易中小盘股票的投资者利用中证500股票指数期货进行投资，或对自己手中持有的股票进行保值操作等。以500指数作为标的股票可以覆盖大量优质的中小板和创业板股票，有利于风险管理。而上证50指数是挑选上海证券交易所规模大、流动性好的最具代表性的50只股票组成样本股。上证50指数相比沪深300指数更加优化一些，标的股票也更加细分，对于稳定大盘有重要作用。上证50、中证500、沪深300指数既高度关联，又有显著区别。推出上证50、中证500股指期货，有助于与现有沪深300股指期货发挥协同效应，构建覆盖超大盘、大盘和中小盘股票的风险管理体系（见图11，图12，图13）。

数据来源：Wind资讯。

图11　沪深300股指期货走势图

数据来源：Wind资讯。

图12　上证50股指期货走势图

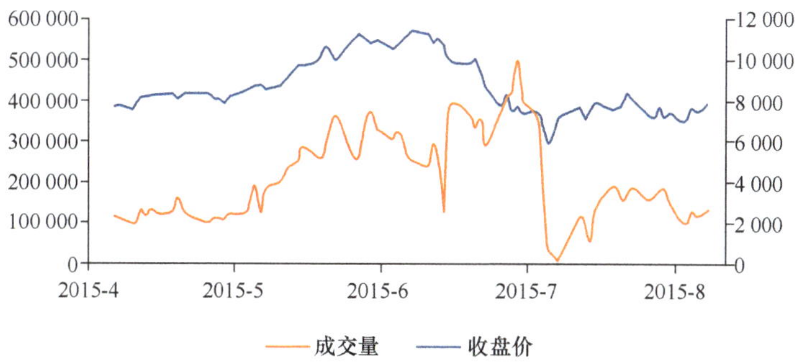

数据来源：Wind资讯。

图13　中证500股指期货走势图

3. 衍生品市场的主要风险

从新的股指期货到股票期权，2015年中国股市正通过扩容衍生品逐步完善风险管理体系。股指期货和ETF上市之后，投资者在参与方式、持股结构、投资理念等方面迎来了崭新的变革。股市过度交易、高换手率的特征明显改善，风险管理理念开始普及，机构乃至个人投资者越来越多地使用股指期货和ETF期权进行风险对冲，A股市场投资进入对冲新时代。

然而，在新的衍生工具提供避险功能的同时，它们的高杠杆作用也带来很大的市场风险。特别是由于中国衍生品市场发展的历史还比较短，投资者仍然缺乏风险认识和相应的风险防范措施。同时当前市场衍生工具不够丰富均衡，工具的作用还不能完全发挥出来。股指期货和ETF期权促进了现货和期货市场的不断发展，促进了中国证券市场化进程的同时，风险也是不容忽视的。

（1）投资主体风险。目前中国股指期货市场个人投资者比例仍然很高，这使得套期保值者远远少于投机者。目前买卖一手价值75万元的股指期货合约仅需要13万元的保证金，这巨大的杠杆无疑增加了股指期货交易对投资者的吸引力。这些投资者中许多是由股票市场转入股指期货市场的，而中国的股票市场向来投机氛围浓厚。这些投资者不仅缺乏对期货市场的基本了解，而且缺乏必要的风险意识和控制手段。他们中的许多人都有重仓交易、忽视止损等不良投资习惯，这就造成了中国股指期货市场投资主体风险十分严重。机构投资者是股指期货交易市场最为重要的主体，从西方成熟的股指期货交易市场来看，只有机构投资者的队伍得到壮大，才能使股指期货市场快速健康发展。

（2）跨市场的系统性风险。股票市场与股指期货市场有很强的联动性，如果市场出现暴跌或暴涨，期货市场同股市的相关性就会破裂。如果期货市场同现货市场持续深度升水或贴水，价格走向偏离，就说明两个市场的相关性破裂，否则，其中的价差可以轻易被套利者捡走。在相关性破裂的情况下，期货市场的涨跌有可能从心理上加剧股市投资者对涨跌的预期。反过来，股票市场的涨跌也会影响到期货市场投资者对涨跌的预期。如果市场相关性破裂，跨市场操纵很可能加剧两个市场的波动，引发系统性风险。2015年6月至7月的A股市场的股灾验证了这种风险的存在。

（3）监管风险。目前，中国对金融市场的监管力度不足，相关的制度与法律法规还不够完善，尤其是股票现货市场存在着大量内幕交易、坐庄行为。这使得中国股指期货市场监管风险的隐患较为严重，一旦爆发操纵市场的恶性事件，不仅会使套利的有效性下降，而且极易引起逼仓。另外，对于700多亿元的QFII额度，这些境外资金拥有丰富的金融期货交易经验，一旦他们大量投机于股指期货，必然会造成股指的异常波动。提高监管能力，才有可能应对这些风险对整个金融市场造成的冲击。目前，中国与期货相关的法律法规包括：《民法通则》《公司法》《合同法》《期货交易管理条例》等。但是中国目前还没有专门针对期货交易的法律，因此应当加快制定《期货法》等法律，使得期货交易的权利与义务关系得以明确，为股指期货交易的健康发展保驾护航。

（4）产品发展的不平衡影响双向的工具发挥作用。中国股市的做空渠道一直是很有限的，除了融券之外，长期以来只有沪深300股指期货一个途径。最近上市的上证50股指期货和中证500合约不过是期货品种的扩展版。从美国市场的发展看，由于在期货交易中加进了“断路闸”和涨跌停板，大量的机构投资者利用期权交易实现“投资组合保险”策略。事实上，股指期货在对冲风险方面更有效，股指期权则在资产保险方面更有效。目前国内只有股指期货而没有相应的股指期权，而最新推出的上证50 ETF 的股指期权参与者门槛比较高，而且只能化解部分超大盘股的风险。这样当遇到股市大幅度震荡时，整个股市主要靠3个股指期货产品来化解风险，风险泄洪过于集中。

因此，现有的制度有两个方面需要完善。

第一，丰富金融衍生工具品种，品种的匮乏导致了工具上的不均衡。当某一工具发挥单向作用时，有其他工具能够与之对冲制衡，市场就不会极端波动、丧失流动性。从国外市场发展的经验看，期货层面要有股指期货不同品种的合约，包括大合约和小合约，小合约可以让个人投资者通过股指期货的更小合约来实现风险的对冲，而非卖出股票；在期权层面上，需要丰富股指期权和个股期权品种。只有金融工具的品种得到丰富，每一个品种制度的建立得到完善和成熟，这个市场才能够发挥有效的制衡作用，而相互均衡可以更好地保障在各种情况下流动性的有效释放。

第二，完善融券机制，融券机制完善后市场的流动性也会得到相应的释放。融券本身就是释放流动性，很多获利策略会在市场下跌以后兑现收益，实现收益的方式是需要通过买入股票，提供流动性。就期权层面来讲也是一样的，期权如果需要实现对冲策略的话，也同样需要有一个完善的融券机制。通过期权的对冲策略，在市场上做空股票买入期权后，在策略实现时同样需要去买入股票和平掉期权头寸。从2015年6月至7月的股灾当中可以发现，当市场过度上涨并从高点开始下跌的时候，融资的杠杆风险体现出来，融资的另一个作用是收紧流动性，并导致市场快速的下跌及丧失流动性。同样，融券做空、卖出股票需要流动性，而当融券出现风险，需要买入股票释放流动性。因此，在股票层面，我们需要完善股票融资、融券这一杠杆的双向制衡作用。

目前，国内融资需要支付8%以上的资金成本，融券同样需要支付8%以上的融券成本。以阿尔法对冲策略为例，如果做阿尔法对冲，可以买入股票，做空股指期货来对冲套利；也可以卖出股票，做多股指期货来对冲套利。然而，目前国内的对冲策略只发挥了买入股票做空股指期货一个方向的功能，这是由于买入股票做空股指期货没有持仓成本。但是反过来，如果卖出股票融券做空，做多股指期货要承担的是融券做空的资金成本，因此，中国绝大多数的对冲机构都采用买入股票做空股指期货的策略。从市场的角度来讲，这样的获利方式本身就可能会让市场丧失流动性。因为买入股票需要现金，做空股指期货也有资金的占用；同时当策略实现时，基差从升水变成平水或贴水的时候，策略的实现需要进行平仓，而平仓是需要通过卖出股票和买入股指期货来实现的。

当前市场的大幅波动，很多人将其归因为杠杆和股指期货。股指期货虽然会助长投机和套利，但是不能否认其套期保值的功能。如果投资者看好手中的个股，想要长期持有获取分红收益，同时又不想在大盘下跌过程中被迫止损抛售，其可以做相应的股指期货空单，给所持股票买一份“保险”，这是股指期货套期保值的一种典型做法。很明显，当前运用股指期货套期保值的人，其本质是多头，而且其目的就是为了不卖掉股票。以这次股灾为例，据统计2015年6月15日至7月31日，股指期货日均吸收的净卖压力约为25.8万手，合约面值近3 600亿元，这相当于减轻了现货市场3 600亿元的抛售压力。承担这3 600亿元抛压的是股指期货的多头，他们是一群追逐高风险高收益的投机者，盈亏都是风险自担。如果没有股指期货的套期保值，这3 600亿元抛压可能就会直接砸到股市里，承受损失的则是更多惧怕高风险的中小投资者。杠杆和股指期货都是市场中的一种金融工具。金融工具没有好坏之分，重点在于工具的平衡。当某一工具发挥单向作用时，有其他工具能够与之对冲制衡，才可以保障市场在各种情况下流动性的有效释放。这样市场才能够充分发挥效率，市场本身也将趋于成熟。成功的衍生品市场需要多空双方均有多样化的参与者，没有一种交易策略在总持仓中占据主导地位。过去30年标普500期货和期权市场、美国国债期货和欧元期货市场不断发展壮大，就是满足上述标准的市场的最好例证。

三、股票及股权类衍生品市场风险展望

当前金融体系改革进入攻坚阶段，改革的艰巨性、复杂性、关联性开始显现，资本市场肩负着“使市场在资源配置中起决定性作用”的重大使命。从外部的人民币国际化战略推进和资本账户开放，到内部的加快利率市场化步伐，无不透露出未来中国金融转型对资本市场的倚重。特别是随着资本市场行情的逐步回暖，如何在股市新常态中实现跨越，将考验着决策者的智慧和勇气。在全球经济一体化和金融自由化进程中，金融工具越来越多，在这样一个资本对外开放与金融创新背景下，中国股票市场所面临的挑战和风险也将越来越大。

（一）美元加息可能会带来资本流出

虽然美联储在2015年9月份的货币政策会议中称，对通胀、中国

经济和金融市场的担忧以及近期通胀带来经济进一步下行的压力，在一定程度上限制了美国的经济活动，促使美联储做出维持利率不变的决定，美联储加息步伐越来越近，目前全球经济金融格局正在发生微妙变化。2008年全球金融危机发源地、引爆地的美国，目前其经济在世界一枝独秀。欧洲因主权债务缠身，特别是希腊债务危机持续，经济一直在低迷中徘徊。日本经济受安倍经济学刺激，虽然已有起色，但仍然很不稳定并且后遗症正在暴露。新兴市场国家经济在外向型增长方式导向下的几十年超高速发展已经不再。新兴市场经济整体上正在面临“走下坡路”，除了增速放缓，更困难的是经济结构调整步履维艰，而且经济增速放缓引发的并发症应对起来非常棘手。更重要的是，世界经济格局转换以后，新兴市场国家可能面临潜在金融风险，而且这种风险可能正在靠近。

中国作为最大的新兴市场国家，国际资本撤离将带来一定的风险。国际资本撤离将导致外储下降，其中最大的金融风险是撤离时可能会引起资产价格的大幅下跌，这将给政策制定者和投资者带来挑战。

（二）人民币国际化将带来资金的双向流动

随着亚洲基础设施投资银行、新开发银行和中国国际支付系统的出台，并伴随人民币纳入国际货币基金组织的特别提款权进入日程，人民币成为世界主要储备货币之一的障碍正逐步得以清除，国际金融格局可能发生改变。一方面，人民币国际化能够促进货币资本的跨境流通，从而提高国内股票市场上的资金运作效率，提高股票市场的活跃和繁荣程度，这将对中国股市的发展起到重要的推动作用。与此同时，美国明晟公司（MSCI）将于2016年再次讨论是否将中国A股列入该公司的一个指标指数，中国A股市场可能很快就会成为全球股市指标的一个组成部分。MSCI曾估计，将中国A股纳入MSCI新兴市场指数后，估计会促使资产管理机构、养老基金和保险商逐步向中国大陆股市注入4 000亿美元资金。另一方面，人民币国际化步伐加快也会拓宽国内游资的投资渠道。由于目前国内居民境外投资受到的管控相对严格，进一步开放资本账户之后，居民和企业可能会增加其海外资产配置。这可能使资本流出规模增加，对A股的长远流动性可能会有分流作用。

（三）市场投资者结构的变化会带来市场风格的转变

长期以来，以散户为主、机构投资者占比过低的投资格局，导致A股市场形成了交易频繁、换手率高、市场缺乏理性和长期投资理念不成熟等特征。根据国际成熟股市的经验，随着散户投资者减少、机构投资者逐步主导市场，市场投资风格将会更加理性，公司股价的估值将更合理。

随着期货和期权等衍生品种不断丰富，衍生品市场在资产管理方面发挥的作用将越来越重要。与此同时，由于衍生品交易规定和策略较为复杂，大部分个人投资者受到知识面、交易工具、资讯及时性和资金量等一系列因素的制约，无法有效地对冲风险。获取长期稳定收益的目标很容易遭遇市场风险、操作风险等，特别是在利用杠杆的情况下，投资者损失可能很严重。机构投资者有着较为强大的投研队伍，拥有全方位的优势，会优先成为使用对象，这实际上也是促进金融衍生品更好发挥作用的关键点。随着新的股指期货品种和期权产品的推出，机构在投资者结构中会逐渐处于中坚地位，市场投资风格会更趋向理性。

随着2014年2月《私募投资基金管理人登记和基金备案办法（试行）》开始施行，私募基金获得明确的法律地位。这使得私募基金行业迎来了爆发式的发展，专业机构投资者队伍的发展壮大还有很大空间。专业机构的壮大可以在一定程度上改变目前的个人投资者与政府间重博弈、轻投资的风格，政策制定和实施的效率会有所转变。

（四）救市后的政策调整风险

十八届三中全会通过的《中共中央关于全面深化改革若干重大问题的决定》中指出：“市场在资源配置中起决定性作用”，本届政府也一直致力推动简政放权。但是这一轮的股市暴涨暴跌充分反映出中国证券市场还不成熟、投资主体市场教育程度较低和相应法规不健全等问题，单纯以市场达到资源配置的优化还是不切实际的想法。即便在欧美等市场较为发达的国家，在市场出现流动性枯竭或其他结构性问题时，政府介入以恢复市场功能也是必然的。然而，这次的救市手段在一定程度上违背了法律的严肃性，监管规则给投资者留下了不确定感，投资者风险自负观念出现了一定的倒退，政府与市场的边界重归模糊。

救市后投资者信心重振需要一个过程，需要多方面努力才能使政策的累积效应逐渐释放。对于未来的A股市场来说，其所面临的问题将会比以前更加复杂、更加具有挑战性。

从短期看，最直接的影响可能在于股票发行制度改革的进度。市场普遍预计注册制改革将于2015年年底前推出。6月份证监会加快新股上市，初衷也可能在于为注册制改革减轻市场压力。救市中暂停新股发行，意味着注册制改革的进度极可能会被拖延。

监管层对于一些金融创新产品的态度很可能会发生变化。导致这轮股市调整的因素有很多，其中，通过“两融”或场外配资等形式进行的杠杆交易及其在股价暴跌后的放大效应，以及做空方对于现货和期货市场工具的配合使用，在一定程度上起到了推波助澜的作用。金融创新产品永远是一把双刃剑，它增加了市场活跃度，也可能会加大市场的波动程度。有些时候，即使是交易量非常大的金融衍生产品也会面临集中度过高等问题。监管层在沪深300股指期权等新的衍生工具推出与否和推出时间上，态度可能会趋于谨慎。

金融创新与金融监管是一对矛盾体，两者总是呈现出此消彼长的关系。金融危机往往源于监管缺失的金融创新，市场贪婪和各自为政的监管盲点互相作用。只有与时俱进，完善监管机制，厘清政府与市场的边界，摆正监管者的位置，规定好市场参与者的权利和义务，才能使中国证券市场得以长期稳定地健康发展。

参考文献

[1] 顾连书，王宏利，王海霞. 我国新股发行审核由核准制向注册制转型的路径选择［J］. 中央财经大学学报，2012（11）: 194–194.

[2] 吴晓求等. 中国资本市场2011–2020：关于未来10年发展战略的研究［M］. 北京: 中国金融出版社，2012.

[3] 路一. 程序化交易在中国资本市场的发展现状、问题及建议［J］. 中外企业家，2015（1）: 106–106.

[4] 张晓朴.系统性金融风险研究：演进、成因与监管［J］.国际金融研究，2010（7）: 58–67.

[5] 何德旭，周宇. 中国证券投资者保护机制的创新方向与实现路径［J］.金融评论，2015（1）.

研究论文

涉农贷款、货币政策和违约风险

尹志超[1]

摘要：本文运用某国有银行2002—2009年的企业借款数据，采用线性概率模型和非线性Logit模型，研究了涉农贷款违约以及货币政策和贷款违约之间的关系。研究发现，涉农贷款违约概率显著高于非涉农贷款，而且一旦涉农贷款违约，贷款形态的变迁速度较普通贷款更快，涉农贷款违约存在显著的行业效应。本文用基准利率作为货币政策的代理指标分析发现，货币政策对银行体系的贷款违约风险有直接的影响，而且，基准利率的变化对涉农贷款违约的影响大于对非涉农贷款违约的影响。从涉农贷款违约的影响因素来看，贷款期限、担保方式等贷款合约条款，以及企业规模、所有制类型、管理特征等因素，都对涉农贷款违约有重要影响。研究还发现，涉农贷款的违约风险可能不是来自农业生产环节的自然风险，而是主要来自农业服务、加工和流通环节的市场风险。因此，在发放涉农贷款时，金融机构既需要关注借款者的风险特征，也需要合理设计贷款合约，还需要关注

基金项目：国家自然科学基金一般项目“流动性约束与中国家庭金融行为”（71373213）；中央组织部青年拔尖人才支持计划、教育部新世纪优秀人才支持计划、中央高校基本科研业务经费专项资金的资助。

1　尹志超，首都经济贸易大学金融学院院长，经济学博士，教授、博士生导师。

农产品的市场风险；在制定货币政策时，决策者要考虑货币政策对贷款违约的潜在影响。

关键词： 涉农贷款　货币政策　信贷风险

一、引言

银行体系中贷款违约风险在不同行业之间呈现显著的区别，这种违约的行业效应（industry effect）是金融学文献中广为关注的问题（Allen and Saunders，2003）。近年来，随着政府对“三农”问题的重视和经济发展，金融机构的涉农贷款规模不断扩大。参见图1。

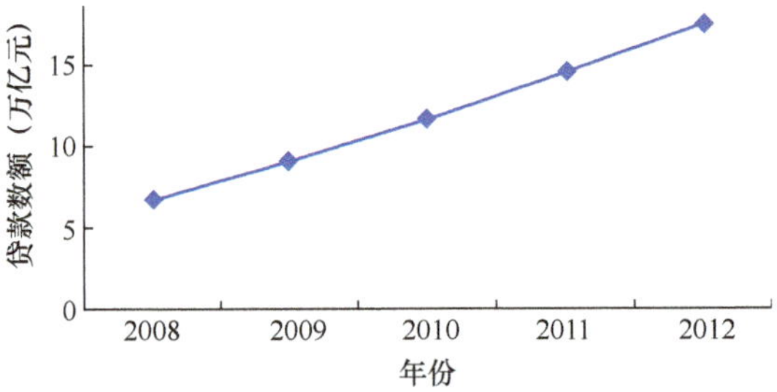

数据来源：各年数据根据中国银行业监督管理委员会相关数据整理。涉农贷款采用中国人民银行联合中国银行业监督管理委员会等相关部门制定的涉农贷款专项统计制度的定义。

图1　涉农贷款增长

从图1可以看出，自2008年以来，涉农贷款增长迅速，年均增速达26.9%。截至2012年年底，全国涉农贷款余额17.6万亿元，占各项贷款余额的比重达26.2%（中国人民银行农村金融服务研究小组，2013）。涉农贷款规模的扩大有利于信贷资源向农业、农民和农村流动，从而推动“三农”问题的解决。而随着涉农贷款规模的扩大，其资产质量也日益受到业界的广泛关注。

由于农业面临自然风险和农产品价格波动等市场风险，一般认为涉农贷款是高风险的贷款（Falkenheim and Powell，2001）。美国货币监理署（Comptroller of the Currency，1998）认为，违约风险是涉农贷款最重要的风险。由于农业生产自身的特点，农业生产者的产出和负债偿还能力可能受到气候条件和其他自然因素的严重影响，而这些自然因素是农业生产者完全不可控的。而且，农产品价格对世界农产品市场供给和需求变化非常敏感，可间接影响涉农贷款借款人的偿还能力。由于自然气候条件、市场价格波动和政府政策等因素都可能成为涉农贷款的风险来源，因此，涉农贷款的违约风险显著不同于其他贷款。

在中国，研究涉农贷款的违约特征及其是否存在显著的行业效应具有重大的现实意义。首先，从微观层面看，涉农贷款的资产质量会对金融机构的经营管理乃至整个金融体系的稳定产生影响。同时，涉农贷款的资产质量还直接关系到金融机构是否愿意持续地为“三农”注资，进而影响到农业增产、农民增收和农村发展。其次，从宏观层面看，贷款违约既要受到经济周期的影响又要受到宏观经济政策的影响（Allen and Saunders，2003），研究货币政策与贷款违约之间的关系，可以为货币政策导向及决策提供理论依据。

本文将基于银行贷款的微观数据，以涉农贷款为对象，以基准贷款利率作为货币政策的代理指标，研究涉农贷款、货币政策和贷款违约的关系，并对涉农贷款违约的影响因素进行深入分析。

本文拟用银行的企业借款数据，采用线性概率模型和非线性Logit模型，研究涉农贷款违约以及货币政策和贷款违约之间的关系。本文安排如下：第一部分是引言；第二部分是文献综述；第三部分介绍实证分析模型；第四部分介绍变量和数据；第五部分具体分析涉农贷款违约及货币政策对贷款违约的影响；第六部分分析涉农贷款违约的影响因素；第七部分是结论。

二、文献综述

国外相关领域的研究较多地关注于银行贷款违约风险及其影响因

素。Campbell 和 Dietrich（1983）运用美国数据进行多元Logit模型估计后发现，当期的支付收入比、贷款价值比、失业率等变量对贷款违约有显著影响，但它们的影响方向并不确定。Berger 和DeYoung（1997）利用格兰杰因果检验发现，银行资本减少会增加不良贷款，贷款质量和成本效率的跨期联系是双向的，成本效率可能成为预测问题银行和不良贷款的一个重要指标。Elsas 和 Krahnen（1998）认为，公司的信用风险比非公司企业要大，具有无限债务责任的合伙企业和独资企业较少产生道德风险。Berger 和 DeYoung（2001，2006）认为，地理距离使得银行对企业的信息搜集和监管呈高成本、低效率的状态，贷款违约概率随着借贷双方距离扩大而升高。Jiménez 和 Saurina（2004）基于1988—2000年西班牙信用机构的300多万个信贷数据，运用Logit模型研究后表明，抵押贷款有较高的违约概率，储蓄银行发放的贷款风险更大，紧密的银企关系会提高银行承担更多风险的意愿。Landier等（2009）发现，以借款人信息为基础的贷款方法能缓解由借款人与放款人之间距离造成的贷款违约，使用信用评分模型对借款人评级的放款人面临较低的贷款违约风险。与之相反，Rossi（1998），Flannery 和 Samolyk（2006）认为，在使用信用评级甄别借款人时贷款违约概率可能更高。DeYoung等（2008）发现，银行和企业之间的距离、利用信用评级结果发放贷款的方式对企业贷款违约概率有正向影响。

还有学者研究了宏观经济与贷款违约之间的关系。Allen 和 Saundersn（2003），研究发现，经济衰退时期的贷款违约概率有上升趋势，而且，贷款违约存在一定的行业效应。Koopman 和Lucas（2005）利用1933—1997年美国的时间序列数据研究发现，企业贷款违约概率与宏观经济变量密切相关。Bangia 等（2000）、Nickell 等（2000）发现了贷款违约的行业效应，在经济衰退时期，企业的信用评级下降，违约更可能出现。Jiménez 和 Mencía（2009）研究发现，贷款违约概率与经济周期有很强的相关性，在经济不景气时，生产、建设、消费贷款有较高的违约概率。Carey（1998）发现，在宏观经济

“好”的年份和“差”的年份，贷款违约概率显著不同。Falkenheim 和 Powell（2001）利用阿根廷的数据发现，在21个行业中有15个行业的贷款违约概率显著高于其他行业。

货币政策与宏观经济密切相关，部分学者研究了货币政策与贷款违约之间的关系。例如，Bernanke 和 Blinder（1992）认为，美国联邦基金利率是一个包含丰富信息的特别变量，适合作为货币政策的代理指标，由此他们研究了货币政策的传导机制，发现货币政策在银行存款和贷款两个方面都会发挥作用。而Fridson 等（1997）则侧重于关注利率与贷款违约之间的关系，他们利用1971—1995年美国数据研究发现，实际利率与贷款违约概率之间呈现显著的正向关系。但是，Kaplin 等（2009）发现，利率变动与贷款违约之间呈现显著的负向关系，短期利率变动与贷款违约之间的负向关系也非常显著。

目前，国内关于银行信贷资产质量的微观研究较为少见。刘彬（2006）利用国内银行的信贷数据分析了贷款违约的影响因素，发现道德风险模型的预测结果更符合中国信贷市场的现实。平新乔、杨慕云（2009）研究了抵押对贷款违约的影响，进一步证实了道德风险模型的预测结果与现实的一致性。尹志超、甘犁（2011）利用银行贷款违约的微观数据研究了信贷市场上的信息不对称，发现了信贷市场同时存在道德风险和逆向选择的直接证据。目前，国内外还未见关于涉农贷款违约的实证研究。

从现有文献看，关于贷款违约的研究已经涉及违约影响因素的很多方面，但研究违约风险的行业效应以及货币政策和违约风险之间关系的文献较为少见，尤其是运用中国银行业的相关数据进行研究的则更少。因此，本文对已有相关研究是一个重要的补充。

三、实证分析模型

根据对银行贷款违约研究的相关文献（Jiménez and Saurina，2004；Bharath等，2007），本文的实证分析基于如下计量模型：

$$\Pr(\text{Default}=1)=\alpha\text{Agriloan}+\beta\ \text{Baserate}+\gamma X+u \tag{1}$$

（1）式中，Default为哑变量，当贷款违约时，取值为1，否则为0，本文将根据银行贷款五级分类法界定违约。Agriloan为涉农贷款，本文主要用中国人民银行的涉农贷款口径界定涉农贷款，属于涉农贷款的取值为1，否则为0。Baserate为基准利率，X为控制变量，u为残差项。在（1）式中，涉农贷款Agriloan变量表明银行贷款的用途；基准利率Baserate是中央银行根据宏观经济形势决定的，银行和贷款企业均没有影响。因此，本文关注的这两个变量具有很好的外生性。

本文用线性概率模型（Tinear Trobability Todel，LPM）和非线性Logit模型估计（1）式。由于一个企业可能发生多笔贷款，估计中用聚类（cluster）估计方法修正标准误。

由于一个企业可能发生多笔贷款，因此，可以根据企业贷款的笔数，将数据转化为面板数据（panel data），这样，估计模型就变为：

$$\Pr(\text{Default}_{it}=1)=\alpha\text{Agriloan}_{it}+\beta\ \text{Baserate}_{it}+\gamma X_{it}+f_{it}+u_{it} \tag{2}$$

（2）式中，i表示企业，t表示贷款的次数，f_i表示不可观测的企业固定效应。本文用固定效应模型剔除不可观测因素对估计结果的影响。

考虑到信贷质量是一个离散的多值变量，本文采用多项式响应模型（Multinomial Logit）和有序响应模型（Ordered Logit）进行估计。

为了进一步分析涉农贷款违约的影响因素，在涉农贷款子样本中，本文从贷款合约和企业特征等方面分别分析各因素对涉农贷款违约的影响，其基本模型为：

$$\Pr(\text{Default}_{it}=1)=a\text{Contractn}_{it}+\beta\ \text{Firm}_{it}+\gamma\text{District}_{i}+\text{Year}_{t}+u_{it} \tag{3}$$

（3）式中，Contract表示贷款合约信息，Firm表示企业特征变量，District表示贷款银行所在地区，Year表示贷款年份，其余符号含义同上。此外，本文还将根据涉农贷款的类型进一步分析涉农贷款的风险特征。

四、变量和数据

（一）变量

本文关注的核心问题是贷款违约，关于贷款质量的衡量采用了贷款五级分类法的标准。贷款质量五级分类是一个离散变量，包括正常、关注、次级、可疑、损失五类。一般业界将后三类，即次级、可疑、损失归为不良贷款。为此，本文引入贷款违约哑变量，当贷款形态为次级、可疑、损失三类时，哑变量取值为1，否则为0。

关于涉农贷款的度量主要有三种方法：第一，根据中国人民银行涉农贷款专项统计制度中的标准界定涉农贷款；第二，根据贷款投向的国际产业标准分类的涉农贷款；第三，根据贷款投向的国民经济行业分类中的涉农贷款。由于中国人民银行的涉农贷款标准涵盖面较宽，也是目前银行业通用的标准，所以本文采用该标准来界定涉农贷款。

关于货币政策，本文主要借鉴Bernanke 和 Blinder（1992）的方法，用基准利率作为货币政策的代理指标。具体而言，文中用中国人民银行公布的贷款基准利率作为商业银行发放贷款时货币政策的代理指标。中国人民银行的贷款基准利率按照期限分为6个月、1年、1~3年、3~5年和5年以上共五类。一般来说，中国人民银行调整利率时，五类不同期限贷款的利率都同步调整。为了处理方便，文中对贷款基准利率取了对数。

借鉴相关文献（Lehmann and Neuberger，2001；Bharath等，2007），本文的控制变量有两类：一类是有关贷款合同信息的，包括贷款期限、贷款数额、还款方式、担保方式和利率浮动等。其中，贷款期限包括短期、中期和长期。文中以短期贷款为基准，引入中期贷款和长期贷款两个哑变量描述贷款期限。贷款数额为一数值型变量，用于描述贷款的数量规模，文中做了对数处理。利率浮动是影响贷款定价的一个重要指标，本文在估计中也对其进行了控制，并取对数。

还款方式分为一次性利随本还款、一次性还本按约还息、自订计划分期还款、按约还本、按约还息和其他还款方式。担保方式分为保证、抵押、质押和票据贴现。另外一类控制变量是有关企业特征的，主要包括企业的所有制类型、管理特征和经营规模等。其中，企业的所有制类型分为国有企业、集体企业、股份合作企业、联营企业、有限责任公司、股份有限公司、私营企业、外商投资企业和其他企业。企业管理特征是指从银行综合评价的角度将企业分为优良客户、一般客户、限制客户和淘汰客户。企业的经营规模分为特大型、大型、中型和小型。

此外，为了控制诸多宏观变量和时间趋势的影响，本文引入了年份哑变量；为了控制地区固定效应的影响，引入了地区哑变量。

（二）数据

本文所用数据来自一家国有银行省分行2002—2009年的企业贷款数据。该分行位于中国经济发展水平前十位的省份，该省经济活动活跃，信贷交易频繁，因此，本文数据具有良好的代表性。而且，该行是国内主要发放涉农贷款的大型金融机构，数据适合本文研究。此外，本文所用数据是银行和企业之间发生真实交易的数据，可靠性高。

首先，本文分涉农贷款和非涉农贷款描述贷款违约情况（见表1）。

表1　贷款违约情况

	非涉农贷款		涉农贷款	
	笔数	百分比（%）	笔数	百分比（%）
正常	95 777	93.62	11 561	88.40
违约	6 527	6.38	1 517	11.60
合计	102 304	100.00	13 078	100.00

从表1可以看出，非涉农贷款的违约比例为6.38%，涉农贷款的违约比例为11.60%，涉农贷款的违约比例明显高于非涉农贷款。

其次，为了进一步观察两类贷款违约的具体情况，下面按照贷款的五级分类标准进行描述（见表2）。

表2　贷款资产质量

	非涉农贷款		涉农贷款	
	笔数	百分比（%）	笔数	百分比（%）
正常	83 475	81.60	9 918	75.84
关注	12 302	12.02	1 643	12.56
次级	2 384	2.33	329	2.52
可疑	2 778	2.72	652	4.98
损失	1 365	1.33	536	4.10
合计	102 304	100.00	13 078	100.00

表2显示，在涉农贷款中，正常贷款和关注贷款的比例分别为75.84%和12.56%，正常贷款比例低于非涉农贷款；关注贷款比例高于非涉农贷款；次级、可疑、损失贷款的比例分别为2.52%，4.98%和4.10%，均高于非涉农贷款。尤其是可疑贷款和损失贷款，它们在涉农贷款中的占比均比在非涉农贷款中的占比高很多。那么，在控制了企业特征和贷款合同信息后，涉农贷款和非涉农贷款的违约概率是否具有显著的差异呢？这是本文试图通过实证分析回答的问题。

五、涉农贷款、货币政策对贷款违约的影响

本部分采用中国人民银行对涉农贷款的界定标准来估计涉农贷款对贷款违约的影响，并同时估计了基准利率对贷款违约的影响，结果见表3。

表3　涉农贷款、基准利率对贷款违约影响的估计结果

	最小二乘估计（1）		固定效应（2）	
	系数	标准误	系数	稳健标准误
涉农贷款	0.021 4***	0.004 1	–0.001 3	0.002 5

续表

	最小二乘估计（1）		固定效应（2）	
	系数	标准误	系数	稳健标准误
基准利率	0.003 7	0.008 3	0.018 8***	0.003 0
利率浮动	0.064 6*	0.039 1	0.008 6	0.010 9
贷款数额	0.002 4*	0.001 5	–0.000 3	0.000 5
中期贷款	0.077 6***	0.011 1	0.044 4***	0.007 0
长期贷款	0.106 0**	0.052 4	0.090 3**	0.038 3
常数项	–0.184 4**	0.083 6	—	—
样本量	115 382		115 382	
R2	0.2 812		—	

注：***表示在1%的水平上显著，**表示在5%的水平上显著，*表示在10%的水平上显著。回归中本文控制了还款方式、担保方式、企业规模、企业所有制类型、企业管理特征、地区和年份哑变量，为了节省篇幅，估计结果没有报告。

表3中（1）列是最小二乘估计结果，涉农贷款在1%的置信水平上具有显著的正向影响；（2）列是用面板数据固定效应模型的估计结果，涉农贷款对贷款违约概率没有显著影响。从总体看，涉农贷款对贷款违约有显著影响，但是，当一个企业同时获得涉农贷款和非涉农贷款时，涉农贷款违约并没有显著不同于非涉农贷款。因此，除了贷款投向对违约有显著影响外，企业自身的风险特征，比如，企业规模、企业所有制类型、企业管理特征等，也对贷款违约有重要影响。

在最小二乘估计结果中，基准利率对贷款违约概率影响不显著；在固定效应模型估计结果中，基准利率对贷款违约概率有显著的正向影响，表明基准利率的变动与贷款资产质量的变化密切相关。

下面用非线性Logit模型继续估计涉农贷款、基准利率对贷款违约概率的影响，估计结果见表4。

表4　涉农贷款、基准利率对贷款违约影响的估计结果（Logit模型）

	Logit（1）		固定效应Logit（2）	
	系数	标准误	系数	稳健标准误
涉农贷款	0.264 7***	0.058 4	−0.069 0	0.044 6
基准利率	0.758 3***	0.291 6	0.355 8***	0.103 8
利率浮动	1.234 1	0.795 4	1.595 6***	0.148 0
贷款数额	0.056 0*	0.030 1	0.269 0***	0.016 5
中期贷款	0.810 4***	0.113 5	0.644 8***	0.079 1
长期贷款	1.531 5**	0.642 2	1.834 1***	0.353 2
常数项	−8.321 0	1.861 4	—	—
样本量	115 382		115 382	
R2	0.29		—	

注：***表示在1%的水平上显著，**表示在5%的水平上显著，*表示在10%的水平上显著。回归中本文控制了还款方式、担保方式、企业规模、企业所有制类型、企业管理特征、地区和年份哑变量，为了节省篇幅，结果没有报告。

从表4的结果可知，在（1）列的Logit模型估计结果中，涉农贷款在1%的置信水平上具有显著的正向影响，在（2）列固定效应Logit模型估计结果中，涉农贷款对贷款违约并没有显著影响。这一结果与表3的结果一致，进一步证实了涉农贷款的违约概率高于非涉农贷款。这表明，在中国的信贷市场上，贷款风险确实存在行业效应。在Logit模型和固定效应Logit模型估计结果中，基准利率都显著且系数为正。因此，作为货币政策的代理指标，基准利率对贷款违约有显著的正向影响。其余变量的估计结果与表3的结果比较一致。

考虑到对贷款质量的五级分类是多值的离散变量，本文用有序Logit模型分析涉农贷款、基准利率对贷款质量的影响。估计结果见表5。

表5　涉农贷款、基准利率对贷款违约影响的估计结果（Ordered Logit模型）

	系数	稳健标准误		系数	稳健标准误
涉农贷款	0.193 8***	0.028 7	中期贷款	0.510 6***	0.046 2
基准利率	0.583 3***	0.084 4	长期贷款	0.863 3***	0.209 7
利率浮动	2.142 0***	0.281 1	pseudo R2	0.32	
贷款数额	0.080 2***	0.008 5	样本量	115 382	

注：***表示在1%的水平上显著，**表示在5%的水平上显著，*表示在10%的水平上显著。贷款质量五级分类的赋值是：正常=1，关注=2，次级=3，可疑=4，损失=5，随着赋值从1到5增加，违约程度逐渐加深。回归中本文控制了还款方式、担保方式、企业规模、企业所有制类型、企业管理特征、地区和年份哑变量，为了节省篇幅，结果没有报告。

从表5的估计结果可以看出，涉农贷款在1%的置信水平上有显著的正向影响。这表明涉农贷款对贷款质量的变化有显著影响，即涉农贷款可能导致贷款质量由“正常”显著地向“损失”变迁。基准利率在1%的置信水平上显著，估计系数为0.58。这证实了前面的分析结果，基准利率的提高可能导致贷款质量由“正常”向“违约”变迁。

因此，前面的分析结果显示，涉农贷款违约概率显著高于非涉农贷款，而且涉农贷款对贷款质量变化具有显著影响。这表明一旦涉农贷款变为不良贷款，贷款质量下降速度可能更快。同时，基准利率的变动对贷款违约也有显著的正向影响。

六、涉农贷款违约的影响因素分析

为了进一步分析涉农贷款违约的影响因素，本文从总样本中提取涉农贷款子样本进行专门研究。首先运用模型（3）式，从贷款合约信息和企业特征两个方面采用逐步回归方法分析涉农贷款违约的影响因素；然后再估计不同类型的涉农贷款对违约的影响。

（一）贷款合约信息对涉农贷款违约的影响

本节用逐步回归方法，从贷款期限、还款方式、担保方式等贷款合约设计的角度分析涉农贷款违约的影响因素，估计结果见表6。

表6 贷款合约信息对涉农贷款违约影响的估计结果

	(1)	(2)	(3)	(4)
贷款数额	0.012 9*** (0.002 3)	0.009 8*** (0.002 3)	1.97E-04 (0.002 4)	-0.013 6*** (0.002 5)
基准利率	0.337 7*** (0.012 6)	0.336 7*** (0.012 6)	0.274 8*** (0.013 3)	0.057 6*** (0.016 1)
利率浮动	1.168 3*** (0.083 4)	1.179 4*** (0.085 1)	0.890 7*** (0.085 6)	0.125 8 (0.090 0)
中期贷款	—	0.154 6*** (0.023 0)	0.150 3*** (0.023 6)	0.149 0*** (0.022 8)
长期贷款	—	0.118 8 (0.103 5)	0.118 3 (0.105 2)	0.154 9 (0.106 0)
一次性利随本还款	—	—	-0.039 6 (0.153 0)	—
一次性还本按约还息	—	—	0.065 6 (0.152 9)	—
自定计划分期还款	—	—	0.125 0 (0.158 2)	—
按约还本按约还息	—	—	-0.012 9 (0.155 0)	—
保证贷款	—	—	—	0.132 1*** (0.022 5)
抵押贷款	—	—	—	0.134 5*** (0.012 0)
质押贷款	—	—	—	0.028 4 (0.024 7)
票据贴现	—	—	—	-0.168 0*** (0.019 7)
常数项	-1.733 5*** (0.220 2)	-1.797 6*** (0.235 0)	-1.180 5*** (0.282 2)	0.489 2** (0.247 0)
R^2	0.19	0.20	0.20	0.22
样本量	12 978	12 978	12 978	12 978

注：***表示在1%的水平上显著，**表示在5%的水平上显著，*表示在10%的水平上显著；括号中的数字是稳健标准误。回归中本文控制了地区和年份哑变量，为了节省篇幅，结果没有报告。

表6中，（1）列是基本模型，估计了贷款数额、基准利率、利率

浮动对涉农贷款违约的影响，同时控制了年份哑变量和地区哑变量。从估计结果可知，基准利率仍然对涉农贷款违约具有显著的正向影响，而且基准利率的估计系数明显大于表3中的估计结果，表明货币政策变动对涉农贷款违约的影响大于对非涉农贷款的影响。此外，贷款数额、利率浮动等贷款特征对涉农贷款违约也有显著的影响。（2）列在（1）列的基础上加入了贷款期限哑变量，从估计结果可知，中期涉农贷款的违约概率显著高于短期涉农贷款，而长期涉农贷款的违约概率与短期涉农贷款差别不大。这可能是由于本文数据样本期不够长，未能观察到长期贷款的完整信贷周期。因此，期限越长的涉农贷款，其违约概率越高。（3）列在（2）列的基础上加入了还款方式哑变量，从估计结果可知，涉农贷款的还款方式对违约概率没有显著影响。因此，下文的分析剔除了还款方式哑变量。（4）列在（3）列的基础上加入了担保方式哑变量，结果显示，相对于信用贷款，保证贷款和抵押贷款的违约概率都显著上升，而票据贴现的违约概率则显著下降，表明不同担保方式对涉农贷款违约概率有重要影响。

综合上面的分析，货币政策的代理指标——基准利率，以及贷款数额、利率浮动、贷款期限和担保方式等贷款特征，对涉农贷款违约有显著影响。

（二）企业特征对涉农贷款违约的影响

接下来，本节在贷款合约信息的基础上加入企业特征变量，考察这些变量对涉农贷款违约的影响，估计结果见表7。

表7　企业特征对涉农贷款违约影响的估计结果

	（1）	（2）	（3）
贷款数额	−0.003 8（0.002 6）	−0.004 0（0.002 6）	−0.002 0（0.002 5）
基准利率	0.049 2***（0.016 1）	0.045 5***（0.016 0）	0.041 3***（0.015 2）
利率浮动	0.053 16（0.090 0）	0.024 1（0.090 0）	0.022 5（0.084 1）
中期贷款	0.136 9***（0.022 7）	0.132 8***（0.023 0）	0.117 5***（0.020 5）

续表

	(1)	(2)	(3)
长期贷款	0.162 4（0.105 9）	0.113 2（0.104 1）	0.150 3（0.098 1）
担保贷款	0.121 3***（0.022 9）	0.138 8***（0.022 5）	0.154 4***（0.020 7）
抵押贷款	0.130 0***（0.020 5）	0.162 4***（0.020 2）	0.170 8***（0.018 6）
质押贷款	0.029 0（0.024 9）	0.013 2（0.024 6）	0.025 2（0.022 6）
票据贴现	−0.175 1***（0.020 0）	−0.149 1***（0.019 9）	−0.113 6***（0.018 8）
特大型企业	−0.207 2***（0.040 1）	−0.218 7***（0.045 2）	−0.089 8*（0.047 1）
大型企业	−0.047 2***（0.014 7）	−0.048 2***（0.015 1）	0.066 4***（0.014 9）
中型企业	−0.109 5***（0.007 9）	−0.094 0***（0.008 0）	−0.003 0（0.007 9）
国有企业	—	−0.107 6***（0.026 5）	−0.125 8***（0.024 9）
集体企业	—	−0.056 7*（0.030 5）	−0.177 8***（0.029 2）
股份合作企业	—	−0.201 3***（0.029 2）	−0.184 8***（0.027 4）
联营企业	—	−0.093 0（0.057 1）	−0.084 7（0.052 7）
有限责任公司	—	−0.176 1***（0.024 2）	−0.192 6***（0.023 1）
股份有限公司	—	−0.208 2***（0.024 2）	−0.193 2***（0.023 1）
私营企业	—	−0.238 5***（0.023 7）	−0.238 6***（0.022 3）
外资企业	—	−0.248 5***（0.032 3）	−0.242 4***（0.030 5）
优良客户	—	—	−0.477 0***（0.013 9）
一般客户	—	—	−0.347 9***（0.015 1）
限制客户	—	—	−0.131 7***（0.020 3）
常数项	0.5275**（0.247 8）	0.6559***（0.247 1）	0.663 2***（0.239 6）
R2	0.24	0.25	0.34
样本量	12 978	12 978	12 978

注：***表示在1%的水平上显著，**表示在5%的水平上显著，*表示在10%的水平上显著；括号中的数字是稳健标准误。外资企业含港澳台资企业。回归中本文控制了地区和年份哑变量，为了节省篇幅，结果没有报告。

表7中（1）列在贷款合约信息的基础上加入企业经营规模变量，从估计结果可知，企业经营规模对涉农贷款违约有显著影响，模型的可决系数为0.24。（2）列在（1）列的基础上加入企业所有制类型变量，从估计结果可知，企业所有制类型对涉农贷款违约也有显著影响，模型的可决系数上升到0.25。（3）列在（2）列的基础上继续引入企业管理特征变量，从估计结果可知，企业管理特征对涉农贷款违约也有显著影响，模型的可决系数上升到0.34，变化非常明显。

表7还表明，当控制住企业特征时，贷款数额对涉农贷款违约概率的影响并不显著。这说明贷款规模对涉农贷款是否违约的影响是通过企业的某些特征（如企业经营规模）发生作用的。基准利率在1%的置信水平上显著，系数为0.04，表明基准利率对涉农贷款违约具有非常显著的正向影响。不过，贷款利率浮动对涉农贷款违约影响不显著。这一结果表明，由于农业的弱质性，涉农贷款抵御风险的能力也较弱，宏观经济环境的变化可能引起涉农贷款违约增加。在几种担保方式的涉农贷款中，抵押贷款的违约概率最高、担保贷款次之、质押贷款和信用贷款没有显著区别，票据贴现贷款的违约概率显著低于信用贷款。这与相关研究的结论一致（尹志超、甘犁，2011）。

从企业特征看，相对于小型企业，特大型企业涉农贷款的违约概率显著较低，大型企业涉农贷款的违约概率显著较高，中型企业涉农贷款的违约概率与小型企业没有差异。从企业所有制类型看，相对于其他企业，国有企业、集体企业、股份合作企业、有限责任公司、股份有限公司、私营企业和外资企业涉农贷款的违约概率显著较低；从系数看，外资企业涉农贷款的违约概率最低，表明企业的产权性质、治理结构及中国特有的信贷环境可能对涉农贷款违约也有重要影响。从银行对企业的综合评价看，相对于淘汰客户，银行的优良客户、一般客户和限制客户涉农贷款的违约概率均显著较低，其中，违约概率最低的为优良客户，表明银行对企业管理能力的评估在信贷发放中具有重要作用。

（三）涉农贷款类型对贷款违约的影响

为了深入考察涉农贷款违约问题，下面进一步分析涉农贷款类型对贷款违约的影响。根据本文数据，涉农贷款分为种植业贷款、林业贷款、牧业贷款、农林牧渔服务业贷款、农产品加工业贷款、农产品出口贷款、农用物资和农产品流通贷款、农村基础设施建设贷款、农业生产资料制造贷款和其他涉农贷款十种类型。本文以其他涉农贷款作为参照组，引入相应的哑变量，估计不同类型涉农贷款对其违约的影响。估计结果见表8。

表8　涉农贷款类型对违约影响的估计结果

	最小二乘估计（1）	Logit（2）
种植业贷款	0.012 7（0.014 3）	0.002 5（0.002 1）
林业贷款	−0.034 4（0.033 1）	−0.001 3（0.003 0）
牧业贷款	−0.006 9（0.020 9）	0.003 0（0.005 7）
农林牧渔服务业贷款	0.225 3***（0.038 2）	0.095 6***（0.037 2）
农产品加工业贷款	0.003 0（0.007 5）	0.001 7*（0.001 0）
农产品出口贷款	0.024 6（0.026 7）	0.023 5（0.015 7）
农用物资和农产品流通贷款	0.032 3**（0.013 4）	0.000 8（0.001 5）
农村基础设施建设贷款	−0.026 8***（0.010 4）	−0.001 5**（0.000 7）
农业生产资料制造贷款	−0.012 7（0.010 9）	−0.000 9（0.001 0）
中期贷款	0.153 9***（0.017 7）	0.020 2（0.005 9）
长期贷款	0.129 8**（0.060 3）	0.034 1（0.029 3）
基准利率	0.025 7**（0.010 7）	0.018 2（0.003 2）
利率浮动	−0.078 3（0.058 3）	0.007 1（0.000 2）
贷款数额	−0.002 7（0.001 9）	−0.000 2（0.000 3）
常数	0.558 8**（0.260 5）	−12.685 0***（2.487 6）
R^2	0.42	
样本量	13 002	12 975

注：***表示在1%的水平上显著，**表示在5%的水平上显著，*表示在10%的水平上显著；括号中的数字是稳健标准误。回归中本文控制了还款方式、担保方式、企业规模、企业所有制类型、企业管理特征、地区和年份哑变量，为了节省篇幅，结果没有报告。

从表8的估计结果可知，农业生产贷款（种植业贷款、林业贷款、牧业贷款）违约并没有显著不同于其他涉农贷款，表明涉农贷款的违约风险并不是来自生产环节。在最小二乘估计和Logit模型估计结果中，农林牧渔服务业贷款的违约概率显著高于其他涉农贷款。在最小二乘估计结果中，涉农贷款在1%的置信水平上显著，边际效应为0.23；在Logit模型估计中，涉农贷款在1%的置信水平上显著，边际效应为0.10。农用物资和农产品流通贷款在最小二乘估计结果中，在5%的置信水平上显著且系数为正；在Logit模型估计结果中不显著。在最小二乘估计结果中，农村基础设施建设贷款在1%的置信水平上显著，估计系数为-0.03；在Logit模型估计结果中，农村基础设施建设贷款对违约的影响在5%的置信水平上显著，边际效应为-0.002，表明农村基础设施建设贷款的质量总体看不错。其原因在于，农村基础设施建设贷款是用于中央和省级财政主导投资建设的农村基础设施项目，财政承诺全额偿还本息的贷款，因此，这类贷款具有较强的政策性，银行承担的风险较小。农产品加工业贷款在Logit模型估计结果中显著且系数为正。其他变量的估计结果与前面基本一致。

从不同类型的涉农贷款看，农业生产类贷款的违约概率并没有与其他涉农贷款呈现出差异，而与农业相关的服务、加工、流通等环节贷款的违约概率显著高于其他涉农贷款。由于农业服务、加工、流通等环节受农产品市场波动的影响相对较大，涉农贷款的违约风险可能并不是来自农业生产中的自然风险，而主要是来自农产品和农用物资市场变化而产生的市场风险。因此，对涉农贷款违约风险的关注重点应是农业服务、加工、流通等环节的市场风险，而不仅是农业生产环节的自然风险。

七、结论

本文基于银行的企业信贷数据，采用线性概率模型和非线性Logit模型，研究了涉农贷款违约以及货币政策和贷款违约之间的关系。

在线性概率模型和Logit模型估计结果中，本文发现，涉农贷款和基准利率都对贷款违约有显著的正向影响。在有序Logit模型和多项Logit模型估计结果中，本文进一步发现，涉农贷款一旦违约，将会加速向次级、可疑和损失等形态变迁。因此，在中国信贷市场上，违约风险存在显著的行业效应，货币政策对贷款违约具有显著的影响。

本文进一步在涉农贷款子样本中分析了涉农贷款违约的影响因素，发现货币政策的代理指标——基准利率，以及贷款数额、利率浮动、贷款期限和担保方式等贷款特征，都对涉农贷款违约有显著影响。当控制了企业特征以后，贷款数额对涉农贷款违约的影响并不显著，表明贷款规模对涉农贷款违约的影响是通过企业的某些特征发生作用的。基准利率的变动对涉农贷款违约有显著的正向影响。不过，利率浮动对涉农贷款违约影响不显著。这一结果表明，由于农业的弱质性，涉农贷款抵御风险的能力也较弱，宏观经济环境的变化可能引起涉农贷款违约增加。

从企业特征看，相对于小型企业，特大型企业涉农贷款的违约概率显著较低，大型企业涉农贷款的违约概率显著较高。从企业所有制类型看，相对于其他企业，国有企业、集体企业、股份合作企业、有限责任公司、股份有限公司、私营企业和外资企业涉农贷款的违约概率显著较低，而且外资企业涉农贷款的违约概率最低，表明企业的产权结构也可能对涉农贷款违约有影响。从企业管理特征来看，相对于淘汰客户，银行的优良客户、一般客户和限制客户涉农贷款的违约概率均显著较低，其中，违约概率最低的为优良客户，这表明银行对企业管理能力的评估在信贷发放中具有重要作用。

从涉农贷款的类型看，农业生产类贷款，例如，种植业贷款、牧业贷款、林业贷款的违约概率并没有与其他涉农贷款呈现出显著差异，而农业服务、加工、流通环节的贷款可能是导致涉农贷款违约概率较高的主要原因。因此，涉农贷款的违约风险可能并不是来自农业生产中的自然风险，而主要来自农产品和农用物资市场变化而产生的市场风险。

综上，本文研究结果表明，中国信贷市场上贷款违约风险存在显著的行业效应，涉农贷款的违约风险显著高于非涉农贷款，涉农贷款的违约风险主要来自农业服务、加工、流通环节的市场风险。从货币政策看，基准利率对贷款违约具有显著的正向影响，而且对涉农贷款违约的影响大于对非涉农贷款的影响。因此，国家在制定宏观政策尤其是货币政策时，要考虑它们可能对银行贷款尤其是涉农贷款的系统性影响。对金融机构来说，发放涉农贷款时既需要关注借款者的风险特征，也需要合理设计贷款合约，还需要关注农产品市场风险。

参考文献

［1］Allen L, Saunders A. A Survey of Cyclical Effects in Credit Risk Measurement Models［J］. BIS Working Paper 126, 2003.

［2］Bangia A, Diebold F X, Schuermann T. Ratings Migration and the Business Cycle, with Applications to Credit Portfolio Stress Testing［J］. Wharton Financial Institutions Center Working Paper, 2000, 26, April.

［3］Berger A N, DeYoung R. Problem Loans and Cost Efficiency in Commercial Banks［J］. Journal of Banking & Finance, 1997, 21(6): 849–870.

［4］Berger A N, De Young R. The Effects of Geographic Expansion on Bank Efficiency［J］. Journal of Financial Services Research, 2001, 19(2): 163 - 184.

［5］Berger A N, De Young R. Technological Progress and the Geographic Expansion of the Banking Industry［J］. Journal of Money, Credit and Banking, 2006, 38(6): 1483–1513.

［6］Bernanke B S, Blinder A S. The Federal Funds Rate and the Channels of Monetary Transmission［J］. The American Economic Review, 1992, 82(4): 901–921.

［7］Bharath S, Dahiya S. Saunders A, Srinivasan A. So What Do I Get? The Bank's View of Lending Relationships［J］. Journal of Financial Economics, 2007. 85(2): 368–419.

［8］Campbell T S, Dietrich J K. The Determinants of Default on Insured Conventional Residential Mortgage Loans［J］. The Journal of Finance, 1983, 38(5): 1569–1581,

［9］Carey M. Credit Risk in Private Debt Portfolios［J］. Journal of Finance, August, 1998:1363–1387.

［10］De Young R, Glennon D, Nigro P. Borrower–lender Distance, Credit Scoring and Loan Performance: Evidence from Informational–opaque Small Business Borrowers［J］. Journal of Financial Intermediation, 17(1): 113–143, 2008.

[11] Elsas R, Krahnen J P. Is Relationship Lending Special? Evidence from Credit-file Data in Germany [J]. Journal of Banking and Finance, 1998, 22(10/11): 1283-1316,

[12] Flannery M and Samolyk K. Payday Lending: Assessing the Importance of Scale for Store Performance [J]. working paper, Federal Deposit Insurance Corporation, 2006.

[13] Fridson M , Garman C, Wu S. Real Interest Rates and the Default Rate on High Yield Bonds [J]. The Journal of Fixed Income, 1997. 7(S):29-34.

[14] Falkenheim M, Powell A. The Use of Credit Bureau Information in the Estimation of Appropriate Capital and Provisioning Requirements [J]. working paper, Central Bank of Argentina, 2001.

[15] Jiménez G, Mencía J. Modelling the Distribution of Credit Losses with Observable and Latent Factors [J]. Journal of Empirical Finance, 2009.16(2): 235-253.

[16] Jiménez G, Saurina J. Collateral, Type of Lender and Relationship Banking as Determinants of Credit Risk [J]. Journal of Banking & Finance, 2004.28(9): 2191-2212.

[17] Kaplin A, Levy A, Qu S, Wang D. Wang Y, Zhang J. The Relationship between Default Risk and Interest Rates: An Empirical Study [J]. Moody's Analytics, 2009.10(2):1-17.

[18] Koopman S J, Lucas A. Business and Default Cycles for Credit Risk [J]. Journal of Applied Econometrics, 2005, 20(2): 311-323,

[19] Landier A, Nair V B, Wulf J. Trade-offs in Staying Close: Corporate Decision-making and Geographic Dispersion [J]. The Review of Financial Studies, 2009, 20(3):1119-1148.

[20] Lehmann E, Neuberger, D. Do Lending Relationship Matter? Evidence from Bank Survey Data in Germany [J]. Journal of Economic Behavior & Organization, 2001, 45(3): 339-359,

[21] Nickell P, Perraudin W, Varotto S. Stability of Rating Transitions [J]. Journal of Banking and Finance, 2000, 24(1/2): 203-228,

[22] Rossi C V. Mortgage Banking Cost Structure Resolving an Enigma [J]. Journal of Economics and Business, 1998. 50(2): 219-234,

[23] 刘彬. 银行贷款行为实证研究 [D]. 北京: 北京大学博士学位论文，2006.

[24] 平新乔, 杨慕云. 信贷市场信息不对称的实证研究——来自中国国有商业银行的证据 [J]. 金融研究, 2009(3).

[25] 尹志超, 甘犁. 信息不对称、企业异质性和信贷风险 [J]. 经济研究, 2011(9).

[26] 中国人民银行农村金融服务研究小组. 中国农村金融服务报告2012 [M]. 北京: 中国金融出版社，2013.

银行一体化下的美、德、英、日国内信贷联动分析

高杰英[1]

摘要： 2007年美国抵押信贷市场一隅的冲击传导至全球主要发达国家，表明银行一体化下各国国内银行信贷不仅受国内因素影响，还受国际因素影响。本文采用SVAR模型分析了美、德、英、日四国国内信贷的联动关系，比较了金融危机前后不同状态下以及同一状态不同国家间信贷冲击效果。研究表明，银行一体化下发达国家国内信贷之间已经存在或正或负的冲击效应，危机后影响程度加大。国家所处状态以及银行异质性是冲击程度不同的原因，开放的银行体系更容易受到国外银行的影响。

关键词： 银行一体化　信贷冲击　银行异质性　SVAR模型

一、引言

20世纪80年代以来，银行一体化随着经济、金融一体化的深入而不断发展。1988年的《巴塞尔资本协议Ⅰ》是发达国家在初具雏形的国际银行业务基础上的首次共识，旨在为国际银行业竞争提供统一的平台。金融危机后不少国家国内信贷出现紧缩表明不仅发展中国家，

基金项目：北京市教委社科面上项目（SM201310038010）和教育部留学回国人员科研启动基金项目（20121707）的阶段性成果。

1　高杰英，首都经济贸易大学金融学院副院长、副教授，经济学博士，硕士生导师。

而且发达国家国内银行业务也受到来自国外的冲击。前美联储副主席Donald Kohn（2008）说：“一国流动性紧缩时，该国全球活跃银行会从海外分支机构抽取资金从而将冲击传导至国外。特别值得关注的是，金融传导机制有时候比传统贸易往来更重要。”[1]

2013年欧盟银行业联盟统一监管、存款保险与清算三大机制的建立，以及2014年亚洲基础设施银行的建立都表明银行一体化仍将进一步深入。各国国内银行业务不是孤岛，国内银行借贷不仅受自身国际借贷的影响，还受国际证券、国际商品市场等渠道影响。冲击源和冲击对象的改变使得银行信贷联动得到了理论界和政策制定者的广泛关注。本研究以全球最具影响力并在国际银行市场中最为活跃的发达国家——美国、德国、英国、日本的国内信贷为对象，分析比较了金融危机前后发达国家国内信贷之间的相互冲击。研究表明，发达国家国内信贷之间存在相互影响，金融危机加大了银行间的冲击力度，银行异质性是冲击作用方向以及程度不同的原因。

二、文献回顾及问题提出

国际清算银行数据显示，全球银行对国外贷款在2008年1季度末为265 049亿美元，是1995年同期的3.8倍，近13年年均增长29%，远高于国内信贷的增长。图1显示次贷危机前美、德、英、日四国对国外贷款都有显著增长，次贷危机后有所回落但仍处于较高的水平。跨境资金的增长、银行一体化的深入必然使得各国国内信贷受国外资金冲击的可能性越来越大。

银行一体化下的信贷冲击研究是针对母国与东道国的研究，冲击发生时两国可能处于稳定状态，也可能处于受到负向冲击的状态。表1列示了银行一体化信贷冲击研究中，母国与东道国的八种主要状态，以及相应的有关文献、文献研究对象和结论[2]。研究从三个视角展开：

1 Kohn Donald L. Global Economic Integration and Decoupling. Speech, 26 June 2008,International Research Forum on Monetary Policy, Frankfurt, Germany, 2008.

2 由于以发展中国家为母国的国际银行借贷规模很小，研究也少，故不做总结。

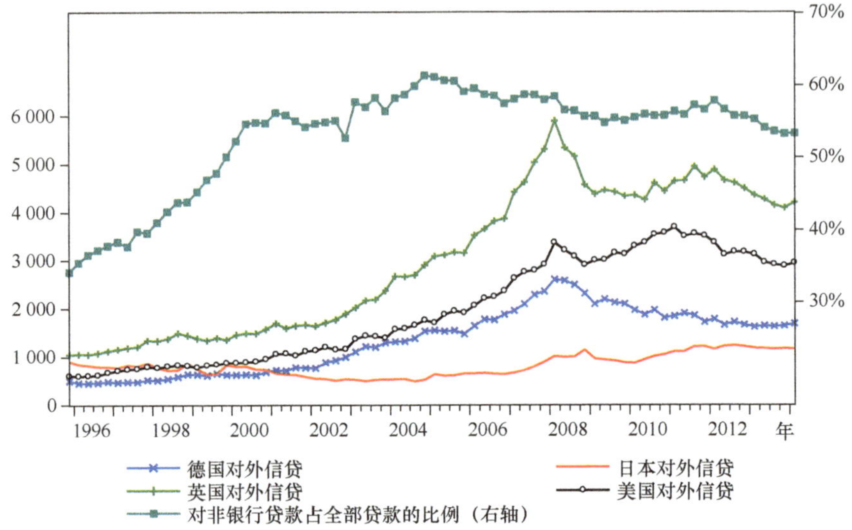

数据来源：BIS 报告。

图1　国际银行信贷中对非银行贷款占比及美德英日四国对外信贷余额（1996-2013年）（单位：10亿美元）

第一种视角可称为“稳定信贷”视角。研究者认为，当一国（地区）经济受到冲击时，一体化的银行不会从其抽走资金，而是通过国际银行从其他国家（地区）调集资金进行支持，从而一体化银行比区域性银行更有利于本国（地区）信贷的稳定。此类视角常常用于对发展中国家的研究，表明当发展中国家发生危机时，外资银行并没有退出该市场，而是和本国银行一样提供信贷，保证了本国信贷的稳定。例如，Goldberg等（2000）对20世纪90年代经历了“龙舌兰”效应的墨西哥和阿根廷的研究；Clarke（2006）对发展中国家和转轨国家的研究。也有少量对发达国家的研究，例如，Kaminsky等（2000）对同一时期受到危机冲击的日本银行借款和未受到冲击的美国银行借款的比较研究表明，日本银行未将本国冲击传导至东道国美国。

第二种视角可称为“母国倾向（home bias）”,认为一国（地区）银行受到冲击时，在金融市场流动性匮乏、国内信贷增长乏力的情况下，为了尽可能减少本国借款人受冲击的影响，一体化的银行会从国外（外地区）分支机构抽取资金从而将危机传导至其他国家（地区），引发银行信贷的不稳定。Peek等 (1997)对日本国际银行的研究表明，金融危机期间日本减少了在美国的贷款。Cetorelli 等（2011）的研究表明，在金融危机期间国际银行减少了对新兴市场的贷款。Puri等（2011）的研究表明，受美国次贷危机影响的德国储蓄银行拒绝了较多贷款申请。Schnabl（2011）的研究表明，俄罗斯金融危机导致秘鲁银行缩减了国内信贷。相似的研究还可见Claudia等（2010）、Milesi-Ferretti等（2011）、De Haas等（2012）、Giannetti等（2012a）。

第三种视角则认为，银行一体化下信贷冲击效应并不一致，最终结果取决于银行的异质性。Hristov（2012）发现，欧元区11个成员国在金融危机期间受信贷供给负向冲击影响的时间和程度各不相同。奥地利、芬兰和意大利负向冲击效果出现在2008年，德国、西班牙和法国的负向冲击则出现在2009和2010年。Haas（2013）的研究表明，金融危机期间国际银行并没有出现一致的“信贷出逃”现象，深度融入东道国银行体系的国际银行继续给它们熟悉的客户更多的贷款，深度的金融整合有利于危机期间跨境贷款的稳定。已有研究表明，影响冲击效应的银行的异质性包括东道国的地理位置、东道国的宏观经济冲击、两国间的国际贸易关系，以及跨国银行对母国银行资金的依赖和融资成本、跨国银行本地化经营程度等（Claudia,2010;Milesi-Ferretti 等，2011；Giannetti 等，2012b；鲁易明，2012）。Raddatz（2010）研究表明，外资银行的本币贷款有利于维护东道国的金融稳定，但是过于依赖跨境银行贷款的国家则更容易遭受外部冲击。项卫星等（2011）的研究也从另一个角度证明了这一点，他们的研究结果表明，2007—2009年金融危机对中东欧国家比对拉美国家冲击效应更强，因为中东欧国家的外资银行偏好直接向东道国发放外币跨境贷款，2008年跨境贷款占外资银行贷款总额的50%，而拉美国家仅占33%。Weller等（2000）的研究还表明，各国银行股权融资的不同模式和时间也会对不同国家的冲击不一致产生影响，中东欧国家银行并未像俄罗斯和墨西哥那样在东南亚金融危机时期出现信贷紧缩。

表1　银行一体化下的信贷冲击研究

序号	母国	东道国	两国状态	有关文献	研究对象（数据时间）	结论
①	发达国家（T）	发达国家（T）	T–T	Helbling,（2010）+ Hristov,（2012）+	东道国信贷（1988–2009） 东道国信贷（2003–2010）	母国效应 母国效应
②		发达国家（N）	T–N	Giannetti,（2012a,b）+	国际信贷（2007–2008）	看条件
③		发展中国家（ZT）	T–ZT	Kaminsky等.(2000) Weller(2000)	国际信贷（1994，1997） 国际信贷(1990–1997)	稳定 看条件
④		发展中国家（ZN）	T–ZN	Goldberg等.(2000) Clarke(2006)	东道国信贷（1996 –1999） 国内信贷（1999）	稳定 稳定
⑤	发达国家（N）	发达国家（T）	N–T	Peek等.(1997) Raddatz（2010）	国际信贷（1988–1995） 国际信贷（2008）	母国效应 母国效应
⑥		发达国家（N）	N–N	Helbling,（2010）+ Puri等.(2011) Hristov（2012）+ De Haas等.（2013）* Milesi-Ferretti（2011）* Giannetti（2012a,b）+	东道国信贷（1988–2009） 东道国信贷（2006–2008） 东道国信贷（2003–2010） 国际信贷（2007–2009） 国际资本收支（2007–2009） 国际信贷（2007–2008）	母国效应 母国效应 看条件 看条件 看条件 看条件
⑦		发展中国家（ZT）	N–ZT	Cetorelli（2012） 鲁易明（2012） De Haas等.（2013）* Schnabl(2011)	国际信贷（2007–2009） 国际信贷（2007–2009） 国际信贷（2000–2009） 国际信贷（1996–2000）	母国效应 看条件 看条件 不稳定
⑧		发展中国家（ZN）	N–ZN	Milesi-Ferretti (2011)* 项卫星等（2011）	国际资本收支（2007–2009） 国际信贷（2007–2009）	看条件 看条件

注：发达国家（T）表示发达国家处于正常状态（tranquil），发达国家（N）表示发达国家受到负向（negative）冲击的状态。发展中国家（ZT）表示发展中国家处于正常状态，发展中国家（ZN）表示发展中国家受到负向（negative）冲击的状态。+表示研究对象经历正常和负向冲击两个状态，*表示研究对象包括发达国家和发展中国家。

表1显示，早期研究多针对墨西哥、东南亚金融危机下发展中国家，而最新研究包括次贷危机下的发展中国家和发达国家。如果研究对象包含正常和负向冲击两个状态时，研究结论通常是信贷冲击在各

国有传递但效应大小则因银行异质性而定。笔者认为，八种状态是对银行所处外部环境异质性的最基础的划分，在此划分下可以较大程度地将银行异质性问题限于银行体系自身，如现有研究中已经分析的银行所处地理位置、融资贷款的结构和成本等，也包括尚未关注的银行资产配置结构的变化。如图1显示国际银行信贷资金总量提高的同时结构发生了巨大的变化，非银行类机构贷款占比在20世纪90年代中后期显著上升，2005年这一比例达到最高值61%。

以上研究大部分是对国际借贷、国际收支的研究，本文采用国内非银行部门信贷这一研究对象作为补充。因为国际借贷数据来自国际清算银行统计或国际银团贷款数据，不包括离岸金融中心的数据以及国际银行业中日益扩大的表外融资的数据。国际收支则反映的是资本流动的全景。非银行部门借贷反映的是银行信贷结果，最能体现银行功能及其与实体经济的关系。同时，本研究采用1984年3月至2013年9月的经历正常和负向冲击状态的多个发达国家为研究对象。两个状态的多组别比较研究，既可以克服银行异质性而揭示不同状态下银行相互的冲击变化，也可以揭示同一状态下不同国家银行之间冲击是否一致[1]。选择发达国家作为样本，是因为次贷危机前除日本外这些国家都处于稳定状态，易于进行状态比较，而发展中国家则经历有拉美危机、东南亚危机以及俄罗斯危机等，较难清晰地界定所处的状态。

三、模型、数据与条件

本文运用多变量SVAR模型。SVAR是对VAR进行结构化的一种方法，VAR中的内生变量只能通过滞后期来解释，而SVAR可以确定内生变量之间在当期的相互影响。另外SVAR克服了VAR的不足，可以比较准确而稳定地得到变量之间的相互关系，并且可以得到唯一的脉冲响

1　依据以上分析，样本涵盖了发达国家的四种状态：状态①（T-T）——金融危机前的美、德、英三国（1984-2006年）；状态②（T-N）——金融危机前的美、德、英三国与日本（1984-2006年）；状态⑤（N-T）——金融危机前的日本与美、德、英三国（1984-2006年）；状态⑥（N-N）——金融危机后的美、德、英三国。

应和方差分解。

$$C_0 y_t = \Gamma_1 y_{t-1} + \Gamma_2 y_{t-2} + \Lambda + \Gamma_p y_{t-p} + u_t, t = 1,2,\Lambda T \tag{1}$$

$$C_0 = \begin{bmatrix} 1 & -C_{12} & \Lambda & -C_{1K} \\ -C_{12} & 1 & \Lambda & -C_{2K} \\ M & M & O & M \\ -C_{K1} & -C_{K2} & \Lambda & 1 \end{bmatrix}, \Gamma_i = \begin{bmatrix} \gamma_{11}^{(i)} & \gamma_{12}^{(i)} & \Lambda & \gamma_{1k}^{(i)} \\ \gamma_{21}^{(i)} & \gamma_{22}^{(i)} & \Lambda & \gamma_{2k}^{(i)} \\ M & M & O & M \\ \gamma_{k1}^{(i)} & \gamma_{k2}^{(i)} & \Lambda & \gamma_{kk}^{(i)} \end{bmatrix}, t_1, 2, \Lambda, P, u_t = \begin{bmatrix} u_{1t} \\ u_{2t} \\ M \\ u_{kt} \end{bmatrix}$$

（一）变量

式（1）中：y_t为包括美国（US）、德国（G）、英国（UK）和日本（JP）国内信贷的向量。

（二）数据

研究采用了1984年3月至2013年9月美国、德国、英国和日本的国内信贷（非银行部门的借贷）月度数据。金融危机前日本受到本国20世纪90年代初自身泡沫经济的影响，以及1997年东南亚金融危机的影响，大部分时间处于负向冲击影响中，而美、德、英三国则几乎没有受到明显的负向冲击[1]。

研究建立了两个SVAR模型：模型1以1984年3月至2006年12月的数据为样本，揭示危机前发达国家信贷联动特征；模型2以2008年1月至2013年9月的数据为样本，揭示危机后发达国家信贷联动变化。2007年是次贷危机的发生年，作为隔离期使两个样本更独立，便于比较[2]。

美国的银行月度数据为已经过季节调整的数据，故本文只对德国、英国和日本的数据采用X_{12}季节调整方法进行调整。为了去除时间序列的时间趋势，对信贷余额时间序列进行了对数差分处理，经济含义为信贷增长率，反映银行信贷的波动。最终的时间序列及含义见表2。

表2　时间序列符号含义及列表

US	美国国内信贷月度数据，数据来自美国联邦储备系统
DUS	美国银行国内信贷一阶对数差分

1　国内信贷为所有银行对国内非金融企业的贷款，包括贴现。

2　本研究也以1984年3月至2013年9月的数据为样本建立模型进行分析，结果表明1984–2013年长期趋势的结果与金融危机前（1984–2006年）的结果基本一致，因此，本文模型1的结果也代表长期趋势。

续表

G	德国国内信贷月度数据，数据来自德意志联邦银行
DG_TC	德国国内银行信贷月度数据经X_{12}季节调整后长期趋势的一阶对数差分
UK	英国国内银行信贷数据，数据来自英格兰银行
DUK_TC	英国国内银行信贷月度数据经X_{12}季节调整后长期趋势的一阶对数差分
JP	日本国内银行信贷数据，数据来自日本银行
DJP_TC	日本国内银行信贷月度数据经X_{12}季节调整后长期趋势的一阶对数差分

从表3的均值可见，金融危机前美、德、英、日四国信贷增长处于0.202 9%~1.088 9%的水平，最低为日本，最高为英国，日本在1990—2000年的信贷增长乏力。金融危机后，四国信贷增长处于-0.016 7%~0.110 6%的水平，最低为德国，最高为美国。无论是否直接受到美国次贷危机的冲击，金融危机后四国信贷增长率都显著下降。危机后降幅最大为英国的0.998 8%，最小为日本的0.120 1%。从最小值的分析来看，1984年以来美国、德国和英国的最大降幅都出现在金融危机期间，分别是2009年7月、2013年8月和2008年12月，而日本的最大降幅出现在1994年4月。均值分析表明，英国受次贷危机的冲击更为直接、幅度也最深，德国虽然受直接冲击较小，但是受到次贷引发的欧债危机的影响，作用更为深远，而日本国内信贷受次贷危机的冲击相对较小。

表3　模型1（1984—2006年）和模型2（2008—2013年）变量的描述

	美国（DUS）		德国（DG_TC）		英国（DUK2_TC）		日本（DJP_TC）	
时间段（年）	1984-2006	2008-2013	1984-2006	2008-2013	1984-2006	2008-2013	1984-2006	2008-2013
均值	0.599 1	0.110 6	0.518 5	-0.016 7	1.088 9	0.090 1	0.202 9	0.082 8
均值差*	0.488 5		0.535 2		0.998 8		0.120 1	
最大值	2.31	4.73	2.03	0.436 2	10.09	2.227 7	2.596 3	0.637 4
最小值	-1.41	-1.6551	-0.236	-0.938 8	-0.894	-1.003 9	-0.704 4	-0.240 1
标准差	0.004 6	0.009 2	0.003 5	0.002 7	0.015 4	0.006 3	0.006 0	0.001 9
观察值	273	69	273	69	273	69	273	153

注:为直观描述信贷增长率，均值、均值差、最大值与最小值单位为%，其他数据为数值(表4同)。*均值差为1984-2013年的均值减去2001-2013年的均值。

（三）检验

（1）对时间序列DUS、DG_TC、DUK_TC以及DJP_TC组成的样本进行平稳性检验，各方法都表明时间序列平稳（见表4）。

表4　数据平稳性检验

检验方法	对象	统计值	P值	截面数	观察值	结果
Levin, Lin & Chu	1984.03–2006.12	−2.909 4	0.001 8	4	1 046	平稳
ADF – Fisher Chi-square		21.083 8	0.006 9	4	1 046	平稳
PP – Fisher Chi-square		59.020 8	0.000 0	4	1 088	平稳
Levin, Lin & Chu	2008.01–2013.09	−4.185 8	0.000 0	4	260	平稳
ADF – Fisher Chi-square		67.057 5	0.000 0	4	260	平稳
PP – Fisher Chi-square		62.935 2	0.000 0	4	272	平稳

（2）对两个样本的时间序列进行协整检验，迹检验结果表明模型1中至少存在4个协整关系，模型2中至少存在3个协整关系。表明所有模型都存在长期稳定关系，可以进行VAR分析。

（3）对两个样本的时间序列进行格兰杰因果检验，结果表明模型1中日本和德国互为格兰杰原因，德国是美国、日本是英国、英国是德国的格兰杰原因；模型2中，英国和德国、日本和德国、日本和英国互为格兰杰原因，英国、日本是美国的格兰杰原因。

（4）模型滞后阶数的选择。根据各项准则，模型1选择滞后5阶的VAR模型，模型2选择滞后4阶的VAR模型。

（5）SVAR模型的识别条件。在估计SVAR模型时，为了能够完全识别模型中的参数，至少需要对A，B矩阵施加$k(k-1)/2$个短期约束，k为内生变量个数，故模型1和2需要6个参数约束。因为20世纪80年代以来美国是经济影响力最大的国家，德国经济在欧盟中最具有影响力，且在金融危机后保持较强的独立性，因此针对模型1和模型2设定的识别条件为德国、英国和日本对美国当期信贷无影响，即$a_{12}=0$，$a_{13}=0$，$a_{14}=0$；英国和日本对德国信贷当期无影响，即$a_{23}=0$，$a_{24}=0$；日本对英国当期无影响，a_{34}=0。

$$\begin{bmatrix}1&0&0&0\\a_{21}&1&0&0\\a_{31}&a_{32}&0&0\\a_{41}&a_{42}&a_{43}&0\end{bmatrix}\cdot\begin{bmatrix}u_t^{dus}\\u_t^{dg\_tc}\\u_t^{duk\_tc}\\u_t^{djp\_tc}\end{bmatrix}=\begin{bmatrix}b_{11}&0&0&0\\0&b_{22}&0&0\\0&0&b_{33}&0\\0&0&0&b_{44}\end{bmatrix}\cdot\begin{bmatrix}\varepsilon_1^{dus}\\\varepsilon_1^{dg\_tc}\\\varepsilon_1^{duk\_tc}\\\varepsilon_1^{djp\_tc}\end{bmatrix}$$

（6）模型的检验。对模型1和模型2分别进行单位根检验，结果表明各模型特征根的倒数均落在单位圆内，说明模型是稳定的，见图2。

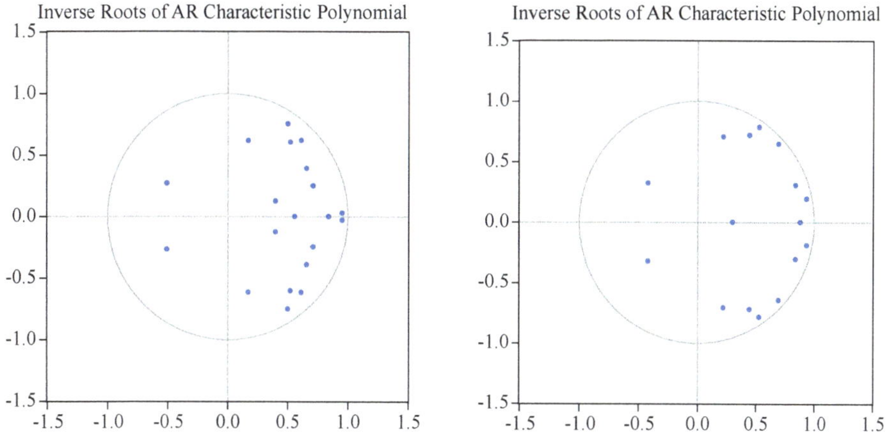

图2　模型1特征根（左图）和模型2特征根（右图）

（四）模型结构条件估计结果

全文均采用EVIEWS6.0进行分析（见表5），结构条件显示，危机前美国对日本存在显著当期正向影响。危机后英国对日本存在显著当期正向影响，表明日本国内信贷波动对来自发达国家的信贷冲击比较敏感。从经济结构来看，日本对海外市场依存度较高，从金融结构来看，日本是典型的银行主导型，其信贷余额占GDP比值全球最高，由此可能导致日本的当期响应比较显著。美国对其他国家都有正向影响，德国对其他国家都有当期负向影响，但是影响程度都不大，且都不显著。

表5 模型1和模型2结构条件估计结果

	模型1：危机前（1984.03–2006.12）				模型2：危机后（2008.01–2013.09）			
	美国	德国	英国	日本	美国	德国	英国	日本
美国	1	0	0	0	1	0	0	0
德国	0.003 5	1	0	0	0.002 0	1	0	0
英国	0.009 5	–0.328 7	1	0	0.001 4	–0.010 8	1	0
日本	0.011 4**	–0.005 8	0.020 0	1	0.001 0	–0.003 9	0.097 5***	1

注：**，***分别代表5%，1%的显著性水平。

（五）脉冲响应分析

采用Eviews进行结构分解（structural decomposition）脉冲分析，2008年全球金融危机前后所有累计脉冲响应图（图4、图5）都反映出国内信贷最主要的冲击仍旧来自本国，与模型结果中最显著的变量是本国信贷滞后一期一致。金融危机后他国信贷冲击对本国影响加大。图中按顺序依次为美国、德国、英国和日本（下同）。

处于同一状态下的不同国家之间的冲击响应不同。同处于状态①下，美国对德国和英国的冲击响应为负向，德国和英国对美国的冲击响应为负向，英国对德国的冲击响应为负向，只有德国对英国的冲击响应为正向。同处于状态②或状态⑤下，处于负向冲击中的日本对处于平稳期的美、德、英三国的作用也不同，美国和德国对日本的冲击响应为正向，而同一时期英国对日本的冲击响应为负向。处于负向冲击中的日本对美、德、英三国的冲击响应也不同。对美国的冲击响应为负向，对英国的冲击响应先负后正；对德国的冲击较小，在0左右徘徊。同处于状态⑥下，美国对德国的冲击响应为正向，对英国的冲击响应为负向；德国对美国的冲击响应为负向，对英国的冲击响应为正向；英国对美国的冲击响应先负后正，对德国的冲击响应先正后负。

处于不同状态下两国的冲击效应不同。美国对德国的冲击响应在状态①下为负，在状态⑥下为正；德国对美国的冲击响应在状态①下和状态⑥下均为负向；英国对德国的冲击响应在状态①为负，在状态⑥下冲击响应由正变负。

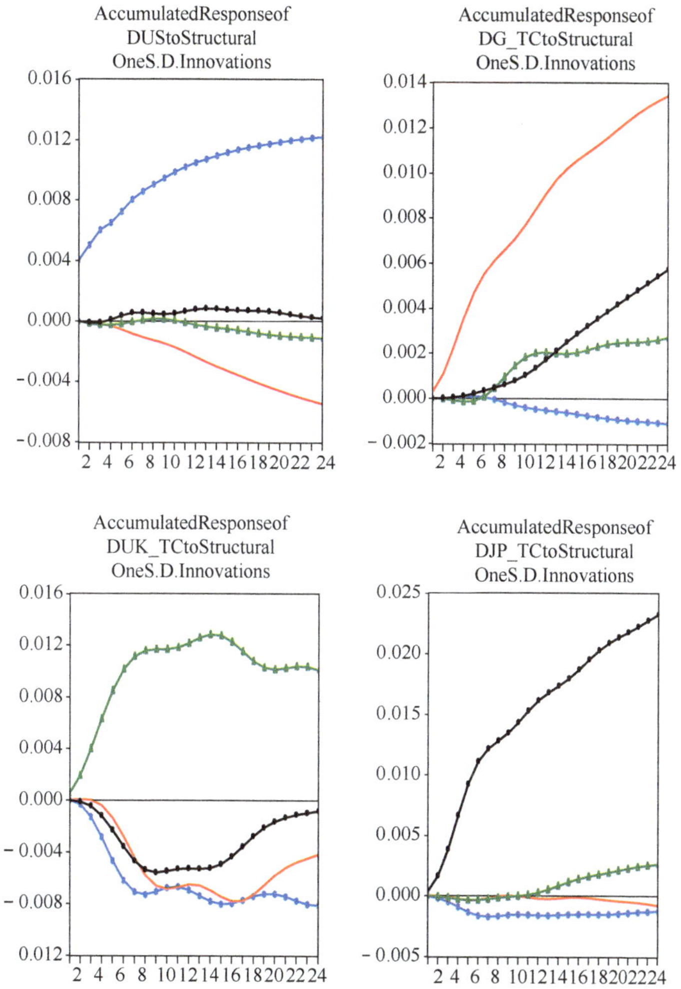

图3 金融危机前美、德、英、日四国累积脉冲响应合成图

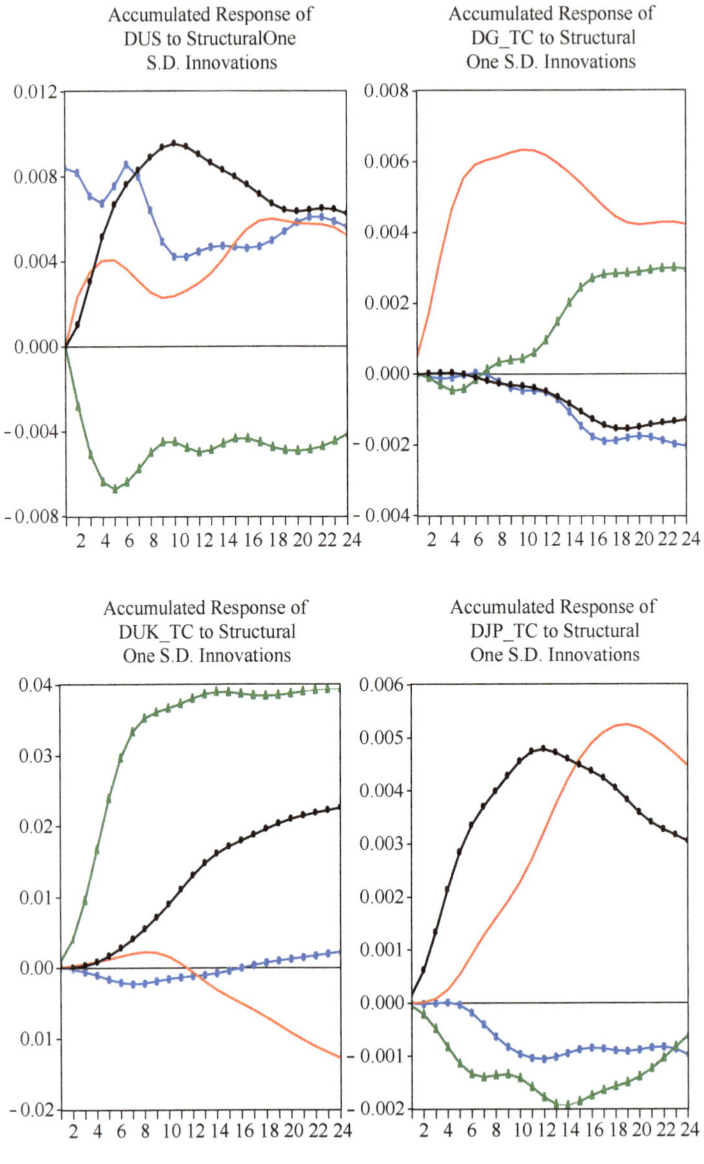

图4　金融危机后美、德、英、日四国累积脉冲响应合成图

（六）方差分解分析

方差分解显示金融危机前发达国家之间已经具有一定程度的相互影响，24期后受国外冲击影响程度最低的为日本4%，最高的为德国22%。

金融危机后，英国、日本和美国受到国外信贷影响程度明显加大，24期后受国外冲击影响程度分别达到了56%，51%和34%。变化最为显著的是英国和日本。危机后英国自身影响迅速下降，1年后只有50%的影响，来自美国和德国的冲击影响幅度明显增大。日本在金融危机后受到德国的影响增幅最大。金融危机前美国受到其他国家影响程度较低，金融危机后受到其他国家影响达到了30%。金融危机后德国受其他国家冲击影响程度变化最小，危机后英国受其他国家冲击的影响最大。参见图5。

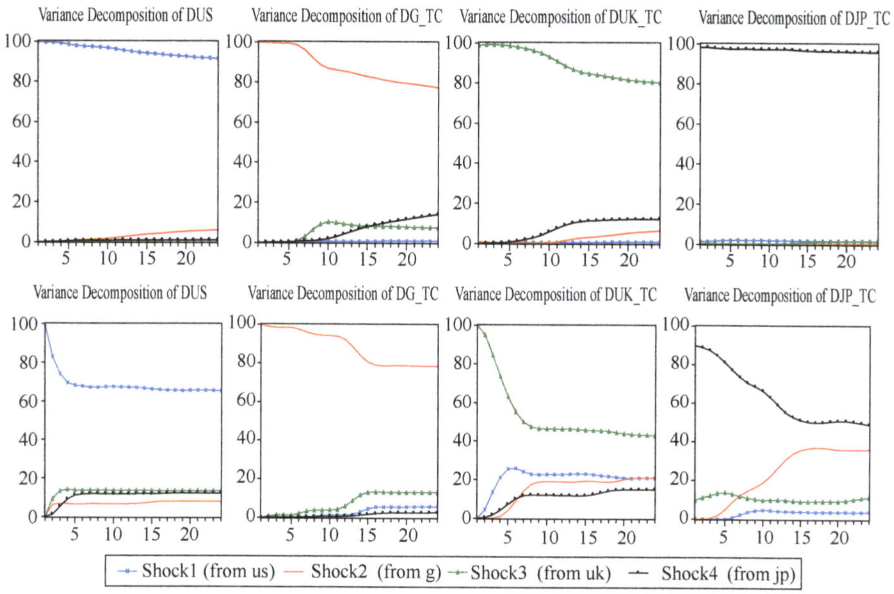

图5　模型2金融危机前（上）和金融危机后（下）的方差分解图

四、结论与启示

通过以上四个主要发达国家国内信贷联动及其变化的分析，研究得出以下结论：

第一，20世纪80年代以来世界主要发达国家国内信贷相互间存在显著的联动关系，这一联动缘于经济、金融一体化，以及国际银行业统一监管对各国银行信贷供给与需求产生了深刻影响。发达国家商业银行的资金来源与运用正逐渐国际化。从来源方看，银行可以从国内和国际两个渠道融资，国际融资主要有国际银行借贷和证券市场融资，国际银行借贷又包括外资银行直接贷款和通过国际银行间市场拆借给本地银行以贷款。证券市场融资包括国外直接投资如购买银行股票或债券，也包括通过表外融资、影子银行等融资。从运用方来看，银行可以选择投资于国内与国际市场，不论哪个市场都面临信贷市场或是证券市场的进一步选择。在商品贸易市场日益国际化的背景下，国际信贷和证券市场为国内信贷相互影响构建了一个多维度的一体化平台。图6是这个平台上信贷联动的简单描摹。

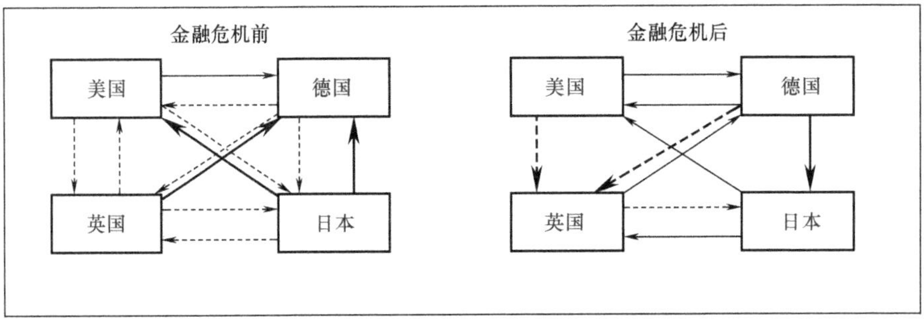

注：箭头方向表示信贷冲击作用方向，实线代表正向作用，虚线代表负向作用。线条粗细显示影响程度大小，越粗影响程度越大。

第二，银行一体化下发达国家之间的冲击以负向冲击为主，危机加大了各国之间的冲击程度。首先，图6所示危机前后美、德、英、日四国的关系均以负向冲击为主，尤其是危机前四国相互之间有9项是负向冲击，仅有3项是正向冲击，表明发达国家国内信贷资金之间替代效应而非溢出效应显著，这也从国内信贷角度证明了“母国效应”的存在。危机后美国宽松货币政策外溢效应导致全球流动性泛滥，但是信贷市场上却是明显的替代效应。这与国际清算银行数据相符，1996年以来美国在国际借贷市场上一直是信贷资金净流入方。其次，危机后冲击程度普遍加大，从国内信贷角度展示了危机传染的信贷渠道。美国次贷市场一隅的冲击经过复杂的传导机制最终形成全球银行信贷的大震动。

第三，除了各国所处的不同状态，银行本身的异质性是各国冲击不一致的主要原因。开放的银行业受冲击的程度更大。四个国家中英国银行业最为开放。2014年英国有外资银行分支机构145家，总资产占英国银行总资产的31%（2.4亿英镑）[1]。英国是国际信贷资金单边流入流出最大的信贷资金净流出国家。在金融危机时，“母国效应”导致各国资金尽可能回流，从而造成英国本国信贷资金较为严重的紧缩，方差分析显示，来自美国的负向冲击尤为明显。其次，存在一定战略联盟的国家之间关系比较稳定，例如，美国和日本、德国和英国的关系。美日比较稳定，没有因金融危机冲击而发生方向性的改变。这可能是由于双方存在较为稳定的长期合作关系。同为欧盟成员的德国和英国关系稳定，英国的伦敦金融中心可能为德国银行业融得更多资金。相比而言，英国和日本、德国和日本以及美国和德国、英国的关系都不如上者，容易受冲击的影响。

综上，各国都是不断扩张的银行一体化网络上的一个节点，网络上的任何一个冲击，都会对他国产生影响。当然，本文分析也存在一定的局限性，未能打开银行信贷影响因素的“黑箱”，仅仅是对各国信贷结果的联动关系进行了描摹，同时也仅仅是对具有代表性的发达四国，而未能分析包括发展中国家的所有国家。但是，本文对开放发展战略下中国银行业 “走出去”仍有一定的启示意义。首先，增强中国银行业抗冲击的能力。规模虽大竞争力尚不够强的中国银行业，融入一体化的全球网络必然会受到来自发达国家的冲击。完善流动性风险管理和全面风险管理是成功“走出去”的基本保障。其次，关注东道国异质性特征。银行业开放程度、东道国所处的状态以及经济开放程度、国家间的长期经济联系等都是银行间信贷的重要影响因素，差异化策略是成功“走出去”的关键。最后，保持一定程度的“母国偏好”以支持本国经济的稳定增长。鉴于银行对实体经济加速器作用

1 Consultation Paper | CP4/14,Supervising international banks: thePrudential Regulation Authority’ sapproach to branch supervision, February 2014，p6. http://www.bankofengland.co.uk/pra/Pages/publications/supervisingintbankcon.aspx

以及中国银行主导的融资结构，国内信贷稳定增长应成为银行“走出去”的基本要求。

参考文献

［1］鲁易明. 母国流动性危机与外资银行的贷款供给——基于新兴市场国家的实证研究［J］. 国际金融研究，2011（9）: 69–77.

［2］项卫星，王达. 国际资本流动格局的变化对新兴市场国家的冲击——基于全球金融危机的分析［J］. 国际金融研究，2011（07）: 51–58.

［3］Cetorelli N, Goldberg L S.Banking Globalization and Monetary Transmission［J］, Journal of Finance, 2012, 67(5): 1181–1843.

［4］Weller C E, Morzuch B. International Financial Contagion: Why are Eastern Europe's Banks Not Failing When Everybody Else's Are?［J］. Economics of Transition, 2000, 8(3): 639–663.

［5］Claudia M, Buch K C, Andrea S. Macroeconomic Shocks and Banks' Foreign Assets［J］. Journal of Money, Credit and Bankin Vol,2010, 42(01) : 171–188.

［6］De Haas R, Van Horen N.International Shock Ttransmission After the Lehman Brothers Collapse: Evidence from Syndicated Lending［J］. The American Economic Review, 2012, 102(3): 231–237.

［7］De Haas R, Van Horen N. Running for the Exit? International Bank Lending During a Financial Crisis［J］. Review of Financial Studies, 2013, 26(1): 244 –285.

［8］Clarke G R, Cull R, Peria M S M. Foreign Bank Barticipation and Access to Credit Across Firms in Developing Countries［J］. Journal of comparative economics, 2006, 34(4): 774–795.

［9］Giannetti M and Laeven L. Flight Home, Flight Abroad, and International Credit Cycles［J］. The American Economic Review, 2012,102(3): 219–224.

［10］Giannetti M, Laeven L. The Flight Home Effect: Evidence From the Syndicated Loan Market During Financial Crises［J］. Journal of Financial Economics, 2012, 104(1): 23–43.

［11］Goldberg L S, Dages B G, Kinney D. Foreign and Domestic Bank Participation in Emerging Markets: Lessons from Mexico and Argentina (No. 7714)［R］. National Bureau of Economic Research, 2000.

［12］Hristov N, Hülsewig O, Wollmershäuser T. Loan Supply Shocks During the Financial Crisis: Evidence for the Euro Area［J］. Journal of International Money and Finance,

2012, 31(3): 569–592.

［13］Kaminsky G L, Reinhart C M. On Crises, Contagion, and Confusion［J］. Journal of international Economics, 2000, 51(1): 145–168.

［14］Mendoza E G Quadrini V. Financial Globalization, Financial Crises and Contagion［J］. Journal of Monetary Economics, 2010, 57(1): 24–39.

［15］Milesi–Ferretti G M and Tille C. The Great Retrenchment: International Capital Flows During the Global Financial Crisis［J］. Economic Policy, 2011, 26(66): 289–346.

［16］Peek J, Rosengren E S. The International Transmission of Financial Shocks: The Case of Japan［J］. American Economic Review, 1996, 87(4): 495–505.

［17］Puri M, Rocholl, J, and Steffen S. Global Retail Lending in the Aftermath of the US Financial Crisis: Distinguishing Between Supply and Demand Effects［J］. Journal of Financial Economics, 2011, 100(3),: 556–578.

［18］Raddatz C E. When the Rivers Run Dry: Liquidity and the Use of Wholesale Funds in the Transmission of the US Subprime Crisis［R］. World Bank Policy Research Working Paper Series, 2010: No.5203.

［19］Schnabl P. The International Transmission of Bank Liquidity Shocks: Evidence from an Emerging Market［J］. The Journal of Finance, 2012, 67(3): 897–932.

［20］Helbling T, Huidrom R, Kose M A, and Otrok C. Do Credit Shocks Matter? A Global Perspective［R］. IMF Working Papers, 2010, 10/261.

中国参照一篮子货币的汇率制度：理论框架与实证考察

陈奉先[1]

摘要： 本文在构建广义的汇率制度识别框架基础上，利用时变系数模型甄别了2000—2013年中国实际采行的汇率制度。结果表明：参数估计及参数动态检验都证实了中国以2005年7月为界发生的汇率制度转变；“汇改”前中国采行的是严格盯住美元的汇率制度，之后实行参照一篮子货币的浮动汇率制度，即以“汇率篮子、波动范围和爬行速度”为操作核心的“BBC体制”；人民币汇率篮子中美元平均权重达0.91且呈现V形变化，其他货币的权重也显著呈现阶段性变化；2008年以后的人民币汇率篮子币种通常是“美元+*X*”的二元组合，利用probit模型估计可推知货币当局对*X*货币的选择是以降低整体组合的波动为依据的；人民币汇率弹性总体上以2010年7月为界呈现Λ形变化；2005年7月以后人民币整体处于爬行（升值）通道之中，但其爬行速度以2009年3月为界呈前快后慢的V形变化。

关键词： 人民币　汇率　篮子币种权重　制度弹性　爬行速度

基金项目：首都经济贸易大学校级科研项目（2014XJQ008）；首都经济贸易大学2014年度科研基金项目成果。作者感谢匿名审稿人提出的宝贵意见，当然文责自负。

1　陈奉先，首都经济贸易大学金融学院、金融风险研究院讲师，经济学博士。

引言

汇率制度的设计和选择从来都是一国对外经济政策的核心，因而备受瞩目，对于大型经济体而言更是如此。然而在汇率制度选择的实践中，货币当局由于各种动因经常存在“言行不一（deeds vs. words）”的现象：宣称实行固定汇率制的经济体事实上只有6个经济体坚持固定汇率制度达两年以上（Obstfeld amd Rogoff，1995）；宣称实行浮动汇率制的经济体，官方由于“害怕浮动（fear of floating）”而经常大幅干预汇率，事实上采行固定汇率制或“软盯住”的汇率制（Calvo amd Reinhart，2002）；而宣称实行中间汇率制度（如盯住一篮子货币）的经济体，通常不公开篮子货币的币种、权重，以至于很难证实他们确实言行一致（Frankel，Schmukler和Servén，2000）。鉴于此，很多学者质疑中国2005年汇改之后所实施的汇率制度是否真正属于“以市场供求为基础、参照一篮子货币进行调节、有管理的浮动汇率制”。他们利用不同的方法、数据进行实证考察，但所得结果不尽一致，甚至大相径庭。即便是证实中国所实行的参照一篮子货币汇率制度的研究，也常出现一些令人匪夷所思的结果，如货币篮子中部分货币的权重为负，而另外的一些货币权重甚至大于1。本文认为，这些问题的出现不仅仅是技术上的问题，更是分析框架上的问题。在未明确中国货币当局汇率政策行事规则之前，贸然地测算汇率篮子币种权重很可能导致模型上的设定误差。同时，此前很多研究都是静态考察中国的汇率制度，然而汇率制度是不断演化的，货币当局可能在某些时候对汇率制度进行“秘而不宣”的调整。因此，简单的静态分析，甚至局部动态分析（递归估计、滚动估计）很难考察汇率制度的变动全貌。鉴于此，本文在构建广义的汇率制度识别框架的基础上，利用参数动态估计方法，从人民币汇率篮子中币种构成及其权重变化、汇率弹性变化及爬行速度三个角度考察人民币汇率制度的动态演进过程。

一、文献回顾

考察一国汇率制度首先绕不过的是汇率制度的分类问题。迄今有两大汇率制度分类体系：一是以国际货币基金组织（IMF）为代表的基于各国官方宣称的名义（de jure）汇率制度分类，二是以学者为代表的基于事实（de facto）的汇率制度分类。

国际货币基金组织在1975—1998年根据各成员国的“声明（says）”将汇率制度粗线条地划分为固定汇率制、浮动汇率制和中间汇率制三大类。2004年以后，国际货币基金组织才按照汇率和外汇储备变化对汇率制度进行基于事实的分类，将结果公布在《汇兑安排与汇兑限制年报（AREAER）》上。学者针对汇率制度分类的研究比较有代表性的有：Levy-Yeyati和Sturzenegger（LYS，2005）基于聚类分析，利用汇率波动率、汇率变化波动率和外汇储备变动率构建的指标体系，将汇率制度划分为非确定的、弹性的、肮脏浮动、爬行盯住和固定的五类；Ghosh等（GGOW，1997）构建了将名义与实际分类结合起来的“一致分类（consensus classification）”法，并将汇率制度划分为盯住汇率制、浮动汇率制和中间汇率制三大类十小类；Reinhart和Rogoff（RR，2004），Ilzetzki，Reinhart和Rogoff（2008）构建了基于市场因素的自然分类法，并根据汇率波动幅度、货币当局通告、通货膨胀、汇率市场状况（平行/双重/多重）将汇率制度划分为五大类（盯住、有限弹性、有管理浮动、自由浮动和超级浮动）十五小类。这些分类在结果上是否一致呢？Frankel（2003）在对上述分类进行综合考察后发现，不同分类标准的结果相关性（一致性）最高的是国际货币基金组织的分类和GGOW的分类，但相关系数仅为0.6，余下皆不足0.5，甚至GGOW的分类与LYS、RR分类相关系数仅为0.13和0.34，国际货币基金组织和LYS分类相关系数仅为0.28。Tavla 等（2008）认为，之所以产生分歧是因为各种分类方法在数据选取、缺失值处理、排序方法、评价标准和对货币联盟认识上存在差异。

2005年以后，中国货币当局采用的是何种汇率体制呢？就此问题，国内外学者从不同角度进行考证，但由于分析框架、技术手段和数据区间、频率的差异，所得结论不尽一致，甚至针锋相对。总体上按研究结论划分为三大类：

（1）肯定说。认为中国汇率制度确实从盯住美元向参考一篮子货币的管理浮动汇率制度转变。Frankel和Wei（2008）认为，通过回归方法确定汇率篮子中币种权重的方法适用于严格盯住（pegged）一篮子货币的汇率制度，对于中国参照（referee）一篮子货币的汇率制度，其汇率本身具有一定的灵活性，如何体现出这一点呢？他们创造性地引入了外汇市场压力指标代表汇率制度灵活性。在对2005—2008年月度数据进行回归后发现，截至2007年人民币汇率篮子中美元的权重逐渐下降至0.5～0.6，与此同时，欧元攫取了高达0.39的权重。由此作者认为，人民币汇率已非盯住美元而是参考一篮子货币的汇率。丁剑平、杨飞（2007）认为，人民币汇率在汇改后显著降低了参照美元的权重，快速增大了韩元、新台币、港币和林吉特联动的权重。这不仅反映在这些货币汇率波动的联动性上，而且反映在汇率波动的方差上，甚至在波动持续性上也日益趋同。Jie Sun（2010）利用Frankel和Wei（2007）模型对2005年7月21日至2010年3月3日的日频汇率数据进行回归后发现，人民币汇率篮子中美元的权重已降至88%，同时日元（1.3%）、英镑（1%）、新加坡元（13%）[1]皆在货币篮子中占据一席之地。由此作者认为，人民币已不再硬盯住美元。当以人民币汇率（以瑞士法郎计值）与汇率篮子价值的偏离率代表人民币汇率的“弹性”时，作者发现一个奇怪的现象：2008年7月20日之前，人民币汇率的弹性呈现向下扩散的阶梯形变化，此后人民币汇率弹性骤失。

（2）否定说。Shah等（2006）使用2005年7月26日至10月31日的数据构建人民币汇率模型显示，2005年汇改后人民币汇率弹性增加十分有限，模型中美元币种的权重系数仍高达0.999 7，这说明人民币并

1　作者估计的人民币汇率篮子中另外三种货币欧元、韩元、英镑的权重分别是-2.4%，-1.2%和1%。

未参考一篮子货币汇率而是继续盯住美元；Eichengreen（2006）使用2005年7月22日至2006年3月21日的数据，用Frankel和Wei（1994）汇率差分模型，估计了中国汇改后人民币汇率篮子的权重，发现美元的权重始终在90%以上，并没有下降的趋势，篮子中其他货币的权重不显著；由于汇率变化中普遍存在"积聚（cluster）"问题，简单回归可能无法对模型进行有效估计。Funke和Gronwald（2008）使用了条件均值GARCH模型对中国汇率篮子进行估计后发现，2005年7月26日至2008年6月3日，美元在人民币汇率篮子中占比仍高达89%以上，人民币汇率盯住/参考一篮子货币的证据较弱。当作者进一步使用滚动回归（rolling estimation）方法估计美元权重时，则认为人民币仍是紧盯美元的。Moosa等（2009）构建了一个汇率制度识别模型，并运用完全修正最小二乘（full-modified ordinary least square，FMOLS）方法对2005年7月21日至2007年5月24日的汇率数据进行回归分析后发现，尽管严格盯住美元的汇率制度已经抛弃，但并没有证据表明中国政府已经采行参考一篮子货币的汇率制度，相反中国正在执行一种类似于"相机爬行盯住美元（discretionary crawling peg against US dollars）"的汇率制度，以确保中国竞争优势的同时避免与美国发生贸易战。Fidrmuc（2010）则运用变系数方法，利用2005年11月3日至2009年1月29日的数据估计了Frankel和Wei（2007，2008）模型后发现，没有证据表明除美元外货币篮子中其他货币权重上升。言外之意，作者认为，样本期内人民币仍然是盯住美元的。

（3）未定说。Ogawa和Sakane（2006）利用2005年1月3日至2006年1月25日的数据对Frankel和Wei（1994）汇率分析模型进行估计后认为，样本期内中国政府对汇率政策进行了显著的、小幅的调整，但由于这种变动太小，尚不足以说明官方已实行了一篮子货币的汇率制度。Fang等（2012）运用贝叶斯方法，使用2005年2月至2011年7月的数据，对Frankel和Wei（2007）模型进行时变系数估计后认为，货币篮子中美元的权重确实显著降低，但没有证据表明其他货币的权重在系统的、可察觉的上升。作者还发现一个现象，部分时期美元权重下降，但下降的权重并没有转向发达经济体的货币而是转向了亚洲经济体的货币。

研判一国现行汇率制度首先须明确分析框架，然后据此设计检验模型，最终达到识别现行汇率制度实质的目的。不同以往，本文的突破在于：①利用汇率篮子币种及权重、爬行速度、汇率制度弹性三个指标，构建广义的汇率制度识别框架并使之模型化。②由于官方可能对汇率制度（包括其内部要素）进行“秘而不宣”的调整，因此简单的静态分析甚至局部动态分析无法有效地捕捉汇率制度的总体变动特征，因此本文采用动态估计的方法予以实现。③为确保回归结果的经济意义，本文在货币篮子币种权重估计时，施加了非负和加总之和为1的外部约束。

二、汇率制度识别的理论框架与模型设计

（一）理论框架

中国现行汇率制度的官方正式表述为“以市场供求为基础、参照一篮子货币进行调节、有管理的浮动汇率制”[1]。“以市场供求为基础”说明人民币汇率形成的基础仍然在市场——银行间外汇市场，其参与主体是存在供求的外汇指定银行、非银行金融机构和中央银行。在强制结售汇制和银行外汇结算周转比例限制的背景下，微观主体的外汇供求由外汇银行在银行间外汇市场交易中间接表达。中央银行在外汇市场中充当干预者的角色，通过外汇买卖平抑汇率过度波动，使汇率稳定在以中间汇率为中心的一定波幅内。尽管中国银行间外汇市场存在一定缺陷，但不可否认的是人民币汇率形成仍然是以市场供求为基础的。

1 包括三个方面的内容：一是以市场供求为基础的汇率浮动，发挥汇率的价格信号作用；二是根据经常项目主要是贸易平衡状况动态调节汇率浮动幅度，发挥“有管理”的优势；三是参考一篮子货币，即从一篮子货币的角度看汇率，不片面地关注人民币与某个单一货币的双边汇率。源自胡晓炼《有管理浮动汇率制度的三个要点》，新华网，2010年7月23日。

“参照一篮子货币进行调节，有管理的浮动汇率制”中“调节”和“管理”的基础是什么？这一基础可以用BBC表示，即货币篮子（basket）、波动区间（band）和爬行速度（crawling）。

首先，“一篮子货币”意指人民币不再单一盯住美元，而是以一篮子货币为基础确定汇率水平。较之于简单盯住单一货币而言，盯住/参考一篮子货币的汇率制度中篮子货币汇率变动能部分抵消，有利于汇率稳定，进而促进中国对外经贸活动。“一篮子货币”涉及两个关键问题：币种选择与权重设置。理论上，一国汇率篮子中币种的选择应综合考虑该国的对外贸易币种结构、外债币种结构和外汇储备币种结构进行设计和调整，但现实中鲜有货币当局公布篮子货币币种。周小川（2005）指出：“篮子货币的确定是以对外贸易权重为主的，目前，美国、欧元区、日本、韩国等是中国最主要的贸易伙伴，相应的，美元、欧元、日元、韩元等也自然会成为主要的篮子货币。”“由于新加坡、英国、马来西亚、俄罗斯、澳大利亚、泰国、加拿大等国与中国的贸易比重也较大，它们的货币对人民币汇率也是很重要的。”[1]由此可知，汇改之初人民币汇率篮子应该包括如上11种货币，但不排除后续货币当局根据形势调整篮子币种构成的可能。由于汇率篮子中货币种类、权重的调整规则官方并未公布，许多学者从不同角度尝试过测算最优币种权重的问题（宿玉海、于海燕，2007；周继忠，2009；陆前进、张英梅，2012）。由于本文关注的是中国现行汇率制度“是什么”而非“应该是什么”的问题，所以关于最优货币权重不做讨论。

其次，“波动区间”是指汇率变动的幅度。在汇率的波动区间内，汇率由市场供求决定，一旦逾越这一区间，外汇当局即行干预以稳定汇率。可以认为这一区间越宽，货币当局干预的程度越小，汇率就越富弹性（flexibility），汇率的形成机制就越接近于浮动汇率制。波动区间扩大有助于增强汇率弹性以吸收非对称冲击，甚至可以给予

1 顾钱江，黄庭钧，陈刚我首次披露人民币汇率参考的货币篮子主要币种［N］.新华网. 2005-08-10. http://news.xinhuanet.com/fortune/2005-08/10/content_3334597.htm

货币政策一定的独立自主性。在操作上，货币当局在每天交易前设定基准汇率中间价并以此为中心设定波动范围。人民币对美元汇率波动区间继2007年5月21日由±0.3%扩大到±0.5%，2012年4月16日扩大到±1%之后，2014年3月17日进一步扩大到±2%。

最后，“爬行速度”指官方根据不同经济情况调整人民币对一篮子货币的汇率水平。这样做一方面是为了消除由于人民币与篮子货币通货膨胀差异导致的汇率偏离（misaligned）；另一方面，对于类似于中国加速现代化的经济体而言，调整爬行速度恰能吸收巴拉萨—萨缪尔森生产率偏差的影响以实现汇率均衡。

“货币篮子”“波动区间”“爬行速度”共同构成了一国汇率制度的三个核心维度。通过这三个指标的组合可以识别各种汇率制度。

（二）模型设计

延续Moosa等（2009）的思路，本文将广义汇率识别模型设定为：

$$E_t = \alpha + \sum_{i=1}^{n} \beta_i E_{it}^{*} + \xi_t \tag{1}$$

其中，E_t为t时期东道国（如中国）的汇率，E_{it}^{*}为篮子货币的汇率，α表示东道国汇率的爬行速度，即人民币相对于一篮子货币的升贬值幅度。β_i表示东道国货币篮子中各国货币的权重，i为货币篮子中币种的数量，ξ_t为随机误差项。根据模型设定可知：

$$\sum_{i=1}^{n} \beta_i = 1 \text{且} \beta_i \geqslant 0 \tag{2}$$

现实中水平汇率数据通常是非平稳的。为有效判定汇率制度，须使用平稳的时间序列，为此通常对汇率数据取差分，形如$\Delta E_t=\log E_t-\log E_{t-1}$。同时，考虑到货币当局可能“秘而不宣”地调整货币篮子、爬行速度，简单地使用静态回归方法不能捕捉到货币当局的行为影响，因此有必要使用动态回归系数估计方法。这样（1）式就转换为：

$$\Delta E_t = \alpha(t) + \sum_{i=1}^{n} \beta(t)_i \Delta E_{it}^{*} + \xi_t \tag{3}$$

此处$\alpha(t)$和$\beta(t)$表示时变的回归系数，其余各变量含义如前。

中国官方称汇率制度是“参照（refer）”而“不是盯住（pegged）”一篮子货币进行调整，这就赋予货币当局进行汇率管理的弹性（灵活性），这种弹性体现在汇率的波动区间（幅度）上。传统上可以使用汇率波动率代表汇率或汇率制度弹性。但这一指标存在一定缺陷：因为汇率/汇率制度灵活性增强，既可能源于货币当局对市场干预减少，也可能源于外部冲击。那么如何有效刻画汇率弹性？现实中有两类可行的方法：一类是计算外汇市场压力（exchange market pressure，EMP）[1]，另一类是计算汇率制度弹性（exchange regime flexibility Index，ERFI）。所谓外汇市场压力是指当一国本币在外汇市场中存在超额需求或供给时，固定汇率制经济体倾向使用外汇储备进行平抑，浮动汇率制经济体倾向选择汇率波动应对，中间汇率制经济体则选择外汇储备变动和汇率波动的某种组合。EMP指数的原始表达式为$EMP_t=\omega_1\Delta E_t+\omega_2\Delta R_t$，其中$\omega$为权重，$\Delta E_t$，$\Delta R_t$分别代表汇率波动和外汇储备变动。Frankel和Wei（2008），Frankel和Xie（2009）曾将汇率波动和外汇储备波动等权地引入以构建EMP指标，形如$EMP_t=\Delta\log E_t+\Delta\log R_t/MB_t$，其中$MB_t$表示基础货币量。Frankel等人认为，将EMP指标引入汇率制度识别模型中，其回归系数越低，说明一国汇率制度弹性较低，若系数为0，则可认为该国采用的是固定汇率制；如果系数较高，则说明该国汇率制度弹性较高，若系数为1，则可认为该国采用的是浮动汇率制。EMP指标的权重（ω_1、ω_2）估计须依赖于模型定义，因而有一定的缺陷（Eichengreen，1994、1995）。鉴于此，Eichengreen（1994），Sachs（1996），Stavarek（2007）提出了非模型依赖型的EMP指数。这种指数仍是汇率变动、外汇储备变动（甚至利率变动）的某种组合，不过其权重不再由模型推导得出，而是汇率、外汇储备变动标准差的某种组合。在此基础上，刘晓辉（2009）将汇率制度弹性定义为一国面临外汇市场压力时，该国通过本币汇率变化

1　Girton和Roper（1977）最早提出并对EMP进行界定，此后诸多知名学者如Eichengreen等（1996），Kaminsky等（1998），Stavarek（2007），Aizenman 等（2010）对EMP指标从不同维度进行拓展，但集大成者为Weymark（1995，1997a，1997b，1998，1999）。

所吸收的部分外汇市场压力，其所构建的实际汇率制度弹性的指数如下：

$$\mathrm{ERFI}_{\mathrm{rmb}}=\frac{\frac{1}{\delta_{\Delta E}}}{\frac{1}{\delta_{\Delta E}}+\frac{1}{\delta_{\Delta R}}}\Delta E\Big/\mathrm{EMP}_{\mathrm{rmb}} \tag{4}$$

其中，ΔE，$\delta_{\Delta E}$，$\delta_{\Delta R}$分别表示汇率变化率、汇率变化率的标准差、外汇储备变化率的标准差。式（4）中$\mathrm{EMP}_{\mathrm{rmb}}$的形式为：

$$\mathrm{EMP}_{\mathrm{rmb}}=\frac{\frac{1}{\delta_{\Delta E}}}{\frac{1}{\delta_{\Delta E}}+\frac{1}{\delta_{\Delta R}}}\Delta E-\frac{\frac{1}{\delta_{\Delta E}}}{\frac{1}{\delta_{\Delta E}}+\frac{1}{\delta_{\Delta R}}}\Delta R \tag{5}$$

将式（4）引入式（3）可得：

$$\Delta E_t=\underbrace{\alpha(t)}_{\text{爬行速度Crawling}}+\underbrace{\sum_{i=1}^{n}\beta(t)_i\,\Delta E_{it}^{*}}_{\text{货币篮子Basket}}+\underbrace{\gamma(t)ERFI_{rmb}}_{\text{制度弹性Band}}+\xi_t \tag{6}$$

式（6）即构成本文使用的汇率制度识别模型一般形式。模型中变量的不同系数对应着不同的汇率制度，参见表1。

表1　汇率制度分类及识别条件

条件	类型
$\beta(t)_i=0$	自由浮动汇率制度（freely floating）
$\beta(t)_i>0$且$i=1$，$\alpha(t)=0$	盯住单一货币的固定汇率制（simple peg）
$\beta(t)_i>0$且$i=1$，$\alpha(t)>0$	可调整的盯住单一货币的固定汇率制（adjustable peg）
$\beta(t)_i>0$且$i>1$，$\alpha(t)=0$，$\gamma(t)=0$	盯住一篮子货币的固定汇率制（basket peg）
$\beta(t)_i>0$且$i>1$，$\alpha(t)>0$，$\gamma(t)=0$	爬行盯住一篮子货币的汇率制度（basket crawling）
$\beta(t)_i>0$且$i>1$，$\alpha(t)>0$，$\gamma(t)>0$	参考一篮子货币的有管理的浮动汇率制（basket band crawling）

易知，如果货币当局采行严格的固定汇率制或者爬行盯住汇率制，那么模型（6）的回归R^2应该为1。相反，货币当局采取完全浮动的汇率制，那么R^2应该近乎为0，余者R^2系数应介于二者之间。

三、中国汇率制度的实证考察

（一）估计方法

变系数模型是本文的核心估计方程，通过参数$\alpha(t)$，$\beta(t)$，$\gamma(t)$的估计可以判定中国汇率制度的实质及变迁路径。变系数模型最早由Hastie和Tibshiranic（1993）提出，其一般形式为：

$$Y_t = \sum_{l=1}^{p} \beta_l(t) X_l(t) + \xi_t \tag{7}$$

其中，Y_t为被解释变量，$X_l(t)$为解释变量，$\beta_l(t) = \beta_l(t)$，…，$\beta_P(t)$是函数的参数变量，ξ_t是均值为0的随机过程。当$X_l(t) \equiv 1$，则模型包含了变截距项。（3）式实际上是变系数模型的特殊形式。

模型中$\beta_l(t)$的估计方法很多，有核估计（Wu 等，1998）、局部多项式估计（Fan，Zhang，2000）、光滑样条（Chiang 等，2001）。B样条估计即使在观测时间点数据较少时也不需要合并数据，具有较好的适应性。本文使用B样条方法估计$\beta_l(t)$系数[1]。假设一个变系数函数$\beta_l(t)$，$l=1$，…，p，可以由以下样条函数近似：

$$\beta_l(t) = \sum_{k=1}^{kl} \gamma_{lk} \beta_{lk}(t) \tag{8}$$

其中，对于每个$l=1$，…，p，$\{\beta_{lk}(g)$，$k=1$，L，$K_l\}$是区间T上固定阶数和节点序列的样条函数线性空间G_l的基。根据变系数模型（6）和近似式（8）式可以进一步得出：

$$Y_t = \sum_{l=1}^{p} \sum_{k=1}^{k_l} X_l(t) \beta_{lk}(t) \gamma_{lk} + \xi_t \tag{9}$$

假设观测数据$\{[Y_{ij}, X_1(t_{ij}), L, X_p(t_{ij}), t_{ij}], i = 1, L, n; j = 1, L, n_i\}$，其中$n$为个体数，$n_i$为第$i$个个体的观测数。给定$K_l$情况下，记$\gamma_l = (\gamma_{l1}, L, \gamma_{lkl})'$，$\gamma_l = (\gamma_1', L, \gamma_p')'$，$X_{ij} = [X_1(t_{ij}), L\, X_p(t_{ij})]'$以

及 $B(t) = \begin{pmatrix} B_{11}(t) & L & B_{1K_1}(t) & 0 & L & 0 & 0 & L & 0 \\ L & L & L & L & L & L & L & L & L \\ 0 & 0 & 0 & 0 & L & 0 & B_{p1}(t) & L & B_{pK_l}(t) \end{pmatrix}$。

1 具体推导过程见罗玉波（2011）。

对γ最小化如下绝对值损失：

$$l = \min_{\gamma} \sum_{i=1}^{n} \omega_i \sum_{j=1}^{n_i} | Y_{ij} - X'_{ij} B(t_{ij}) \gamma | \tag{10}$$

其中，γ满足约束条件：

$$B(t_{ij})\gamma > 0 \text{ 且 } 1'B(t_{ij})\gamma = 1, j = 1, L, n_i, i = 1, L, n \tag{11}$$

其中，1是由1组成长度为p的向量，本文取ω_i=1。在约束条件式（11）下，最小化式（10）的值$\hat{\gamma} = (\hat{\gamma}'_1, L, \hat{\gamma}'_p)'$,其中，$\hat{\gamma}_l = (\hat{\gamma}_{l1}, L, \hat{\gamma}_{l1K_l})'$。那么$\beta(t)$样条估计就是$\hat{\beta}(t) = B(t)\hat{\gamma} = [\hat{\beta}_1(t), L, \hat{\beta}_p(t)]'$，其中$\hat{\beta}_l(t) = \sum_{k=1}^{K_l} \hat{\gamma}_{lk} B_{lk}(t)$。

（二）变量与数据

本文所用汇率数据来自国际金融统计（Internatisnal Financial Statistics, IFS），区间为2000年1月至2013年8月。关于数据的计量单位，尤其是汇率的计值货币问题不同学者选择不一：Frankel，Wei（1995），Frankel（2009），Frankel，Xie（2010）选择特别提款权SDRs作为计值依据（单位SDRs的本币价值）；Frankel，Wei（1994，2007），Ohno（1999），Eichengreen（2006），Funke，Gronwald（2008）选择瑞士法郎作为计值依据；Bénassy-Quéré （1999），Yamazaki（2006）甚至分别选择美元和加元作为计值标准。本文认为，计值货币的作用是为了比较人民币及篮子货币的汇率波动性。选择一个合适计值货币的标准有两个：一是避免产生偏差，使基准货币的波动对成员货币的影响应该基本相同；二是计值货币应该“中立化”，其变化应该尽量小地影响篮子中的货币，在这种情况下基准货币的波动越小越好。美元符合第一个标准，而瑞士法郎符合第二个标准，同时满足这两个标准的只有SDRs。本文倾向于使用SDRs还在于该指标可能是货币当局干预外汇市场的重要参照。官方进行汇市干预之前须首先评估本国汇率偏离程度，其依据不太可能是本币相对于单一主要货币的汇率（如本币对美元、瑞士法郎或其他）的偏离度，更可能是本币相对于一篮子重要货币如SDRs的汇率。本文使用SAS 9.3软件进行参数估计。变量的秒时统计见表2。

表2　变量的描述统计

变量	人民币 RMB	美元 USD	日元 JPY	韩元 KRW	欧元 EURO	英镑 GBP	澳元 AUD	加元 CAD	卢布 RUR	林吉特 MYR	新元 SGD	泰铢 THB	制度弹性 ERFI
均值	10.94	1.47	152.44	1 648.17	1.21	0.89	1.94	1.76	42.55	5.14	2.24	53.48	0.00
中位数	10.85	1.50	156.69	1 658.47	1.17	0.87	1.93	1.73	42.06	5.19	2.28	53.43	0.00
最大值	12.75	1.64	185.92	2 155.52	1.50	1.06	2.54	2.10	53.13	5.85	2.53	61.06	0.10
最小值	9.28	1.24	118.24	1 382.89	1.04	0.75	1.44	1.50	35.67	4.52	1.86	43.72	−0.11
标准差	0.86	0.11	17.30	162.12	0.12	0.08	0.32	0.18	4.04	0.32	0.19	4.38	0.04
偏度	0.05	−0.67	−0.30	0.52	0.96	0.21	0.14	0.18	0.31	0.13	−0.55	−0.20	−0.37
峰度	2.09	2.33	2.14	3.53	2.82	1.73	1.94	1.55	2.10	1.87	2.32	1.99	3.66
J-B值	5.63	15.32	7.46	9.23	25.25	12.11	8.15	15.11	8.12	9.09	11.27	8.06	6.59
P值	0.06	0.00	0.02	0.01	0.00	0.00	0.02	0.00	0.02	0.01	0.00	0.02	0.04

从表2中P统计量可知，各变量均服从正态分布。为消除时间序列潜在的异方差现象，本文对被解释变量RMB、解释变量USD等11种货币序列分别取自然对数，形如LnRMB，…，LnTHB，其一阶差分代表汇率的变化率。由于时间序列数据通常存在不平稳的现象，直接使用会导致“伪回归”问题，所以须对数据进行单位根检验以判断其是否平稳。单位根结果见表3。

表3　单位根检验结果

变量	检验形式 (C,T,L)	ADF检验值	1%统计量	*P*值	变量	检验形式 (C,T,L)	ADF检验值	1%统计量	*P*值
LnRMB	(C,T,1)	−1.427 9	−4.015 7	0.849 3	ΔLnKRW	(0,0,0)	−9.183***	−2.579 3	0.000 0
ΔLnRMB	(0,0,0)	−8.195***	−2.579 4	0.000 0	LnEURO	(C,T,5)	−0.869 8	−4.020 0	0.955 7
LnUSD	(C,T,1)	−2.129 9	−4.015 7	0.524 9	ΔLnEURO	(0,0,4)	−4.293***	−2.580 2	0.000 0
ΔLnUSD	(0,0,0)	−8.556***	−2.579 4	0.000 0	LnGBP	(C,0,1)	−1.178 0	−3.470 9	0.683 4
LnJPY	(C,0,1)	−1.674 7	−3.471 2	0.442 2	ΔLnGBP	(0,0,0)	−10.808***	−2.579 3	0.000 0
ΔLnJPY	(0,0,0)	−9.603***	−2.5793	0.0000	LnAUD	(C,T,1)	−1.484 3	−3.4709	0.5392
LnKRW	(C,0,1)	−2.068 0	−3.4709	0.2580	ΔLnAUD	(0,0,0)	−8.613***	−2.5793	0.0000

续表

变量	检验形式 (C,T,L)	ADF检验值	1%统计量	P值	变量	检验形式 (C,T,L)	ADF检验值	1%统计量	P值
LnCAD	(C,T,1)	−2.313 5	−4.015 3	0.423 9	LnSGD	(C,T,1)	−1.684 4	−4.015 7	0.753 9
ΔLnCAD	(0,0,0)	−11.047***	−2.579 3	0.000 0	ΔLnSGD	(0,0,0)	−10.227***	−2.579 3	0.000 0
LnRUR	(C,0,1)	−1.748 2	−3.470 9	0.405 1	LnTHB	(C,0,1)	−1.219 6	−3.470 9	0.665 5
ΔLnRUR	(0,0,0)	−10.046***	−2.579 3	0.000 0	ΔLnTHB	(0,0,3)	−8.937***	−2.579 3	0.000 0
LnMYR	(C,T,1)	−1.690 2	−3.470 9	0.434 4	ERFI	(C,0,1)	−2.465 9	−3.483 8	0.126 3
ΔLnMYR	(0,0,0)	−9.647***	−2.579 3	0.000 0	ΔERFI	(0,0,0)	−14.787***	−2.583 7	0.000 0

注：Ln表示对各变量取对数，Δ表示一阶差分；C，T，L分别代表截距项、趋势项、滞后阶数，其中L是软件自动按照“AIC和SC达到最小”准则确定的；***，**，*分别代表1%，5%，10%的显著性水平下拒绝有单位根的原假设。表中英文变量的名称同表2。

从单位根检验结果来看，被解释变量LnRMB、各币种解释变量和汇率制度弹性指数ERFI均为一阶差分后平稳，所以为I(1)序列。

（三）估计结果

首先对（6）式分阶段进行线性估计以考察中国汇率制度的阶段特征。通常认为，中国2005年7月汇改是人民币汇率制度变迁的重要事件，此后全球金融危机对中国汇率制度可能存在着某种扰动，从而使汇率制度可能呈现不同的阶段变化。为了把握不同阶段汇率制度的特征，本文拟以2005年7月、2008年8月为界分别进行阶段回归。回归结果见表4。

表4　回归估计结果

参数	变量名	全样本 2000-01—2013-08	第Ⅰ阶段 2000-01—2005-07	第Ⅱ阶段 2005-08—2008-08	第Ⅲ阶段 2008-09—2013-08
α	截距C	−0.001 7*** (−6.79)	−0.000 1 (−1.34)	−0.004 4*** (−5.58)	−0.001 8*** (−4.93)
β_1	美元LnUSD	0.913 2*** (36.43)	0.999 1*** (407.79)	0.844 8*** (11.86)	0.963 3*** (48.97)
β_2	日元LnJPY	0.007 8 (0.64)	0.000 0 (0.000)	0.037 4 (1.03)	0.008 6 (0.61)

续表

参数	变量名	全样本 2000-01—2013-08	第Ⅰ阶段 2000-01—2005-07	第Ⅱ阶段 2005-08—2008-08	第Ⅲ阶段 2008-09—2013-08
β_3	韩元LnKRW	0.000 0 (0.000)	0.000 0 (0.000)	0.000 0 (0.000)	0.000 0 (0.000)
β_4	欧元 LnEURO	0.010 1 (0.67)	0.000 0 (0.000)	0.000 0 (0.000)	0.028 1** (2.02)
β_5	英镑LnGBP	0.000 0 (0.000)	0.000 0 (0.000)	0.000 0 (0.000)	0.000 0 (0.000)
β_6	澳元LnAUD	0.000 0 (0.000)	0.000 0 (0.000)	0.017 8 (0.41)	0.000 0 (0.000)
β_7	加元LnCAD	0.000 0 (0.000)	0.000 9 (0.41)	0.000 0 (0.000)	0.000 0 (0.000)
β_8	卢布LnRUR	0.002 3 (0.20)	0.000 0 (0.000)	0.000 0 (0.000)	0.000 0*** (50.51)
β_9	林吉特 LnMYR	0.040 1 (1.28)	0.000 9*** (439.08)	0.080 3 (0.83)	0.000 0*** (67.88)
β_{10}	新元LnSGD	0.026 4 (0.71)	0.000 0 (0.000)	0.019 8 (0.17)	0.000 0 (0.000)
β_{11}	泰铢LnTHB	0.000 0 (0.00)	0.000 0 (0.000)	0.000 0 (0.000)	0.000 0 (0.000)
γ	制度弹性 ERFI	0.018 8*** (2.68)	0.001 5 (0.91)	0.021 0* (1.87)	0.001 5 (0.14)
H_1：C =0		0.000 5	0.180 6	<0.000 1	<0.000 1
H_2：LnUSD=1		0.007 3	0.683 6	0.029 4	0.062 1
H_3：ERFI=0		<0.000 1	0.362 5	0.001 4	0.886 0
$AdjR^2$		0.923 5	0.999 3	0.819 4	0.947 3

注：括号内为t统计量，如果该值为0.000，说明t统计量极小；*，**，***分别代表参数估计值在10%，5%和1%的显著性水平下显著；H_1：C=0、H_2：LnUSD=1、H_3：ERFI=0原假设的含义分别是截距项为0、美元权重系数为1、ERFI的系数为0；各假设的判别统计量为P值。

全样本的回归结果显示，人民币汇率变动的重要参照是美元，总体上美元汇率的变动能解释人民币汇率91.32%的变动。同时从截距项C、美元权重LnUSD、汇率制度弹性ERFI的系数假设检验结果来看，P统计量分别拒绝其原假设。截距项C表示人民币升值/贬值，其值为正说明人民币处于贬值状态，值为0说明人民币价值稳定不变，值为负则说明人民币处于升值状态。ERFI值越大则说明人民币汇率制度弹性越强。假设检验拒绝H_1，说明2000年至2013年人民币总体上处于升值（截距为负值）的态势；假设检验拒绝H_2说明人民币并非整体上盯住美元，在人民币汇率篮子中美元的权重总体上并非100%，存在其他影响人民币汇率走势的货币；假设检验拒绝H_3说明整体上人民币汇率制度具有弹性。

第Ⅰ阶段的回归结果表明，此时期人民币汇率波动在99.91%上可由美元汇率波动解释，这说明人民币极可能是盯住美元的。马来西亚林吉特为何显著且系数达0.09%？这一点有何意义呢？须知自亚洲金融危机后，马来西亚政府将林吉特与美元汇率长期固定在1：3.8的水平上，直到2005年7月中国央行宣布汇改当日，马来西亚政府才宣布放弃盯住美元的汇率制度。由于此间马来西亚采行盯住美元的固定汇率制，因此其系数0.09%也可以归结到美元权重上，故而此间的美元权重为100%。假设检验也支持这一推断：H_1，H_2，H_3原假设的P检验统计量大于0.05，意味着原假设均未被拒绝。H_1假设未被拒绝，说明此间人民币价值整体上是稳定不变的；H_2假设未被拒绝说明美元在人民币汇率篮子中所占的权重为100%；H_3假设未被拒绝则说明此间人民币汇率制度是缺乏弹性的。据此三点证据，可以认为2000年1月至2005年7月人民币事实上采行的是单一盯住美元的固定汇率制（simple peg）。

从第Ⅱ阶段的回归结果看，2005年7月开始人民币汇率制度改革，人民币确实脱离了单一盯住美元的固定汇率制。证据有四：第一，整体上美元在人民币汇率篮子中所占的权重已由此前的100%下降至84.48%，余下的权重分散至日元、澳元、林吉特和新元，尽管分散的权重在统计上整体并不显著，但不排除这些货币在2005年7月至2008年8月的某些时期有着突出的表现。第二，截距项显著为负且原假设H_1被拒，这说明此阶段人民币相对于美元和日、澳、新、林吉特所构建的货币篮子在显著性地升值。第三，原假设H_2被显著拒绝，说明美元在人民币汇率篮子中所占的比重显著不为100%。第四，原假设H_3被显著拒绝，则说明人民币汇率制度在此期间是具有一定弹性的，ERFI系数显著性达到0.021也说明这一点。总体而言，这一阶段中国事实上已经实行参考一篮子货币的浮动汇率制（BBC体制），不过货币篮子中币种结构并不稳定。

第Ⅲ阶段的回归结果表明此时人民币汇率篮子中美元币种的权重从此前的84.48%上升到96.33%，美元对人民币汇率走势的影响程度加深。与此同时，欧元首次在人民币汇率篮子中发挥显著作用，此阶段平均权重为2.81%。卢布和林吉特在这一阶段也实质性地影响着人民币汇率走势，但其影响程度相对美元、欧元而言较为微弱。从截距项来看，这一阶段人民币仍处于升值通道之中，但升值幅度较前一期已经大幅降低。值得注意的是这一阶段代表汇率制度弹性的ERFI系数大幅降低并且不再显著，同时H_3原假设未能通过检验，这说明现阶段人民币汇率制度弹性相对第Ⅱ阶段已经大为降低。H_1，H_2原假设依然能被显著地拒绝，说明尽管人民币汇率篮子中美元的权重相对于上一期增加，但人民币仍然是参照一篮子货币而非盯住美元的。

上述检验说明，中国货币当局在2005年以后的不同阶段确实采行参考一篮子的货币制度，该制度下货币篮子中币种权重β不可能一成不变，那么究竟是如何变化的？同时，人民币的爬行速度α和汇率制度弹性γ都有可能是变化的，而简单的静态分析无法考察货币当局调整货币篮子时的行为特征，因此须动态考察中国货币当局的货币篮子、人民币的爬行速度和汇率制度弹性。

使用（7）~（11）式的估计方法重新估计（6）式，截距项的时变系数$\alpha(t)$，作为解释变量的货币权重时变系数$\beta_i(t)$，汇率制度弹性的时变系数$\gamma(t)$（见图1）。

从图1可以看出，人民币爬行速度参数$\alpha(t)$在2005年7月份以前一直为0，此后$\alpha(t)$系数一直为负，表明人民币在“汇改”后始终处于升值通道之中。但是人民币升值并非单边的，而是呈现Ⅴ形变化：2005年8月至2009年3月$\alpha(t)$数值持续下降，最低达-0.4%，这说明此间人民

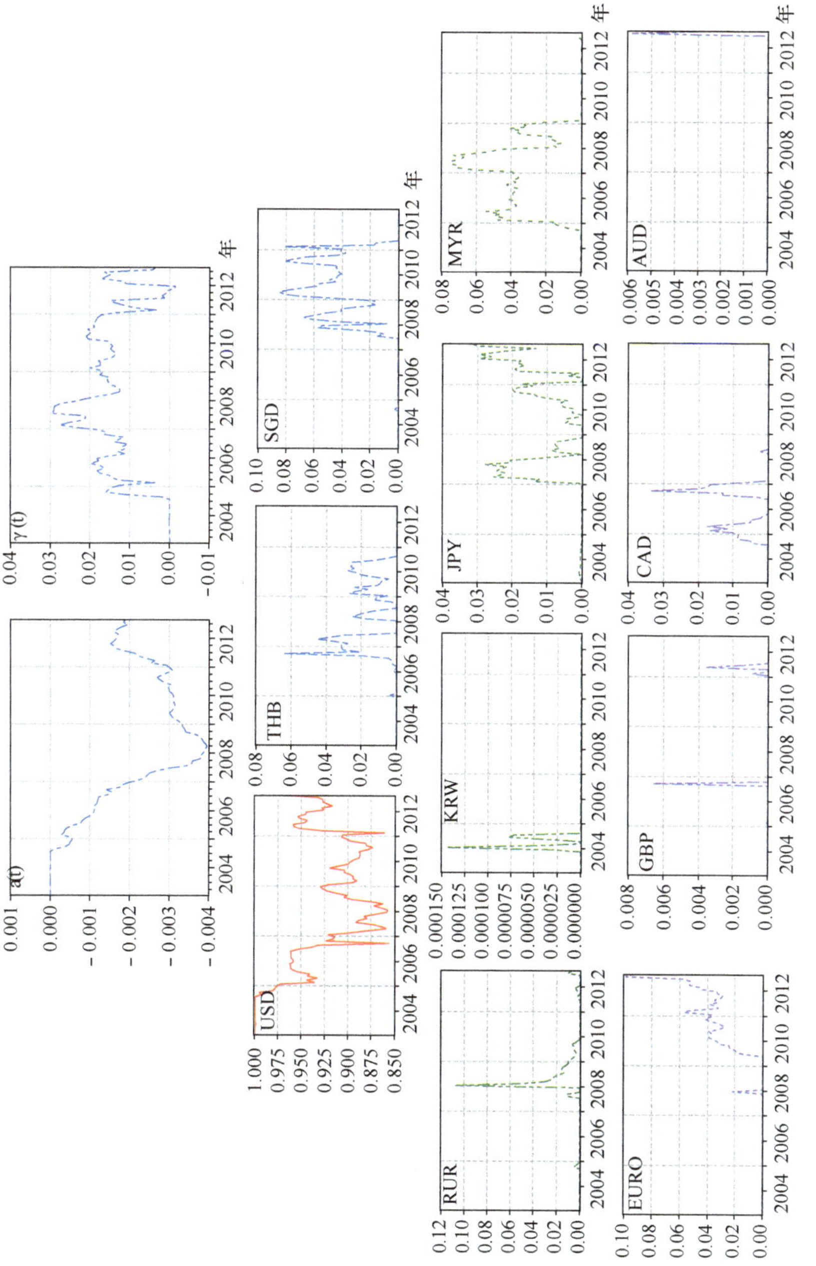

注：图中英文变量的名称同表2、表4。

图1　时变参数$\alpha(t)$，$\gamma(t)$，$\beta_i(t)$估计结果示意图

币单边升值且速度加快；2009年4月以后$\alpha(t)$的系数呈现单边降低的态势，最高为2010年10月的-0.15%，这表明此间人民币的升值速度不断降低。2005—2009年人民币持续升值可以归结于此前人民币升值压力的缓释和随后次贷危机、欧债危机以及美国量化宽松政策使国际资本涌入中国，推动人民币升值。2009年9月，中国的外部均衡被持续深入的全球金融动荡打乱，出现出口下滑、直接投资流入放缓，加之西方发达经济体逐渐复苏的影响，资本从中国回流，人民币升值的速度不断降低，表现为$\alpha(t)$的系数不断上升。在汇率制度弹性系数$\gamma(t)$方面，2005年7月份以前这一数值基本上为0，随后在整体趋势上呈现∧形变化。2005年8月至2010年7月，$\gamma(t)$系数辗转上升至0.03，随后，汇率制度弹性不断降低，至2012年11月降低至0附近，随后反弹至2013年3月份的0.017，从侧面证明了刘晓辉、张璟（2012）的结论。但与之不同的是，他们利用汇率制度弹性指数测算了人民币汇率的名义制度弹性，发现人民币汇率制度弹性自2008年初开始下降，表现出“害怕浮动”的现象。而本文发现人民币汇率制度弹性实际上是从2010年7月开始下降的。在货币篮子权重$\beta_i(t)$系数方面，美元所占权重从2005年7月份之前的100%降低至2007年9月份的85.6%，之后几经波折，这一权重又反弹至2013年8月的96%。但不管任何时期，美元仍然是影响人民币汇率走势最重要的币种，平均占93.17%。其他货币在人民币汇率篮子中所占权重呈现不同阶段的变化：欧元和日元自2010年异军突起，呈现上升态势，在人民币汇率篮子中分别占3.5%和1.1%，平均持续影响48个月；2011年，加元（2005年8月—2006年10月；2007年6月—2008年1月）、新元（2008年7月—2012年4月）、泰铢（2007年4月—2008年6月；2009年2月—2011年7月）、林吉特（2005年10月—2010年1月）在人民币汇率篮子中所占权重平均为2.82%左右，其影响持续约43个月，但2012年后这些货币的影响销声匿迹；韩元、英镑、澳元和卢布只在既往的个别月份对人民币汇率篮子权重产生影响，且其影响（权重）平均在0.1%以下。

（四）对估计结果的进一步考察

通常货币当局在制定执行政策过程中常出现“言行不一”的问题。中国货币当局宣称其人民币汇率篮子中有11种货币，那么事实确实如此吗？从前面变系数模型结果可以看出，中国货币篮子中11种货币的权重并非一成不变，那么货币当局在调整篮子货币时是否有规则可循？如果有，规则背后的原因又是什么？前面使用变系数方法估计汇率制度识别模型存在一个不足：SAS系统在参数估计的过程中不能自动剔除不显著变量。如果施加自动剔除不显著变量约束，这样得出来的分析结果不仅更具解释力，同时也能捕捉到货币当局的行为路径。图2为施加剔除不显著变量约束后的时变参数$\alpha(t)$，$\gamma(t)$估计结果。

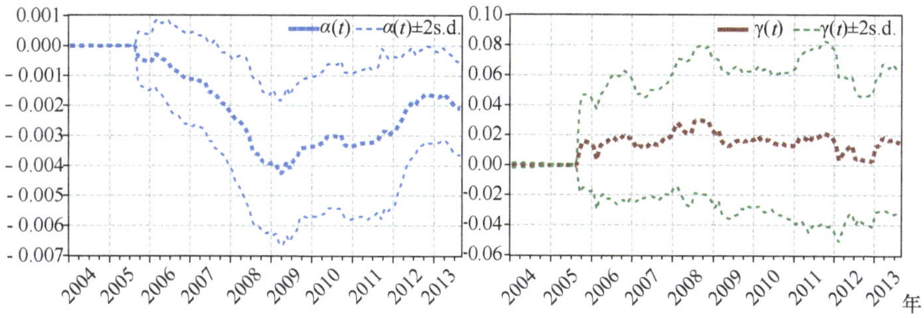

注：图中英文变量的名称同表2、表4。

图2　施加约束后时变参数$\alpha(t)$，$\gamma(t)$估计结果示意图

$\alpha(t)$的估计结果表明，2005年8月以前人民币价值稳定，$\alpha(t)$系数值近乎为0。此后$\alpha(t)$系数值整体低于0，走势整体呈现V形变化，这说明其处于长期的升值通道之中。其中，2005年8月至2009年3月人民币升值速度不断加快，最高在2009年3月达到0.43%的升值速度，此后人民币升值速度逐渐放缓，在2012年11月升值速度仅为0.16%。尽管施加了剔除不显著变量的约束，但$\alpha(t)$的估计结果与图1并无差异，这也旁证了$\alpha(t)$的估计结果的稳健性。

从$\gamma(t)$的估计来看，2005年8月份以前这一数值基本上为0，说明此前人民币汇率制度僵化而缺少弹性。此后这一数值辗转上升至2008年8月份的3%，达到历史峰值，说明此间人民币汇率制度弹性不断上升。此后$\gamma(t)$系数不断下降，最低点在2012年4月仅为0.4%，至2013年该数值已恢复到1.9%。2008年8月之后$\gamma(t)$系数下降可能是由于货币当局为避免人民币对主要货币进一步升值，而在外汇市场中干预汇率波动所致。图2中$\gamma(t)$的估计结果与图1并无显著差异。

从H_1假设的动态检验情况来看，2005年9月至2006年4月、2006年6月以后，H_1假设检验的P统计量始终低于10%甚至1%，这意味着有充足的理由拒绝H_1假设，认为人民币价值在2005年9月以后并非固定不变。从H_2假设的动态检验P统计量可以看出，2006年3月以后这一数值长期在10%以下，意味着2006年3月以后人民币货币篮子中美元的权重不为1，这也侧证了人民币是盯住/参考一篮子货币调整的事实。从H_3假设检验的P统计量可以看出，2005年10月至2006年12月、2007年9月至2009年1月，这一数值基本在10%以下，说明此间人民币汇率是富于弹性的。但是此后人民币汇率制度弹性为0的假设未通过检验，说明2009年1月以后人民币汇率制度的弹性大幅下降。参见图3。

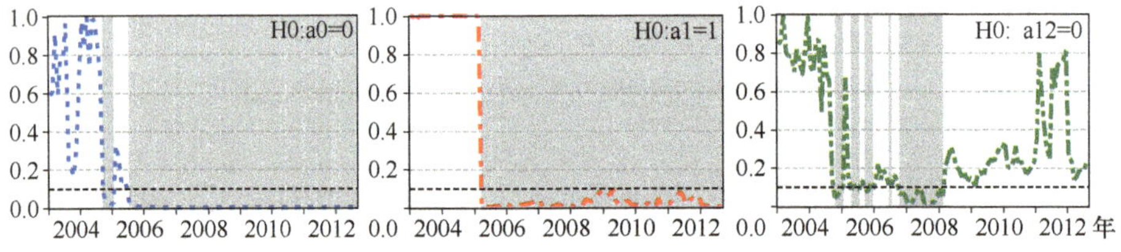

注：图中的阴影部分指假设检验的p值低于10%，意味着可以拒绝原假设；图中各原假设的含义请见表4脚注。

图3　H_1，H_2，H_3假设动态检验的结果

图4为施加剔除不显著变量的约束后，重新估计人民币汇率篮子中币种系数$\beta_i(t)$，较之以前此时$\beta_i(t)$系数已呈现分化趋势：

（1）2005年7月汇改后，在人民币汇率篮子中发挥比较重要作用的货币分别是：美元、欧元、日元、新元、林吉特和卢布，其他货币发挥的作用微乎其微。美元始终居于主导地位，在2005年8月份之后的时间维度内，美元在货币篮子中所占的比重平均达93%，即便是2009年1月份，美元的占比仍达到86%。

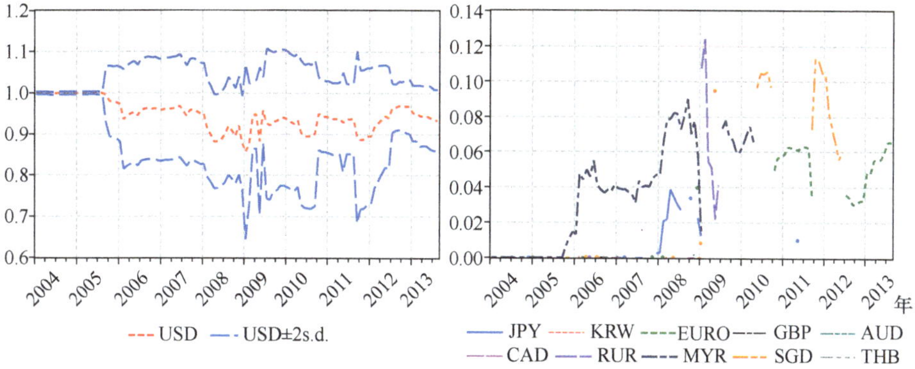

注：图中英文变量的名称同表2、表4。

图4　施加约束后时变参数$\beta_i(t)$动态估计结果示意图

（2）除美元外发挥重要作用的货币，其作用也呈现阶段性特征。林吉特在2005年9月至2009年1月、2010年7月至2010年4月明显发挥着作用，其发挥作用的峰值为2008年9月的9%；日元则在2007年12月至2008年7月持续发挥作用，其峰值在2008年4月达到3.9%；卢布仅在2009年1月至6月发挥作用，但其影响突出，2009年2月其峰值达到12.4%；新元在2010年5月至9月、2011年9月至2012年6月连续地发挥作用，作用峰值在2011年3月达到11.3%；欧元在2010年9月至2011年9月、2012年7月至2013年8月两个阶段发挥作用，其作用峰值在2013年8月达到8.8%。

（3）从图4中容易看出，2005年7月至2007年，人民币货币篮子中发挥作用的货币组合是“美元+林吉特”；2008年发挥作用的是“美元+林吉特+日元”；2009年以后陆续发挥作用的币种组合分别是“美元+卢布”（2009年1月至2009年6月）、“美元+林吉特”（2009年7月至2010年4月）、“美元+新元”（2010年5月至2010年9月、2011年9月至2012年6月）、“美元+欧元”（2010年10月至2011年8月、2012年7月至2013年8月）。

上述分析表明，官方的货币篮子并非一成不变的，而是适时调整的。同时从图4可以看出，在2007年之后人民币货币篮子中，通常是美元与另一种货币组合，即“美元+X”的组合模式。中国货币当局这种行为特征背后的经济动因是什么？X货币的选择依据是什么？本文认为，人民币汇率篮子中的币种选择除了要考虑贸易和资本流动因素之外，还要考虑人民币汇率稳定的动因。贸易和资本流动因素在短期内不会发生大幅变动，而货币汇率短期内的大幅涨跌会影响到人民币汇率稳定，进而传递给实体经济。所以，从短期角度来看，维护人民币汇率稳定是货币当局的重要政策目标之一。如何实现汇率稳定呢？可以将人民币汇率篮子视为一种资产组合，实现人民币汇率稳定无疑需要篮子中各种货币组合的标准差σ_p达到最小（或较小）即可。

为了验证这一推断，本文建立下列二元离散选择模型：

$$\text{Prob}(\text{choice}_{it}=1)=F(\beta_1\cdot\text{standev}_{it}) \tag{12}$$

$$\text{Prob}(\text{choice}_{it}=1)=F(\beta_2\cdot\text{order}_{it}) \tag{13}$$

其中choice为虚拟被解释变量，代表货币组合模式的选择。对（6）式施加剔除不显著变量约束后进行回归估计，人民币汇率篮子在t时期呈现“美元+X”组合时，当X为货币i的情况下，choice取值1，当X为i以外的其他货币时，choice取值0。例如，前面实证结果表明，2005年1月至2007年的中国货币当局选择“美元+林吉特”组合，则“美元+林吉特”变量取值为1，美元与其他货币的组合取值为0。standev表示t时期内“美元+X”组合的标准差[1]；order表示t时期内“美元+X”组合按照标准差从小到大的排序，标准差越大，则排序中order的数值越大。建立上述两个模型主要是为了考察各种货币组合的标准差，或标准差排序对于货币当局篮子货币选择的影响程度。具体估计结果见表5。

1　“美元+X”组合的标准差standev的计算公式为$\text{standev}=\sqrt{\omega_{us}\omega_x\sigma_{us}\sigma_x\rho_{us,x}}$，其中$\omega_{us}$为$t$时期内美元平均权重系数；$\omega_x$为$t$时期内$X$货币的平均权重系数；$\sigma_{us}$为$t$时期美元汇率（以SDR表示并取对数）的标准差；$\sigma_x$为$t$时期汇率的标准差；$\rho_{us,x}$为美元与$X$货币汇率的相关系数。

表5　Probit模型估计结果

(12)式估计结果				
被解释变量$choice_{ik}$	β_1系数估计结果	系数的95%置信区间	系数边际影响 $d(choice)/d(standev)$	系数边际影响的95%置信区间
解释变量$standev_{ik}$	-5 070.508*** (-5.01)	[-8 000.615 -3 500.401]	-1 567.38*** (-21.04)	[-1713.41 -1421.35]
似然函数对数Log Likelihood		-36.67	样本个数	80
(13)式估计结果				
被解释变量$choice_{ik}$	β_2系数估计结果	系数的95%置信区间	系数边际影响 $d(choice)/d(order)$	系数边际影响的95%置信区间
解释变量$order_{ik}$	-0.204 4*** (-5.874 7)	[-0.272 536 3 -0.136 177 2]	-0.043 34*** (-22.31)	[-0.047 157 -0.039 541]
似然函数对数Log Likelihood		-30.20	样本个数	80

注：按照本文考察对象的特征，在回归中并未引入截距项，所以没有似然比LR统计量和Mc Fadden统计量；***表示$p<0.01$。

从表5的回归结果来看，模型（12）式的参数standev估计结果为-5 070.508，其值为负且显著。在probit模型中，变量系数不能直接解释成自变量对因变量的影响，因而只能从符号上判定。如果符号为正，则说明解释变量取值越大，因变量取为1的概率越高；反之，如果系数为负，表明相应的概率将越小（高铁梅，2009）。（12）式的参数standev为负，则说明货币组合的标准差越高，其被货币当局选为篮子货币的概率就越低，即被解释变量取1的概率越低；由于probit模型属非线性模型，β_1系数不能解释成自变量对因变量的边际影响，但Stata软件将β_1系数代入密度函数中可以求出β_1参数的边际影响为-1 567.48，说明standev与choice是负相关的，篮子组合的标准差standev越大，choice取值为1的概率就越低。从式（13）的估计结果来看，β_2系数为负说明货币篮子标准差的排序order越高，那么choice为1的概率越低。本文中各种货币组合的标准差按从小到大排序，标准差越高则order数值越大，货币当局选其作为货币篮子的概率就越低。由此可见，尽管模型（12）（13）选择了不同的解释变量，但估计结果本质上相同，均证实了本文的推测：货币当局选取篮子货币的重要依据是尽量降低篮子货币组合的标准差，以确保人民币汇率篮子的稳定。

理论上，货币当局应该选取所有与美元低相关，甚至负相关的币种以构建价值稳定的货币篮子。但是现实中随着币种数量的增加，篮子组合的标准差下降速度变慢，并且会增加管理的难度，再加上除美元以外其他币种之间存在较高的相关性（如林吉特实行一篮子货币制度，对新加坡元赋予很高权重，致使二者的相关系数达0.64），就不难理解中国货币当局选择“美元+*X*”的二元货币组合的原因。

（五）稳健性检验

为了检验表4、表5、图1～图4中数据及结论的稳健性，本文拟从两个角度进行：①文中所用汇率数据均为时期均值数据（period average），检验使用期末数据（period end）是否显著改变前面的估计结果；②前文已提及本文使用SDRs作为货币计值基础的原因，这里进一步检验使用瑞士法郎SFr作为计值货币后，是否显著改变前面估计结果及推断。稳健性检验的结论表明，无论使用期末数据还是使用以SFr为计值货币，都不显著改变以上图表中的参数估计结果，这也从侧面证实了结论的稳健性[1]。

四、总结与进一步讨论

在建立广义的汇率制度识别模型基础上，本文利用中国2000—2013年的月度数据对制度识别模型进行估计后认为，2005年7月前中国事实上实行的是严格盯住美元的固定汇率制度，但2005年8月后中国事实上采行的是参考一篮子货币的管理浮动汇率制，即BBC体制。一个比较有意思的发现是人民币汇率篮子中币种通常是“美元+*X*”的组合，本文使用probit模型证实了货币当局选取篮子货币的重要原则是*X*货币能最大程度降低篮子货币组合的标准差以确保人民币汇率篮子的稳定。同时，本文实证结果显示，汇改后人民币汇率制度弹性逐渐提高，但

1 限于篇幅，稳健性检验结果不再呈现，留存备索。

人民币汇率制度弹性系数$\gamma(t)$以2010年7月为界呈先扩大后缩小的∧形变化，说明人民币汇率制度弹性正在走低，而且假设检验也支持了这一现象。有证据表明，在美国次贷危机、欧债危机及引致的全球动荡的背景下，中国货币当局出于稳定汇率和出口的目的，加大了对外汇市场的干预。尽管人民币汇率波动区间不断加大，但汇率制度弹性仍在走低。强化汇率制度弹性微观层面上有助于出口企业风险、成本控制能力提升，宏观层面有助于产业结构优化和货币政策独立性。未来如何进一步提高人民币汇率制度弹性？本文认为应该从宏观层面上的政策调整、中观层面的市场建设和微观层面运行机制优化三个层次入手，进一步深化人民币汇率制度市场化改革。

（1）在宏观层面，选择适合于中国实情并服务于经济结构调整和经济可持续发展的汇率制度，运用宏观经济平衡法测定中国对内对外均衡条件下的人民币汇率水平，为汇率政策调整提供参考。

（2）在中观层面，加强外汇市场的制度建设。在中国已推出做市商制度和询价交易背景下，研究进一步增强外汇市场人民币汇率的价格发现、形成和调整机制的措施。具体来讲，应该逐渐减少银行结售汇制的强制性和银行间外汇市场的封闭性，坚持扩大外汇企业的自主权和外汇市场参与主体的多元化。同时，鼓励银行为外贸企业和居民个人提供更丰富的外汇投资产品。

（3）在微观层面，深入落实“货币篮子、波动区间和爬行速度（即BBC）”汇率制度，确定货币篮子中的最优币种结构、最优波动区间和最优爬行速度。

汇率形成机制三个层面的改革相互关联。结售汇环节的市场化，再加上交易环节的市场化，配合人民币汇率波动区间的扩展，整个人民币汇率形成机制的市场化程度会有一个明显的提高。在整个外汇供求逐步比较真实地反映出市场主体的供求和预期之后，由此形成的汇率才更为接近均衡水平。汇率形成机制改革需循序渐进，慎重处理好各种因素的关系，根据实体经济发展的状况来确定，使之与金融改革的整体进程相适应，与利率市场化改革、资本项目管制的放松及人民币可自由兑换等相配合，综合考虑世界经济发展和国际金融市场变动等因素。

参考文献

[1] 丁剑平，杨飞. 人民币汇率参照货币篮子与东亚货币联动的研究［J］. 国际金融研究，2007（7）: 36–42.

[2] 方颖，梁芳，牛霖琳.人民币汇率一篮子货币权重的内在形成机制［J］. 世界经济文汇，2012（3）: 1–13.

[3] 高铁梅. 计量经济分析方法与建模［M］. 北京: 清华大学出版社，2009.

[4] 罗玉波. CPI权重估计：基于约束变系数模型［J］. 数学的实践与认识，2011（15）: 80–85.

[5] 刘晓辉，陈峥嵘，于波. "言"、"行"、人民币实际汇率制度弹性与宏观经济绩效［J］. 金融评论，2009（1）: 50–62.

[6] 刘晓辉，张璟.人民币升值压力与汇率形成机制弹性测算［J］. 南大商学评论，2012（1）: 42–59.

[7] 陆前进，张英梅. 篮子货币汇率制度中最优货币权重研究文献综述［J］. 云南财经大学学报，2012（3）: 3–10.

[8] 宿玉海，于海燕. 人民币一篮子货币最优权重模型的构建［J］. 国际金融研究，2007（7）: 50–58.

[9] 周继忠. 人民币参照货币篮子：构成方式、稳定程度及承诺水平［J］. 国际金融研究，2009（3）: 16–22.

[10] Bénassy-Quéré A. Exchange Rate Regimes and Policies: An Empirical Analysis［A］. in S.Collignon, J. Pisani-Ferry and Y. C. Park (eds)［M］. Exchange Rate Policies in Emerging Asian Countries, London: Routledge. 1999: 40–64.

[11] Calvo A G, Reinhart C M. Fear of Floating［J］. The Quarterly Journal of Economics, 2002, (2): 379–408.

[12] Chiang C T, Rice J A, Wu C O. Smoothing Spline Estimation for Varying Coefficient Models with Repeatedly Measured Dependent Variables［J］.Journal of the American Statistical Association, 2001, 96(454):605–619.

[13] Eichengreen B, Rose A and Wyplosz C. Speculative Attacks on Pegged Exchange Rates: An Empirical Exploration with Special Reference to the European Monetary System［R］.CEPR Discussion Papers, 1994: No.1060.

[14] Eichengreen B, Rose A and Wyplosz C. Exchange Market Mayhem: The Antecedents

and Aftermath of Speculative Attacks [J] . Economic Policy, 1995 (21):249–312.

[15] Eiji Ogawa, Michiru Sakane. Chinese Yuan after Chinese Exchange Rate System Reform [J] . China & World Economy, 2006, 14 (6): 39–57.

[16] Fan J, Zhang W. Simultaneous Confidence Bands and Hypothesis Testing in Varying–coefficient Models [J] . Scandinavian Journal of Statistics, 2000, 27 (4): 715–731.

[17] Fidrmuc J. Time–Varying Exchange Rate Basket in China from 2005 to 2009 [J] . Comparative Economic Studies, 2010, 52 (4): 515–529.

[18] Fang Y, Huang and S C, Niu L L. De facto Currency Baskets of China and East Asian Economies: The Rising Weights [R] . BOFIT Discussion Papers, 2012: No.2/2012.

[19] Frankel J A. Experience of and Lessons from Exchange Rate Regime in Emerging Economies [R] . NBER Working Papers, 2003: No.10032.

[20] Frankel J A. New Estimation of China's Exchange Rate Regime [J] . Pacific Economic Review, 2009, 14 (3):346–360.

[21] Frankel J A, Schmukler S, Serven, L. 2009,Verifiability and the Vanishing Intermediate Exchange Rate Regime [R] .NBER Working Papers, 2000: No.7901.

[22] Frankel J A, Wei S J. Yen Bloc or Dollar Bloc? Exchange Rate Policies of the East Asian Economies [R] .NBER Chapters, in: Macroeconomic Linkage: Savings, Exchange Rates, and Capital Flows, 1994 (3):295–333.

[23] Frankel J A, Wei S J. Emerging Currency Blocs [A] . in H. Genberg (ed.), The International Monetary System: Its Institutions and its Future [M] . Berlin: Springer, 1995.

[24] Frankel J A, Wei S J. Assessing China's Exchange Rate Regime [J] .Economic Policy, 2007, 22 (51):575–627.

[25] Frankel J A, Wei S J. Estimation of De Facto Exchange Rate Regimes: Synthesis of the Techniques for Inferring Flexibility and Basket Weights [J] . IMF Staff Papers,2008, 43(3): 384–416.

[26] Frankel J A, Xie D. Estimation of De Facto Flexibility Parameter and Basket Weights in Evolving Exchange Rate Regimes [J] .American Economic Review, 2010, 56(2): 568–572.

[27] Funke M, Gronwald M. The Undisclosed Renminbi Basket: Are the Markets Telling Us Something about Where the Renminbi–US Dollar Exchange Rate is going? [J] . The World Economy, 2008, 31(12): 1581–1598.

[28] Ghosh A R, Gulde A M, Ostry J D and Wolf H C. Does the Nominal Exchange Rate Regime Matter? [R] . NBER Working Papers, 1997, No. 5874.

[29] Hastie T, Tibshirani R. Varying-Coefficient Models [J]. Journal of the Royal Statistical Society Series B, 1993, 36(4): 757–796.

[30] Ilzetzki E O, Reinhart C M and Rogoff K S. Exchange Rate Arrangements into the 21st Century: Will the Anchor Currency Hold? [M]. Mimeo (University of Maryland and Harvard University), 2008.

[31] Jie Sun. Retrospect of the Chinese Exchange Rate Regime after Reform: Stylized Facts during the Period from 2005 to 2010 [J] .China & World Economy, 2010, 18(6): 19–35.

[32] Levy-Yeyati E, Sturzenegger F. Classifying Exchange Rate Regimes: Deeds vs. words [J]. European Economic Review, 2005, 49(6): 1603–1635.

[33] Moosa I, Tony N and Li L. Exchange Rate Regime Verification: Has China Actually Moved from a Dollar Peg to a Basket Peg? [J]. Economia Internazionale, 2009, 62(1): 41–67.

[34] Obstfeld M, Rogoff K. Exchange Rate Dynamics Redux [J]. Journal of Political Economy, 1995, 37(3): 624–60.

[35] Ohno K. Exchange Rate Management in Developing Asia [R]. ADBI Working Paper, 1999, No. 1.

[36] Reinhart C M, Rogoff K S. The Modern History of Exchange Rate Arrangements: A Reinterpretation [J]. The Quarterly Journal of Economics, 2004, 42(1):1–48.

[37] Sachs J D. Tornel A andVelasco,A. Financial Crises in Emerging Markets: The Lessons from 1995 [J]. Brooking Papers on Economic Activity, 1996, 27(1): 147–215.

[38] Shah A, Zeileis A andPatnaik I. What is the New Chinese Currency Regime? [Z]. http://www.mayin.org/ajayshah/PDFDOCS/SZP2005cny.pdf 2006.

[39] Stavarek D. Comparative Analysis of the Exchange Market Pressure in Central European Countries with the Euro zone Membership Perspective [R]. MPRA Paper, 2007: No.3906.

[40] Tavlas G, Harris D and Alan C. The Classification and Performance of Alternative Exchange-rate Systems [J]. European Economic Review, 2008, 52(6): 941–963.

[41] Wu C O ,Chiang C T, Hoover D R. Asymptotic Confidence Regions for Kernel Smoothing of a Varying-Coefficient Model with Longitudinal Data [J] .Journal of the American Statistical Association, 1998, 93(444):1388–1402

[42] Yamazaki K. Inside the Currency Basket [Z]. Columbia University and Mitsubishi UFJ Trust and Banking Corp., December, 2006.

基于随机规划的股票市场情景元素生成：以随机波动率模型为例

赵大萍[1]

摘要：针对股票市场中未来收益不确定性问题，本文基于随机规划方法，利用随机波动率模型刻画了股票市场资产未来收益情景，得到了资产未来收益分布的情景树，并在此基础上进一步采用贝叶斯理论修正了情景概率，最后使用市场真实数据对模型进行了验证。算例结果表明，基于随机波动率模型的情景元素生成模型得到的情景元素质量良好，贝叶斯方法修正后的情景概率也与真实市场情况更贴合。

关键词：随机规划情景生成　随机波动率模型

一、引言

近年来，金融全球化不断深化，金融衍生工具被迅速开发，金融市场的波动性和风险日益加剧，怎样在资产收益、风险等因素不确定的环境下进行投资，成为一个亟待解决的前沿问题。随机规划方法为刻画资产的不确定性提供了一种新的思路。在利用随机规划方法对股票市场进行研究时，首先需要对股票市场收益进行刻画，通过建立情景元素生成模型，得到相关资产的收益情景及其概率分布[1]。

1　赵大萍，首都经济贸易大学金融学院、金融风险研究院讲师，理学博士。

根据Hoyland和Wallace（2001）对情景的定义，情景是指情景生成模型中某一时刻随机变量的实现[2]。以股票市场为例，情景元素生成的基本思想是根据历史数据刻画出股票收益与某种元素的数理关系，并依此建立数学模型。一般来说，该数学模型包含刻画股票收益主要统计特征的生成方程，通过生成方程求出股票收益分布的主要参数，然后基于此分布进行适当的离散化，计算出一系列关于相应股票收益的预测值，即生成情景元素。

在刻画市场收益方面，目前研究者选用的主要是时间序列模型，包括GARCH模型，VAR模型，二叉树模型，等等[3~5]。近几年来，随着计算机技术的发展，刻画多元分布的Copula函数也被应用到情景生成中[6,7]。此外，Carino等人（1994,1998）提出了名为“方差调整法”的情景生成方法；Klaassen（2002）则基于无套利假设，采用状态集聚和时间集聚的技巧将二叉树（情景树）简化到只有两个阶段三个情景的简化形式，最终通过迭代求出最优解[8~11]。

2001年，Hoyland和Wallace提出了矩匹配法生成情景的一般框架，他们以情景的概率作为优化模型的决策变量，通过逼近历史收益序列的各阶矩，生成一系列情景，进而通过向量自回归的方法将其扩展至多阶段[2]。这一方法可用于在变量的边际分布未知时进行抽样，弥补了蒙特卡洛模拟法只在变量的分布函数已知时可用的不足。

情景元素生成后，需要通过一定规则构建情景树。以股票市场为例，树中的节点可视为股票资产在某一时刻的状态。在随机规划问题中，决策都在节点中完成。连线则代表不确定变量的实现路径。一般来说，情景树的每个分支都代表着随机变量$x'=(x_1, x_2\cdots x_n)$在时刻$t=1\cdots T$时每个可能的值。值得注意的是，情景树并不等同于决策树，就决策树来说，其分支代表的是事件和决策。

目前，在情景树的生成过程中，常用的生成技巧包括情景缩减、迭代和内部抽样等。情景缩减主要用于减小情景树的规模。这种方法通过找到一个规定基数情景的子集和该子集的概率，然后寻找与其初始分布最接近的形式[12,13]。迭代类方法也是在现有情景树的基础上，在需要的地方添加或减去一些情景。与情景缩减方法不同的是，迭代类方法关注在哪里添加或删除情景[14]。另一类常用方法是内部抽样法，这类方法的特点是不需要预先生成情景，可以在求解随机规划的同时完成情景生成。该类方法包括随机分解法、随机柯西法等[15,16]。Pflug(2001)提出了优化离散法，旨在通过优化方法找出随机过程的一个类似，这个方法的特点是可以一次构建出多阶段情景树，但仅对单变量过程有效[17]。Gondzio，Kouwenberg和Vorst（2003）曾将此方法用于资本市场生成情景，并在此基础上研究了资产负债管理问题[18]。近年来，多期情景树的构造以及其在金融问题中的应用研究得到了进一步发展。Hochreiter和Pflug（2007）将多期情景树构造问题作为一个工厂选址问题进行研究，改进了情景元素聚合的算法，并将其应用到收益—风险投资组合问题中[19]。Romisch（2011）提出了提高多元情景缩减效率的新方法，并与Heitsch（2011）在稳定性分析的基础上给出了建立多期情景树的一般性的条件，并在投资组合管理中进行了应用[20,21]。Consigli（2012）在蒙特卡洛模拟的基础上，提出了一种递归的情景近似方法，令使决策问题随机性最小的变量值作为情景元素值[22]。Zenios（2014）主要利用矩匹配的方法，通过与不完全市场中的定价问题结合，建立了无套利的多资产情景树[23]。

一般来说，情景刻画得越准确，越贴近市场现实，对研究越有利。采用一个适当的方式实现情景生成也对资产配置模型的有效性至关重要。目前，鉴于连续分布比离散分布刻画得更精细，很多研究都假设股票收益是连续的。但是连续分布要求大量积分运算，并且通常计算都很复杂，因此在应用中较难实现。利用随机规划模型进行投资决策时，研究者采用最多的是利用离散分布、近似连续分布的方法。本文将对基于随机规划的股票市场情景元素生成问题进行介绍，并在随机波动率模型基础上生成情景元素，以及对情景生成概率进行修正。

二、基于随机波动率模型生成情景元素

随机波动率模型（Stochastic Volatility Model，SV模型），最早由Taylor在1986年提出，该模型引入随机项来反映随机因素对波动性的影响，克服了GARCH类模型中条件方差的估计会在序列出现异常观察值时突然变动的不足[24]。但因为引入随机项后，SV模型中状态变量的波动率是隐含的，同时模型中的一些缺失状态变量的后验分布是非标准的分布密度形式，使得基于经典假设的传统参数估计方法失效[25,26]。近几年来，随着相关理论和计算机技术的发展，SV模型的参数估计方法得到很大改善，再次引起了研究者和金融实际工作者的重视[27]。

具体而言，在利用SV模型生成情景元素时，首先可以针对各个资产分别建立SV模型，继而生成单只资产的多阶段收益情景，最后将这些情景按一定规则组合起来，即构建出包含多资产、多阶段的情景树。利用SV模型生成情景的主要步骤如下：

（1）建立各资产收益的SV模型；

（2）利用蒙特卡洛模拟随机生成大量未来的资产收益情景；

（3）对生成的情景进行抽样，构建情景树。

以下将分别对SV模型的构建、模型参数估计以及蒙特卡洛模拟生成随机情景等进行详细介绍。

（一）SV模型的构建

Taylor于1986年提出的SV模型的标准形式如式（1）所示[24]。该模型包括一个均值方程和一个波动方程，其中，模型中的条件方差不再是一个确定性的函数，而是加入了随机项，以反映随机因素对波动性的影响。波动率采用了对数形式。

$$
\begin{gathered}
y_t = \exp\left(\frac{\theta_t}{2}\right)\varepsilon_t, t = 1,2,\cdots n \\
\theta_t = \mu + \phi(\theta_{t-1} - \mu) + \eta_t, t = 1,2,\cdots,n \\
\eta \sim (0,\tau^2)
\end{gathered}
\tag{1}
$$

其中，y_t表示第t日的收益率；ε_t为独立同分布的白噪声干扰，服从

均值为0，方差为1的正态分布；η_t是独立同分布波动的扰动水平，服从均值为0，方差为τ^2的正态分布。需要注意的是，η_t和ε_t是不相关的，且均不可观测。ϕ是一个反映当期波动对未来波动影响的参数。当$|\phi|<1$时，SV模型是协方差平稳的。

（二）SV模型的参数估计

从计量方法角度看，SV模型的估计困难主要由于其参数的似然函数并不是显式的，无法使用极大似然估计等方法。目前，估计SV模型参数的常用方法包括：伪极大似然估计、广义矩估计、MCMC、非线性滤波极大似然估计和模拟极大似然估计方法等[28,29]。其中，随着计算机技术的发展，MCMC方法被应用得最为广泛。本文采用贝叶斯原理加入先验信息，并构造参数后验分布，进而再应用抽样方法进行参数计算的MCMC 方法，以期得到更准确有效的参数估计结果。该算法的优点在于可以从任何形式的密度函数中进行抽样，比如，联合密度函数不能分解成全条件密度函数或者全条件密度函数未知时，Gibbs抽样的实现有一定困难，但MCMC方法基于贝叶斯分析原理，利用马尔科夫链的性质并与蒙特卡洛模拟结合，在估计SV模型参数方面有广泛的应用和良好的表现[30]。

三、基于贝叶斯理论的情景生成概率修正方法

在情景树构造方面，Hoyland和Wallace(2001)在文中曾经给出了经典的方法[2]。该模型虽然以生成情景概率作为决策变量之一，最后能够计算出非负的生成概率，且概率和为1，但存在一定的问题。以常用的前四阶矩匹配方法为例，该方法往往会出现均值附近的情景分支概率过大，而其他分支概率相对过小的情况。为克服这一问题，同时考虑到知识经验及先验知识的重要性，此处提出基于贝叶斯理论的情景概率修正方法。

相对于传统的频率学派，贝叶斯学派认为，任何一个未知量θ都可以视为一个随机变量，在实际推断中，除了抽样信息，还存在来源于

经验和历史资料等的非样本信息，因此在表述其不确定性程度时，可以使用一个概率分布描述θ的未知状况。由于这些信息来源于抽样前的关于θ的信息，因此，该概率分布称为先验分布，简称为先验(Prior)[31]。贝叶斯分析的关键是根据先验确定变量的后验分布，对于未知参数θ，其后验分布$\pi(\theta \mid x)$集三种信息(总体、样本和先验)于一身，包含了θ的所有可供利用的信息。因此有关θ的估计都可以按照一定的方式从后验分布提取信息，其提取方法相比经典统计估计更简单。

而在情景概率生成的过程中，需要准确估计的是情景发生的概率。根据条件概率密度的定义，观察值为x的后验概率密度的计算公式为：

$$\pi(\theta \mid x)=\frac{f(x \mid \theta)\pi(\theta)}{m(x)} \tag{2}$$

其中，$\pi(\theta \mid x)$为给定的先验信息；$f(x \mid \theta)$是似然函数，即表示在θ出现时，x的条件概率密度函数；$m(x)$是x的边缘密度，或者称为预测密度。

在情景树的构建过程中，通过矩匹配方法得到各个情景分支的概率结果可以被视为条件概率信息，而投资者对于未来市场走势的判断可以作为先验信息加入其中。例如，在股票市场上，面对未来市场波动时，如果投资者态度审慎乐观，认为整体上股票未来收益上涨或下跌的可能性几乎相等。相应的，在情景生成和情景树的构建中，就可以根据一定规则构造先验信息。以最简单的无信息先验为例，如果投资者认为未来股票市场收益上涨的概率和下跌的概率与股票当前的收益情景相关，则可以根据个人经验知识设置先验信息。以离散情形为例，在t时刻，假定未来股票市场存在n种情况，投资者针对当前的市场情形进行分析，给出先验知识$\pi(\theta \mid x)$，修正后的情景生成概率可以表示为：

$$\pi(\theta_i \mid x)=\frac{\int_{\alpha_i}^{\alpha_{i+1}} m(x)\pi(\theta_i)\mathrm{d}}{\sum_{i=1}^{n}\int_{\alpha_i}^{\alpha_{i+1}} m(x)\pi(\theta_i)\mathrm{d}} \tag{3}$$

其中，通过对α_i和$\alpha_{i+1}(i=1,2,\cdots,n)$设置不同的值，可以设定股票市场

的多种变动情形，从而求出对应的贝叶斯修正概率。如前所述，$m(x)$是收益的密度函数，在实践中可以通过抽样、拟合等方法得到。这样通过贝叶斯分析的方法，能够将投资者的主观经验知识在一定程度上加入情景树构造中，构建更贴合投资者个人风格的情景树。

四、应用实例

（一）样本分析

本文选择了四只国际股票市场指数作为样本，分别是美国道·琼斯指数(Dow Jones Index，下文中以DJI表示)、中国上海证券交易所指数(以SHI表示)、日本日经指数(N225)和英国伦敦金融时报100指数(FTSE100)。样本区间是自2009年1月1日至2013 年12月31日，共计1 274个日度数据，261个周度数据。所选数据来自雅虎财经数据库。其中关于样本的统计特征等直接利用EViews6.0软件进行分析，对于SV模型的估算将通过软件WinBUGS实现，蒙特卡洛模拟及生成情景树部分通过数学软件MATLAB实现。见图1、图2、图3、图4。

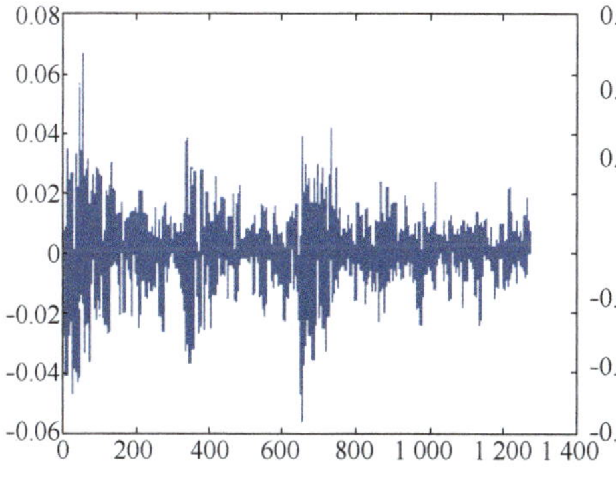

数据来源：作者计算。

图1　道·琼斯指数收益序列图

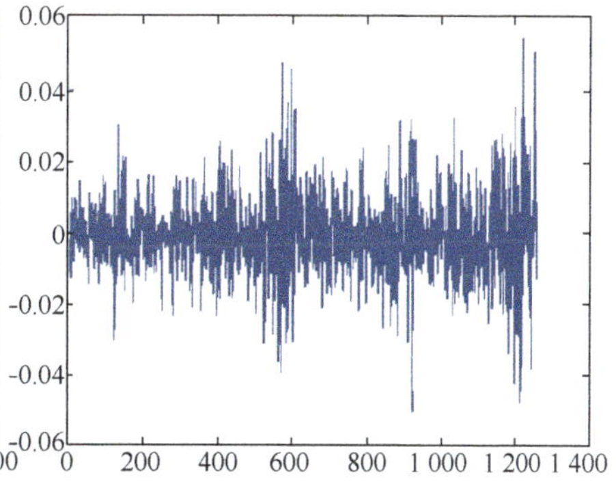

数据来源：作者计算。

图2　FTSE100收益序列图

在对股票指数样本进行分析时，考虑到股票指数一般都具有趋势项或不平稳的特点，不适于直接应用于计量模型研究中，因此采用股指价格收益率的形式进行研究。通常股指价格收益率可用股指对数的一阶差分形式表示。首先，针对样本中的四只股票指数，对其收益进

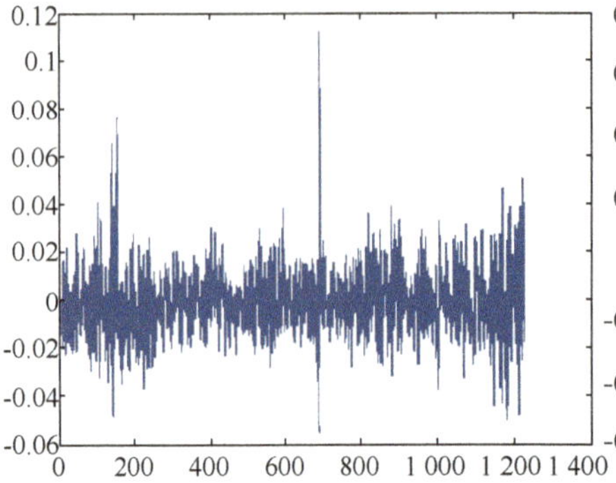

数据来源：作者计算

图3　N225收益序列图

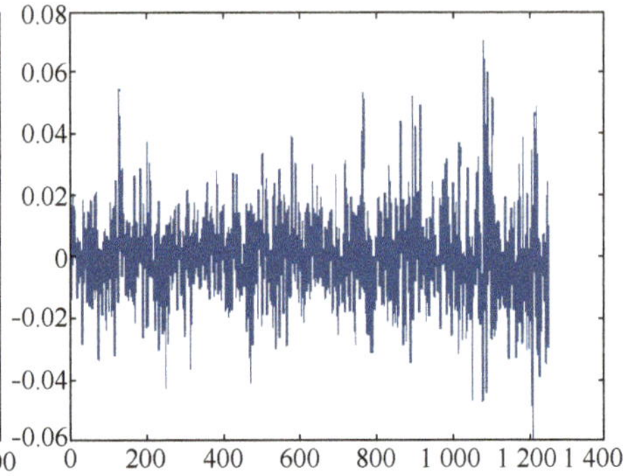

数据来源：作者计算

图4　上证指数收益序列图

行直观的刻画。

通过图1~图4可以看到，四只股票指数的收益序列都呈现波动聚集性的特点，即资产收益的波动随时间变化有时相对稳定，有时则较为激烈。

我们利用EViews6.0软件对样本中的四只股票指数的统计特征进行分析，结果如表1所示。从描述统计结果中可以看出，四只股指收益率的偏度(三阶矩)和峰度(四阶矩)都与正态分布假设不符(标准正态分布的偏度为0，峰度为3)。特别是四只股指收益率的JB统计量都不等于零，除N225 指数的结果中P值为0.032 7外，其他指数的P值都为0，都拒绝了收益率分布为正态分布的原假设。这也符合此前研究者对金融市场数据的观点：金融数据在中间和尾部集中了大量的概率，呈现“尖峰厚尾”的特性等。在这种条件下，使用SV模型对数据的波动性等进行刻画是合理且恰当的。

表1　样本数据的描述性统计结果

样本	均值	标准差	偏度	峰度	J-B统计量	P值
DJI	-0.002 5	0.022 7	0.076 9	4.449 8	23.116 2	0.000 0
FTSE100	0.001 5	0.024 0	-0.624 7	5.222 4	70.686 5	0.000 0
SHI	-0.000 3	0.024 0	0.172 4	5.418 8	64.920 5	0.000 0
N225	0.002 3	0.029 6	-0.217 3	3.663 3	6.838 6	0.032 7

数据来源：作者计算。

从理论上讲，为避免伪回归情况的出现，应该针对平稳序列建立数学模型，因此此处将对四组数据的平稳性进行检验。根据平稳性定理，如果一个随机过程(序列)的均值和方差在时间过程上都是常数，并且在任何两时期的协方差值仅依赖于该两时间的距离，而不依赖于计算这个协方差的实际时间，就称其为平稳的。就平稳性检验来说，目前使用的主要是单位根检验方法(Unit Root Test)。本文将采用单位根检验方法之一的ADF检验，并通过软件EViews6.0实现。结果如表2所示。

表2　样本数据的ADF检验结果

	ADF检验方式	ADF-t统计量	P值
DJI	仅含有常数项	-14.764 0	0.000 0
	含常数项和趋势项	-16.187 9	0.000 0
	不含常数项及趋势项	-16.051 9	0.000 0
FTSE100	仅含有常数项	-16.309 9	0.000 0
	含常数项和趋势项	-16.278 6	0.000 0
	不含常数项及趋势项	-16.267 9	0.000 0
SHI	仅含有常数项	-15.307 4	0.000 0
	含常数项和趋势项	-15.368 6	0.000 0
	不含常数项及趋势项	-15.331 6	0.000 0
N225	仅含有常数项	-14.844 5	0.000 0
	含常数项和趋势项	-14.855 3	0.000 0
	不含常数项及趋势项	-14.764 0	0.000 0

数据来源：作者计算。

通过表2可以看到，在ADF检验方法及三种模型形式下，四只股票指数收益序列的t统计量都比显著性水平的临界值小，P值都为0.000 0，因此拒绝原序列有单位根的原假设，认为四只股指收益序列均是平稳的，从而可以基于该序列数据建立数学模型。

（二）模型参数估计

根据式(1)中给出的SV模型形式，基于四只股票指数数据，利用上文中介绍的贝叶斯估计模型参数的方法和WinBUGS软件可以估算出SV模型的各参数值。此处待估参数是μ，ϕ和τ。样本中各只股指对应得到的模型参数估计结果如表3所示。

表3　基于四只股票指数的SV模型参数估计结果

指数	参数	均值	标准差	MC误差	2.5分位数	中位数	97.5分位数	截断样本	样本数量
		-8.017 0	0.383 5	0.014 8	-8.861 0	-7.981 0	-7.344 0	4001	56 000
DJI		0.966 5	0.024 0	9.397E-4	0.906 5	0.971 5	0.996 9	4001	56 000
		0.194 6	0.051 8	0.002 9	0.114 5	0.186 6	0.319 1	4001	56 000
		-7.321 0	0.459 0	0.018 9	-7.985 0	-7.424 0	-6.207 0	4001	56 000
FTSE100		0.949 6	0.041 1	0.001 9	0.843 9	0.959 5	0.996 5	4001	56 000
		0.216 0	0.063 9	0.003 6	0.118 9	0.206 3	0.366 2	4001	56 000
		-7.162 0	0.221 8	0.009 6	-7.658 0	-7.146 0	-6.747 0	4001	56 000
SHI		0.943 2	0.058 0	0.003 2	0.789 1	0.960 4	0.995 7	4001	56 000
		0.114 6	0.036 9	0.002 1	0.062 8	0.108 7	0.207 4	4001	56 000
		-7.001 0	0.215 8	0.010 8	-7.305 0	-7.037 0	-6.368 0	4001	56 000
N225		0.887 3	0.080 7	0.004 1	0.687 0	0.903 8	0.991 8	4001	56 000
		0.130 5	0.048 1	0.002 8	0.067 1	0.119 9	0.252 8	4001	56 000

数据来源：作者计算。

根据以上模型参数估计的结果，可以写出各只股指对应的SV模型表达形式。

基于道·琼斯指数数据建立的标准SV模型数学表达形式为：

$$y_t = \exp\left(\frac{\theta_t}{2}\right)\varepsilon_t, t = 1,2,\cdots,n$$

$$\theta_t = -8.017 + 0.9665(\theta_{t-1} + 8.017) + \eta_t, t = 1,2,\cdots,n \tag{4}$$

$$\eta \sim (0, 0.1946^2)$$

基于FTSE100股指收益率建立的标准SV模型的具体表达形式为：

$$y_t = \exp\left(\frac{\theta_t}{2}\right)\varepsilon_t, t = 1,2,\cdots,n$$

$$\theta_t = -7.321 + 0.9496(\theta_{t-1} + 7.321) + \eta_t, t = 1,2,\cdots,n \tag{5}$$

$$\eta \sim (0, 0.2160^2)$$

基于上证指数数据估计出的参数结果，建立SV模型如下：

$$y_t = \exp\left(\frac{\theta_t}{2}\right)\varepsilon_t, t = 1,2,\cdots,n$$

$$\theta_t = -7.162 + 0.9432(\theta_{t-1} + 7.162) + \eta_t, t = 1,2,\cdots,n \tag{6}$$

$$\eta \sim (0, 0.1146^2)$$

基于N225数据估计出的参数结果，建立SV模型如下：

$$y_t = \exp\left(\frac{\theta_t}{2}\right)\varepsilon_t, t = 1,2,\cdots,n$$

$$\theta_t = -7.001 + 0.8873(\theta_{t-1} + 7.001) + \eta_t, t = 1,2,\cdots,n \tag{7}$$

$$\eta \sim (0, 0.1305^2)$$

分析上述各SV模型可以解读模型中不同参数的经济意义，并对比不同市场中不同的经济现象。在SV模型中，参数μ的贝叶斯估计值反映的是股票指数的波动水平；ϕ为波动的持续性参数，代表当期波动对未来波动的影响；τ是η所属分布的标准差，代表市场波动性的扰动水平。通过对比不同市场中的SV 模型参数可以看出，在参数μ的估计值中，利用道・琼斯指数估算出的模型参数为-8.017，绝对值最大，说明道・琼斯指数的波动水平在四者中相对最高；而利用日经指数N225估算出的模型参数为-7.001，绝对值最小，表明日经指数的波动水平在四者中相对最低。

在参数ϕ的估计值中，利用道・琼斯指数，FTSE100和上证指数收益估算出的模型参数都大于0.9，利用N225数据估算出的模型参数也接近0.9，说明四地市场都具有较强的波动持续性，即当期波动对未来波动都有较强的影响。其中，利用道・琼斯指数估算出的模型参数为0.966 5，在四只股指中的估值最大，说明在四者之中美国道・琼斯指数所在市场的波动持续性最强；相对而言，四者中波动持续性略弱的是N225 指数。在参数的估计值中，利用FTSE100估计出的参数值最大，为0.216 0，说明英国FTSE100指数波动的扰动水平最高；通过上证指数估计出的参数值最小，为0.114 6，说明中国上海证券交易所市场波动的扰动水平最低。整体来说，不同的样本估算结果体现出了不同市场的波动特征。

（三）情景生成

根据上一部分估计出来的针对各股指收益的SV模型，此处主要采用蒙特卡洛的方法生成随机数。以两期为例，每期生成20 000个关于白噪声ε和τ的参数向量(两期共计40 000个)。其中τ服从已经估计得到的正态分布$N(0,\eta^2)$。将产生的各随机数带入已经估计出来的各SV模型(见式(4)至式(7))，可以得到各股指对应的每期20 000个收益的情景。

为验证SV模型产生的单期情景能够有效地模拟刻画市场波动，将SV模型产生的情景元素(即收益数据)和样本中的历史数据进行对比分析，分别得出针对不同市场SV模型所生成的情景及其相应原始数据的统计图——累积概率分布图，具体如图5~图8 所示。

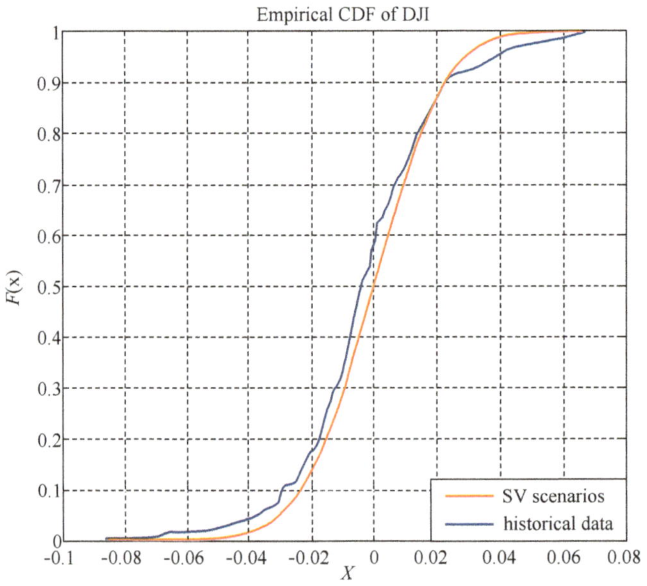

数据来源：作者计算。

图5　基于道·琼斯指数的SV模型

通过图5~图8可以看出，对于样本中选择的国际市场的四只股票指数，针对道·琼斯指数进行模拟的分布曲线，在末端略有偏差，但考虑到样本中只有261个数据，数据量略少可能是导致样本中分布逼近不是特别理想的原因，但整体来说，拟合结果是可以接受的。针对FTSE100、上证指数以及N225三只股票指数数据，通过图6~图8可以看

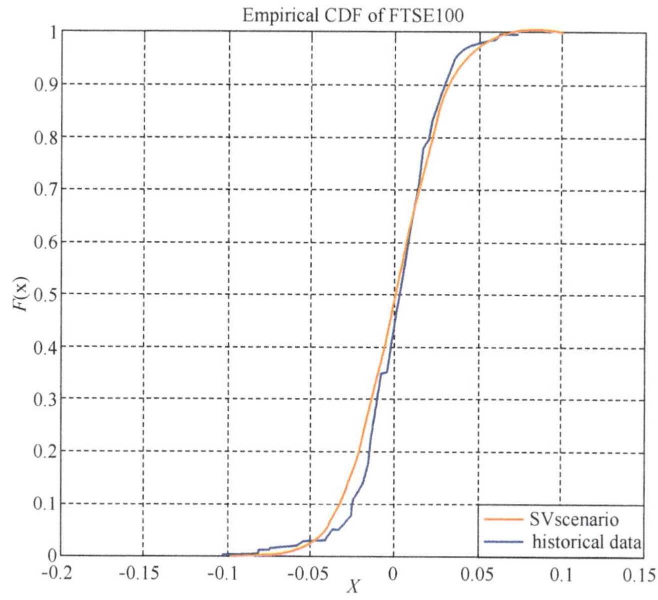

数据来源：作者计算。

图6 基于FTSE100的SV模型情景元素的累积概率分布图

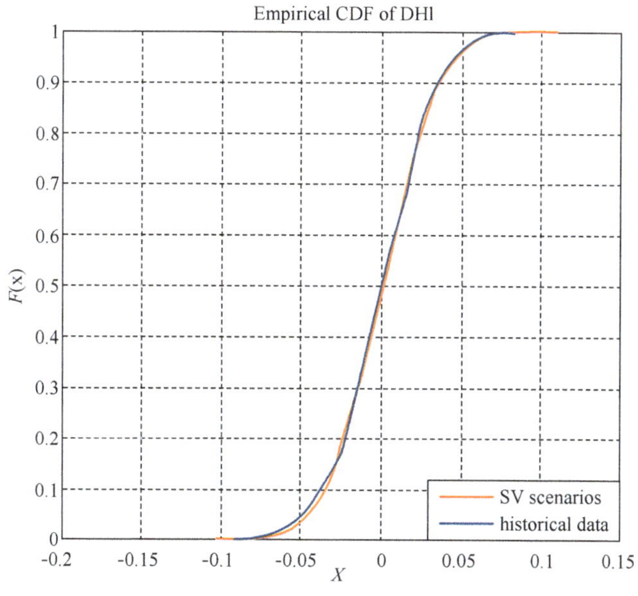

数据来源：作者计算。

图7 基于上证指数的SV模型情景元素的累积概率分布

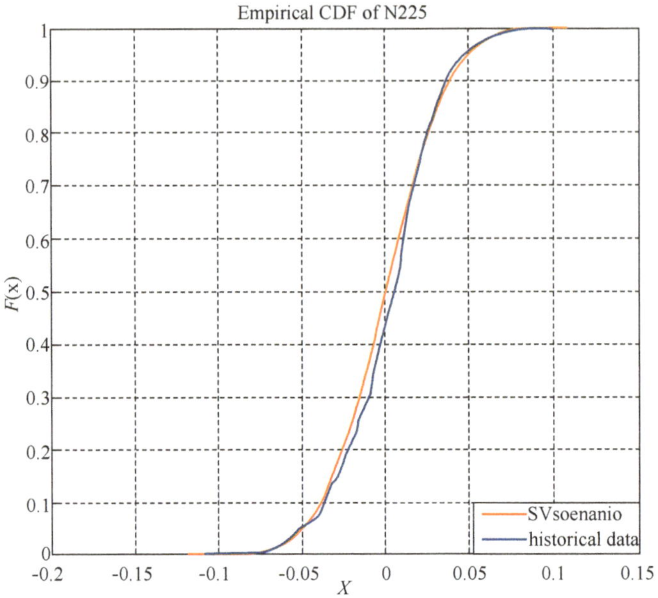

数据来源：作者计算。

图8 基于N225的SV模型情景元素的累积概率分布图

出，基于SV模型生成的情景数据分布可以很好地逼近历史数据的累积分布。因此对样本中的四个股指而言，利用SV模型进行情景生成是有效的，并且与历史真实数据的累积分布模拟效果良好。

（四）情景树的构建

根据SV模型生成的情景元素，此处利用情景剖分和矩匹配的方法，构建了一棵包含四只股票市场指数、跨期三个阶段的情景树，具体如图9所示。在该情景树中，将未来情景按照收益率的变动分为较当期下跌、基本不变、上涨三类。括号中数值是各节点在父节点条件下的发生概率，可以看出，未来情景与当期基本维持不变的概率在三者中最大。具体分析，这与采用矩匹配生成情景的方法有很大关系，因为在矩匹配方法中，主要依靠前四阶矩刻画变量，然后通过逼近这四阶矩生成情景，构造情景树。此外，该树中各节点内收益率普遍较低，这与选择的样本期为2009 年1 月1日至2013年12月31日有关，此时正处于2008年金融危机之后，全球股票市场均面临不同程度的压力和回调。样本数据相对偏小且集聚也可能是导致情景概率有此特点的原因之一。

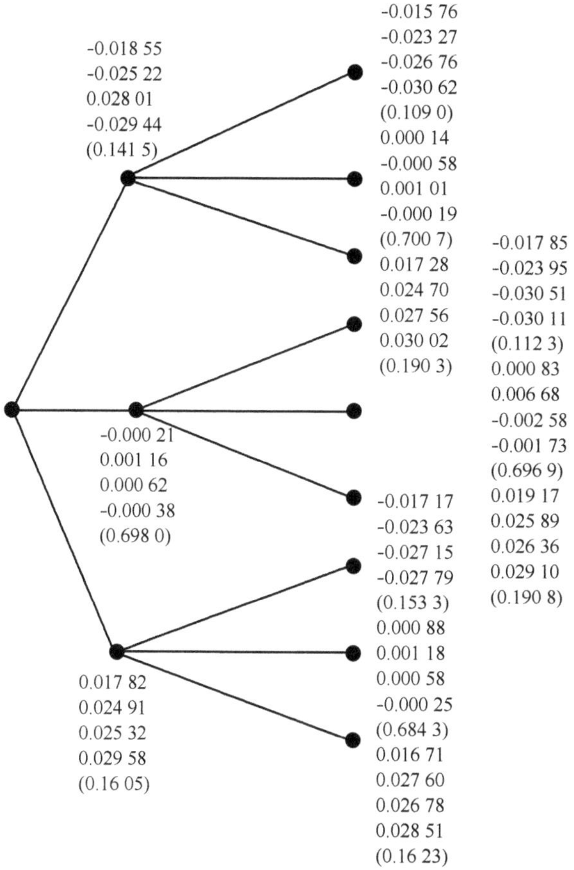

数据来源：作者计算。

图9　基于SV模型和矩匹配构造的情景树

针对图9中的情景树体现出各节点生成概率极不均匀的问题，利用贝叶斯理论对情景生成概率进行调整。修正的具体方法包括：根据蒙特卡洛抽样估计出当前收益在所有收益中的发生频率，以此逼近其对应的概率密度函数值。此外，根据历史数据，计算出各个股票指数在当期收益为正时，未来收益上涨（超过1%）、下跌（超过1%）和基本保持不变（收益率变动介于-1%~1%）的频率，以此作为条件概率信息。情景生成概率经修正后的情景树结果如图10所示。

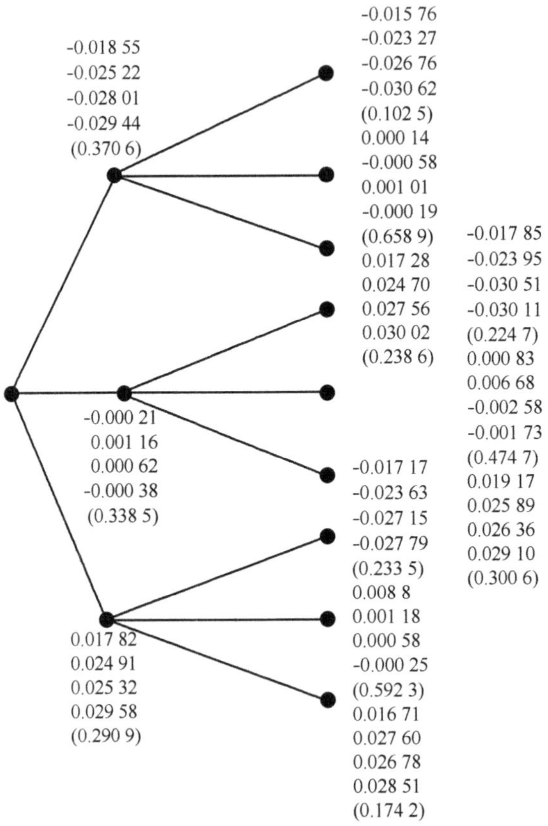

数据来源：作者计算。

图10 利用贝叶斯理论修正概率后的情景树

通过图10可以看出，利用贝叶斯理论修正过情景生成概率的情景树，其结果较初始时有较大差别，主要包括：在第一期情景节点中，原情景树中未来市场状况与当期基本维持不变的概率在三者中最大，并且与其他两种情景的概率相差较大；而在加入了先验知识、经贝叶斯理论修正后，变更为未来市场收益下降的概率最大，并且三者概率之间的差异有所缩小。这与本文选取的样本是2008年金融危机后的数据特点基本相符，在全球金融市场整体不景气的情况下，未来市场下跌的可能性也相对较大。在第二期节点中，各节点的发生概率较原始情景树也有较大变化，主要体现在未来市场基本保持不变的情景发生概率缩小，而相应的，如果当期收益为负时，未来收益上涨的概率较初始情景树时变大；反之，如果当期收益为正，未来收益下跌的概率较初始情景树时变大。这与股票市场存在的均值回归（Mean Reversion）特点也是相符的。

五、结论

本文的核心内容在于，如何基于随机规划理论和方法生成股票市场中的情景元素，并以SV模型为例进行了计算分析。相比前人曾经用过的GARCH模型等，SV模型的提出与金融资产定价的扩散过程紧密相关，并可以克服GARCH类模型中条件方差的估计会在序列出现异常观察值时突然变动的不足，因此，尝试利用SV模型刻画股票市场数据关系并建立随机情景生成模型是很有意义的。在构建情景树方面，针对情景生成概率有时不稳定的问题，本文认为，基于贝叶斯理论可以对情景生成概率进行修正，并给出了相关处理方法。

文中算例选取国际金融市场中的四只股票指数五年内的周度数据，利用SV模型对股指数据特征进行了刻画，并以此作为基础生成未来两期的情景元素。通过对比累积概率分布图可以发现，生成的情景元素能够良好地拟合历史数据，说明基于SV随机情景生成模型得到的情景元素质量良好。通过该方法，股票市场未来收益等情景得到了较好的刻画。而利用贝叶斯理论修正后的情景概率更加符合股票市场中的均值回复规律，与市场真实情况更加贴合。这为多阶段的投资组合选择模型的建立，以及其他投资决策的制定与分析提供了基础和依据。

参考文献

［1］Hoyland K. Assetliability Management for a Life Insurance Company:Astochastic Programming Approach［J］. Ph.D.Thesis,Norwegian University of Science and Technology, Trondheim, Norway, 1998.

［2］Hoyland K, Wallace S W. Generating Scenario Trees For Multistage Decision Problems［J］. Management Science, 2001, 47(2):295–307.

［3］Berkelaar A, Hoek H and Lucas A. Arbitrage and Sampling Uncertainty In Financial Stochastic Programming Models［R］. Econometric Institute Research Papers,No.EI 9919–/A. 1999.

［4］Boender G C. A Hybrid Simulation/optimisation Scenario Model for Asset/liability Management［J］. European Journal of Operational Research, 1997, 99(1):126–135.

［5］Zhao Y, Ziemba W T. A Stochastic Programming Model Using an Endogenously Determined Worst Case Risk Measure for Dynamic Asset Allocation［J］. Mathematical Programming, 2001, 89(2):293–309.

［6］魏法明.基于随机规划动态投资组合中的情景元素生成研究［D］. 上海同济大学博士学位论文,2008.

［7］Kaut M, Wallace S W. Shape–based Scenario Generation Using Copulas［J］. Computati–onal Management Science, 2011, 8(1–2):181–199.

［8］Carino D R, Kent T , Myers D H et al.. The Russell–Yasuda Kasai Model:An Asset/liability Model for Japanese Insurance Company Using Multistage Stochastic Programming［J］. Interfaces, 1994, 24(1):29–49.

［9］Carino D R, Turner A L. Multiperiod Asset Allocation With Derivative Assets［J］. Wor–ldwide asset and liability modeling, 1998, 10:182.

［10］Kouwenberg R. Scenario Generation And Stochastic Programming Models For Asset Liability Management［J］. European Journal of Operational Research, 2001, 134(2):279–292.

［11］Klaassen P. Comment on “Generating Scenario Trees For Multistage Decision Problems”［J］. Management Science, 2002, 48(11):1512–1516.

［12］Dupacova J, Growe–Kuska N, Romisch W. Scenario Reduction In Stochastic Pro–Gramming［J］. Mathematical Programming, 2003, 95(3):493–511.

［13］Heitsch H, Romisch W. Scenario Reduction Algorithms In Stochastic Programming［J］. Computational Optimization and Applications, 2003, 24(2–3):187–206.

［14］Dupacova J, Consigli G, Wallace S W. Scenarios For Multistage Stochastic Progr–ams

[J] . Annals of Operations Research, 2000, 100(1–4):25–53.

[15] Birge J R. Decomposition and Partitioning Methods For Multistage Stochastic Linear Programs [J] . Operations Research, 1985, 33(5):989–1007.

[16] Higle J L , Sen S. Stochastic Decomposition: An Algorithm For Two–stage Linear Programs With Recourse [J] . Mathematics of Operations Research, 1991, 16(3):650–669.

[17] Pflug G C. Scenario Tree Generation For Multiperiod Financial Optimization By Optimal Discretization [J] . Mathematical Programming, 2001, 89(2):251–271.

[18] Gondzio J, Kouwenberg R, Vorst T. Hedging Options Under Transaction Costs And Stochastic Volatility [J] . Journal of Economic Dynamics and Control, 2003, 27(6):1045–1068.

[19] Hochreiter R, Pflug G C. Financial Scenario Generation For Stochastic Multi–Stage D–ecision Processes as Facility Location Problems [J] . Annals of Operations Research, 2007, 152(1):257–272.

[20] Romisch W. Scenario Generation [J] . Wiley Encyclopedia of Operations Research and Management Science, 2011.

[21] Heitsch H, Romisch W. Scenario Tree Generation For Multi–stage Stochastic Programs [M] . Stochastic Optimization Methods in Finance and Energy, 2011, 313–341.

[22] Consigli G, Iaquinta G, Moriggia V. Path–dependent Scenario Trees For Multistage Stochastic Programmes in Finance [J] . Quantitative Finance, 2012, 12(8):1265–1281.

[23] Consiglio A, Carollo A, Zenios S A.Generating multi–factor arbitrage–free scenario trees with global optimization [J] . 2014.

[24] Taylor S J. Modeling Financial Time Series [M] . Wiley, New York,1986.

[25] Taylor S J. Modeling Stochastic Volatility:A Review And Comparative Study [J] . Math–ematical Finance, 1994, 4(2):183–204.

[26] Gallant A R, Hsieh D, Tauchen G. Estimation of Stochastic Volatility Models With Diagnostics [J] . Journal of Econometrics, 1997, 81(1):159–192.

[27] Taylor S J. Modelling Financial Time Series [EB/OL] 2007. www.paoers.ssrn.com

[28] Ruiz E. Quasi–maximum Likelihood [R] . Estimation of Stochastic Volatility Models [J] . Journal of Econometrics, 1994, 63(1):289–306.

[29] Andersen T G, Sorensen B E. GMM Estimation of A Stochastic Volatility Model:a Monte Carlo study [J] . Journal of Business & Economic Statistics, 1996, 14(3):328–352.

[30] Sorensen D, Gianola D. Likelihood, Bayesian and MCMC Methods Inquantitative genetics [M] . Springer Science & Business Media,2002.

[31] 茆诗松，王静龙，浪晓龙.高等数理统计 [M] . 北京:高等教育出版社，1998.

中国天使投资发展趋势与对策研究

王佳妮[1]

摘要：借助一手调研数据和二手资料，对处于转型时期的中国天使投资市场进行了理论和实践的回顾。研究结果发现：①中国天使投资已经从单一的个人投资模式转向团体、机构、孵化和众筹等多种模式并存。天使投资人（组织或机构）除了给创业者提供资金外，还会以不同的深度和广度为创业者带来增值服务。②2013—2015年，部分省市政府专门针对天使投资陆续出台了指导办法，这为天使投资创造了良好的政策环境。③与西方成熟市场相比，中国天使投资仍处于起步阶段，在投资者认知、规范化发展以及政策制定等方面还有很长的路要走。基于此，提出建议：中国应主动借鉴发达国家经验，推动中国天使投资发展走向成熟，为创新型经济发展提供支撑。

关键词：天使投资　市场特征　发展趋势　公共政策

一、引言

无论是实务界还是理论界都认为，资金缺乏是中小企业创立和发

基金项目：国家自然科学基金青年项目“天使投资行为特征、组织架构与公共政策研究”（71303224；2014.01-2016.12）。

1　王佳妮，首都经济贸易大学金融学院、金融风险研究院讲师，经济学博士，管理科学与工程博士后。

展的一个重大瓶颈（EVCA,1993）[1]。为此，大量的风险投资机构应运而生，并为这些企业提供了一种新型的融资渠道。但是，也有学者发现这些风险投资在企业创业初期的作用有限（Mason, Harrison,1995）[2]。主要有三个原因：一是这些风险机构将更多的资金投在企业发展后期，特别是用来进行股权交易（Murray,1995; Murray,Lott,1995）[3,4]；二是风险投资机构追求“短期获利”而将资金后移，导致企业融资缺口进一步放大（BVCA,1996）[5]；三是风险投资活动呈现出明显的区域聚集特征（Martin,1989;Mason, Harrison,1991）[6,7]，这在一定程度上说明风险投资机构对目标企业越来越“挑剔”。因此，一些学者认为，非正式投资（informal investment），即由那些与企业没有任何亲缘关系的商业天使（business angels）为其提供直接投资，可能是企业发展初期相对理想的融资方式（Walker,1989）[8]。在过去的20多年中，天使投资随着欧美经济的增长和科技创业企业的爆炸式成立而得以迅猛发展。

20世纪90年代以来，美国、英国、德国、苏格兰、澳大利亚和加拿大等国家逐渐意识到天使投资的重要性并开展了学术研究。但是，对于这些国家来说，还面临着一个问题，就是天使投资市场是一个“隐形”的市场（Wetzel,1994）[9]，要想获得天使投资的市场数据十分困难，这导致了开展学术研究过程的局限性。这种市场特征还对天使投资实务的基础工作造成一定影响，那些有资金需求的创业家无法及时寻找到这些天使，而商业天使也因缺乏信息而无法获得投资机会。为了克服非正式投资者的隐形障碍以及企业寻找天使的高搜索成本等相关问题，欧美一些发达国家开始涌现出“商业天使网络（Business angel networks）”——主要是为非正式投资者和企业家提供一个沟通渠道，帮助投融资双方更好地获取信息、谈判以及最终达成投融资目的[10]，大量的学者也开始转向研究这种天使投资网络的特征及其对天使投资市场的影响。

在中国，天使投资伴随着互联网和高科技企业的发展在20世纪末开始兴起。近几年，越来越多的企业家、创业者以及专业人士都纷纷加入天使投资这一领域，并且伴随着规范化和制度化投资的发展，天使投资机构化趋势也在加快，这些机构组建自己的投资团队，深入天使投资市场，进行广泛的探索和实践。另一方面，对于中国庞大的富人群体来说，他们的投资渠道过于集中，在天使投资市场的参与度不高。《中国高净值人群消费需求白皮书（2012）》调查了北京、上海、广州等29个城市的高净值人群（600万元以上），其中，有60%的人群投资房地产，有46%和41%的人群投资股票和固定收益，仅有13%和5%的人投向私募股权基金和非上市公司。在配套服务方面，天使投资协会、俱乐部等组织机构陆续成立；在政府扶持方面，一些地方政府也出台了相关政策，如江苏省政府《关于鼓励和引导天使投资支持科技型中小企业发展的意见》（2012）及《江苏省天使投资引导资金管理暂行办法》（2013），成都高新区设立了创业天使投资基金（2012），宁波设立5亿元规模的政策性天使投资引导基金（2012），武汉市科技创业天使投资基金暨种子基金正式启动（2013），《扬州市天使投资引导资金管理暂行办法》（2013），《青岛市财政局天使投资引导资金管理暂行办法》（2013）等，这些配套服务和新的指导办法对天使投资市场的作用及影响尚难定论。综上所述不难看出，中国天使投资市场的潜力还未被充分挖掘，政策环境还有待进一步优化，有必要对天使投资市场及其发展环境进行深入的剖析，对现有的天使投资公共政策进行全面梳理和评价，这也是本文研究的初衷。

中国学者在21世纪初才开始关注天使投资领域，最早研究天使投资的学者是中国人民大学刘曼红教授，她在2003年出版了《天使投资与民间资本》一书，介绍了天使投资的概念、起源与发展、特征以及运作模式，该书更多的是将西方“天使投资”的概念引入中国的学术界和实务界；随后在2009年又出版了《天使投资理论与实践》一书，被业界誉为“创业投资的圣经”。该书首次详细论述了中国天使投资的经济背景与市场特征。此外，合肥工业大学李姚矿教授及其研究团队（2005，2009，2011a, 2011b, 2012a, 2012b）对天使投资的研究也做出了一定的贡献。文献检索发现：早期的研究内容主要集中在“天使投资国际经验的借鉴”，“天使投资在中小企业融资中的作用”，“天使投资与风险投资的比较研究”等方面；2007年之后，关于中国背景的探索性研究才浮出水面，这些论文从“发展环境”“市场特征”“运作模式”等视角分析了中国天使投资的发展状况。

与国外相比，中国有关天使投资的研究还处于起步阶段。以关键词“天使投资”作为标题的论文不到300篇[1]，这些研究以定性分析和规范研究为主，缺乏丰富的定量研究。本文的主要贡献在于为处于转型时期的中国天使投资市场提供了理论和实践的回顾，包括三个方面的内容：一是论述了中国天使投资的发展状况；二是总结了政府促进天使投资市场发展的经验；三是分析了中国与西方成熟天使投资市场的区别。本文的经验数据来自于笔者的一手调研数据以及2000年以来的学术文献、书籍、研究报告、案例以及网络信息等二手资料。

二、中国天使投资的发展

北京民营科技实业家协会2007年7月的《中关村科技园区天使投资发展环境研究报告》指出：“中国最早的天使投资起源于1986年开始实施的‘863计划’和1988年开始实施的‘火炬计划’，这是两个由政府主导的投资于种子期的天使投资计划。”这样看来，中国最早的天使投资是由政府推动的。这是中国天使投资的特色之一（刘曼红，2009）[11]。2000年之后，互联网、信息技术等高科技的发展，带动了全球的创业和早期投资热潮。一些在欧美发达地区学习和工作的“海归”回国创业并开始在国内尝试“天使投资”，帮助更多的年轻人创业，同时也带动了本土科技领域的成功企业家从事天使投资，他们利用个人的资金、行业经验、人脉资源帮助初创企业。

1　截至2014年2月28日，在“中国知网”检索得到学术论文226篇，硕士学位论文16篇。

（一）天使投资的市场状况

1. 天使投资的总体概况

早前的大部分研究仍以定性描述为主，关于中国天使投资市场的统计数据较少。2007年，由北京软件与信息服务业促进中心、互联网实验室与《新经济导刊》杂志社三家联合推出了国内首部天使投资产业研究报告“中国天使投资研究报告（2006）”。报告表明，2006年中国境内种子期投资占创业投资总额的17%，达10.54亿元，主要集中在科技、媒体和通信行业[12]。随后几年，清科研究中心（2011，2012，2014）、中国风险投资研究院（2011）、《创业邦》（2012）、中关村管委会（2013）、中国技术创业协会天使投资联盟（2013）、投中研究院（2013）以及中科院虚拟经济研究中心风险投资研究室（2013）等机构纷纷开始对中国天使投资行业进行跟踪和调研分析。截至2014年2月，全国市场上可供统计的公开天使投资人约1 000人[1]，其中活跃在中关村的天使投资人占一半，2008年以来公开披露的天使投资基金有79只[2]，协会、俱乐部、联盟和网络等天使服务平台达50余家[3]。

调研结果[4]显示：在人口统计方面，大部分天使投资人为男性（88.57%），高学历（硕士及以上占比48.57%），从事金融行业（68.57%）并且具有创业（57.14%）和担任公司高管（54.29%）的经历。在投资项目方面，大多数是在近几年才开始投资，因此投资项目数相对较少，43.75%的人投资项目不足5个，投资总额呈现两极分化（500万元以上占比50%，100万元以下占比50%），见图1和图2；大部分人平均持股5%~10%（56.25%）；科技、媒体和通信（57.14%）、

---

1 截至2014年年底，在中国著名天使投资在线平台——“天使汇”注册的投资人达900余名。

2 清科集团于2014年1月发布了《2013年度中关村天使投资发展报告》，报告指出：中关村活跃天使投资人数量约500人，2008–2013年共募集天使投资基金76只。

3 笔者通过查阅相关报告、书籍以及互联网检索得到各类天使机构、组织协会达50余家。

4 笔者于2013年4月–2013年12月在北京、上海、苏州、广州、深圳、宁波、武汉、成都和香港地区进行调研，通过参加天使投资业界活动和“滚雪球”熟人推荐的方式寻找天使投资人，然后发放问卷以及一对一面访，最终回收有效问卷70份，访谈记录稿30份。

节能环保（34.29%）和生物医药（20%）是相对热门的行业，而北京（48.57%）和上海（42.86%）是投资聚集重地。

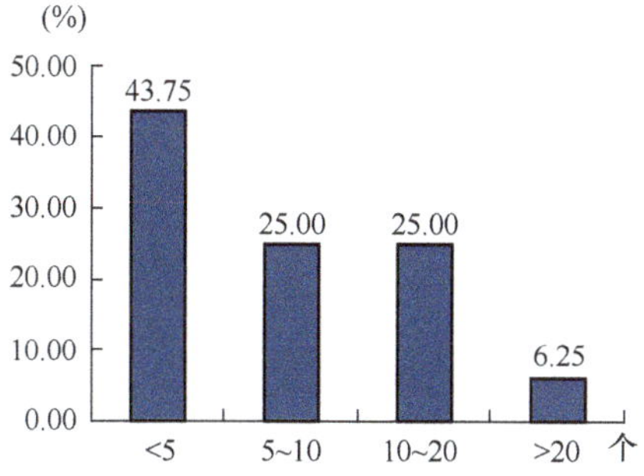

图1　投资规模分布（a）

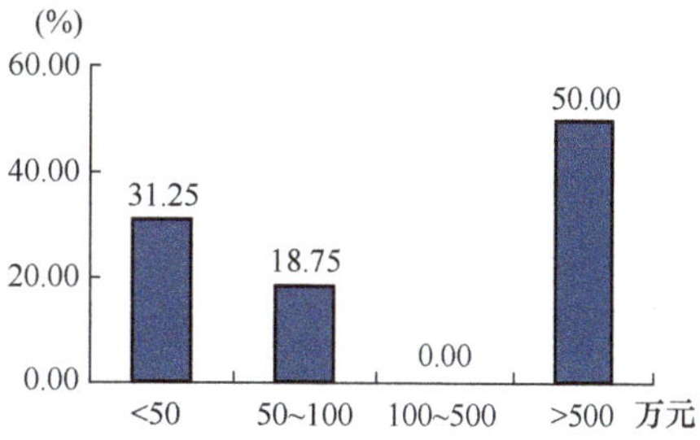

图2　投资规模分布（b）

在投资策略方面，八成以上的投资者会对投资项目进行实地考察；九成以上的投资者有联合投资的经历，并且联合投资的伙伴主要是亲戚朋友（54.29%）和天使组织成员（51.43%）；所有的投资者都会签订投资协议，主要以股权转让（71.43%）、反稀释（60.00%）及对赌条款（54.29%）为主（见图3）；九成以上的投资人参与投资后的监督与管理，八成以上的投资人会加入被投公司董事会（见图4）。

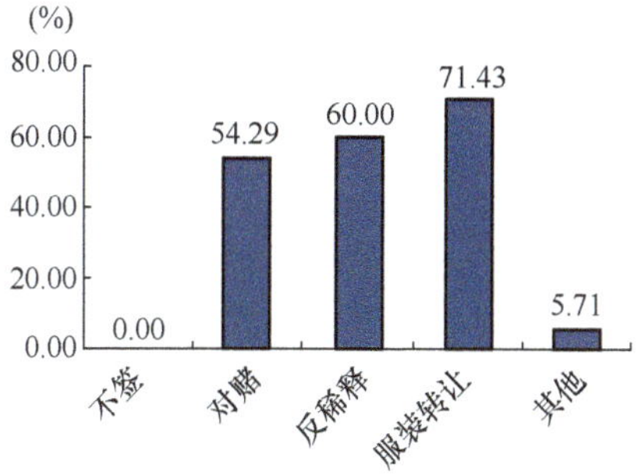

图3　签订投资协议的情况

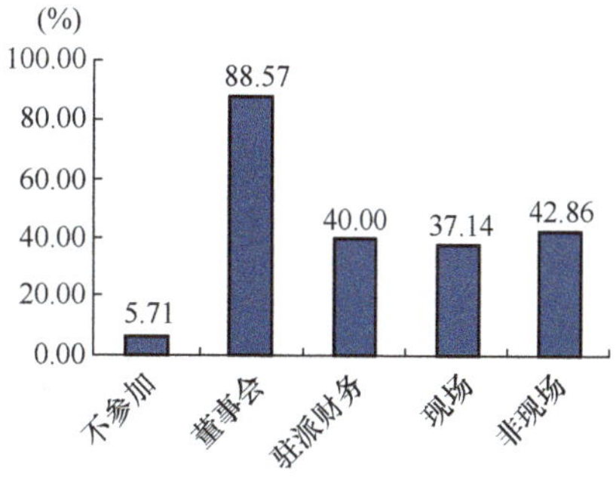

图4　参与投资后监督和管理的情况

2. 商业天使[1]的投资风格

由于这些活跃天使的专业背景、商业技能及个性不同，他们的投资风格也有所区别。例如，雷军、周鸿祎、徐小平和曾李青这样的企业家，由于自身经历了创业，所以理解创业公司的需要，能够给予创业公司有效的帮助[2]；又如李开复等企业高管，他们虽然没有太多创业经验和投资经验，但是有资金、行业关系等资源，也是天使投资人重要的组成部分（见表1）。“不熟不投”是商业天使普遍遵循的法则，但现阶段，业界也鼓励采用“合投”“跟投”“基金”“孵化”“众筹”等方式，解决社会资源有限、行业背景不熟、投资经验不足等问题。

表1　中国知名天使投资人的背景与投资风格（部分）

投资人	背景	投资风格
雷军	小米科技创始人、董事长兼首席执行官，多玩游戏网董事长，金山软件公司董事长，中国著名天使投资人	非专职投资人；主要看人和团队；介入很早，创业型投资人；投后参与管理与决策；投熟人
徐小平	真格天使投资基金创始人，新东方教育科技集团创始人，曾任集团董事、新东方文化发展研究院院长	专职投资人；主要看人；投资了很多陌生人；投完少管，不干涉企业发展
曾李青	现任德迅投资董事长，中国著名互联网企业腾讯公司五位创始人之一	专职投资人；介入很早，创业型投资人；投资额在200万~1 000万元；投后参与管理与决策；投熟人
季琦	华住酒店集团创始人、董事长，力山投资CEO；曾任携程旅行网总裁、如家酒店CEO	投资比较随性；投资额不会超过100万美元，占股10%或20%；不会做系统性调查和估值；投完少管，不干涉企业发展

1　笔者发现，国外在论述“天使投资”时，强调个人投资行为，“商业天使”来自Mason与Harrison（2000）对“business angel”的概念界定，即用自己的资金，独立或联合参与非上市的创业企业投资，投资人与被投企业没有亲缘关系，且积极参与投后管理以获取财务回报。而在中国，业界更强调天使投资行为，即主体不仅有个体，还有组织、机构或者政府，近期的研究报告都强调了天使投资组织和机构化发展趋势。

2　中关村管委会的一项调研结果表明，在中关村100余位有影响力的天使投资人中，有创业经历的占一半以上。

续表

投资人	背景	投资风格
何伯权	今日投资创始人，曾是乐百氏集团创始人	投资专一，只投自己熟悉的产业；商业模式国外已成熟但国内没成功样板；介入很早，创业型投资人；投资后会参与企业管理；注重企业的诚信和契约精神
蔡文胜	265.com创始人，2007年被Google收购；2007年后，开始进行网络投资，先后投资数十个优秀网站，成为中国著名的天使投资人	介入很早；看重用户数；投资速度快；投资额在50万~500万元；偏好前期投入不大的项目，烧钱类的项目不投
吕谭平	现任Authosis Ventures主席，是一位具有20年经验的企业家兼天使投资者；曾是香港联想集团创办人之一；1997年成立华美科技创投；2000年成立翱科创投；2005年同数位合伙人共同创立新的创投基金——Startup Capital Ventures	倾向于TMT领域的投资；所投项目里一部分看经济回报，一部分是帮助他人创业；投资最看重人
杨向阳	现任深圳市源政投资发展有限公司董事长和深圳市源兴生物医药科技有限公司总裁，是一位拥有逾20年经验的企业家及天使投资人	专注生物、医药领域的投资；投资额较大；投资项目回报周期长
李开复	现任创新工场董事长兼首席执行官。曾在苹果、SGI、微软和Google等多家IT公司担当高管职务	“天使+孵化”的投资模式；不仅给予资金支持，还提供配套服务；机构化运作；偏好轻资产项目，集中在TMT领域

资料来源：根据李开复等：《我为什么要投资你》（中国商业出版社2012年版）相关内容整理而得。

3. 天使投资的运作模式

在2000年以前，中国的天使投资主要模式是天使投资人的零星投资；2001—2008年，中国天使投资开始起步，其投资主体以个人为主，但今日投资、真格基金等机构型天使开始进入人们视线；2009—2015年，天使投资进入快速发展阶段，已经从单一的个人投资模式转向团体、机构、孵化和众筹等多种模式并存（见图5）。笔者将现有的天使投资运作模式归为六类：一是天使投资个人，中国具备从事天使投资的潜力，除了现有的活跃天使投资人外，未来将会有更多的高净值人群加入天使投资行列；二是天使投资团体，以俱乐部、联盟等组织为表现形式，为天使投资人、创业者提供交流和沟通平台，天使组织的成员通常采用联合投资的方式，以便聚集资金、优势互补和降低投资风险；三是天使投资机构，类似投资早期阶段的风险投资基金，天使投资机构更多是将原有的零散、非正规化性质转化为基金募集、专业化投资管理的运作模式；四是天使投资孵化器，一些天使投资机构不仅提供资金支持，还向被投企业提供孵化场所和创业服务，还有一些孵化器向入驻的企业提供种子资金换取少量股份，使得孵化、投资、管理实现一体化，不仅可以降低投资成本还可以减少投资风险；五是平台创业基金，主要是由实力雄厚的机构或政府为特定领域的创业企业提供基金支持，如腾讯的安全创业基金，阿里巴巴的云基金，新浪的微博开发基金等；六是天使投资网络平台。2013年被称为“互联网金融的元年”，在天使投资领域也创造出了快速团购优质企业公司股份的众筹模式，并且逐步发展成为一个平台。

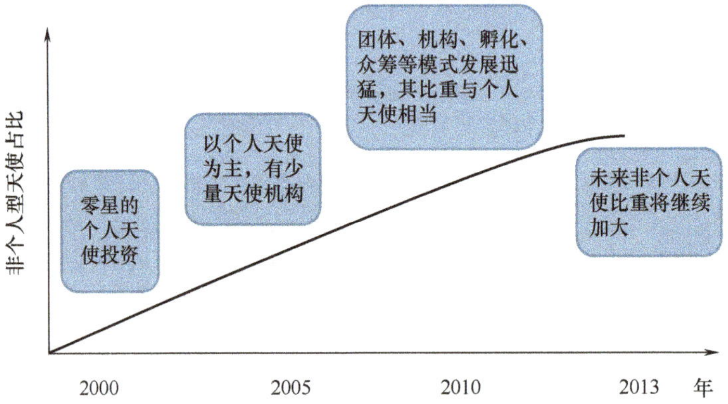

图5 中国天使投资运作模式的变化趋势（2000-2013）

4. 天使投资的区域差异

在美国，天使投资虽然不像风险投资那样集中在某些地区，但也绝不是均匀分布的。而不同区域之间天使投资活跃程度的差异性与该地区的产业基础、富裕水平、总体经济形势、该地区大学的数量、在该地区经营的企业家的数量以及当地管理人才的数量等指标有关[13]。作为中国的“硅谷”，北京中关村的天使投资领跑全国，天使投资个人占到全国天使投资个人人数的六成[1]，大部分是成功企业家与企业高管，媒体曝光率高，在业内形成了一定的影响力和知名度。笔者调研发现：上海地区的天使投资也较活跃，投资人较为分散，大多偏爱科技、媒体和通信领域；而以宁波为代表的江浙投资人很多都是潜在的“天使”，他们更重视在传统产业升级中投资，这也与当地的产业特征有关；珠三角地区的天使投资以深圳最为活跃，与北京不同，珠三角地区的天使投资主体做实业又兼做天使的占多数；香港地区的天使投资人相对理性，偏好投资海外以及中国内地项目；此外，以武汉、成都为代表的中西部地区，尽管本土的个人投资刚刚起步，但政府支持和引导力度很大，天使投资也有了发展的土壤和空间[2]。

（二）天使投资组织与机构

随着天使投资规模的扩大，市场主体形态也在发生变化。基于风险分散、资源共享、专业管理等好处，天使投资从个体投资模式演变成“团体投资”“机构投资”，以及衍生出各种营利性及非营利性的中介机构。本文根据MIT（2000）的方法，将天使投资组织和机构分为以下四类：

1. 公司制天使投资机构

这类机构全职从事早期投资业务，主要是公司形态的天使投资基金。根据发起方不同，天使投资基金可分为三大类：一是由著名天使投资人发起的基金，如徐小平的真格基金，雷军的顺为基金等；二是由风险投资机构成立的天使投资基金，如创东方的富星基金，北极光的种子基金等；三是政府主导的天使投资基金，如成都高新区创业天使投资基金，宁波市天使投资引导基金等；四是新型孵化器成立的天

1 见创业邦《2012中国天使投资报告》。

2 根据专家访谈及二手资料结果整理而得。

使基金，如联想之星、创业接力天使等。天使投资机构化成为国内天使投资发展的新趋势。2008—2013年新募集的天使投资基金数量逐年增加，但2012年募集总金额较上一年度下降60.3%，这也意味着天使投资基金呈现小型化发展趋势。见图6。

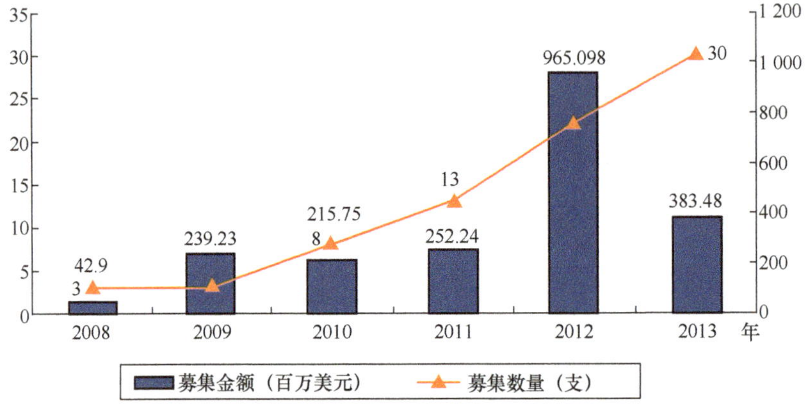

数据来源：清科研究中心（2014）。

图6　天使投资基金募集变化趋势（2008-2013）

2. 会员制天使投资俱乐部

这类机构吸收活跃的天使投资人加盟，成员间信息共享，共同决策。比如，成立于2013年1月的中国青年天使会，要求会员在最近3年内投资过不少于2个10万元人民币以上的项目，富有诚信和热心的个人或热衷天使投资的机构合伙人与企业代表。截至2014年，天使会已经吸纳60位成员，80%的会员专职从事天使投资；该组织倡导“合投共赢开放”的理念，鼓励更多人参与天使投资事业；该组织的特色活动主要是月度沙龙，即由某些会员推荐的优质项目进行现场路演；截至2014年1月，中国青年天使会共举办了十期天使投资沙龙，共有路演项目61个，当场获得投资意向的项目为34个，已确定被投资的有23个，涉及总金额为7 113万元[1]。又如，中关村私募股权投资企业协会天使

1　数据来源于中国青年天使会秘书处，笔者也曾参加三次沙龙活动。

分会——定位于“非职业天使投资人”，该组织是2013年1月正式成立的，是国内首家正式注册的天使投资服务平台，其中20多位发起人主要为中欧商学院、长江商学院、清华、北大EMBA以及中关村企业家；该组织的特色活动包括主题饭局、创业讲坛、走进企业以及走进职业投资人[1]等。

3. 营利性天使投资服务机构

这类机构本身从事投资业务的同时也提供项目筛选、尽职调查等咨询服务或者提供收费类的第三方中介服务。通常有两种模式：一是“孵化型天使投资机构”，如创新工场、创业接力、创新谷等类似美国Y Combinator的“天使+孵化”机构。其对早期项目进行筛选并投资，通常为企业提供种子资金50万~500万元不等，并占有少量股份（5%~25%），并为企业提供免费带宽、工位、招聘、创业辅导、交流和后续融资等增值服务。二是“平台型天使服务机构”，如天使汇、创投圈、大家投等类似美国Angellist，Kickstarter的“天使+众筹”网络公司，它们是天使投资与创业项目的投融资对接平台，通过收取会员费、服务佣金、公开活动收入等方式获取盈利。成立于2011年11月的“天使汇”是中国首家股权众筹网站；截至2014年3月，该网站已有14 000个项目上线，1 000个认证投资人入驻，有130余个项目成功获得总计3亿元的融资，其中，国内知名应用程序“嘀嘀打车”“下厨房”“大姨吗”等均是在“天使汇”完成首轮融资的[2]。

4. 非营利性天使投资服务机构

它们致力于成为天使和企业的信息中介，这类机构是非营利性组织。比如，华东地区的上海天使投资俱乐部——该组织成立于2008年11月，由科技部火炬中心出任指导单位，中国技术创业协会、上海市创业投资行业协会和上海市大学生科技创业基金会共同发起，旨在聚集全国天使投资人，提升天使投资专业水平，进一步完善社会创业投

1 笔者于2013年5月对天使分会会长乔迁先生进行了深度访谈。乔会长表示，计划将天使分会打造成百人规模的精品组织，“集聚百人智慧、成就创业梦想”。

2 数据来源于天使汇（AngelCrunch.com）官方网站，这些数字每天都在更新，笔者只是提供概数。

融资环境。作为主要发起人之一，上海市大学生科技创业基金会从资金、资源等方面全力支持“上海天使投资俱乐部”[1]。俱乐部经费将主要用于俱乐部日常活动、年度活动、会员联络等开支。再如，华南地区的广东天使投资协会——该组织成立于2012年6月，是为推动天使投资在广东快速发展，集教育培训、行业研究、投融资咨询等于一体的天使投资发展组织，以广东及港澳的天使投资人、成功企业家、专业投资机构、民间投资机构和个人创业者为主体，与国内外天使投资和机构投资紧密合作，汇聚各方资源，搭建专业有效的共享学习、交流进步、合作共赢的发展平台。以投资交流会、创业英雄会、创业之星培训、项目推介会和论坛沙龙等形式，开展线上、线下活动，联通匹配资本和项目，让早期的创业团队及时得到资金和管理的孵化支持，并且引导正确的投资方向，挖掘和培养创业人才，提高创业与投资的成功率，营造良好的创业氛围[2]。

（三）天使投资的生态环境

创新创业与天使投资的互动并不是孤立的，而是共存于一个生态环境中。图7显示了创业生态网络各部分的互动关系：创业教育是创业活动的源泉，各类创业服务能够有效促进创业活动；校园创业和社会创业者通过外部关系网络的作用形成有创新活力的企业、人才、技术等市场要素。

1. 创业现状

2005年起，中国经济发展迅猛，庞大的中国市场滋生了丰富的创业机会，中国创业活动也日益活跃，创业者的创业动机从生存型为主导逐渐转变为以机会型为主导；中国区域创业活动的绝对差距在加大，但总体的创业环境在缓慢改善。《全球创业观察中国报告2013》指出：中国的创业排名已从2002年的第11名提升到第2名，成为全球创业活动最活跃的国家之一。中国创业活动虽然以机会型创业为主，但是总体质量不高，高学历创业者少，且较多集中于低技术行业，以利

1　上海市大学生科技创业基金会（stefg.org）官方网站。

2　广东天使会（AngelsCanton.com）网站。

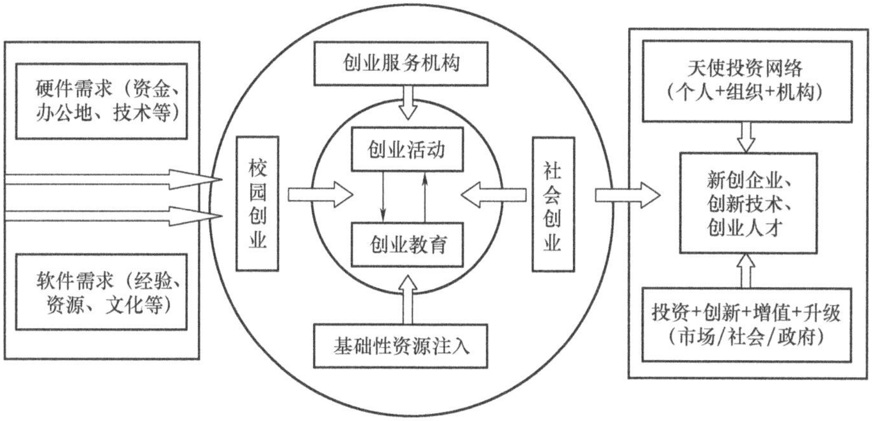

图7　天使投资的生态环境

用劳动力成本优势为主，对长期经济增长和出口贡献相对不足。

国内很多有职场经验的人士出于事业发展需要而走向自主创业的道路。另外，还有两类特殊人群也加入创业大潮：一是年轻的大学生群体。数据显示，中国大学毕业生自主创业的比例近五年来不断上升，从2008届的1%上升到2012届的2%，翻了一番。然而与自主创业比例上升的现实状况同步出现的，是全国大学生创业成功率仅在1%左右，而全世界学生的平均创业成功率则是10%左右[1]。二是有海外学习和工作经历的海归群体。受国内发展机会和家人团聚的吸引，越来越多的海归人员在国内创业。自从2008年千人计划以来，已经吸引了3 300多名海外专家来华工作，其中90%是华人。调查显示，海归创业主要集中在高新技术密集型的行业，以新一代电子信息技术行业（39.7%）和新生物、新医药行业（18.2%）为主。在海归创业的企业中，本土成员在销售市场、生产运营、财务和人事等职位发挥重要的管理作用；而海归成员主要在研发方面作用突出；资本主要来源于个人存款，依托国内市场获得资金和人才；海归双元文化对创业具有助推作用[2]。

1　见《2013年中国大学生就业报告》。

2　见《中国海归创业发展报告2012》。

从最热门的互联网创业领域来看，68%的创业者是80后，72%创业者是因为“兴趣爱好”而创业，62%的创业者选择了垂直细分行业。其中，互动娱乐、生活、IT三个领域成为最热门的互联网创业领域；85%的创业者靠自有资金启动创业项目，工作团队人数较少，一般不超过5人。超过半数的创业者明确表示，希望以股份来换取投资，但67%的创业者表示苦于缺乏和投资人沟通的渠道[1]。

2. 创业教育与培训

从 2002年开始，大学生创业教育实践进入了政府引导的多元化发展阶段，形成了试点推进、项目引入与政策支持的“三位一体”齐头并进的工作格局（商应美、方琳、马成龙，2013）。一是2002年教育部选择清华大学、中国人民大学等9所大学作为创业教育试点高校，2008年教育部又建立了30个创新与创业教育类人才培养创新实验区；二是2004—2005年由政府主导的创业实践教育项目SIYB和KAB等引入国内；三是2008—2012年教育部的多项文件中，强调了创业教育实践的重要性[14]。根据教育部规定，每所大学都应开设“创业基础”必修课。在职业教育方面，创业培训相对丰富。有针对企业管理人开设的创业MBA项目，也有创业服务机构开设的各类创业公开课，以及创业培训、主题沙龙等活动。这些活动邀请经验丰富的创业精英为创业新手提供经验分享和交流的机会。与国外成熟完善的创业教育体系相比，中国创业教育还存在很多不足，如高校创业教育体系不健全，师资缺乏且水平参差不齐，产学研结合不紧密等。笔者认为，创业教育是中国整个创业生态圈的短板，应作为政府重要的关注领域。

3. 创业大赛、会议等公共活动

校园创新创业比赛活动通常被看作是创业教育实践的重要途径。从其发展历程中的关键事件来看，中国真正意义上的大学生创业教育实践活动的开展，要追溯到清华大学首届大学生创业计划大赛。1998年5月，清华大学举办了中国最早的学生创业计划竞赛。竞赛期间，学校还组织了形式多样的讲座培训和创业沙龙，对普及创业知识起到了

1 见《2012年互联网创业者生存与发展报告》。

良好的作用。

除此之外，随后的几年，政府、媒体以及民营机构也在组织各类创新创业比赛、会议等大型活动，旨在为科技型中小企业搭建一个有效的项目展示及信息交流平台，积极引导更广泛的社会资源支持创新创业，促进中小企业创新发展。其中业界影响力较大的活动之一是由《创业家》杂志主办的“黑马大赛”，自2011年6月第一季黑马大赛以来，活动涉及全国20余座城市，共吸引了近5 000家企业，700余人次的投资人参与，平均每季大赛促成约2亿元的投融资对接，有400多家的参赛企业获得了风投对接，近200家企业通过该赛事拿到投资，累计达成投资额超过10亿元人民币。此外，还有由《创业邦》杂志主办的“创新中国”活动（2006—2013）；由科技部等政府机构发起的“中国创新创业大赛”（2012—2013）等，这些活动同样也分布在全国多个城市，吸引了一大批企业和投资机构参与，很多优质项目通过参加该活动获得了天使投资人和风险投资机构的投资。

4. 孵化器、科学园等创业服务机构

科技企业孵化器是为种子期企业提供办公设施、管理咨询、创业辅导等孵化服务，帮助早期企业顺利成长，提高创业存活率。这种机构不仅能够促进创业企业的成长，还能有助于技术创新、产业升级，并通过产生就业机会带动区域经济发展。Al-Mubaraki, Busler（2013）分析了中国、巴林、约旦、摩洛哥和叙利亚等发展中国家科技企业孵化器的情况，研究发现：科技企业孵化器提高了创业成功率，对区域经济发展有显著的促进作用[15]。

1986年，前科技部部长宋健博士发起建立了中国科技企业孵化器的雏形——中国技术创新中心。1987 年，中国诞生了第一个科技企业孵化器——武汉东湖创业服务中心，开启了科技企业孵化器的新篇章。经过25 年的发展，科技企业孵化器的数量持续增长，孵化能力不断增强。中国火炬中心调研得出，截至2011年年底，全国共有1 034家科技企业孵化器（见图8），在孵企业60 936家，创业团队约125万人。

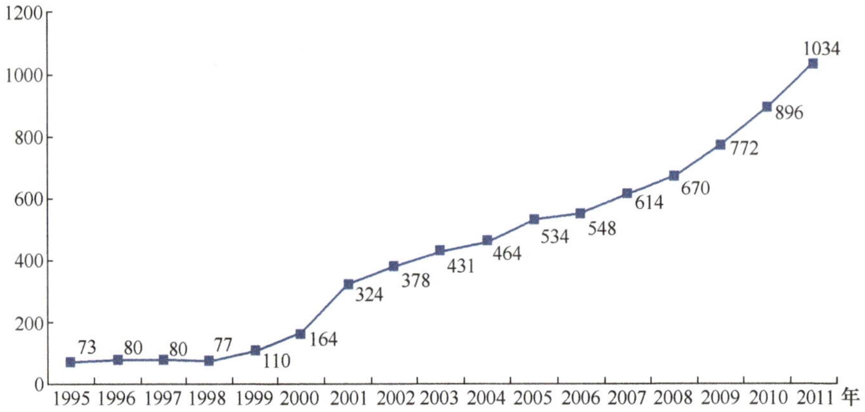

数据来源：《中国火炬统计年鉴（2012）》。

图8　中国科技企业孵化器的规模（1995–2011）

21世纪以来，全国各地孵化机构运用市场经济规律，以促进创新创业为目的，与创业资本市场、中介服务机构以及其他创新资源有效对接，已形成了较为完善的首都创业孵化体系。各类孵化器快速发展，为区域创新创业，战略性新兴产业源头企业培育，区域产业结构调整以及经济发展方式转变做出了重要贡献。以北京地区为例，截至2012年年底，北京市共有科技企业孵化器101家，在孵企业6 182家，向社会提供就业岗位10.30万个，共有大学科技园26家。这些孵化机构依托当地科教资源和产业发展优势，积极布局电子信息、新材料、生物医药和能源环保等重点产业，几乎覆盖了战略性新兴产业的全部领域。值得一提的是，随着中关村天使投资快速发展和创业者服务需求不断升级，物业和服务分离，投资与孵化融合成为趋势，中关村涌现出一批将早期投资与深度孵化服务相结合的创新型孵化器，如创新工场、联想之星；同时，为满足创业企业的专业化需求，孵化器逐步向专业化、服务内容差异化发展，如以常青藤创业园为代表的创业教育，以车库咖啡为代表的创业社区，以创业邦、创业家、36氪为代表的创业媒体等（见表2）。经过积极探索，北京中关村成功企业家、天使投资人和平台型企业等各类社会资本积极参与孵化器发展，共同建立起“项目孵化—初创企业孵化—产业链孵化”的孵化机制，在全国率先形成全链条孵化体系，孵化模式创新与美国硅谷同步。中关村的许多孵化模式在全国各地被快速模仿复制，成为中国孵化器发展的风向标，持续引领中国孵化器创新发展。

表2　北京中关村创新型孵化器（部分）

孵化器	机构性质	孵化模式
创新工场、联想之星	社会化投资	早期全方位孵化
车库咖啡、3W咖啡、厚德创新谷	社会化投资	开放办公
36氪、创业邦、创业家	社会化投资	创业媒体
汇龙森、博奥联创	社会化投资	技术平台孵化
微软云加速器、诺基亚体验创新中心、石谷轻文化产业孵育基地、云基地孵化器	平台型企业	产业孵化
常青藤创业园	民办非营利机构	高端人才孵化
亚杰商会	协会组织	导师辅导+学员互动

资料来源：“中关村打造全球最具吸引力的创业中心”（2013）。

总体而言，中国天使投资已经从单一的个人投资模式转向团体、机构、孵化和众筹等多种模式并存。天使投资人（组织或机构）除了给创业者提供资金外，还会以不同的深度和广度为创业者带来增值服务。团体投资在一定程度上能够带来风险分散、经验分享、资源整合等好处。天使组织在对接投资人和创业上发挥了积极的中介作用，机构化运作凸显了专业管理和规范运作的优势。但这些机构也存在人才瓶颈、法律障碍、政策约束等问题，究竟哪种模式更有效，更符合中国本土发展趋势，还有待进一步探索和研究。此外，国内创业氛围浓厚，大量的创业活动，多元化的创业服务也为创业者和天使投资人创造了良好的外部环境。

三、中国天使投资的政策

自20世纪90年代以来，中国中央政府和地方政策一直很重视创新创业，制定了大量政策支持中小企业、创新创业以及科技企业孵化器等发展，这些政策在一定程度上为天使投资创造了良好的外部环境。

（一）通过支持中小企业、创新创业以及孵化器等创造天使投资的环境

1. 科技型中小企业技术创新基金

长期以来，中国科技部非常重视中小企业特别是科技型中小企业创新创业发展。1999年设立的科技型中小企业技术创新基金就是中央层面第一个面向中小企业发展的专项资金。2007年，科技部、财政部联合发布了《科技型中小企业创业投资引导基金管理暂行办法》，在技术创新基金中设立了科技型中小企业创业投资引导基金项目，主要采取风险补助和投资保障两种无偿支持方式。此外，中央财政资金也采用“股权投资”的阶段参股方式，旨在解决“市场失灵”问题，通过更加市场化和灵活化的手段，引导和带动大量社会资本参与支持中小企业创新创业。截至2012年年底，技术创新基金累计投入超过220亿元，支持了4万多家科技型中小企业，有效促进了科技型中小企业群体的发展壮大，约有31%的创业板上市公司得到过技术创新基金的早前期支持（万钢，2013）[16]。

2. 国家中小企业发展基金

中小企业是国民经济的重要组成部分。2012年，受劳动力成本上升、原材料价格上涨等多种因素影响，部分地区、部分行业中小企业经营压力加大，企业盈利能力有所下滑。针对这些问题，财政部认真贯彻落实《国务院关于进一步支持中小企业特别是小型微型企业健康发展的意见》，出台并实施了一系列支持中小企业特别是小微企业健康发展的政策措施。其中，关于资金支持的方式也有了一些创新举措。自2012年起，中央财政拟分5年安排150亿元设立国家中小企业发展基金，将采用市场化方式运作，撬动各类社会资金共同支持中小企业发展[17]。

3. 地方政府关于创新创业的支持政策

除了国家层面支持中小企业发展的政策外，地方政府也有很多支

持创新创业的政策：比如，中关村的“1+6”政策，即搭建一个中关村创新平台，并支持中关村深化实施先行先试改革6条政策，包括一定量级、中央级事业单位科技成果的自主处置权、研发人员的税收优惠、中央级事业单位的股权激励、高新技术企业认定、建设全国场外交易市场试点。又如创业孵化政策：湖北省2013年安排2 000万元扶持大学生创业孵化示范基地；山西省对进驻省级创业孵化基地的企业给予一定的场地租赁费补贴；湖南（湘潭）大学生科创园每年从创业基地资金中预提30%用于优势项目开办费补贴，及对某些符合条件的入驻项目提供不超过20万元的无偿资助等。在鼓励大学生创业方面，政府也给予了大力支持：山东省大学生自主创业微利项目可申请不超过10万元小额担保贷款；对初始创业的高校毕业生，河南郑州市政府将给予一次性创业补贴5 000元；江苏省南京市大学生在江宁区创业可免费租用场地，还可获得最高5万元的奖励；徐州市设立3 000万元的大学生创业引导资金；四川成都市政府对当地高校在校生提供一年的人均900元创业培训补贴；天津市政府对高校毕业生自主创业的给予一定的房租补贴，等等。

（二）通过引导基金、风险补贴、建立网络等促进天使投资的发展[1]

1. 门槛准入

美国《证券法》有专门的“合格投资人”认证规定，但中国的天使投资认证还没有上升到法律层面。仅仅是部分地方政府为了配合天使投资扶持政策的需要而制定的天使投资门槛准入制度。深圳市科技和信息局（2009）出台了天使投资人的备案登记制度：天使投资个人的资产超过500万元，具有天使投资的实际案例或项目来源渠道和社会资源，并且出具行业协会的推荐意见；天使投资机构的注册资金不低于3 000万元，具有天使投资的实际案例或项目来源渠道和社会资源，具有较高的知名度、较强的经济实力和风险承受能力，有2年以上投

1 根据深圳、宁波、重庆、成都、武汉、扬州和青岛等地地方政府相关条规整理而得。

资或相关业务经营的高级管理人员负责，并且出具行业协会的推荐意见。宁波市（2013）制定了天使投资备案管理的办法：天使投资人具有100万元以上的投资资本（银行存款），有意向或者已经有过天使投资行为；而天使投资机构则要求单笔投资不低于100万元，有至少3名具备2年以上投资或相关业务经营的高级管理人员负责，有意向或者已经有过天使投资行为。

2. 引导基金

引导基金的好处在于发挥创新资金的杠杆效应，吸引更多的社会资本参与到支持初创企业的发展中去。最近几年，很多地方政府十分重视创新创业，由财政出资设立一些“种子基金”“创新基金”“天使基金”等。

在资金额度上，重庆市科委和团市委设立首期资金规模为1亿元的“重庆市青年创新创业天使基金”（2012）；成都高新区设立8 000万元的天使基金（2012）；北京软件交易所首期天使基金的规模达8 000万元（2013）；武汉市政府天使投资基金总规模达3亿元（2013），首期规模为1亿元。

在运作方式上，中关村通过参股（不高于基金总额的30%）和契约（与合伙伙伴进行联合投资）两种方式（2011）；成都高新区委托成都高投创业投资有限公司开展直接投资（2012）；宁波市天使投资则采取跟进投资的模式；青岛市则引导天使投资资金按企业规模、企业发展阶段等对企业实施差别化投资（2013），引导方式为阶段出资、跟进投资、风险补助等方式，不参与被投资企业的日常经营管理。

在投资领域上，一般是符合一定的标准和当地产业发展的需要。如成都高新区的基金重点支持“天府之星”的优秀企业，武汉天使投资基金主要投向光电子与新一代信息技术、新材料、先进装备制造、高新技术服务、生物医药、新能源与新能源汽车、节能环保、现代农业及应用高新技术提升传统产业领域等，南京文创天使投资基金项目重点投资领军型文化创业人才和初创型文化科技企业。总体来看，这些基金在引进人才、鼓励创新创业及促进区域产业发展等方面发挥了积极作用。

3. 风险补贴

除了天使投资引导基金之外，风险补贴是政府扶持天使投资的另一项政策。成都高新区出台了天使投资风险补助专项资金的实施规则（2012），即投资机构对高新区创业型企业投资50万元以上的，按投资额20%同期对被投企业进行项目扶持，单个企业获得扶持金额上限为40万元。江苏省设立“天使投资引导资金”作为弥补天使投资损失的风险补偿资金（2012），主要向已投资种子期或初创期科技型小微企业的天使投资机构提供不超过首轮投资额30%的风险准备金并要求地方按照20%给予配套，若三年内实际发生损失，天使投资机构可按首轮投资实际发生损失额的50%从准备金中获得补偿。扬州市设立的“天使引导资金”（2013），将按照最高不超过天使投资机构首轮投资种子期或初创期科技型小微企业实际投资额的20%给予风险准备金。

4. 构建天使投资网络

天使投资行业中普遍存在信息沟通不畅、缺乏制度规范等问题，为此通过构建天使投资网络形成行业自律组织，也是政府大力支持的一项内容。在江苏省政府2012年发布的《关于鼓励和引导天使投资支持科技型中小企业发展的意见》中，明确强调了要发挥天使投资行业组织的作用，鼓励建立天使投资协会、联盟等社会组织；宁波市政府2012年《关于加快天使投资发展的若干意见》也提出了要搭建天使投资对接平台，建立天使投资俱乐部，开展项目对接和信息交流。自2014年以来，中国大部分城市都纷纷成立俱乐部、联盟、协会等天使投资网络，如宁波天使投资俱乐部、武汉光谷天使投资俱乐部、天津天使投资协会、江苏天使投资联盟、中关村天使投资协会等，这些社会团体都是在政府和民间的共同支持下发起并设立的。中国创业技术协会天使投资联盟（China Business Angel Association）——是世界天使投资联盟（World Business Angels Association）在中国区唯一的成员，隶属于国家科技部中国技术创业协会，受到国家科技部火炬中心的支持。该机构采用理事会团体及个人形式，通过吸纳投资人、创业家、专家学者与政策制定者，投资机构、企业与中介机构，高校、园区、协会等社会团体单位，开展网站资讯、研究出版、论坛沙龙、项目对接、培训认证和创业服务等工作，为社会各方提供一个信息共享、资源互换、合作发展的多方位交流平台。

四、反思、对策与展望

与西方成熟市场相比，中国天使投资仍处于起步阶段，在投资者认知、规范化发展以及政策制定等方面还有很长的路要走。笔者调研结果也显示，当前制约中国天使投资发展的三大障碍为：天使投资领域的人才匮乏、天使投资知识尚未完全普及以及公共政策支持力度不够。本文建议，中国应主动借鉴发达国家经验，推动天使投资发展走向成熟，为创新型经济发展提供支撑。

（一）基于国际比较的反思

在中国，许多人从事天使投资业务，但不一定熟悉天使投资的概念，也不一定与其他天使投资人或天使投资机构有固定联系。在投资者特征方面，与世界上大多数国家的天使投资家一样，中国的天使投资家有一些共性，如大多数商业天使是成功的企业家、投资家、银行家以及其他专业人士，他们投入企业早期阶段，追求高额回报以及热衷帮助早期创业者；非常重视投资项目中“人”的因素，等等。然而，中国天使投资还有一些特殊性。

1. 天使投资规模相对较小，投资潜力尚未得到充分释放

经验数据显示：美国投资于种子期和早期创业企业的金额占整个未上市企业股权投资市场的36.7%，而中国只有4.6%。在美国，按照科技型企业发展早期、中期和上市期三个阶段划分，相对应的天使投资、风险投资和私募股权投资规模，呈现稳固的正金字塔结构，处于塔基的天使投资数量最多，源源不断地向市场孵化输送优良的创新

型企业。而在中国，由于天使投资潜力尚未得到充分释放，三个阶段的投资规模呈现倒金字塔结构，大量资金聚集在中后期追逐成熟期企业，同时大量早期项目缺乏资金难以成长，创新后劲不足。

2. 大量“海归”与“富二代”群体加入天使，投资风格多样

在中国天使投资群体中，不仅有本土成功人士，还有两类特殊的群体存在——“海归”与“富二代”。他们当中的一些人具备海外工作和学习经验，回国后成功创业或热衷于从事天使投资；还有一批年轻的、有理想、有抱负的投资人，他们是富豪的第二代，本人作为创业者，以天使资本帮助有潜力的创业团队。此外，投资风格呈现多元化的特征，既有“雷军风格”的创业型天使投资者，也有“何伯权风格”的财务型天使投资者，还有“徐小平风格”的投后少管型天使投资者等。

3. 组织化和机构化趋势发展明显

除了最近几年新成立的天使投资机构外，也有一些风险投资机构开始关注早期项目，政府和民营机构也成立了专项天使引导基金，大量的天使投资服务机构应运而生。中国天使投资还没有形成一个完整的系统，其组织化和机构化的路程还处于初级阶段。如何确保稳定运营和可持续发展是这些天使投资组织和机构普遍面临的挑战。因此，需要在人才建设、科学管理和有效运营等方面加以探索和改善。

4. 资金涌入证券和房地产领域

政府引导基金对早期投资的支持力度和效果还不明显，天使投资的公共政策还远不够，尤其是在投资人的税收激励方面；缺乏完善的创业教育系统，创业生态和投资环境有待进一步改善。

总体来看，中国天使投资尚处于起步阶段，对创新创业的支持潜力尚未得到充分发挥。究其原因，主要有两个方面：

一是针对天使投资的激励不足，以企业家为主的富裕人群对天使投资参与尚认知不足，投资力度不够。在中国目前的金融市场中，从资产配置的角度看，天使投资尚未成为企业高管等高净值人群的普遍

性投资产品。此外，由于中国的高房价和低福利，律师、企业高管、名医等高收入人群真正的闲置资金并不多，倾向于投资风险较低的金融产品，参与天使投资的比例并不高。由于目前中国尚缺少针对天使投资的税收优惠政策，天使投资高风险高回报的模式难以运行，因为投资人一方面要承担超过90%的投资会失败的高风险，另一方面还要为不到10%的投资成功案例支付高昂的个人所得税。

二是天使投资退出渠道不完善。天使投资本身具有周期长、流动性差等特点，不像房地产、股市投资，能够很快套现。统计显示，截至2014年，中关村天使投资个人有近60%的项目没有退出，已退出的项目中通过并购方式退出的比例不足30%。而美国的天使投资项目主要以并购退出为主，这一比例超过50%。中国的并购之所以落后，主要受到资本市场的影响，美国所采用的杠杆收购方式在中国行不通。

（二）天使投资的发展对策

1. 制定规范的法律法规，构建培育管理体系

天使投资在中国还是个比较模糊的概念，从定义到发展现状，政府、学界都缺乏准确了解，政策法律几乎空白。相比而言，美国在其《证券法》中对天使投资人资格做出了严格限定，如只有个人或家庭净资产超过100万美元，或个人年收入超过20万美元，或夫妻年收入超过30万美元才可以成为天使投资人。此类法规的制定有助于国家对天使投资人群体进行管理，同时也为国家相关决策提供了法律依据。当前中国天使投资发展基本靠地方推动，缺乏国家层面统一的制度体系，建议在全国实行天使投资人的登记制度，根据其在各地的投资记录进行管理，记录优良者则给予资金和培训支持；记录不良者则纳入黑名单，肃清风险。然后在此基础上有针对性地加大资金、培训扶持力度，构建天使投资培育管理体系。

2. 改善生存环境，出台税收优惠等激励政策

天使投资风险高、周期长，难以独立按照市场机制生存，因此政府引导是不可替代的。在加拿大等欧美国家，政府一般采取跟投、股

权担保等形式来为天使投资人增强信心，如一个初创企业如果认证天使投资人投了10万元，政府会跟投6万元，被投企业的研发和人员开销还可按一定比例向政府申请报销。此外，欧美国家对天使投资税收支持的力度也非常大。如美国夏威夷州、堪萨斯州、威斯康星州等地区都有税收抵免政策，其中，夏威夷州的税收抵免达投资额的100%；英国“企业投资计划（Enterprise Investment Scheme）”对天使投资人给予了所得税减免、资本利得税减免和递延、损失减税、免除遗产税等税收方面的优惠[1]。而中国的税收优惠主要针对扶持中小企业，缺乏对天使投资人和机构的税收激励，股权投资行业的“双重税收”问题要从政策层面来解决，建议推出天使投资税收优惠政策，鼓励这一群体的可持续发展。

3. 国家应牵头建立天使投资基金，加大引导力度

部分省市已经拿出资金支持早期的天使投资，但只限在当地范围内，局限性较大。天使投资大多要辐射全国，但如果政府支持的天使投资不在辖区内，不能直接带动本地经济发展，长期下去会使地方政府缺乏积极性。另一方面，有些区域的资金和项目也存在资源错配、管理失效等问题。因此建议国家层面建立统一的引导基金，推动民间天使投资的快速良性发展。

（三）天使投资的发展趋势

未来5~10年，转型时期的中国仍蕴含着丰富的创业和投资机会，天使投资活动正在日新月异地蓬勃发展，中国的天使投资事业是充满希望的。

1. 中国天使投资正在经历一个从初创期走向扩张期的阶段

随着天使投资的进一步发展，偏好于股票、固定收益及房地产等领域的投资者对早期投资的认可度不断提高，参与天使投资领域的投资队伍将不断壮大；受益于天使投资和风险投资的企业家，创业成功后，也以天使投资人的身份帮助更多的创业者，中国天使投资人正在

1 见《2012年中国天使投资与天使孵化研究报告》。

从单纯的逐利行为转向在追求经济利益的同时，享受到帮助创业者成功的成就感，越来越多的绝对控股型投资转向相对控股甚至是不控股投资；天使投资组织化、机构化发展进程将持续加快；互联网金融平台打破了传统的运营模式，也催生了天使投资领域的新型业态，投资融资双方的沟通效率将会提高，交易成本不断下降，推动整个天使投资行业向前发展。

2. 创投生态环境将呈现良性发展趋势

经过不断摸索和策略改进，全国各地天使投资、创业者以及中介服务机构等各类主体将走向专业化、规范化发展，创投生态环境将呈现良性发展趋势。天使投资的内外部环境是影响行业发展的关键因素，这个环境又是一个生态系统，既有创业者和投资者，又需要政府系统的服务与支持，还需要外部的人才、技术、市场等方面的配合。从2014年以来，国内创新创业与早期投资的活跃也给“天使投资和创业服务业”带来了巨大的发展空间，除了政府层面的园区、孵化器，还涌现出一批民间的各类创业咖啡馆、虚拟孵化服务平台、投融资平台等服务机构，而这些领域都尚未形成成熟的商业模式。经过不断探索和策略改进，未来一段时间这些机构势必会改变粗放式发展模式，找准自身定位，用更加专业高效及规范化的运营模式发展壮大，中国的创投生态环境将呈现良性发展趋势。

3. 为进一步支持实体经济发展，政府将加大对创新创业和天使投资的支持力度

由于一线城市的高租金、高人力，以天津、南京、苏州、杭州和武汉为代表的二线城市创业逐渐成为趋势，而这些城市在人才储备、政府政策等方面也具有明显的优势[1]。从前文的论述我们发现，大部分天使投资政策都是自2013年陆续出台的，无论是政府引导基金还是风险补贴，大量优秀的创业型企业已经得到支持，但是还无法满足国内大规模中小企业的融资需要，特别是“草根企业”；从政策有效性

1 《2013中国城市创新创业环境排行榜》显示：东部地区保持领先优势，中西部也在快速追赶。

看，地方政府的公共政策还处于"摸着石头过河"的状态，我们不能简单地模仿和复制国外经验，现行的政策适用性和有效性还有待观察，针对天使投资人的税收激励政策还需积极探索。但笔者预测：在未来一段时间，金融服务于实体经济的总态势不会变化，中国政府将加大对创新创业和天使投资支持的力度。

参考文献

[1] EVCA (European Venture Capital Association).Venture Capital in Europe: Its Role and Development [R] .Zaventum, Belgium: EVCA, 1993.

[2] Mason C M, Harrison R T. Closing the Regional Equity Capital Gap: The Role of Informal Venture Capital [J] . Small Business Economics, 1995, 7(2): 153–172.

[3] Murray G C. Evolution and Change: An Analysis of the First Decade of the UK Venture Capital Industry [J] . Journal of Business Finance & Accounting, 1995, 22(8): 1077–1106.

[4] Murray G C, Lott J. Have UK Venture Capitalists A Bias Against Investment in New Technology–based Firms? [J] . Research Policy, 1995, .24(2): 283–299.

[5] BVCA (British Venture Capital Association). Report on Investment Activity 1995 [R] . London: BVCA, 1996.

[6] Martin R. The Growth and Geographical Anatomy of Venture Capitalism in the United Kingdom [J] . Regional Studies, 1989, 23(5): 389–403.

[7] Mason C M, Harrison R T. Venture Capital, the Equity Gap and the North–south Divide in the U.K [Z] . Venture Capital: International Comparisons, 1991:202–247.

[8] Walker D A. Financing the Small Firm [J] .Small Business Economics, 1989, 1(4): 285–296.

[9] Wetzel W E. Venture Capital [Z] .The Portable MBA in Entrepreneurship, 1994:172–194.

[10] Mason C M, Harrison R T. Business Angel Networks and the Development of the Informal Venture Capital Market in the U.K.: Is There Still a Role for the Public Sector [J] . Small Business Economics, 1997, 9(2):111–123.

[11] 刘曼红.天使投资理论与实践 [M] . 北京: 经济管理出版社，2009.

[12] 北京软件与信息服务业促进中心，互联网实验室，新经济导刊.中国天使投资研究报告（2006）[R] .新经济导刊，2007.

[13]（美）沙恩. 傻瓜的金子：美国天使投资背后的真相 [M] .胥国红, 滕雄, 祝捷,

译. 上海: 东方出版中心，2009.

［14］商应美，方琳，马成龙.高校大学生创业教育实践研究及其发展现状探析［J］. 现代教育科学，2013（1）：49–53.

［15］Al–Mubaraki H M, Busler M. The Effect of Business Incubation in Developing Countries ［J］. European Journal of Business and Innovation Research, 2013, 1(1): 19–25.

［16］贾婧.关于“引导基金”的问与答［N］.科技日报，2013–02–27.

［17］中央财政安排150亿资金设立中小企业发展基金［EB/OL］.网易财经，2012–04–26. http://money.163.com/12/0426/14/8019I6A300253B0H.html

贸易政策不确定性对出口企业产品创新影响的研究

李胜旗[1]

摘要：本文从微观产品的视角研究了贸易政策不确定性对中国出口企业产品创新的影响，进一步从不同所有制、贸易方式和进入退出等异质性企业的角度进行了考察，并且检验了不同时间和不同出口目的地贸易政策不确定性影响的差异。结果表明：入世后贸易政策不确定性的降低，显著提高了中国出口企业的产品创新，在贸易自由化的基础上，贸易政策不确定性促进创新的影响效果将更加明显，贸易政策不确定性对外资企业、加工贸易和进入企业的影响较大。同时，贸易政策不确定性的影响具有时滞性，中国出口企业的创新能力在入世后不断增强。最后，中国需要重视与发达国家贸易政策的不确定性。

关键词：贸易政策不确定性　竞争激励效应　出口中学习效应　产品创新密集度

一、引言

中国从2001年加入世界贸易组织（The World Trade Organization，

1　李胜旗，首都经济贸易大学金融学院、金融风险研究院讲师，经济学博士。

WTO）后，一直对贸易政策的制定表现得很积极，一方面参与全球多边贸易谈判机制，另一方面加快区域贸易和自贸协定的签订，现在中国已经与东南亚国家联盟、巴基斯坦、智利、新西兰、新加坡、秘鲁、哥斯达黎加、冰岛、瑞士、中国香港、中国澳门、中国台湾等12个国家和地区达成双边贸易协定，中国也正在考虑与大型合作伙伴的贸易谈判，包括美国、跨太平洋伙伴关系协议（Trans-Pacific Partnership Agreement，TPP）、区域全面经济伙伴关系（Regional Comprehensive Economic Partnership，RCEP）、日本、韩国和印度等。而贸易政策的变化在提高了市场竞争力的同时，是否促进了中国出口企业的创新能力呢？中国政府历来非常重视企业的自主创新，十二届全国人大二次会议政府工作报告提出："要把创新放在国家发展全局的核心位置，促进科技与经济社会发展紧密结合，推动我国产业向全球价值链高端跃升"，而企业正是创新的微观主体，因此从国际化的视角研究贸易政策不确定性对出口企业创新的影响具有十分重要的理论和现实意义。

贸易政策是一国政府为了某种目的而制定的对外贸易活动的方针和原则。一国应根据自身客观情况，制定符合客观环境的对外贸易政策的总体构想和政策框架。随着中国贸易政策的进一步稳定，中国出口企业由于贸易政策不确定性降低而获得了出口的繁荣，中国从经济增长、就业、出口额等方面获得了福利的增加（Handley、Limão，2013），这些福利是否提高了中国出口企业的创新能力？对于政策制定者和企业来说非常关心未来政策的变化，在不确定性和可能获得的回报之间做出最后的选择，当投资的成本被沉没，企业这时的等待变得更加有价值，直到政策的不确定性降低、商业的条件变得明朗（Bernanke，1983；Dixit，1994）。这就好像经济的不确定性一样，股市的波动性更大的时候，企业往往宁可暂停投资（Bloom等，2007）。国际市场情况也差不多，由于贸易政策的不确定性导致企业暂停出口（Robertsand Tybout，1997），政策的承诺与信誉对于企业投资决策非常重要，能带来不可逆转的巨大成本。

中国贸易政策的最大变化是2001年正式加入WTO后带来的关税降低和贸易规则的确立，入世极大地降低了中国贸易政策的不确定性，降低了贸易壁垒，中国通过WTO机制从贸易伙伴获得最惠国待遇（most-favored-nationtreatment，MFN），而在入世前贸易政策的不确定性主要来自于贸易伙伴采取的各种限制性关税，以此来控制进口产品的数量，由于限制性关税的不透明性和歧视性待遇增加了贸易政策不确定性，出口国与进口国无法获得贸易规则和贸易法律的保护，导致贸易发生扭曲，不利于全球贸易的自由化和贸易的稳定发展。而贸易政策的不确定性正是来自于贸易国家之间的无规则和无法律保障，这与经济学的不确定性是有所区别的，而本文采用的贸易政策的不确定性借鉴了Handley，Limão（2013）的经验，利用入世前的不确定性检验入世后贸易政策变化对中国出口企业的影响。

本文主要通过中国进出口海关数据库，规模以上制造业工业企业数据库和高度细化的产品层面关税数据库进行实证检验。以往的文献注重研究贸易政策的宏观意义，或者单纯从贸易自由化的角度研究，而本文最大的创新在于从微观角度研究贸易政策的不确定性。本文的主要贡献有：研究了贸易政策不确定性对出口企业创新的影响的机制；区分了贸易政策不确定性对异质性企业的影响差异；发现了中国贸易政策在有效性的基础上还具有时滞性特点，同时贸易政策不确定性对发达国家的影响更大。

与之前对贸易政策和贸易自由化的研究工作类似，由于难以获得衡量各种非关税壁垒的数据，本文在计算过程中没有计算它们所带来的影响，这一局限性并不影响本文的结论。

二、文献与影响机制分析

本文着力于考察贸易政策不确定性与中国制造业出口企业产品创新的关系。在贸易政策转变后，出口企业的创新能力是否受到激励？

在以往的文献中，一部分研究了贸易政策带来的福利影响，Christiaans（2008）提出从封闭经济到开放经济的转变，对一个国家的工业化进程有很大影响，具体的贸易政策也能影响经济结构转型和长期的经济增长率。Sugimoto（2011）利用一个动态的理论模型，记录研究贸易政策的演变、国内潜在的阶级斗争和产出增长的情况。结论是一个在制造业有比较优势的国家随着贸易保护主义的衰退将会有更大的发展舞台。Maoz 等.（2011）等假定如果两个国家之间制定贸易协定，富裕国家给予贫穷国家一定补助，使得资本配置优化，并且贸易条件保持不变，采取自由化贸易政策，那么两个国家的福利都将提升。

仅有少部分文献研究贸易政策不确定性对经济发展和出口产生的影响。Mendoza（1997）选取了20年40个工业化和发展中国家为样本，验证了在一个随机的国内经济模型中，贸易条件的不确定性与经济增长的关系，证明了贸易条件的平均变化率与经济增长的正向相关关系。Handley（2009）研究发现，如果1996年WTO成立后没有实行限制性关税协议，那么1993年到2001年澳大利亚进口产品种类的增长将降低7%；如果澳大利亚将所有产品的实际税率和限制性税率都降为0，那么预计贸易量增长有一半都是贸易政策不确定性的减少所贡献的。Handley和Limão（2013）的研究则表明贸易政策不确定性的增长降低了出口企业收到的投资，从而进一步导致贸易量和消费者实际收入的降低，他们建立一种量化贸易政策不确定性模型，并分析了中国加入WTO后国际贸易的爆发性增长，分析结果表明，中国加入WTO后对美国出口增长的22%~30%，可以由政策不确定性的变化解释。Francois，Martin（2004）分析了关税的分布，WTO成员方关于农产品约束性规定减少了关税的波动、提高了福利。Limão和Maggi（2013）通过建立一般均衡模型，认为政策不确定性降低了投资动机，降低了消费者的福利。

从微观异质性企业的角度看，贸易政策改革通过资源配置效率的变化对经济体产生潜在影响，Melitz（2003），Pavcnik（2002）认为，当贸易壁垒降低，低生产率的企业被淘汰，高生产率的企业获得出口的扩张，贸易政策的变化对企业的创新有显著的影响（Levisohn，1993；Harrison，1994），但从企业角度研究贸易政策不确定性的文献很少。贸易政策的不确定性普遍存在于全球的贸易体系中，比如，金融危机后全球贸易保护主义的盛行，WTO成员方之间规定应用型关税不能超过限制性关税，大约有30%的WTO成员方提高了关税而未对贸易伙伴进行补偿。巴西在金融危机前后关税从平均11.5%提高到36.2%，印度尼西亚从6.7%提高到35.6%，发展中国家的关税平均从8%提高到28%，同时，很多国家在不违反WTO规则的前提下，通过反倾销、保护性关税和其他非关税壁垒进行贸易保护。WTO创立的一个原则是对贸易政策做出判断，当贸易壁垒变化的时候，WTO成员方之间可能要制定更加灵活的贸易政策，这就可能造成贸易政策的不确定，而这种不确定对贸易的影响是一个比较复杂的研究内容，现有的文献更多集中在静态和固有框架下研究贸易问题。

从贸易政策不确定对出口企业的影响看，贸易政策的稳定和国家之间贸易量的扩大，将带来贸易成本的降低，贸易壁垒的减少，企业将面临市场更激烈的竞争（Levinsohn，1993；Harrison，1994；Goldger等，2009）。从“竞争激励效应”看，随着市场竞争的加剧，贸易政策促使企业提高生产效率，生产更加优质的产品，从而提高了企业的创新能力，对企业来说起到“竞争激励效应”（Arkolakis et al.，2012）。从“出口中学效应”看，随着贸易政策不确定性的降低，在出口活动中通过主动向国外消费者和供应商学习，企业能从出口活动提高创新能力，从而提高企业绩效（Grazzi，2012）。在以上的文献中可以看到，出口企业可以在国际市场获得“技术外溢效应”，通过新知识、新技术的出现，出口企业在国际技术扩散中提高技术和生产率（Arrow，1962；Romer，1986；De Loecker，2007；Greenaway和Kneller，2007）。企业由于贸易政策不确定性下降，将增加出口活动，扩大对外投资，采用新技术生产出更加优质的产品，这些创新产品使得企业在市场拥有更强的竞争力。

在研究贸易政策不确定性的同时，我们必须面对全球贸易自由化进程，本文将贸易政策的不确定性和关税作为解释变量，同时加入贸易政策不确定性与关税的交互项，从而可以发现，贸易政策不确定性在贸易自由化过程中所起作用的变化。

三、模型构建与数据描述

借鉴Handley 和Limão（2013）研究模型的处理经验，贸易政策的有效性和对企业的影响往往发生在一项政策确立之后，那么要体现出贸易政策不确定性对一国经济影响的差异性，应该将贸易政策制定前后的经济发展进行对比分析。在贸易政策确立之前，国家之间的贸易交往处于无规则状态和没有法律保障的状态，这时不确定性变得非常高，因此，应该将贸易政策确立前的不确定性作为解释变量，体现出贸易政策变化对企业所产生的影响。对于中国来说，最重大的贸易政策的变化莫过于2001年加入WTO带来的关税降低和贸易规则的确立。加入WTO之前是中国与进口国贸易政策不确定性最为明显的时期，用2001年前的贸易政策不确定性，衡量加入WTO之后中国企业由于获得贸易政策不确定性降低而带来的贸易福利的改变。本文主要研究贸易政策不确定性对出口企业产品创新的影响，计量模型设定如下：

$$\mathrm{innov}_{ijt} = \alpha_0 + \alpha_1 \mathrm{ptpu}_{ijt} + \alpha_2 \ln \mathrm{tar}_{ijt} + \alpha_3 \mathrm{ptpu}_{ijt} {}^{*} \ln \mathrm{tar}_{ijt} + \alpha_4 X_{it} + \gamma_i + \gamma_t + \varepsilon_{ijt} \quad (1)$$

其中，i，j，t分别表示企业、产品和时间，innov表示企业创新密集度，ptpu表示加入WTO前中国出口企业面临的贸易政策不确定性，ln tar表示实际关税水平，γ_i表示企业固定效应，γ_t表示时间固定效应，ε_{ijt}表示未被观测的随机误差项。

控制变量的集合为：$X_{it} = X_{it}(\mathrm{tfp}_{it}, \mathrm{sfsub}_{it}, \mathrm{sfrd}_{it}, \mathrm{profit}_{it}, \mathrm{finance}_{it}, kl_{it}, \mathrm{size}_{it}, \mathrm{age}_{it})$。其中，tfp表示全要素生产率，sfsub表示企业是否获得补

贴，sfrd表示企业是否进行研发投入，profit表示企业的利润率，finance表示融资约束，*kl*表示资本劳动比，size表示企业的规模，age表示企业的年龄。

变量的设定与说明：

（1）企业创新密集度（innov）。企业的创新能力可以通过研发投入、专利数和新产品种类数量来衡量（Pakesand Griliches，1980；Jaffe，1989；Audretsch，1996）。但是，研发投入仅反映了创新的投入，而无法衡量创新的产出，而专利数和新产品种类在衡量创新产出的时候具有一定局限性，不能准确获得创新产出的价值。因此，本文利用企业新产品产值更准确地衡量了企业创新的产出能力，在回归时，采用新产品产值与销售额的比值获得企业创新密集度。

（2）贸易政策不确定性（ptpu）。借鉴Handley和Limão（2013）的方法，利用公式来计算：$ptpu=1-(\tau_{nv}/\tau_{mv})^{-\sigma}$。其中，$\tau_{nv}$表示进口国限制性关税（BND），$\tau_{mv}$表示进口国最惠国关税（MFN），而$\sigma$的大小借鉴Handley和Limão（2013）的经验本文取2，3，4，在确定结果的稳健性后，研究异质性企业方面σ的大小一律取2，同时以中国加入WTO之前的指标作为贸易政策不确定性的指标。

（3）关税（tar）。本文使用HS6位产品层面的实际关税税率，数据来源于世界银行WITS数据库、WTO的Tariff Download Facility数据库。

（4）全要素生产率（tfp），借鉴Brandt 等.（2012）的方法，在对原始数据进行指数平减和行业调整后，为保持结果的稳健性和可靠性，本文采用LP方法计算企业的全要素生产率，参照Levisohn和Petrin（2003）的半参数估计方法，使用中间品投入作为企业受到生产率冲击时的调整变量，克服了回归过程中共时性偏误和内生性问题。

（5）补贴（sfsub）。Catozzells和Vivarelli（2011）、安同良等（2009）认为，政府补贴的激励效应对企业的研发投入和创新产出都有显著影响，在本文的回归中，企业获得补贴记为1，否则为0。

（6）利润率（profit）。企业的利润率可以衡量企业的盈利能力，Guo和Zhao（2010）认为，企业的利润情况对企业的创新能力有着重要的影响，本文采用营业利润与企业销售额的比值衡量利润率。

（7）融资约束（finance）。按照李志远和余淼杰（2013）的分析，如果企业从银行获得贷款，可以通过外部融资和缓解企业的融资问题，利用企业利息支出与企业总资产的比值加1取自然对数，其值越大，则企业的融资约束程度越小。

（8）资本劳动比（kl）。Bernard 等.（2007）认为，出口企业比非出口企业拥有更高的资本劳动比，资本劳动比将对企业的产品创新产生影响。本文以固定资产投资年均余额平减后的资本与从业员工数的比值加1取自然对数计算。

（9）企业规模（size）。以Krugman（2004）为代表的新贸易理论认为，企业规模能够影响企业的出口行为，规模大的企业易参与出口，规模小的企业抵抗风险的能力弱，在国际竞争中处于弱势。对于企业产品创新，规模大的企业往往通过规模经济实现低成本优势，拥有更多的资本和研发力量，能够形成企业的创新产品，因此预期企业规模对产品创新有正向的关系。本文的企业规模采用企业销售额衡量。

（10）企业年龄（age）。从产业的生命周期理论看，企业年龄越大，企业的投资和规模会越大，生产管理水平越成熟，企业的声誉越高，这都将影响到企业的产品创新能力，有必要对这一变量加以控制。本文用当年年份与企业开业年份之差作为企业年龄，为防止0值出现影响选择样本的估算，本文对企业年龄进行了加1处理。

本文实证的数据来源于2000—2006年中国工业企业数据库、中国海关进出口数据库、世界银行WITS数据库和WTO的Tariff Download Facility数据库。企业层面变量的数据来源于2000—2006年中国工业企业大样本数据库（CIFD），该数据主要来自国家统计局“中国规模以上制造业企业统计调查数据”，包括中国31个省、市、自治区的国有企业和总产值超过500万元的非国有企业年度财务数据，借鉴Feenstra（2013）、Yu（2013）、聂辉华等（2012）对中国工业企业数据库处理时的经验，我们删除了符合下面条件的观测值：①工业销售额、中间投入品总额、出口交货值、营业收入、销售费用、从业人数和固定资产净值年平均余额等中任意一项为缺省或者负值。②企业的从业人数小于8人。③流动资产、固定资产、固定资产净值高于总资产。④企业代码缺失或不唯一、成立时间无效。⑤其他不存在或者不合理的观测值。

在处理完中国工业企业数据库后，我们对中国工业企业数据库和中国海关进出口大样本数据库进行匹配，这两套数据库虽然都有企业编码，但编码系统完全不一样，参照戴觅和余淼杰（2013）的方法，第一，通过年份和企业名称匹配，年份变量对于匹配很重要，因为一些企业可能在不同年份进入或者退出，并且新进入的企业有可能采用它们原来的名称。第二，对企业的邮政编码和电话号码的后七位进行匹配。这样我们最后获得2000—2006年六年共98 965家企业。由于关税数据库本文采用的是HS6位产品，因此将匹配完的数据也转换成HS6位产品。本文所用的产品关税数据有两个来源，其中2000—2001年、2003—2006年HS6位关税数据来自世界银行的WITS数据库，2002年的HS6位数据来自WTO的Tariff Download Facility数据库。

四、估计结果与分析

（一）基本回归

在回归过程中出于对稳健性的考虑，我们将σ取值2，3，4分别进行了回归分析。由表1的结果可以看出，入世前的贸易政策不确定性与中国出口企业的创新能力在1%水平上有着显著正向关系，入世后贸易政策不确定性的降低，促进了中国出口企业的创新能力，其原因主要有以下三点：

第一，从“竞争激励效应”看，贸易政策不确定性降低，企业的进出口活动更加活跃，出口企业进入国际市场后竞争将更激烈（Harrison，1994；Goldger等，2009），更加激励了企业参与创新活动，从而使企业赢得市场；第二，从政策有效性看，如果贸易政策转变后贸易政策不确定性降低，能够改善出口目的国投资环境，提高企业的生产稳定性，企业将增加投资活动（Handley和Limão，2013），不断提高企业的创新投入；第三，从“出口中学习”效应看，企业在出口活动中，不断了解和学习国外先进的管理和技术，获得先进的生产技术和产品设计等（Greenaway和Kneller，2007），从而提高了企业的创新能力；国外的消费者往往比国内消费者对产品的要求更高，为了满足这些消费者的要求，出口企业必须改进生产工艺流程、升级机器、培训员工和采用新技术等，不断提高企业的生产率（钱学锋等，2011），提升企业的创新能力。

从表1中关税的回归结果我们发现，关税的降低有利于企业创新能力的提高。在贸易自由化背景下，关税的降低促进了企业的出口行为，企业积极参与国际竞争提高了企业的创新能力，这与Salonon和Shaver（2005），Bratti和Felice（2009）的结论基本一致。从交互项的回归结果看，如果关税降低，那么入世前的贸易政策不确定性在1%水平上显著为正，也意味着在贸易自由化的基础上，贸易政策不确定性降低将对企业的产品创新发挥更好的作用，在坚持贸易自由化的前提下，形成稳定的贸易政策机制，降低贸易政策不确定性，将提高企业的创新能力。

对于其他控制变量，全要素生产率显著为正，生产率越高的企业生产技术越先进，从而促进了企业产品创新。补贴的系数在1%的水平显著为正，其原因与补贴机制有关，企业将补贴用于更多的研发投入。利润率显著为正，高利润率的企业更倾向于采用新技术促进企业的产品创新。融资约束显著为正，可能的原因是金融系统的低效率导致企业研发融资困难，不利于企业产品创新。资本劳动比显著为正，资本密集度越高意味着企业拥有更多的机械化设备，可通过技术的改进促进产品创新。企业规模显著为正，表明企业规模越大越有能力发挥规模经济的优势，从而促进了产品创新。企业年龄都显著为正，说明创新往往是持续性的，年龄越长的企业越能够形成一整套的创新机制，提高了企业的产品创新能力。

表1　基本回归结果

	(1)	(2)	(3)	(4)	(5)	(6)	(7)	(8)	(9)
ptpu2	0.007***	0.013***	0.030***						
	(10.04)	(17.29)	(26.82)						
ptpu3				0.007***	0.012***	0.022***			
				(9.60)	(16.03)	(21.83)			
ptpu4							0.006***	0.010***	0.014***
							(8.30)	(13.06)	(15.84)
lntar		−0.026***	−0.036***		−0.026***	−0.031***		−0.026***	−0.028***
		(−33.45)	(−39.24)		(−33.49)	(−36.64)		(−33.51)	(−34.68)
ptpu2*lntar			−0.025***						
			(−20.52)						
ptpu3*lntar						−0.015***			
						(−14.86)			
ptpu4*lntar									−0.008***
									(−8.99)
tfp_lp	0.015***	0.007***	0.006***	0.015***	0.007***	0.006***	0.015***	0.007***	0.007***
	(8.77)	(3.70)	(3.52)	(8.78)	(3.74)	(3.63)	(8.81)	(3.78)	(3.74)
sfsub	0.083***	0.076***	0.076***	0.083***	0.076***	0.076***	0.083***	0.076***	0.076***
	(115.41)	(99.75)	(99.84)	(115.48)	(99.85)	(99.89)	(115.59)	(100.02)	(100.04)
profit	0.035***	0.030***	0.029***	0.035***	0.030***	0.030***	0.035***	0.030***	0.030***
	(45.84)	(37.30)	(36.48)	(45.90)	(37.42)	(36.99)	(46.04)	(37.62)	(37.47)
finance	0.020***	0.023***	0.023***	0.020***	0.023***	0.023***	0.020***	0.023***	0.023***
	(27.24)	(29.89)	(29.53)	(27.25)	(29.95)	(29.76)	(27.29)	(30.06)	(29.99)
kl	0.018***	0.014***	0.013***	0.018***	0.014***	0.014***	0.018***	0.014***	0.014***
	(22.45)	(16.12)	(15.33)	(22.57)	(16.37)	(15.97)	(22.77)	(16.71)	(16.58)

续表

	(1)	(2)	(3)	(4)	(5)	(6)	(7)	(8)	(9)
size	0.160***	0.165***	0.165***	0.160***	0.165***	0.165***	0.160***	0.165***	0.165***
	(92.15)	(91.70)	(91.40)	(92.15)	(91.72)	(91.55)	(92.14)	(91.72)	(91.65)
age	0.039***	0.039***	0.039***	0.039***	0.039***	0.039***	0.039***	0.040***	0.040***
	(53.88)	(51.07)	(50.49)	(53.95)	(51.19)	(50.90)	(54.08)	(51.38)	(51.28)
常数项	−0.208***	−0.224***	−0.230***	−0.208***	−0.225***	−0.228***	−0.209***	−0.226***	−0.227***
	(−175.94)	(−173.45)	(−174.02)	(−176.83)	(−174.72)	(−175.17)	(−178.07)	(−176.32)	(−176.51)
行业-时间	Yes	Yes	Yes	Yes	Yes	Yes	Yes	Yes	Yes
N	1868163	1665880	1665880	1868163	1665880	1665880	1868163	1665880	1665880
adj.R^2	0.145	0.146	0.147	0.145	0.146	0.146	0.145	0.146	0.146

注：括号内为t值，*，**，***表示在10%，5%，1%下的显著水平。

（二）不同所有制、贸易方式和进入退出企业

在表2中，方程（1）~（3）分别表示国有企业、私营企业和外资企业的回归结果，方程（4）~（5）表示加工贸易和一般贸易的回归结果，方程（6）~（7）表示进入企业和退出企业的回归结果。

从企业所有制性质看，贸易政策不确定性的回归结果在1%水平上显著为正。但我们发现贸易政策不确定性对外资企业的影响程度最大，同时，对加工贸易也比一般贸易方式影响程度大。中国的加工贸易更多的是外商投资，加工贸易主要集中在劳动密集型行业，这些行业的技术含量低、企业创新能力不足。说明外商投资的这些企业更多的创新活动可能并不在中国，主要利用中国低廉的劳动力。另外，原料的加工在中国，而研发活动和最终产品的形成和销售在国外，而研发活动和最终产品往往更能体现企业的创新能力和创新价值，国内加工企业只获得了比较低的加工费用。

由于中国出口企业每年都有大比例的进入和退出，要稳定企业的出口行为，必须降低企业频繁的进入和退出市场。对于企业的进入与退出，借鉴Disney 等（2003）的经验，假如企业i在$t-1$期不存在，而在第t期存在，我们认定企业i为进入；假如企业i在第t期存在，而在

第t+1期不存在，我们认定为退出。这样从2000—2006年，连续存在的企业数量为32 811家，占到总样本的15%，而企业的加入和退出率在7年的平均值为24%。从方程（6）~（7）的结果看，贸易政策不确定性降低后，对进入企业的影响要大于退出企业。在贸易政策不确定性降低后，通过市场机制的选择，创新产品更易获得国外消费者的青睐，国际市场的竞争使得创新能力强的企业进入市场，企业进入和退出使资源在不同产业重新配置，具有更高创新能力的企业进入从而获得市场份额实现资源优化配置，这与Eaton 等（2011）、Bastos和Silva（2010）的结论一致，即面对更大的出口市场，更多的企业进入，销售更多种类的创新产品。

表2　异质性企业回归结果

	(1)	(2)	(3)	(4)	(5)	(6)	(7)
ptpu2	0.012 3***	0.023 1***	0.029 9***	0.021 9***	0.018 8***	0.024 5***	0.018 2***
	(12.61)	(7.08)	(9.77)	(18.29)	(11.34)	(25.91)	(5.01)
lntar	−0.005 92***	−0.017 9***	−0.021 0***	−0.013 3***	−0.002 38***	−0.012 0***	−0.012 5***
	(−18.17)	(−18.37)	(−21.31)	(−34.85)	(−4.89)	(−38.65)	(−9.68)
ptpu2*lntar	−0.066 4***	−0.054 8***	−0.061 7***	−0.082 7***	−0.097 3***	−0.098 6***	−0.061 4***
	(−13.34)	(−3.94)	(−2.69)	(−14.50)	(−11.57)	(−19.84)	(−2.93)
tfp_lp	0.001 24***	0.002 18***	0.001 98***	0.001 08***	0.002 04***	0.002 71***	0.000 766***
	(3.27)	(3.71)	(7.45)	(3.16)	(5.73)	(3.29)	(3.91)
sfsub	0.015 4***	0.029 3***	0.020 7***	0.026 8***	0.024 1***	0.031 1***	0.028 9***
	(15.27)	(34.68)	(59.71)	(46.72)	(64.30)	(98.57)	(20.71)
profit	0.296***	0.187***	0.064 5***	0.050 3***	0.072 9***	0.078 8***	0.060 3***
	(35.58)	(26.17)	(29.76)	(15.60)	(27.22)	(36.14)	(7.14)
finance	0.029 0***	0.041 7***	0.015 3***	0.009 11***	0.036 1***	0.018 5***	0.019 5***
	(11.02)	(22.67)	(21.00)	(10.80)	(37.59)	(6.01)	(28.31)
kl	0.022 2***	0.041 0***	0.056 4***	0.000 218***	0.11 6***	0.042 8***	0.000 807***
	(3.08)	(5.51)	(21.02)	(4.07)	(23.17)	(15.98)	(9.04)
size	0.029 0***	0.014 3***	0.018 1***	0.018 7***	0.023 5***	0.020 5***	0.015 6***
	(34.37)	(19.10)	(78.85)	(61.57)	(78.11)	(89.72)	(14.77)

续表

	(1)	(2)	(3)	(4)	(5)	(6)	(7)
age	0.000 133***	0.001 06***	0.000 039 9***	0.000 241***	0.000 609***	0.001 34***	0.000 607***
	(7.36)	(19.05)	(3.34)	(10.21)	(43.25)	(19.01)	(48.84)
常数项	-0.284***	-0.180***	-0.206***	-0.215***	-0.245***	-0.198***	-0.232***
	(-58.52)	(-35.78)	(-150.27)	(-115.47)	(-137.79)	(-31.07)	(-170.54)
行业-时间	Yes	Yes	Yes	Yes	Yes	Yes	Yes
N	224 286	436 134	1 005 443	719 659	946 221	77 528	78 5175
adj.R^2	0.153	0.135	0.137	0.148	0.147	0.141	0.147

（三）不同时间和出口目的国家

表3中，方程（1）~（2）表示2001—2003年和2004—2006年的回归结果，方程（3）~（4）表示出口目的地为发达国家和发展中国家的回归结果。

由时间的回归结果可以看出，贸易政策不确定性的系数在1%水平上显著为正，但在2004—2006年贸易政策不确定性对企业的产品创新影响更大，这可能与贸易政策的时滞有关，贸易政策使企业创新的改变往往在一段时期后更加明显。同时从创新产品形成市场价值看，由于创新活动的时间持续性，创新产品一般需要经过长时间的研发和生产，所以从时间看，贸易政策不确定性对企业产品创新具有时滞性。

从出口目的地看，贸易政策不确定性对发达国家的影响更大，第一，中国与发达国家的贸易额更大，同时也带来了更多贸易纠纷和贸易摩擦，这势必增加了企业的出口成本，企业在出口决策时往往更加防范这些出口目的地的贸易政策，影响到出口企业创新产品的销售；在贸易政策不确定性降低后，企业的创新产品获得了更大市场。第二，对于发展中国家来说，购买中国出口企业创新产品的份额有限，同时，中国与发展中国家的贸易政策相对比较稳定，贸易政策不确定性降低对企业的产品创新影响程度有限。

表3　不同时间和国家的回归结果

	(1)	(2)	(3)	(4)
ptpu2	0.022 4***	0.030 4***	0.026 1***	0.022 3***
	(15.02)	(19.92)	(24.26)	(12.89)
lntar	−0.019 0***	−0.012 6***	−0.013 6***	−0.008 35***
	(−38.16)	(−27.67)	(−36.97)	(−15.75)
ptpu2*lntar	−0.085 4***	−0.166***	−0.108***	−0.077 0***
	(−13.12)	(−13.15)	(−18.97)	(−9.12)
tfp_lp	0.005 76***	0.002 13***	0.000 635***	0.001 56***
	(12.61)	(6.57)	(3.07)	(3.36)
sfsub	0.026 1***	0.034 5***	0.029 4***	0.033 5***
	(50.69)	(86.78)	(81.70)	(56.86)
profit	0.038 9***	0.089 6***	0.080 1***	0.069 1***
	(11.61)	(31.25)	(31.66)	(18.38)
finance	0.019 4***	0.020 4***	0.024 3***	0.013 3***
	(17.57)	(19.79)	(29.08)	(11.81)
kl	0.066 7***	0.023 7***	0.038 2***	0.044 0***
	(14.71)	(7.27)	(12.62)	(9.08)
size	0.022 9***	0.017 0***	0.019 5***	0.021 7***
	(58.26)	(60.05)	(73.21)	(53.98)
age	0.001 11***	0.000 803***	0.000 539***	0.000 782***
	(47.45)	(33.58)	(38.98)	(32.91)
常数项	−0.311***	−0.178***	−0.222***	−0.246***
	(−140.86)	(−98.06)	(−139.37)	(−102.50)
行业-时间	Yes	Yes	Yes	Yes
N	555 273	991 429	1 164 630	501 250
adj.R^2	0.186	0.134	0.143	0.156

（四）滞后工具变量法和GMM回归结果

表4中方程（1）~（3）表示滞后工具变量法的回归结果。由于企业产品创新与解释变量存在内生性问题，一家企业如果创新能力强，企业的生产率更高；创新能力强的企业也更容易从国家获得补贴，利

润率、融资约束、资本劳动比、企业规模和企业年龄也存在类似问题。那么需要寻找一个工具变量来控制内生性，工具变量要与贸易政策不确定性变量相关，又要与误差项无关，寻找这么一个工具变量变得十分困难，本文借鉴刘志彪、张杰（2009）的经验，将所有的变量都滞后一期，由表4的回归结果可以看出，贸易政策不确定性显著为正，其他变量的符号和显著性未发生变化。

表4中方程（4）~（6）表示GMM方法的回归结果。在存在多个内生变量的情况下，GMM是一个有效的解决方法。由回归结果可以看出，滞后变量显著为正，由于出口企业的产品创新具有连续性，通过动态面板分析十分必要，如果上一期企业的产品能力更强的话，更有利于企业产品创新。另外，我们利用AR（1）、AR（2）检验了残差项的序列相关性，通过Hansen，Sargan检验了工具变量的合理性，基本满足模型的要求。

表4　滞后工具变量和GMM回归结果

	(1)	(2)	(3)	(4)	(5)	(6)
L.innov				0.586***	0.583***	0.583***
				(496.61)	(464.03)	(463.78)
pretpu2	0.004 50***	0.009 07***	0.023 6***	0.001 73***	0.007 79***	0.011 5***
	(4.60)	(8.97)	(13.93)	(3.93)	(8.60)	(7.44)
lntar		−0.00964***	−0.0133***		−0.00542***	−0.00626***
		(−22.61)	(−24.33)		(−14.32)	(−13.18)
pretpu2tar			−0.0975***			−0.0281***
			(−10.68)			(−2.94)
tfp_lp	0.005 62***	0.004 10***	0.004 05***	0.000 43***	0.000 34***	0.000 35***
	(13.62)	(9.67)	(9.54)	(12.19)	(10.90)	(10.94)
sfsub	0.037 2***	0.032 2***	0.032 2***	0.023 2***	0.020 2***	0.020 2***
	(73.55)	(62.62)	(62.67)	(54.33)	(45.71)	(45.72)
profit	0.074 6***	0.061 3***	0.059 3***	0.041 1***	0.032 4***	0.031 9***
	(22.05)	(17.78)	(17.19)	(13.76)	(10.41)	(10.25)

续表

	(1)	(2)	(3)	(4)	(5)	(6)
finance	0.006 84***	0.004 68***	0.004 44***	0.005 51***	0.007 08***	0.007 04***
	(5.81)	(3.91)	(3.71)	(6.34)	(6.35)	(6.31)
kl	0.056 3***	0.043 0***	0.039 8***	0.016 7***	0.011 6***	0.011 0**
	(12.07)	(9.10)	(8.42)	(3.98)	(2.67)	(2.53)
size	0.016 3***	0.017 3***	0.017 2***	0.009 16***	0.009 71***	0.009 70***
	(45.47)	(46.44)	(46.22)	(29.39)	(29.28)	(29.24)
age	0.001 06***	0.000 976***	0.000 964***	0.000 474***	0.000 409***	0.000 406***
	(40.09)	(36.94)	(36.46)	(19.99)	(17.03)	(16.90)
常数项	−0.201***	−0.217***	−0.223***	−0.0953***	−0.104***	−0.106***
	(−96.71)	(−96.82)	(−96.64)	(−53.58)	(−52.97)	(−51.97)
AR（1）p值	0.013 6	0.023 6	0.023 3	0.032 9	0.041 3	0.046 7
AR（2）p值	0.291 6	0.369 8	0.313 6	0.401 3	0.496 2	0.568 8
Wald检验p值	0.000 0	0.000 0	0.000 0	0.000 0	0.000 0	0.000 0
Sargan检验p值	0.616 9	0.791 4	0.756 9	0.834 5	0.813 7	0.955 8
行业-时间	Yes	Yes	Yes	Yes	Yes	Yes
N	650 447	598 401	598 401	652 389	570 581	570 581
adj.R^2	0.144	0.144	0.144	0.307	0.307	0.307

五、结论与政策启示

本文利用2000—2006年中国工业企业数据库、海关进出口数据库和关税数据库，研究了贸易政策不确定性对出口企业产品创新的影响，从企业所有制、贸易方式和进入退出等角度区分了异质性企业的影响，同时也研究不同时间和出口目的国贸易政策不确定性的差异，为了检验结果的稳健性和内生性问题，本文采取了滞后工具变量法和GMM方法。实证结果显示：第一，贸易政策不确定性在入世后获得降低，能够显著提高中国出口企业的产品创新能力；第二，在关税降低的前提下，贸易政策不确定性的影响机制将发挥更大的作用；第三，贸易政策的不确定性对外资企业、加工贸易和进入企业影响更大，同时，贸易政策的改变具有时滞性，中国出口企业的创新能力随着时间的推移不断增强；第四，中国的贸易政策不确定性对发达国家影响更大。

本文的政策启示有五点。

第一，中国要加快贸易政策的谈判，积极推进中韩自由贸易协定、中日韩自由贸易协定、中国与东亚自由贸易协定、中国与金砖国家等贸易谈判的进程，密切关注以跨太平洋伙伴关系协定（TPP）和跨太平洋贸易与投资伙伴协定（TTIP）为标志的新一代自贸区谈判。深入研究国际贸易规则的变化以及对中国产生的影响，不断降低贸易政策的不确定性，积极融入全球化的竞争，利用国际竞争提高中国企业的产品创新能力。积极探索提升中国对外开放水平的经验和路径，通过企业创新能力的提高实现出口产品由“中国制造”向“中国创造”转变，为中国企业“走出去”提供持续动力。

第二，中国要坚持贸易自由化道路，在此基础上降低中国与其他国家的贸易政策不确定性；贸易保护主义只会不断增加国家的贸易摩擦，提高出口企业的生产成本，降低出口企业的创新动力，进而降低贸易国家的经济效益和社会福利。

第三，中国的贸易政策需要充分考虑到异质性企业的差异，贸易政策不确定性的降低有利于提高进入企业的创新能力，有利于中国企业的出口选择，为中国企业“走出去”提供保障。同时，贸易政策不确定性的降低也促进了外资企业进入中国市场，进而有利于中国深入推进改革开放。

第四，中国要加强与发达国家的贸易政策沟通与谈判，推进中美、中欧投资协定的谈判，尽快启动中国—欧盟自由贸易协定谈判。中国与发达国家的贸易摩擦阻碍了中国企业的创新能力，导致出口企业的贸易成本上升，不利于中国出口企业的转型升级，不利于提高中国出口企业全球竞争力。

第五，中国需要关注出口企业产品创新的持续性。由于贸易政策不确定对企业创新的影响具有时滞性，这需要对出口企业创新活动进行持续而有针对性的激励。

参考文献

[1] 安同良，周绍东，皮建才. R&D补贴对中国企业自主创新的激励效应 [J]. 经济研究, 2009 (10): 87–98.

[2] 李志远，余淼杰. 生产率、信贷约束与企业出口:基于中国企业层面的分析 [J]. 经济研究. 2013 (6): 85–99.

[3] 刘志彪，张杰. 我国本土制造业企业出口决定因素的实证分析 [J]. 经济研究, 2009 (10): 99–112.

[4] 聂辉华，江艇，杨汝岱. 中国工业企业数据库的使用现状和潜在问题 [J]. 世界经济, 2012 (5): 142–158.

[5] 钱学锋，王菊蓉，黄云湖等. 出口与中国工业企业的生产率——自我选择效应还是出口学习效应? [J]. 数量经济技术经济研究. 2011 (2): 37–51.

[6] 佟家栋，王艳. 国际贸易政策的发展、演变及其启示 [J]. 南开学报, 2002 (5): 4–61.

[7] Arkolakis C, Ramondo N, Rodr í guez-Clare A et al.. Innovation and Production in the Global Economy [R]. National Bureau of Economic Research, 2013.

[8] Arrow K J. The Economic Implications of Learning by Doing [J]. The Review of Economic Studies, 1962, 29(3): 155–173.

[9] Audretsch D B, Feldman M P. R&D Spillovers and the Geography of Innovation and Production [J]. The American Economic Review, 1996, 86(3): 630–640.

[10] Bastos S J. The Quality of a Firm's Exports: Where You Export to Matters [J]. Journal of International Economics, 2010, 82(2): 99–111.

[11] Bernanke B S. The Determinants of Investment: Another Look [J]. The American Economic Review, 1983, 73(2): 71–75.

[12] Bernard A B, Jensen J B, Redding S J et al.. Firms in International Trade [J].Journal of Economic Perspectives, 2007, 21(3).

[13] Bloom N, Bond S, Reenen J. Uncertainty and Investment Dynamics [J]. The Review of Economic Studies, 2007, 74(2): 391–415.

[14] Brandt L, Biesebroeck J, Zhang Y. Creative Accounting or Creative Destruction? Firm-Level Productivity Growth in Chinese Manufacturing [J]. Journal of Development Economics, 2012, 97(2): 339–351.

[15] Bratti M, Felice G. Export and Product Innovation at Firm Level [J]. MPRA Paper,

2009, 18915.

［16］Christiaans T. International Trade and Industrialization in a Non-Scale Model of Economic Growth［J］. Structural Change and Economic Dynamics, 2008, 19(3): 221-236.

［17］Disney R, Haskel J, Heden Y. Restructuring and Productivity Growth in UK Manufacturing［J］. The Economic Journal. 2003, 113(489):666-694.

［18］Dixit A K P. Investment under Uncertainty［M］. Princeton University Press, 1994.

［19］Eaton J, Kortum S, Kramarz F. An Anatomy of International Trade: Evidence from French Firms［J］. Econometrica. 2011, 79(5): 1453-1498.

［20］Francois J F M. Commercial Policy Variability, Bindings, and Market Access［J］. European economic review, 2004, 48(3): 665-679.

［21］Fujita M K P. The New Economic Geography: Past, Present and the Future［J］. Papers in Regional Science, 2004, 83(1): 139-164.

［22］Grazzi M. Export and Firm Performance: Evidence on Productivity and Profitability of Italian Companies［J］. Journal of industry, competition and trade, 2012, 12(4): 413-444.

［23］Greenaway D K R. Firm Heterogeneity, Exporting and Foreign Direct Investment［J］. The Economic Journal. 117(517): 134-161.

［24］Guo D and Zhao, Y. 2010, Innovation and Firm Performance: A Comparison of China’s Manufacturing Industry at Firm Level［J］. Unpublished Paper, 2007.

［25］Handley K. Entry and Exit Under Trade Policy Uncertainty: Theory and Evidence［Z］. University of Maryland-College Park, 2009.

［26］Handley K, Limao N. Policy Uncertainty, Trade and Welfare: Theory and Evidence for China and the US［R］. National Bureau of Economic Research, 2013.

［27］Jaffe A B. Real Effects of Academic Research［J］. The American Economic Review, 1989, 79(5): 957-970.

［28］Levinsohn J P A. Estimating Production Functions Using Inputs to Control for Unobservables［J］. The Review of Economic Studies, 2003, 70(2): 317-341.

［29］Limao M G. Uncertainty and Trade Agreements［Z］. National Bureau of Economic Research, DP9301, 2013.

［30］Maoz Y D, Peled D, Sarid A. Trade Agreements, Bargaining and Economic Growth［J］. Journal of Macroeconomics, 2011, 33(1): 92-101.

［31］Melitz M J. The Impact of Trade on Intra-Industry Reallocations and Aindustry Productivity［J］. Econometrica, 2003, 71(6): 1695-1725.

[32] Mendoza E G. Terms-of-Trade Uncertainty and Economic Growth [J]. Journal of Development Economics, 1997, 54(2): 323-356.

[33] Messerlin P. Walking a Tightrope: World Trade in Manufacturing and the Benefits of Binding [J]. German Marshall Fund Policy Brief, 2008.

[34] Pavcnik N. Trade Liberalization, Exit, and Productivity Improvements: Evidence from Chilean Plants [J]. The Review of Economic Studies, 2002, 69(1): 245-276.

[35] Pellegrino G, Piva M, Vivarelli M. Young Firms and Innovation: AMicroeconometric Analysis [J]. Structural Change and Economic Dynamics, 2012, 23(4): 329-340.

[36] Roberts M J. The Decision to Export in Colombia: An Empirical Model of Entry with Sunk Costs [J]. The American Economic Review, 1997, 87(4): 545-564.

[37] Salomon R M. Learning by Exporting: New Insights from Examining Firm Innovation [J]. Journal of Economics &Management Strategy, 2005, 14(2): 431-460.

[38] Sugimoto Y M. Endogenous Trade Policy: Political Struggle in the Growth Process [J]. Structural Change and Economic Dynamics, 2011, 22(1): 12-29.